毛泽东军事箴言

中共中央文献研究室第一编研部 编著

上

辽宁人民出版社

图书在版编目（CIP）数据

毛泽东军事箴言/中共中央文献研究室第一编研部编著. —沈阳：辽宁人民出版社，2017.8（2026.2重印）
ISBN 978-7-205-09054-8

Ⅰ.①毛… Ⅱ.①中… Ⅲ.①毛泽东军事思想—箴言—汇编 Ⅳ.①A841.65

中国版本图书馆CIP数据核字（2017）第158103号

出版发行：辽宁人民出版社
　　　　　地址：沈阳市和平区十一纬路25号　邮编：110003
　　　　　电话：024-23284321（邮　购）024-23284324（发行部）
　　　　　传真：024-23284191（发行部）024-23284304（办公室）
　　　　　http://www.lnpph.com.cn
印　　刷：辽宁新华印务有限公司
幅面尺寸：185mm×260mm
印　　张：35.25
字　　数：400千字
出版时间：2017年8月第1版
印刷时间：2026年2月第12次印刷
责任编辑：马　辉　董　喃
装帧设计：丁末末
责任校对：吴艳杰　刘再升
书　　号：ISBN 978-7-205-09054-8
定　　价：120.00元（全二册）

———《毛泽东军事箴言》编撰组———

主　　编　杨明伟

撰　　稿　杨明伟　李　珍　周炳钦　曹前发
　　　　　　王　颖　戚义明　吕　臻　祝志伟
　　　　　　单劲松　付　闪　邵建斌　李　振
　　　　　　李雨檬　李炼石

★ 前言 ★

前言

举世公认，毛泽东是伟大的马克思主义者，伟大的无产阶级革命家、战略家、理论家，是中国共产党、中国人民解放军和中华人民共和国的主要缔造者，中国各族人民的领袖，毛泽东思想的主要创立者。

2017年，是中国人民解放军创建90周年，也是毛泽东领导秋收起义并带领工农红军上井冈山创建农村革命根据地90周年，还是毛泽东提出建立新型人民军队、确定"支部建在连上"和党对军队绝对领导系列组织制度90周年……回顾90年光辉历程，留给我们的是无尽的思索和深深的启迪。

90年，尽管在人类发展史上只是短短的一瞬间，但在中国共产党及其领导的人民军队的发展史上，却写下了浓墨重彩的大手笔。

书写这一壮丽篇章的中国最伟大的爱国者和民族英雄，当数毛泽东。从中华民族伟大复兴的历史长河看，毛泽东既是一位伟大的思想家，也是伟大的实践家；既是一位伟大的军事理论家，又是一位伟大的军事统帅。

在领导人民军队创建和发展的历史进程中，毛泽东从中国实际出发，创造了一系列经典的军事话语，字字堪称箴言，句句铿锵实用。

比如："我们的原则是党指挥枪，而决不容许枪指挥党"——这句箴言，讲的是司令部与党委的关系、"个人领导与党的领导"的关系。在共产党领导

的新型人民军队里，建军的总原则和核心就是党指挥枪，决不容许枪指挥党。不管你本事有多大，领导的队伍人数有多少，都必须听从党的指挥，不能与党组织对抗，更不能与党中央对抗、闹对立，要用无产阶级的党性和铁的纪律严格要求自己，自觉地维护党的团结和党中央的权威。

比如，"加强纪律性，革命无不胜"——这句箴言讲的是纪律建设对于党和军队的极端重要性。在人民军队发展壮大的过程中，铁的纪律要求、严格的规矩要求，始终是挺在前面的。在中国革命即将取得胜利的时候，毛泽东还特别提出通过建立报告制度，来促进党和军队的纪律建设，要求各地党政军一把手每两个月向中央和中央主席作一次综合报告，侧重讲政策性、策略性的各类问题、各种倾向及其解决办法。蒋介石当年在总结国民党失败的原因时，曾经深有感触地说过："感知国军失败，不是因为外敌，而是因为内乱"，共产党及其领导的军队的优点，"一、组织严密；二、纪律严厉……"

比如，"先打弱的，后打强的，你打你的，我打我的（各打各的）"——这句箴言讲的是军事战略指导的根本方略，是毛泽东创新的"战争指导艺术的最高境界"。毛泽东用兵，善于发现敌人的弱点，掌握战争的主动权，变被动应战为"完全主动作战"。他特别强调"有计划地造成敌人的错觉，给以不意的攻击，是造成优势和夺取主动的方法，而且是重要的方法"。在毛泽东胸中，战争指挥已经演变成一门"艺术"，一门高超的军事指挥艺术。

比如，"兵民是胜利之本"——这句箴言讲的是要取得战争胜利，必须动员全体中国人民，让所有兵和民都发挥自觉能动性。人民战争是我们的根本优势，是我们克敌制胜的法宝。没有政治上的动员，没有全体军民的主动参与，就不可能取得胜利。毛泽东坚信，人民是历史的创造者，真正的力量属于人民。"真正的铜墙铁壁是什么？是群众，是千百万真心实意地拥护革命的群众。这是真正的铜墙铁壁，什么力量也打不破的"。

比如，"在战略上要藐视敌人，在战术上要重视敌人"；"一切反动派都是纸老虎"——这两句箴言讲的是我们的战略眼光和战术准备。毛泽东认为，从人类历史发展的趋势看，反动势力必然日趋没落，进步力量必定逐渐上升

前言

并最终取代反动势力，新旧交替、进步取代没落，是不可抗拒的历史潮流。毛泽东特别强调："从长远的观点看问题，真正强大的力量不是属于反动派，而是属于人民。"因此我军在战略上要取"以一当十"之气势，而在战术上要懂"以十当一"之道理。

比如，"没有一个人民的军队，便没有人民的一切"；"全心全意为人民服务是人民军队的唯一宗旨"；"军民团结如一人，试看天下谁能敌"——等等箴言，讲的是人民军队不是为少数人或狭隘集团私利存在的，它是为着广大人民群众的利益，为全民族的利益而存在、而战斗的。毛泽东讲清了我们这支军队与其他军队的根本区别，就在于它的力量来自人民，一切从实际出发、密切联系群众，是它的独特优势，也是它战胜一切敌人的根本法宝。毛泽东告诫人们，任何时候，都要牢记："要全心全意为人民服务，不要半心半意或者三分之二的心三分之二的意为人民服务。"

……

翻开人民军队创建和发展的历史，毛泽东的军事箴言比比皆是。这些说理深刻又通俗易懂的箴言，不是凭空臆想出来的，而是毛泽东和他的战友们从艰难困苦中探索出来的，是从血的教训中得出来的结论。

这些军事箴言，包括了人民军队的根本宗旨、根本原则、根本遵循，包括了人民军队的军事战略和战术，伴随着中国共产党领导下的人民军队从弱小走向强大，从单一兵种走向多军兵种合成部队转变，成为一个"强大的陆、海、空军""强大的国防军"，并不断走向正规化、现代化。这些军事箴言，也成就了共产党领导下的新型军人的智慧果敢和血肉精神。许多军事箴言，已经凝结为人民军队的优良传统和不变军魂，至今仍在遵循。

仅从这些军事箴言中，我们就可以知道，在当今中国和世界，只要不带敌意和主观偏见，只要尊重历史的本来面目，那么对毛泽东的评价，就会得出客观公正和令人信服的结论。

同样是中国人民解放军缔造者之一的周恩来，是这样评述毛泽东的："毛主席创建人民军队方面的成就，他在军事上的战略战术，在政治上的《新民

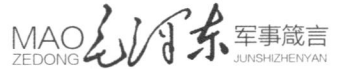

主主义论》《论联合政府》，在经济上的一些文章，在文化上的《在延安文艺座谈会上的讲话》，在哲学上的创造，他的马克思主义的思想体系，等等，多得很。毛主席的成就不仅广，而且专，而且精。"周恩来以自己的亲身体会告诉人们："毛泽东是在中国的土壤中生长出来的巨大人物。"

同样是中国人民解放军缔造者之一的朱德，又是这样评述毛泽东的："中国人民解放军之所以能够从无到有、从小到大，成为现在装备精良、一往无前的军队，是和毛主席及党中央的直接领导，特别是和毛泽东军事思想的指导息息相关，密切不可分的。人民解放军的产生、发展、壮大及其全部斗争历史，也就是光辉的毛泽东军事科学思想生动的体现。""我们的军队所以组织得好、教育得好、指挥得好，并取得胜利，就是依靠了毛泽东军事思想的指导，一步一步地、一次一次地在战争中积累了丰富的经验，又从而加以锻炼、加以提高所得来的。"

作为军事统帅的邓小平曾这样评述毛泽东："要打仗，军事方针是什么？就是毛主席的十条军事原则。……凡是打得好的仗都是依靠了这十条，不依靠这十条，仗就一定不会打好。"新中国成立后，他还特别提出："继承毛泽东军事思想，研究现代条件下人民战争，发展我国军事科学。"

江泽民在建军七十周年的时候，对毛泽东的军事贡献作了这样的评述："毛泽东同志是我军的主要缔造者。他在领导中国革命斗争的过程中，提出了建设新型人民军队的一整套方针和原则。他开辟了以农村包围城市，最后夺取全国政权的武装斗争道路。他阐明了以人民军队为骨干，依靠人民、武装人民进行人民战争的思想。在敌强我弱的情况下，他制定了革命军队以劣势装备战胜优势装备之敌的一系列战略战术。新中国成立以后，他又及时提出加强国防建设，实现国防现代化的指导方针。毛泽东同志善于从马克思主义认识论的高度总结和概括中国革命战争的丰富经验，形成了光辉的军事辩证法思想。毛泽东军事思想，是毛泽东思想的重要组成部分，是我们党对马克思主义军事理论的创造性发展。"

胡锦涛在建军80周年的时候，总结人民军队建军治军的历史经验时说：

★ 前言 ★

"人民解放军培育和形成了优良革命传统。人民解放军的优良革命传统，集中起来就是听党指挥、服务人民、英勇善战。""听党指挥、服务人民、英勇善战，体现了人民解放军的性质、宗旨、本色，凝聚着党和人民对军队的重托和期望，是我们总结人民解放军80年建军治军经验的基本结论。"这里面讲的，都是毛泽东为人民军队奠定的基础。因此胡锦涛特别强调："毛泽东军事思想，指引我们党正确解决了在半殖民地半封建的旧中国进行新民主主义革命的历史条件下建设无产阶级新型人民军队，实行人民战争，走以农村包围城市、最后夺取全国胜利的道路，以及取得全国政权后建立现代国防的重大课题。"

党的十八大以后，以习近平同志为核心的党中央在带领人民为实现中华民族伟大复兴中国梦而奋斗的历史进程中，在治党、治国、治军的伟大实践中，高度重视继承和发扬毛泽东思想及其军事思想。在纪念毛泽东诞辰120周年的时候，习近平特别肯定了毛泽东作为"中国共产党、中国人民解放军、中华人民共和国的主要缔造者"的历史功勋，他专门提到："毛泽东同志创造性地解决了缔造一个在党的绝对领导下的人民武装力量的一系列重大问题，建成一支具有一往无前精神、能压倒一切敌人而决不被敌人所屈服的新型人民军队。"

毛泽东，无论作为伟大的政治家、理论家，还是战略家、军事家，还是作为中国人民解放军的伟大缔造者和伟大统帅，这些都是历史形成的，是在生与死的艰苦斗争中一步步走出来的，是在血与火的严酷考验中一次次炼就的，也是中国共产党、中国人民及其人民军队审慎选择的结果。因此，无论对毛泽东的历史功绩、思想建树，还是对毛泽东的精神风范、个人形象，不是一些人凭借政治偏见或假借学术异说就能诋毁的，更不是一些人依靠造谣诬蔑或满嘴攻击谩骂就能削弱的。

历史经过长久沉淀，才显露出厚重；思想经过岁月风尘，才砥砺出力量。拨开历史的风云，我们看到的毛泽东，值得用心去长久品味和不断思索。既能品出其思想之厚重，亦能品出其道路之艰辛，还能品出其语言之精

练实用。

梳理并解读毛泽东这些经典实用的军事箴言,可以从一个侧面反映毛泽东思想的博大精深和毛泽东语言的独特魅力。这些军事箴言和军事名言,在当时引领了人民军队的精神世界和前进方向,在后来以至未来,仍然雄踞在人民军队的发展理念中,构成中国军队话语体系的基石。

毛泽东军事箴言,是军事理论和军事实践的凝结!

毛泽东军事箴言,是人民军队实战管用的武器!

毛泽东军事箴言,是我们党、军队、国家的宝贵财富;是我们民族精神家园中的瑰宝!

★ 目录 ★

目录

前言 ……001

―――――― **讲军队根本** ――――――

"我们的原则是党指挥枪" ……002
人民军队成立之初就标明了自己的属性：由中国共产党领导 ……002
"党指挥枪"的曲曲折折 ……005
"党指挥枪"是人民军队永远不变的根本原则和军魂 ……010

"支部建在连上" ……014
九陂谈话："应该扩大党在军队中的基层组织" ……015
三湾改编：确立"支部建在连上"的制度 ……018
靠什么有力量："党的领导直达基层、直达士兵" ……022

"政治工作是革命军队的生命线" ……025
"政治工作不是附带的，而是红军的生命线" ……026
如何抗战，毛泽东提议蒋介石："改造军队的政治工作" ……030

001

"不懂政治的人就不会打仗" ……033

讲军队任务

"枪杆子里面出政权" ……042
建党之初没有枪杆子的遗憾 ……043
"枪杆子里面出政权"的提出 ……045
找到一条"农村包围城市，武装夺取政权"的道路 ……050

军队"决不是单纯地打仗的" ……053
如果只知道单纯打仗，"与旧式军阀就没有任何区别" ……054
三项任务一起抓，就会有"很好的群众"和"很好的党" ……056
既要发展军事影响，又要发展政治影响 ……058

"人民解放军永远是一个战斗队" ……062
以"打仗"作为前提的三大任务在人民军队初创时提出 ……063
打仗的任务更重，三大任务却一个也不能忘 ……066
三大任务在新中国成立后的变化和拓展 ……070

讲军队纪律

"三大纪律八项注意" ……076
"三大纪律八项注意"的由来及流传 ……077
"三大纪律八项注意"教育熏陶下的人民军队 ……081
一首广为传唱的《三大纪律八项注意歌》 ……086

★ 目录 ★

"加强纪律性,革命无不胜" ……090

毛泽东为什么要以建立报告制度为抓手狠抓纪律建设 ……091

以批评东北局为例:毛泽东狠抓纪律建设的决心和魄力 ……095

为让华野开好纪律会议,毛泽东下令推迟淮海战役发起时间 ……097

蒋介石最终与毛泽东有了"共识":胜与败,要害在纪律 ……100

讲军队作风

"坚定正确的政治方向,艰苦奋斗的工作作风,灵活机动的战略战术" ……104

"革命的军人所不可缺一"的"三样东西" ……105

"坚定正确的政治方向" ……108

"艰苦奋斗的工作作风" ……111

"灵活机动的战略战术" ……114

"团结,紧张,严肃,活泼" ……120

"不到延安,不懂中国" ……121

"谁破坏了纪律,谁就破坏了党的团结统一" ……125

"团结,紧张,严肃,活泼"为何能成为优良作风 ……129

"艰苦奋斗是我们的政治本色" ……136

井冈山:靠理想信念、官兵一致克服"三大苦" ……136

延安:艰苦奋斗的"东方魔力" ……138

西柏坡:从"不吃苹果"到"两个务必" ……141

新中国:讲"不吃苹果"故事的用意 ……143

讲军队素质

"没有文化的军队是愚蠢的军队" ……150
"笔杆子跟枪杆子结合起来" ……150
"愚蠢的军队是不能战胜敌人的" ……153
"使军队形成为一个巨大的学校" ……158

讲怎么打仗

"打得赢就打,打不赢就走" ……166
"既要会打仗,又要会打圈" ……167
从"敌人既弱且地势群众都好"处取"绝对胜利的把握" ……173
我们的特点、长处,"正是我们战胜敌人的工具" ……175

"你打你的,我打我的" ……181
"'各打各的'政策,亦即完全主动作战政策" ……182
"把包袱让给敌人背上" ……183
"行动自由是军队的命脉" ……186
"打仗的办法就这么两句话" ……191

"不打无准备之仗,不打无把握之仗" ……195
对敌我状况精确的掌握,犹如一堂"算术课" ……195
有把握则"岿然不动",无把握则"吃了亏" ……198
"有了'眼'则满盘皆活" ……205

★ 目录 ★

"部队要练夜战、近战" ……211
两战娄山关，近战显神威 ……211
夜袭阳明堡，步兵也能战飞机 ……214
把兵练得个个都像夜老虎、小老虎 ……217

讲战略战术

"敌进我退，敌驻我扰，敌疲我打，敌退我追" ……226
毛泽东：从朱聋子的故事中悟出十二字诀 ……227
朱德：积14年征战经验摸索出游击战法 ……230
朱毛会师后：十六字诀应运而生 ……232
毛泽东被誉为"现代游击战争之父" ……235

"大步进退，诱敌深入，集中兵力，各个击破" ……238
力排众议，连续两次战略后退 ……239
召开誓师大会，分析六大有利条件 ……242
"军队无非是要学会两个东西，一个是会打，一个是会走" ……246

"只有积极防御才是真防御" ……250
"战略防御是红军作战中最复杂和最重要的问题" ……251
"消极防御实际上是假防御" ……255
积极防御战略方针的发展 ……256

"十大军事原则也要补充和发展" ……260
"十大军事原则是人民解放军打败蒋介石的主要方法" ……261
"凡是打得好的仗都是依靠了这十条" ……267

"十大军事原则也要加以补充和发展" ……271

"一切反动派都是纸老虎" ……275
34岁的毛泽东得出结论：真正的力量在人民手中 ……277
发动非正义战争的帝国主义者必将最终失败 ……278
"从战略上说，完全轻视它；从战术上说，重视它" ……281

"在战略上要藐视敌人，在战术上要重视敌人" ……287
"战略是'以一当十'，战术是'以十当一'" ……288
战略加战术——真老虎变纸老虎 ……292
战略和战术有机结合的辩证法 ……295

讲对待俘虏

"优待俘虏兵，是对敌军宣传的极有效办法" ……302
"飞将军自重霄入" ……304
国民党军官兵弃暗投明的奥妙 ……308
"发展的确出乎我们的意料之外" ……310

讲反帝反霸反侵略

持久抗战"日本必败，中国必胜" ……316
面对"亡国论""速胜论"等民族之忧，亟待释疑 ……317
看待战争的前景和结局，毛泽东用的是辩证法 ……322
持久战论蜚声中外，缘于它揭示了战争规律 ……325

"抗美援朝战争是个大学校" ······330

"打得一拳开,免得百拳来!" ······330

轮番作战,朝鲜战场成为我军的"大学校" ······334

在谈判桌和战场上来回较量 ······340

讲战争准备

"准备好了敌人可能不来,准备不好敌人就可能来" ······348

"提高斗志,随时准备打击侵略者" ······349

"仗打不起来,但要搞个保险系数" ······351

"要在物质上和精神上准备打仗" ······353

"深挖洞,广积粮,不称霸" ······361

"广积粮"有两个作用:备战、备荒 ······362

中国"深挖洞",就是以我之有备待敌之不敢攻 ······364

中国"现在不称霸,将来也不称霸" ······367

"备战、备荒、为人民" ······372

毛泽东"备战、备荒、为人民"口号被周恩来概括出来 ······373

紧张备战的原因:60年代中国周边战争疑云密布 ······374

轰轰烈烈的三线建设:"以有可能挨打为出发点来部署" ······377

讲辩证战争观

"战争与和平是互相转化的" ······386

和平时期要警惕战争危险 ······387

争取和平需要敢战善战 ……390
维护和平离不开军事斗争准备 ……393

"战争一刻也离不了政治" ……396

辩证认识战争与政治关系的精彩篇章 ……396
军事理论升华源自兼收并蓄 ……400
对克劳塞维茨的《战争论》一直记忆犹新 ……402

对待战争"第一条反对,第二条不怕" ……407

"我们是战争消灭论者,我们是不要战争的" ……408
"如果有人来侵略我们,我们就予以坚决回击" ……411
"世界大战打不起来,真打起来也不怕" ……416

讲人与武器的关系

"人是第一,武器是第二" ……422

"我们这块小石头,要打破蒋介石那口大水缸" ……422
"中国武器诚不如人,但武器是可以用人的努力增强的" ……425
"这小米加步枪比蒋介石的飞机加坦克还要强些" ……427
"美国在军事上只有一个长处,就是铁多" ……430

"搞一点原子弹、氢弹、洲际导弹" ……434

"没有那个东西,人家就说你不算数" ……434
"我们可以自己试一试,这对我们也是个锻炼" ……436
"要大力协同做好这件工作" ……439
我们不能走技术发展的老路,"必须打破常规" ……441

★ 目录 ★

讲军队现代化

"要有强大的陆、海、空军" ……448

　　"为建设强大的国防军而奋斗" ……449
　　由单一陆军向诸军兵种合成部队转变 ……451
　　实现武器装备的"中国造" ……456

"只有经济建设发展得更快了，国防建设才能够有更大的进步" ……461

　　"一个极其重要的政策"：精兵简政——发展经济 ……462
　　"中国必须建立强大的国防军，必须建立强大的经济力量" ……465
　　"国大，军就会大；国不大，军就不能大" ……468

讲军队宗旨和军民关系

"全心全意为人民服务是人民军队的唯一宗旨" ……476

　　为人民服务的军队才能真正实现官兵一致、军民一致 ……477
　　为人民服务的军队才能真正具有优良品格和作风 ……481
　　为人民服务的军队才能真正实行人民战争的战略战术 ……483

"官兵一致，军民一致" ……486

　　没有官兵一致、军民一致，"战争的胜利是无从说起的" ……486
　　官兵一致：军队战斗力极其重要的政治基础 ……490
　　军民一致：人民军队无敌于天下的奥秘 ……495

"没有一个人民的军队，便没有人民的一切" ……498

　　成长：人民军队在谋人民利益和为人民服务中发展壮大 ……499
　　考验：在各个时期坚持军队的人民性不动摇 ……502
　　坚持：人民军队永远不变的宗旨 ……506

讲取胜之道

"兵民是胜利之本" ……512

　　一场跨越历史长空的讲演，提出"兵民是胜利之本" ……512
　　打败日本侵略者，必须实行全国军民总动员 ……514
　　"人民战争是我们的根本优势，是我们克敌制胜的法宝" ……522

"军民团结如一人，试看天下谁能敌" ……526

　　毛泽东说的有"团结力"的部队是怎么来的 ……526
　　从历史走来："军民合作，大家亲亲密密团结起来" ……529
　　现实的召唤：军民团结是"我军的胜利法宝" ……533

后记 ……539

毛泽东
MAO ZEDONG

★

讲军队根本

"我们的原则是党指挥枪"

"支部建在连上"

"政治工作是革命军队的生命线"

"我们的原则是党指挥枪"

"我们的原则是党指挥枪,而决不容许枪指挥党。"
——毛泽东:《战争和战略问题》(1938年11月6日)

"我们的原则是党指挥枪,而决不容许枪指挥党。"这句名言出自毛泽东抗日战争时期的军事篇章《战争和战略问题》。这句名言所体现的人民军队建军总原则和核心意思却由来已久,是从血的教训中得出来的结论!追根溯源,还得从大革命时期中国共产党直接领导和掌握的第一支正规武装说起。

★ **人民军队成立之初就标明了自己的属性:**
由中国共产党领导

创立一支人民军队,是毛泽东、周恩来、朱德等人从大革命时期开始的求索。1924年1月,在孙中山主持下,中国国民党第一次全国代表大会确定了联俄、联共、扶助农工三大政策,第一次国共合作实现,也由此拉开了国民革命的序幕。同年6月,黄埔军校创办。9月,周恩来奉中共中央之命由法国回到广州,不久,担任中共广东区委委员长、黄埔军校政治部主任。开创军队政治工作新局面的周恩来,在总结孙中山从事军事斗争屡遭失败的原因、旧式军队最大弱点并研究苏联革命成功经验时,得出一个启发:"革命数十年尚未成功的一个重要原因就是没有一支真正的革命军。"在黄埔军校期间,周恩来利用工作便

★ 讲军队根本 ★
"我们的原则是党指挥枪"

利条件,推荐了一大批有能力的共产党人到军校和各军中担任重要职务。1924年11月初,在征得孙中山的同意后,周恩来在广州负责组建了"大元帅府铁甲车队"。铁甲车队的队长徐成章、副队长周士第、军事教官赵自选都是周恩来从黄埔军校教官和毕业生中选调的共产党员。这支铁甲车队,成为中国共产党领导下的最早的一支革命武装。1925年11月之后,周恩来等人征得国民革命军第四军军长李济深同意,以铁甲车队的100多名队员为基础,在广东进一步组建了由共产党人领导的第四军独立团。团长由刚从苏联学习回国的共产党员叶挺担任,周士第任参谋长。该团的一些营长、连长和各级领导,是从黄埔军校调来的共产党员,而且从团到连都建立了共产党的组织。周恩来亲自过问团干部任免、调动、人员补充和军政工作。叶挺独立团,也就成为中国共产党直接领导和掌握的第一支正规军队。

从1926年5月起,叶挺独立团在北伐战争中一路担任开路先锋。出发前,周恩来还专门向连以上共产党员干部作了动员讲话,号召大家要英勇作战,不怕牺牲,担负起北伐先锋的任务。叶挺独立团的2000多名勇士一路冲锋,向湖南省中部挺进,先后攻克汝城、攸县、醴陵、平江,夺取汀泗桥、贺胜桥,为北伐军扫清了沿途的各种障碍,一直登上武昌城,创造了北伐战争史上最为辉煌的战绩,由此也为国民革命军第四军赢得了"铁军"的称号。同样是北伐军,为什么叶挺的队伍能够所向披靡,建立卓越功勋?铁军到底"铁"在哪里?就是因为它是共产党人直接领导的军队,冲在最前面的大多也是共产党员。它一改中国旧式军队的习气,有着严密的组织纪律、大无畏的革命精神以及视沿途群众为父母的作风。后来朱德作过这样的评价:没有这支共产党人领导的"铁军",就不可能有南昌、秋收、广州、湘南等起义。这支铁一般刚强的军队,也就成为后来红军的榜样。

1927年,蒋介石集团发动"四一二""七一五"等反革命政变,屠杀共产党人,国共合作破裂。为挽救革命,中共中央决定在南昌发动武装起义。南昌起义的主力之一,就是叶挺率领的国民革命军第十一军第二十四师。在起义部队撤离南昌的过程中,周恩来、叶挺、聂荣臻等一路同行。后来聂荣臻回忆:"我们党在当时已经逐渐地认识到直接准备战争和组织军队的重要性。虽然这种认识还是很不够的,但是比起前一时期却有了显著的进步。"对党领导军队的重要

性是在什么时候开始有了更加足够的认识的呢？那是毛泽东领导秋收起义上井冈山以后的事。

1927年9月，毛泽东根据中共中央指示，以中共中央特派员和湖南省委秋收起义前敌委员会书记身份，在湘赣边界领导发动秋收起义。随后带领起义队伍上了井冈山。上井冈山后，毛泽东就将这支队伍的性质在一首词中定了下来。

《西江月·秋收起义》：

> "军叫工农革命，旗号镰刀斧头。匡庐一带不停留，要向潇湘直进。
> 地主重重压迫，农民个个同仇。秋收时节暮云愁，霹雳一声暴动。"

旗号的标志即代表番号的属性："镰刀斧头"，工农的武装。一语道破，就是共产党的武装。

1928年1月，朱德率领南昌起义退下来的队伍，再次发动湘南起义。4月，率部万余人和毛泽东在井冈山会师。两支队伍合在一起，就是后来的中央红军的底子。这支队伍的番号怎么取？毫无疑问，共产党的色彩就决定了它的番号：工农革命军第四军。6月，改称中国工农红军第四军（简称"红四军"）。之所以把起义后合编的第一支红军武装叫"红四军"，用的就是叶挺"铁军"的威名。朱德任军长，毛泽东任党代表。从此开始了"朱毛红军"的历史。

无独有偶，贺龙在参加南昌起义后，按照中央指示回到湘西建立根据地，于南昌起义一周年之时，也将共产党所领导的湘西工农革命军称为"红四军"。"红四军"成为当时根据地工农革命武装的统称。

毛泽东等人领导的这支部队，一开始就明确标明了自己的属性：由中国共产党领导。这支军队一经成立，就确定了它必须完全在中国共产党的领导之下。因此，井冈山的红四军成立之时，就召开了中国共产党工农革命军第四军第一次代表大会，毛泽东被选为中共工农革命军第四军军委书记。不久后，毛泽东在给中共中央的报告中总结"井冈山的斗争"，其中讲到这支军队的特点，特别强调指出："党的组织，现分连支部、营委、团委、军委四级。连有支部，班有小组。红军所以艰难奋战而不溃散，'支部建在连上'是一个重要原因。"党的组织和党的领导体制，决定了这支军队的生命力。

★ "党指挥枪"的曲曲折折

然而，在白色恐怖的旧中国建立一支新式军队，党要指挥枪，绝不是件容易的事！

自井冈山等地开辟农村革命根据地以后，随着革命力量的不断扩大，党领导的红军内部也逐渐蔓延着各种非无产阶级的思想。在红军中有人试图以军事机关代替党的领导，提出：在组织上以军事工作机关为主导，不以党的组织对外，而是"司令部对外"。这实际上也就是要把军队的组织原则变成"枪指挥党"。毛泽东发现这种苗头以后，果断地指出：这是一种"单纯军事观点"，"这种思想如果发展下去，便有走到脱离群众、以军队控制政权、离开无产阶级领导的危险，如像国民党军队所走的军阀主义的道路一样"。

1929年6月，毛泽东在给红四军第一纵队司令员林彪的信中明确提出，在红四军要绝对建立起党的领导权。他指出："个人领导与党的领导，这是四军党的主要问题。"毛泽东在给林彪的信中，分析了红四军的大部分是"从旧式军队脱胎出来""从失败环境中拖出来"这两点情况后，他说：

> "我们记起了这两点，就可以知道一切思想、习惯、制度何以这样地难改，而党的领导与个人的领导何以总是抗分，长在一种斗争状况之中。红军既是从旧式军队变来的，便带来了一切旧思想、旧习惯、旧制度的拥护者和一些反对这种思想、习惯、制度的人作斗争，这是党的领导权在四军里至今还不能绝对建立起来的第一个原因。不但如此，四军的大部分是从失败环境之下拖出来的（这是一九二七年），结集又是失败之前的党的组织，既是非常薄弱，在失败中就是完全失了领导。那时候的得救，可以说十分原因中有九分是靠了个人的领导才得救的，因此造成了个人庞大的领导权。这是党的领导权在四军里不能绝对建立起来的第二个原因。明白了这两个原因，我们再来看一看四军党组织以后的历史，更明白个人与党斗争的盈虚消长之机。"

★ 1929年12月，毛泽东在福建上杭县古田村主持召开中共红四军第九次代表大会并做报告，讨论解决红军如何建设的根本性问题。会上，他重新当选为红四军前委书记。这是古田会议旧址。

正因为"党的领导与个人的领导"关系问题上已经形成的旧思想、旧习惯、旧制度"这样地难改"，"总是抗分"，所以毛泽东决定在红四军召开第九次党代表大会，从根本上解决这一"主要问题"。这就是古田会议召开的根本原因。1929年12月，毛泽东在古田会议上批评说："红军党的组织问题现在到了非常之严重的时期，特别是党员的质量之差和组织之松懈，影响到红军的领导与政策之执行非常之大。""这对于执行党的正确路线，妨碍极大。若不彻底纠正，则中国伟大革命斗争给予红军第四军的任务，是必然担负不起来的。"因此，毛泽东明确提出："每连建设一个支部，每班建设一个小组，这是红军中党的组织的重要原则之一。"他还特别提醒说，绝不能出现这种现象："党与军事分离，有成为党不能领导军事的危险。"根据毛泽东的建军思想，红四军中党的绝对

★ 讲军队根本 ★
"我们的原则是党指挥枪"

领导问题由此基本解决。

回过头来再说叶挺。如果光有勇猛的军队和善战的将领，离开了共产党的领导行不行？这恰恰是叶挺在革命过程中遇到的一大困惑。

叶挺是大革命开始后的1924年底加入中国共产党的，他既是北伐名将，也是中共最早的一员战将。1927年分别参加领导八一南昌起义和当年12月的广州起义。广州起义失败后，受到"左"倾领导人不公正的责难和冷遇，脱离党组织，侨居海外。离开党组织的叶挺，既失去了"同志"的称呼，也没有了党的属性，时常感到"空虚或不足"。全面抗战爆发后，叶挺怀着民族大义回国投入抗日大业。恰遇共产党与国民党方面在商谈改编中共南方红军游击队为新四军的事。国共双方都在为新四军军长人选问题左右掂量：南方游击队是中共自己的队伍，自红军长征后在千难万苦中坚持斗争，好不容易迎来"出头之日"，自然要更进一步加强党的领导；国民党蒋介石早就想彻底消灭中共武装，无奈最终要联合抗日，只好谈判合作，但先是趁和谈之机推行"北和南剿"的方针，企图全面消灭中共南方红军游击队，在图谋未果、不得不同意保留的情况下，又不愿意在其"腹地"留存一支由共产党领导的军队。因此，国共双方在任命谁为军长的问题上，曾经一度僵持。叶挺的出现，给双方打开了僵局。1937年8月，周恩来在上海会晤刚刚回国的叶挺时，曾提议由叶挺出任新四军军长。但蒋介石方面正式直接任命叶挺为军长的目的，却是想利用叶挺这一非中共党员的名将去执掌新四军，达到其削弱中共对新四军领导权的目的。

★ 抗日战争全面爆发后，叶挺就任新四军军长。

叶挺入主新四军，虽然有助于形成南方抗日统一战线的大局，但新四军的组建和发展，不断要与国民党顽固派方面较量，并面临着"党指挥枪"还是"枪指挥党"的核心问题。蒋介石正是在这一核心原则问题上，始终想置共产党领导的队伍于死地。

在叶挺获得任命之后，应毛泽东和中共中央的要

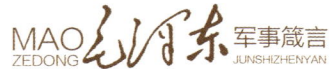

求到过延安。在延安期间,他表示完全接受中共的领导,却没有接受有关人员提议他重新加入中国共产党的建议。叶挺在这一时期的政治理念、治军思想,与中共中央的主张还是存在一定距离的,但这并不影响毛泽东和中共中央对叶挺的完全信任。当时在中共中央内部,也存在王明等人的一些杂音,主张"一切经过统一战线""一切服从统一战线",放弃中共在统一战线中的领导权。

正是在这样的背景下,毛泽东于1938年10月在中共六届六中全会上特别阐述了中国共产党在民族战争中的地位问题,提醒全党同志,要明确地知道并认真地负起中国共产党领导抗日战争的重大历史责任,强调"坚持统一战线和坚持党的独立性",要求在坚持抗日民族统一战线的方针下既要团结又要斗争,批评了统一战线问题上的迁就主义错误。

紧接着,毛泽东进一步在如何处理中共与国民党的关系、如何处理党和军队的关系两大问题上,给了大家明确的解答。他说:

> "共产党员不争个人的兵权(决不能争,再也不要学张国焘),但要争党的兵权,要争人民的兵权。现在是民族抗战,还要争民族的兵权。在兵权问题上患幼稚病,必定得不到一点东西。劳动人民几千年来上了反动统治阶级的欺骗和恐吓的老当,很不容易觉悟到自己掌握枪杆子的重要性。日本帝国主义的压迫和全民抗战,把劳动人民推上了战争的舞台,共产党员应该成为这个战争的最自觉的领导者。每个共产党员都应懂得这个真理:'枪杆子里面出政权'。
>
> "我们的原则是党指挥枪,而决不容许枪指挥党。"

"党指挥枪"的口号,就是这样呼之即出的。

再回过头来看新四军的命运。新四军成立后,其领导权和指挥权完全掌握在中共手里。就是在这一核心问题上,蒋介石很快感觉到失控,即便任命了叶挺,也不能掌控这支部队,最终使得他下决心发动"皖南事变"欲消灭新四军。1941年1月,叶挺在震惊中外的"皖南事变"中不幸身陷囹圄,被国民党顽固派囚禁于上饶集中营,后来辗转被囚于广西桂林和湖北恩施。这期间,中共中央不断设法营救未果。抗战胜利后,叶挺被押至重庆,失去自由达5年之久。在中共中央无数次与国民党方面的交涉下,最终才把叶挺救了出来。

1946年3月4日,叶挺出狱。经过深思熟虑的他,作了一个重大的政治决定:立即申请重新入党。3月5日,叶挺致电毛泽东转中共中央,提出重新入党申请:"决心实行我多年的愿望,加入伟大的共产党。"3月7日,毛泽东为中共中央起草致董必武、王若飞电:"同意叶入党。叶来电与中央复电,均于今晚广播,收到时请在《新华日报》发表,并先告叶,但不要登广告。"8日,《解放日报》《新华日报》发表中共中央复叶挺电:"你为中国民族解放与人民解放事业进行了二十余年斗争,经历了种种严重考验,全中国都已熟知你对民族与人民的无限忠诚。兹决定接受你加入中国共产党为党员,并向你致热烈的慰问与欢迎之忱。"在叶挺这番波折中,在他与党的关系中,使用"种种严重考验"和"无限忠诚"两个词,不是一句简简单单、轻轻松松的话。叶挺终于成为党中央称呼的"亲爱的叶挺同志"。

回到党的怀抱中的叶挺,完全像个孩子似的,"开始了新生",他连夜给刘少奇和任弼时回信说:

> "晨写此信时,我的热泪不时泛起,不可抑止。我分析这种眼泪的成分,首先是感激与喜悦的,再则是痛苦和郁闷的,它们并泻并交流,结束我的过去,开展我的新生!但我自知,痛感自己过去所获的浅薄知识,决不足以应付中国复杂的局面。就目前而论,不问党把我放在任何岗位,我都不敢自信的。如何学习,补其空虚或不足之处,尚祈考虑指示为幸!我噙着眼泪写这封信,一则表示感激党中央对我的殊遇,再则请求帮助我解决学习问题。至于我的最后一部分自传,当即赶写奉上。我很高兴,从此之后,我能很自然地亲切地称你们为同志了!"

一句"不问党把我放在任何岗位,我都不敢自信"的话语,一部叶挺与党的关系史,在一定程度上恰恰反映了中国共产党早期确立"党指挥枪"理念的曲折发展史。

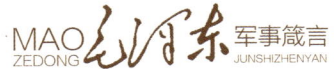

★ "党指挥枪"是人民军队永远不变的根本原则和军魂

经过艰苦卓绝的斗争锤炼，中国共产党领导的这支人民军队牢牢地建立了"党指挥枪"这条首要原则，再经过抗日战争和解放战争，这条原则，为我们党领导人民军队取得一个又一个的伟大胜利奠定了重要的基础。对此，毛泽东感触最深。1944年4月11日，他委托中共中央军委总政治部副主任谭政起草了《关于军队政治工作问题》的报告，并在修改报告时特别加写了这样几句话：

> "如果我们的军队没有共产党领导，如果没有共产党领导的革命的军事工作与革命的政治工作，那是不能设想的。没有共产党的领导，就不可能有彻底拥护人民利益的军事工作与政治工作，而如果没有这种军事工作与政治工作的军队，就不可能是彻底拥护人民利益的军队。八路军新四军在抗日战争中之所以能够如此英勇坚持，艰苦奋斗，再接再厉，百折不回，其根本原因就在这里。"

★ 1944年4月，毛泽东指导起草并亲自修改的《关于军队政治工作问题》报告。

加上这几句话后，他还专门交代谭政将报告送给当时在延安的周恩来和各抗日根据地的主要领导人看。这一时期，"党指挥枪"的原则，不仅是个实践层面的问题了，已经被提升到理论层面，并成为我们党和军队值得总结和永远坚持的优良传统，得到党内、军内的完全认可。

从革命战争岁月中走过来的人民军队的官兵，都深深地懂得：我们的原则是党指挥枪，决不允许枪指挥党。不管你本事有多大，领导的队伍人数有多少，都不能与组织对抗，更不能与党中央对抗、闹对立，要用无产阶级的

★ 讲军队根本 ★
"我们的原则是党指挥枪"

党性和铁的纪律严格要求自己，自觉地维护党的团结和党中央的权威。

"党指挥枪"这条原则，在新中国成立后，毛泽东等老一辈革命家在党和军队发展的不同时期都始终强调，不断提请党内、军内同志注意，尤其是提醒军队高层将帅，要时刻牢记，不能居功自傲。

1954年1月，中共中央召开全国军事系统党的高级干部会议。这时毛泽东正在杭州主持起草宪法。中央决定由朱德为全国军事系统党的高级干部会议致闭幕词。朱德的闭幕词稿事先传给毛泽东看过几遍，其中有一部分讲到党和军队的关系。随同毛泽东在杭州的人建议加上几句话，毛泽东欣然同意，特意嘱咐朱德和彭德怀，加上以下几句话：

> "必须使全军了解：我们的武装部队是在党的领导之下建设和发展起来的，是在党的领导之下战胜了敌人的。没有党的领导，就没有我们的革命武装部队。我们军委是在党中央的领导之下进行工作。
>
> 我们武装部队的高级干部应当时刻记住毛泽东同志的指示：'我们的原则是党指挥枪，而决不容许枪指挥党。'就是说，我们的武装部队和武装部队的一切干部，要忠诚地服从党的领导，在党中央的领导之下紧紧地团结起来。"

1958年1月，在起草《工作方法六十条》的时候，毛泽东又特意加写了这样的内容："军队必须放在党委的领导和监督之下，现在基本上也正是这样做的，这是我军的优良传统。"

1962年8月1日，在中国人民解放军迎来建军35周年的时候，朱德感慨万千，赋诗一首，其中有两句最能表达他的心声：

> 建军总原则，党的领导尊。
> 非军指挥党，惟党指挥枪。

1965年5月，毛泽东在重上井冈山之时，回想起38年前的斗争岁月，也深有感触地与随同的人谈起"党指挥枪"的建军原则。

然而，进入"文化大革命"时期，国内各方面的正常秩序，包括党和军队的关系，曾一度被林彪、"四人帮"一伙搞乱。1971年"九一三"事件后，在总结军队内部出现的问题过程中，毛泽东和一些老帅深刻地意识到：自1959年林彪主管军队工作起，特别是在他主管的后期，军队被搞乱了，乱就乱在偏离了党中央的意志，拉起了山头，搞起了派性。

1971年10月后，根据毛泽东的指示，叶剑英主持召开军委扩大会议，在讨论整顿军队问题时，叶剑英反复强调：军队必须坚持党指挥枪的原则，军队的领导权必须掌握在可靠的人手里，决不能让那些野心家、阴谋家得逞。

1975年初，邓小平在主管军队整顿工作时，毛泽东又特意交代他："军队要整顿"，"优良传统要恢复"。针对林彪等人"把军队搞得相当乱，现在好多优良传统丢掉了"的情况，邓小平发表了《军队要整顿》的讲话，句句切中要害：

> "我们这个军队有好传统。从井冈山起，毛泽东同志就为我军建立了非常好的制度，树立了非常好的作风。我们这个军队是党指挥枪，不是枪指挥党。"
>
> "这些年来，我们军队出现了一个新的大问题，就是闹派性，有的单位派性还很严重。这个问题主要在干部。"
>
> "要安定团结，就必须消除派性，增强党性。我们军队在历史上曾经有过许多山头，那是由于长期处在分散的农村游击战争环境而自然形成的。长征到了陕北，在抗日战争时期，毛泽东同志向全党全军提出要克服山头主义倾向。经过延安整风，反对宗派主义，全党达到了新的团结。这是我们打胜抗日战争、打胜解放战争的根本保证。"
>
> "不消除派性，安定团结不起来，军队战斗力也一定会削弱。每个干部都要把党性放在第一位。"

拨乱反正以后，在邓小平的主持下，毛泽东关于人民军队的建设思想和军事战略，被写入了《关于建国以来党的若干历史问题的决议》中，其中就包括："他规定了全心全意为人民服务是人民军队的唯一宗旨，规定了是党指挥枪而不是枪指挥党的原则。"

在改革开放新时期，我们党和军队的建设面临新的历史条件和新的伟大斗争，面对国内外一些人鼓吹的"军队非党化""军队非政治化""军队国家化"等言论，邓小平、江泽民、胡锦涛等党和国家领导人不断提请军队的同志特别是高中级干部："对此必须高度警惕，始终保持政治上的清醒和坚定"；"党要管军队，军队任何时候都要听党中央的话，选人也要选听党的话的人，军队不能打自己的旗帜"；"要坚持党对军队的绝对领导"。

"我们的原则是党指挥枪，而决不容许枪指挥党。"毛泽东的这句名言，早已根植于人民解放军不变的军魂和传统之中。十八大以后，以习近平同志为核心的党中央对进一步加强党对军队的绝对领导有着深刻的认识和高度的重视，不断提醒党内、军内同志对党指挥枪的极端重要性要有足够的认识。重读一下2012年11月和12月习近平两次在中央军委扩大会议上讲的话，我们就会更加明白新形势下党和军队的关系：

> "我军是执行党的政治任务的武装集团，保证党对军队的绝对领导，关系我军性质和宗旨、关系社会主义前途命运、关系党和国家长治久安，是我军的立军之本和建军之魂。"
>
> "党对军队实施绝对领导有一系列根本原则和制度，无论战争形态怎么演变、军队建设内外环境怎么变化、军队组织形态怎么调整，都必须始终不渝坚持。这个最根本的问题守不住，军队就会变质，就不可能有战斗力！"

"支部建在连上"

"连有支部,班有小组。红军所以艰难奋战而不溃散,'支部建在连上'是一个重要原因。"

——毛泽东:《井冈山的斗争》(1928年11月25日)

★ 秋收起义(油画)。

"支部建在连上"与"小组建在班上",是毛泽东在人民军队加强党的基层组织建设方面的一大发明。"支部建在连上"这种组织制度,保证了党对军队的绝对领导。这项制度,起源于井冈山斗争时期。

1927年10月,在湘赣边界秋收起义失利后,毛泽东率领部队来到了井冈山。经过一年的努力,无论是军队工作、党的工作,还是地方工作,都取得了大的发展。井冈山的星星之火，已初具燎原之势。

1928年11月25日，毛泽东向中共中央写报告，报告一年多来井冈山斗争的情况，在谈到军队中党的组织时，他说：

> "党的组织，现分连支部、营委、团委、军委四级。连有支部，班有小组。红军所以艰难奋战而不溃散，'支部建在连上'是一个重要原因。两年前，我们在国民党军中的组织，完全没有抓住士兵，即在叶挺部也还是每团只有一个支部，故经不起严重的考验。现在红军中党员和非党员约为一与三之比，即平均四个人中有一个党员。"

"连有支部，班有小组"的组织制度和"支部建在连上"的建军原则，是毛泽东在长期的实践中摸索出来的。

★ 九陂谈话："应该扩大党在军队中的基层组织"

我们这支军队，从成立之初就重视党对军队的绝对领导。但是，如何在军队中建立行之有效的党组织，并不是一开始就清楚的。毛泽东提到的由我们党掌握的叶挺部队，尽管成立了党的组织，但实行的却是"每团只有一个支部"。

叶挺独立团的前身是1924年11月建立的建国陆海军大元帅府铁甲车队。在铁甲车队，两任队长徐成章和周士第、党代表廖乾吾、军事教官赵自选、政治教官曹汝谦都是共产党员，三个排的排长也都在铁甲车队里加入共产党。不久，廖乾吾调走，周恩来又从黄埔军校调来许继慎、杨宁等一批军事干部到独立团。1925年11月21日，国民革命军第四军独立旅扩编为第十二师，叶挺独立团在广东肇庆正式成立。始建时，番号为国民革命军第四军第十二师第三十四团，次年1月改番号为国民革命军第四军独立团，全团官兵2100多人。

在叶挺独立团建立的同时，中共广东区委决定成立叶挺独立团支部，以陈独秀的外甥吴季严为支部书记。当时，支部领导不叫支委会而称支部干事会，干事有叶挺、吴济民、董朗和周士第。建团之初，有中共党员20多人，后来发展至100多人。独立团支部下设6个党小组。周士第、曹渊、贺声洋、许继慎、

★ 何挺颖（1905—1929），陕西南郑人。1925年加入中国共产党。参加湘赣边界秋收起义到井冈山后，任工农革命军第四军第十一师党代表兼第三团党代表，后任第二十八团党代表、中共湘赣边界特委委员。1929年1月牺牲。

杨宁、张伯黄等都曾任过党小组长。

军队中设立共产党的组织，这在其他军队中是从来没有过的，对共产党而言，也是第一次。但这种做法也有不足，连一级没有党的组织，难以直接掌握士兵，团一级虽然设了党的组织，却不易掌握部队，因此也没有实现党的统一领导。正如毛泽东所言："每团只有一个支部，故经不起严重的考验。"

严重的考验在大革命失败后接连而至。国民党反动派撕下伪装，举起屠刀，对共产党和革命群众下手了。我们党只能拿起武器，在各地发动了武装起义。湘赣边界的秋收起义是其中比较大的一次。但这次起义最终并没有达到预期目的。在这样的紧急关头，毛泽东当机立断，改变原有部署，让所有起义部队退往文家市集中，继而向罗霄山脉进发。

1927年9月21日，毛泽东等人率起义部队从文家市出发后，一路上都在思考起义失败的原因。在独自思考的基础上，他同时也需要和别人交流，恰在此时，有一个人引起了他的注意，此人就是当时担任连指导员的何挺颖。何挺颖毕业于上海大学社会学系，知识广博，思维活跃，看问题也很有见地。他所在的连队政治气氛较浓，无论是军事干部还是士兵，平时对连指导员都很尊重，连队没有一个逃兵。

当部队行进到九陂的时候，毛泽东与何挺颖进行了一次长谈。据说，他们当时的谈话是这样的：

"工农革命军走到今天，也算是经磨历劫吧！俗话说，一个人要赢得起，也输得起，这样方为好汉。一支队伍也要胜得起，败得起。我们现在还有八九百人，可是部队怎样才能不垮掉、散掉呢？这是最大的问题啊！"毛泽东声音低沉地道出了心中的忧虑。

★ 讲军队根本 ★
"支部建在连上"

何挺颖略略沉默了一会儿，然后有针对性地回道："部队接连打了一些败仗，军力上只剩下这么一些人枪。我看这并不是可怕的，可怕的是这支队伍失去党的领导，我看目前最重要的问题是党对队伍的领导权问题。"

"挺颖，你说的是呀！"毛泽东亲切地叫着对方的名字，继续说，"你说的正对我的思路！我也在考虑党如何抓住这支队伍的问题。"毛泽东接着一抒这些天来的思考："这次暴动中的诸多失利，就暴露出了党的领导问题。比如兵力分散、收编不当、麻痹轻敌等，就是军事主官自行其是的结果。今后必须树立前委的领导，不允许自行其是，不允许阳奉阴违，一切行动得听从前委的指挥。"

对于毛泽东的想法，何挺颖坦率地谈出自己的见地："你说的问题对头，是这样的。问题是怎样才能树立前委的领导，这不是一下命令就可以解决的呀！"

毛泽东对这个问题显然做过深入的思考，但他还是想听听别人的看法。何挺颖声音不高地说："恐怕要从部队中的党组织去考虑。现在，部队里的党支部太少，这样不行，等于抓不住部队。"

何挺颖的想法和毛泽东正好契合，毛泽东继续追问："挺颖，你在部队中搞过团指导员，又当过连指导员，你说，党怎样才能抓住部队？抓住士兵？"

显而易见，何挺颖也在思虑这个问题，并形成了自己的意见，他缓而有力地说："党的组织，也就是党的支部，在我们的队伍里不是没有，而是太少了，一个团才有一个支部，连队一级都没有党的组织，这就不能抓住士兵，等于抓不住部队。我看要把党的支部建立到每个连队，就是班、排也要有党的小组，营以上建立党的委员会，举凡军中的重大事情，都要经过党支部、党委来决定，这样方能保证党对部队的领导。"

没有想到，何挺颖的想法和自己不谋而合，毛泽东兴奋地说："对！你讲得太好了！是应该扩大党在军队中的基层组织，把党支部建到连队一级。"毛泽东继续说，"另外啊，把各级指导员的名称改掉，设立党代表制度，都由党代表担任支部书记，党代表在政治上负有全部的责任。"毛泽东最后打了一个形象的比喻："一个人活着要有灵魂，一支队伍也要有军魂！我们的魂魄就是各个党的支部，一定要把支部建立到连队一级！"

谈话的细节已不太容易考证，但是，显而易见的是，毛泽东在这段时间内一定对这个问题作了深入的思考，在自己的心中有了较为成熟的想法，也在一定范

围内征求了别人的意见,并逐渐形成一套完整的方案,核心问题是改变支部建在团上的制度,变为支部建在连上。同时包括在班、排建立党小组,营以上建立党的委员会,重大问题要经过党支部、党委讨论决定,等等。这个方案,只等合适的时机来付诸讨论并实施了。这个合适的时机,在部队到达三湾后产生了。

★ 三湾改编:确立"支部建在连上"的制度

1927年9月29日,毛泽东率领湘赣边界秋收起义部队到达江西永新县三湾村。三湾村地处湘赣边区的山区,是茶陵、莲花、永新、宁冈四县的交界地。这

★ 三湾枫树坪。

★ 讲军队根本 ★
"支部建在连上"

里群山环抱,追敌已被摆脱,又没有地方反动武装,比较安全。部队在村里住了5天。这是自秋收起义后第一次得到从容休整的机会。毛泽东抓住这个机会,将心中的想法提了出来。

部队到达三湾的时候,人员不足1000人,党不能切实掌握部队,由于雇佣军队的影响还存在,再加上作战失利,一些人开始动摇。面对军队组织上和思想上存在的混乱情况,在到达三湾的当天晚上,毛泽东就主持召开了前敌委员会扩大会议,决定对起义部队进行整顿和改编。

毛泽东首先分析了革命失败的原因,认为主要原因在于共产党没有掌握自己的军队,并正式提出了"支部建在连上"的主张。以师长余洒渡为代表的一些人不太同意这个看法,对此提出了各种异议。毛泽东则耐心地作解释,说"支部建在连上",才能发挥堡垒作用,在艰苦的战争岁月拖不垮,打不烂,是革命胜利的重要保证。经过毛泽东的耐心说服,最后会议通过了这些提议。

第二天,部队在三湾枫树坪集合。毛泽东站出来鼓舞大家:同志们!敌人只是在我们后面放冷枪,没什么了不起,大家都是娘生的,敌人有两只脚,我们也有两只脚。贺龙在家乡两把菜刀起家,现在当军长了,我们有近千人还怕什么?大家都起义暴动出来了,一个人可以当敌人10个,10个战士可以当敌人100个,有什么可怕的,没有挫折和失败,革命是不会成功的!

部队中党的组织结构也按照前敌委员会扩大会议的决定,相应地进行了调整:在部队各级都设立了党的组织,班设小组,连有支部,营、团有党委。改编后,军队在连以上设立党代表,担任党组织的书记,专做思想政治工作。

"支部建在连上"的制度,从此确立起来。这个制度到底有哪些优势呢?毛泽东在向中央的报告中是这样说的:

> "党代表制度,经验证明不能废除。特别是在连一级,因党的支部建设在连上,党代表更为重要。他要督促士兵委员会进行政治训练,指导民运工作,同时要担任党的支部书记。事实证明,哪一个连的党代表较好,哪一个连就较健全,而连长在政治上却不易有这样大的作用。"

在军队中实行党代表制度,实质上就是为了加强党对军队的整合,有效实现党对军队的领导。同时,特别注意了在班长、战士中发展党员,这样党和士兵群众的联系便更加紧密了,大大加强了政治思想工作。

三湾改编后,出现了一个问题,就是党员没有那么多。有的连队只有一两名党员,成立党支部有困难,班排设立党小组更是难以实现。毛泽东此时

★ 亲历三湾改编的罗荣桓1955年被授予元帅军衔。

提倡,要发展出身工农家庭、作战英勇的士兵入党。并解释说:我观察过,凡是拥有一定数量党员的连队,士气就高,作战英勇,长官也能得到有效的民主监督。按照毛泽东的指示,各连队都开始发展工农骨干入党。

1955年被授予中将军衔的赖毅就是在这个时候入党的。赖毅原来是造纸工人,在搞工会工作时加入了共青团和农民自卫队,后来由于国民党通缉,逃了出来,找到了工农革命军。

三湾改编后,赖毅悄悄找到副班长刘炎,将自己的家庭情况和个人经历告诉刘炎,并要求:"我要加入中国共产党,跟着毛委员革命到底。"刘炎说:"你想入党,是件好事,你可以去找连党代表谈。"后来,赖毅找到了连党代表,谈了自己的想法,党代表说:"毛委员指示,要发展一批工农骨干入党,希望你好好工作,努力创造条件,争取早日实现自己的愿望。"

1927年10月13日,部队到达鄘县水口休整。到

★ 讲军队根本 ★
"支部建在连上"

水口后,党代表何成匈把赖毅叫去,递给他一份油印的入党志愿书,要他马上填好,同时通知他,晚上跟他一起去团部开会。

15日晚上,在水口的叶家祠的阁楼上,毛泽东主持了赖毅等6人的入党仪式。傍晚时分,赖毅上了阁楼,阁楼里几条长凳上已经坐了十几个人,各连的党代表都来了,还有几个班的班长,毛泽东也来到了会场,正和一营党代表宛希先谈话。会场前面放着一张小长桌,桌上放着一盏煤油灯,桌面上压着两张下垂的红纸,一张写着入党誓词,一张写着"CCP"3个英文字母。赖毅心中很高兴,他知道,今晚就要在这里举行入党宣誓,自己就要成为一名中国共产党党员了。

★ 三湾改编后,毛泽东与新入党的党员谈话(油画)。

与会人员到齐后,毛泽东便站起来宣布开会,他讲完会议议程后,就让各个入党介绍人分别介绍入党对象的简历和表现。接着,毛泽东走到6名宣誓人的面前,依次询问了许多问题。毛泽东走到赖毅面前,问他为什么要加入共产党,赖毅回答说:"要革命,要翻身,要打倒国民党,打倒土豪劣绅,入了党就更有力量。"毛泽东笑着说,讲得好。紧接着,毛泽东叫6名新党员来到方桌前,带领大家宣誓,他读一句,新党员跟着读一句:"牺牲个人,服从组织,严守秘密，永不叛党……"洪亮、庄严的声音在阁楼中回荡。

宣誓结束后，毛泽东亲切地握着6名新党员的手说："从现在起，你们就是中国共产党党员了！"

赖毅是秋收起义失败后，起义军向井冈山进军途中发展的第一批党员，随后，连队的党员人数逐步增加，毛泽东提出的"支部建在连上"真正得到了落实。

★靠什么有力量：
"党的领导直达基层、直达士兵"

"支部建在连上"这套制度，保证了连有支部、班有小组，使我们党牢牢地掌握了这支军队。这项制度确定了军队基层党建的根本原则，对人民军队的成长壮大影响极为深远，也使人民军队在团结统一方面威力极为强大。

邓小平在1972年重游三湾时，也颇为感叹地说：

> "三湾改编，与古田会议一样的重要，特别是支部建在连上，是毛泽东同志的一个创举。南昌暴动、秋收起义以前我党的军队，都是团以上才有党代表，营、连、排都没有支部，军中的士兵党员也很少，这样就不能抓住部队。毛主席在这一重大问题上，创立了'支部建在连上'的原则，这就确立了党对军队的绝对领导。"

亲历三湾改编的罗荣桓元帅对改编前后部队的变化印象深刻：

> "这支部队中，虽然有不少是党员，但没有形成坚强的组织核心，也没有明确的行动纲领。军事指挥员大部分是黄埔军校的学生，他们都是知识分子，没有经过更多实际战争的锻炼，指挥能力弱，旧的一套带兵方法，妨碍着上下一致、官兵一致。三湾改编，实际上是我军的新生，正是从这时开始，确立了党对军队的领导。如果不是这样，红军即使不被强大的敌人消灭，也只能变成流寇。"

★ 讲军队根本 ★
"支部建在连上"

1995年12月17日,江泽民在中央军委扩大会议上讲到"坚持党对军队的绝对领导"问题时,还特别回顾了毛泽东在三湾改编时的这一历史功绩:

> "毛泽东同志作为我军的主要缔造者,为确立党对军队的绝对领导作出了巨大的历史性贡献。他在三湾改编时提出'支部建在连上'这一建军原则,把党的组织建立在基层,从而使党得以切实掌握部队。"

"支部建在连上"这个光荣传统,早已成为我军的一个基因,代代传承下来。

党的十八大以后,习近平也在多个场合重提这条组织原则。

2013年7月,习近平在讲到军队思想政治建设工作时,不无感慨地说:

> "在我军初创时期,就确立了党指挥枪的原则,三湾改编的最大成果就是在工农革命军中健全党的组织,把支部建在连上。罗荣桓同志后来指出,如果不是毛泽东同志英明解决了这个根本性问题,那么,这支部队便不会有政治灵魂,不会有明确的行动纲领。"

2014年10月,习近平又对"支部建在连上"以及与此相关的一整套制度给予了极高的评价:

> "我们党在军队各级建立了党的组织,班排有小组,连队有支部,营级以上单位建立党委,党的领导直达基层、直达士兵。"
>
> "几年前,我去委内瑞拉访问,查韦斯总统问我中国共产党这么有力量靠的是什么,我就给他讲了支部建在连上这个例子。他非常赞赏这一点,这是他们想做而做不到的事情。"
>
> "我们党领导军队的一整套制度,越是在重大考验面前越能显现作用。从中外历史和现实看,在有些国家,军队指挥官甚至一个中下级军官就可以把队伍拉起来造反。然而,在我军历史上,从来没有一支

> 成建制的队伍被敌人拉过去，也没有任何人能利用军队来达到其个人目的。当年，张国焘自恃枪多人多，想带着人马另立山头，最后变成孤家寡人，出逃时连个警卫员都带不走。林彪当了'副统帅'，权力够大的，但当他走向反面时，只能落得个折戟沉沙的下场。'文革'期间，'四人帮'总想抓军队，但军队不听他们的，他们在垮台时也哀叹没有抓住军队。"

这就是毛泽东的首创。这一根本性的组织制度，为一代一代共产党人和革命军人继承和发扬，凝聚了人民军队的巨大力量！"支部建在连上"这套制度，保证了党的领导"直达基层、直达士兵"，保证了党对军队的绝对领导，也保证了人民军队有力量。

★ 讲军队根本 ★
"政治工作是革命军队的生命线"

"政治工作是革命军队的生命线"

"共产党领导的革命的政治工作是革命军队的生命线。"
——毛泽东在修改谭政《关于军队政治工作问题》报告时加写的文字（1944年4月11日）

1944年4月，毛泽东在修改中央军委总政治部副主任谭政起草的《关于军队政治工作问题》的报告时，加写的话中有这样两句特别引人注目：一是"中国共产党从它参加与领导中国民族民主革命以来，从它参加与领导为这个民族民主革命而战的革命军队以来，就创设了并发展了军队中的革命的政治工作"；一是"共产党领导的革命的政治工作是革命军队的生命线"。前一句讲的是人民军队早就创设了革命的政治工作；后一句讲的是政治工作的极端重要性。

据说，淮海战役后，国民党名将胡琏受命重建十二兵团，因纵容部下抢掠百姓和强拉壮丁而被另一些国民党高官弹劾，一肚子委屈面见蒋介石诉苦：整顿纪律，非不敢为，乃不能为；重建的十二兵团一直没有经费接济，部队每人每日只能由驻地县府发放5个铜板做菜金，不偷不抢，难道让士兵喝西北风去？

这位当年参加过"围剿"中央苏区的胡琏大概不知道，每人每日5个铜板的菜金，比起红军当年在井冈山的"红米饭，南瓜汤"，条件已不知道要好多少倍。可是共产党领导的人民军队却没有因为条件艰苦而涣散军纪、丧失信仰。他更不明白的是，共产党的这支革命军队，始终把政治工作作为自己的生命线。

★ "政治工作不是附带的,而是红军的生命线"

要说共产党的政治工作,其开山鼻祖理应是周恩来。在第一次国共合作期间创办的黄埔军校,周恩来被任命为政治部主任,他迅速在军队中"推行列宁创造红军经验",在政治部建立起新型的工作制度和工作秩序。周恩来领导下的黄埔军校政治部,一改过去死气沉沉的政治工作局面,一下子使政治工作活了起来。就是在这种强有力的思想政治工作推动下,尽管环境艰苦、生活紧张,但学员们的思想觉悟提高很快,始终保持着昂扬的斗志。

1925年2月和10月,周恩来先后以黄埔军校政治部主任和国民革命军第一军第一师党代表、东征军总政治部主任的身份,参加了广州国民革命政府举行的讨伐军阀陈炯明的两次东征。以政治思想工作鼓动起昂扬斗志的黄埔学生军,成了一支克敌制胜的胜利之师。两次东征的胜利,是国共合作的胜利,也是同周恩来主持下的黄埔军校出色的政治工作分不开的。

对黄埔军校的政治工作,周恩来有过一段回忆:

> "1924年我返国时,国民党已改组。我到广东,担任黄埔军校政治教官,1924年冬担任政治部主任。将近两年间,教过四期学生。1925年参加两次东征,任总政治部主任,打陈炯明。这时,我是以公开的共产党身份与国民党合作、共事,因此,与许多国民党人认识。当时国民党内部即有两派,一派主张国共合作,一派反对合作,两派斗争甚烈。1926年3月20日发生了中山舰事件,蒋借口海军要叛变,逮捕了许多进步分子。经此事后,我辞去政治部主任之职,只担任教员。"

周恩来开创我军政治工作的先河,也带出了一大批党和军队政治工作的杰出人才。这点得到毛泽东的充分肯定,1965年2月21日,毛泽东在中南海召集会议时,谈到政治工作的历史,感慨地说过这样的话:

讲军队根本
"政治工作是革命军队的生命线"

> "第一个做政治工作的是周总理。你是蒋介石黄埔军校的政治部主任，……做政治工作你资格最老。"

真正的人民军队的政治工作格局，是毛泽东在井冈山时期打下的基础。

三湾改编时，毛泽东在每一个连队里都建立了士兵委员会，他告诉战士们：士兵委员会就是监督院，是监督官长的。没有这样一个组织，士兵们就不敢讲话，讲了话也没有作用。成立士兵委员会就是要士兵敢于讲话，讲话也要有作用。

在毛泽东领导的队伍中，有一位叫郭天民的人，是黄埔军校四期毕业生。他打仗很勇敢，也很有军事才能，当时担任工农革命军的大队长。因受旧军队习气的影响，郭天民有时体罚战士。以前打战士，战士是不敢反抗的，成立士兵委员会后，战士们将郭队长打人骂人的情况反映给士兵委员会，士兵委员会又将此事汇报给了毛委员。毛泽东立即对郭天民进行了严肃批评，告诉他这是不允许的，违反纪律的。在毛泽东批评后，郭天民很快改正了体罚战士的毛病，开始用说服教育的办法通过做政治工作来管理部队，结果很快重新获得了士兵群众的理解和爱戴，在战士中的威望反而比以前高了许多。

三湾改编取得的一个重要成果，就是在人民军队里建立起政治工作秩序。这一方针和秩序一直延续。尤其是在井冈山和中央苏区时期，给弱小的红军部队带来了无限活力。对红军的生活环境，从白军俘虏或反正过来的士兵感受最深，他们说：红军和白军是完全不同的两个世界，白军里死气沉沉，官兵之间相互戒备、相互提防，而红军士气高昂，官兵之间亲密无间，没想到红军里这么好。

1928年11月25日，毛泽东在向中共中央写的《井冈山的斗争》这篇报告中，讲到"军事问题"这部分时，特别分析和强调了军事斗争中的政治工作。他举例说明了政治工作在提高红军战斗力上的威力：

> "红军成分，一部是工人、农民，一部是游民无产者。游民成分太多，当然不好。但因天天在战斗，伤亡又大，游民分子却有战斗力，能找到游民补充已属不易。在此种情形下，只有加紧政治训练的一法。"

毛泽东还讲到，红军士兵大部分是由雇佣军队来的，但一到红军即变了性质。像变了个人似的！什么原因？是因为通过军队中的政治工作，让这些士兵懂得了这样一个道理：

> "红军废除了雇佣制，使士兵感觉不是为他人打仗，而是为自己为人民打仗。"

毛泽东进一步讲到政治工作的重要性：

> "经过政治教育，红军士兵都有了阶级觉悟，都有了分配土地、建立政权和武装工农等项常识，都知道是为了自己和工农阶级而作战。因此，他们能在艰苦的斗争中不出怨言。连、营、团都有了士兵会，代表士兵利益，并做政治工作和民众工作。"

通过政治工作而树立起"为工农作战""为人民打仗"信念的红军，具有大无畏的革命精神。

1929年1月29日下午，国民党军队攻占井冈山小井，包围了那里的红军医院。130多个伤病员被赶到一块稻田里，四周架起了机枪。敌军团长宣布说：只要口头声明不当红军的，站到一边，发给银洋放走，不声明的马上处决！任凭这个团长跳着脚叫喊了几十遍，红军伤员们始终沉默着，没有一个人站出来。敌人的机枪终于响了，伤员们全部倒在血泊里，鲜血染红了那块稻田，又流到溪水里……这就是我们的红军！

自建立中国工农红军开始，毛泽东、周恩来、朱德等人就特别强调政治工作的重要性，始终致力于消除军队中的单纯军事观点。毛泽东在1929年12月为红四军党的代表大会写的《关于纠正党内的错误思想》一文，专门点明：单纯军事观点一个要害是"政治水平低"，"不认识军队中政治领导的作用"。毛泽东清楚地告诉人们：红军和白军根本不同，就在于红军把党的政治工作放在极端重要的位置。

懂得了政治工作，官兵就有了精神，打仗也就有了办法。请看《星火燎原》丛书收录的原福州军区政委李志民关于第三次反"围剿"的回忆：

> 1931年6月，蒋介石窜到了南昌，亲自组织和指挥对我中央苏区的第三次反革命"围剿"。为了粉碎敌人的第三次"围剿"，方面军总前委和毛泽东同志为我军制定了"避敌主力，打敌虚弱"的方针。决定采取"磨盘战术"，首先绕入敌背，捣其后路，为执行此计划，红军主力必须以急行军分途向赣南根据地的兴国地区集结。
>
> 这是一次艰苦的进军，全程1000多里，又正逢盛夏时节，烈日下行军的战士们个个汗流浃背。脚下的石板路硌得人钻心地疼。粮食也不足，部队只好喝稀饭充饥，病员也开始增多，中暑的、发疟疾的、拉痢疾的，这个没好，那个又病倒了，收容队在不断扩大。

在这极其困难的时刻，政治工作发挥了重要作用，李志民回忆说：

> 在行军行列里的鼓动工作，十分活跃。道边的山石上、树干上到处是标语口号。每到难走的地方，军团"火线剧社"的文艺战士或者师宣传队的宣传员们就出现了，道旁留声机吱吱呀呀地唱着，宣传员们唱歌、呼口号，鼓动着战士们前进。每当休息的时候，哪怕只有十几分钟，士兵委员会的骨干分子们也在进行鼓动工作，来个小演出，唱段山歌，或者班排之间进行一次唱歌比赛。山谷里、树林里，到处升腾起歌声和欢笑声，疲劳和酷热就被忘得干干净净。

红军的高昂士气和强大向心力、凝聚力来自哪里？政治工作！

红军的政治工作也得到了隐蔽在上海的党中央的充分肯定和高度重视。

1932年7月21日，中共中央从上海发出《中央给中区中央局及苏区闽赣两省委信》，对军队政治工作的重大意义作出了全面肯定：

> "政治工作在红军中有决定的意义,每一个红军战斗员不仅要能够有充分的军事技术——手的武器,而且最重要的是脑子的武装。必须充实现有军队中的政治工作,实现中央政治工作条例,政治工作不是附带的,而是红军的生命线。"

1934年2月,中国工农红军全国第一次政治工作会议在江西瑞金召开,周恩来、朱德等在会议上的讲话中明确提出:

> "政治工作是红军的生命线。"

周恩来还在会上作了题为"一切政治工作为着前线上的胜利"的报告,说明:"一切政治工作,要服从整个作战计划,一切政治工作,都要为着前线上的胜利。"

★ 如何抗战,毛泽东提议蒋介石:"改造军队的政治工作"

强化军队政治工作,是共产党领导的人民军队打胜仗的一个基石。

全面抗战爆发,毛泽东立即向国民党方面提出:"在坚决抗战的方针之下,必须有一整套的办法,才能达到目的。"他在1937年7月23日《反对日本进攻的方针、办法和前途》一文中,给蒋介石提供的"一整套的办法",第一条里就有这样的内容:

> "改造军队的政治工作,使官兵一致,军民一致。"

政治工作如此重要,可惜蒋介石的军队却做不到。这恰恰是共产党领导下的军队的特点。

1937年10月25日,毛泽东在接待来访的英国记者贝特兰时,回答了这位英国客人对八路军政治工作的好奇心。毛泽东毫不掩饰地介绍说:"八路军更有一

讲军队根本
"政治工作是革命军队的生命线"

种极其重要和极其显著的东西，这就是它的政治工作。"

毛泽东清楚地介绍了八路军的政治工作的基本原则有三个，即：官兵一致的原则、军民一致的原则、瓦解敌军和宽待俘虏的原则。他告诉外国记者，这样的政治工作，就是共产党领导的军队的优势。

毛泽东认为，这套办法和这种优势，是国民党军队学不来的。因为这是共产党领导的军队所独有的。1940年8月，毛泽东在八路军野战政治工作会议期间，就对彭德怀、杨尚昆、罗瑞卿等人说过我军这种政治工作的"独立性"：

> "共产党领导的军队中的政治工作，在抗战中应有其独立性。这种独立性是根据党的政策与共产党在民族斗争中的独立性而来的。因此模糊我们政治工作的独立性的原则，无视国民党军队的传统与作法对我们的恶劣影响是不对的。然而所谓政治工作的独立性并不是要我们抄袭内战时期一切作法，相反的我们应当根据民族战争的环境来确定政治工作各方面的具体方针，我们应当使军队的政治工作变成实现党的每个政策的有力武器。"

抗战期间，国民党停发了八路军的军饷，可是八路军的军纪却没有因长时间分文未领的困窘而松懈。

一次，领导山东抗战的罗荣桓带领部队来到一个村庄外面，村里的群众因担心军队扰民，不许部队进村。疲惫不堪的战士们只好在野外休息。可是只过了一会儿工夫，乡亲们却主动过来邀请部队进村休息。罗荣桓惊讶地问村长："群众放心吗？"村长笑着说："不放心能开寨门吗？"罗荣桓又问："谁给你们解释清的？"村长指着长满了大葱的地说："那不是？是它们把事情说清了。"

原来，我们的部队就坐在大葱地边，山东人都爱吃大葱，可是部队早有政治工作做在了前头，不拿群众一针一线，对群众的东西不犯秋毫。这就是居然没一个人拔葱吃的原因。村里的群众据此断定："这决不是欺男霸女的军阀部队。"

国民党军队里也有政工人员，也搞政治宣传，可是国共两军在遵守军纪方面却形成了巨大的反差。

自红军改编为八路军和新四军后,毛泽东又在红军时代已打下的基础上,对政治工作的作用作了进一步的探索,对政治工作的重要意义作了进一步的阐释。

"政治工作是革命军队的生命线"这一论断,就是在抗日战争期间的1944年明确提出来的。

1944年4月,在毛泽东主持和委托下,中共中央军委总政治部副主任谭政起草了《关于军队政治工作问题》的报告,准备在西北局高干会议上宣读。报告系统地论述了人民军队政治工作的性质、地位和基本方针、原则,在总结党的历史经验的基础上,就革命军队的建设问题提出了许多真知灼见。

这份报告送到毛泽东手里。

毛泽东修改是在4月11日。他加写的文字中有这样一些内容:

> "中国共产党从它参加与领导中国民族民主革命以来,从它参加与领导为这个民族民主革命而战的革命军队以来,就创设了并发展了军队中的革命的政治工作。这种政治工作的基本原则,是以民族民主革命的纲领教育群众,是以人民革命的精神教育军队,使革命军队内部趋于一致,使革命军队与革命人民、革命政府趋于一致,使革命军队完全服从革命政党的政治领导,提高军队的战斗力,并进行瓦解敌军、协和友军的工作,达到团结自己,战胜敌人,解放民族,解放人民的目的,这就是我们的军队和其他军队的原则区别。
>
> 我们说,共产党领导的革命的政治工作是革命军队的生命线,就是指的这个意思。"

经毛泽东加的这些文字,真是画龙点睛!

有党史研究者认为,谭政的报告"既继承了红军政治工作的优良传统,又根据抗日战争形势和任务的变化,提出了改革政治工作形式和工作制度的意见","是继古田会议决议后关于我军政治工作的又一重要历史文献"。而毛泽东亲自为这一报告加写的"政治工作是革命军队的生命线"的这段话,更是高屋建瓴地对人民军队政治工作的重要作用作了极精辟的概括。

★ 讲军队根本 ★
"政治工作是革命军队的生命线"

★ "不懂政治的人就不会打仗"

经毛泽东等人修改的谭政的《关于军队政治工作问题》的报告，后来对我军打败敌人起了巨大的作用。让我们看看这份报告的一些内容。

谭政在《关于军队政治工作问题》的报告中，用"王道"与"霸道"作比喻，对部队的政治教育工作作了全面而深刻的论述：

> 在军队的政治教育中，要把培养高度的对敌仇恨与争取敌军俘虏二者区别而又统一起来。没有前者，就不能振起一往无前、杀敌致果的士气；没有后者，就不能瓦解敌军官兵。应该使我们军队的指挥员战斗员都懂得，在战斗时，集中一切力量去压倒敌人，迫使敌人投降，如果敌人不投降，那就应坚决的歼灭他们，或俘虏他们，这就是我们军队一往无前、杀敌致果的革命精神。这种革命精神，是我们军队非常宝贵的历史传统，今后应该在我们军队中大大提倡，大大发扬。但是在战斗解决以后，对待俘虏的政策，就不是这样。这里应该转变为说服态度，从思想教育上、物质待遇上、政治态度上争取他们，将我们在战斗前与战斗中对于敌军的宣传变为事实，借以瓦解敌人的队伍。拿中国的老话说，如果前一种态度可以叫做"霸道"（革命的霸道），那末，后一种态度就可以叫做"王道"（革命的王道）。如果拿前一种态度应用于后一种情况，那是不对的。分别而又同时发扬这两种态度，正是我们的历史传统，今后应把这一点更大的发扬起来。
>
> 如果说对敌人是用"霸道"，那末，对同志、士兵，对人民、对朋友，就是用"王道"。对前者是打击，是消灭；对后者是尊重，是说服。如果不去学会分别这两者，如果把对待敌人的态度有时稍微误用了去对待同志、士兵、人民与朋友，那就是犯了极大错误。严格地分别这两种态度正是我们的历史传统，今后同样应当予以大大的发扬。

人民群众的对人民军队衷心拥护来自哪里？政治工作！

谭政的《关于军队政治工作问题》的报告在谈及官兵关系与军民关系的改进时，详细论述了用政治工作克服军党、军民关系中所存在不良现象的各种办法：

> 军队方面坚决实行了自我批评，实行了坦白运动，将军党之间、军政之间、军民之间一切不良现象，都讲出来，彻底改变了干部与战士的思想；对民众关系不好者，实行改善关系，归还借物，赔偿损失，争论事件错在军队者实行向民众赔礼道歉；军队又大规模地从事生产自给运动，改善了给养，减轻了民众的负担；军队又以大量的劳动力帮助民众生产；这样就使我们的军政军民关系大大的改善了。在军队内部关系上，无论官兵关系、上下级关系、军事工作与政治工作的关系，各部分军队之间的友好关系，凡属存在着缺点的，均有了很大的改善。在连队军人坦白大会上，将官兵关系上、连队生活上、个人思想上，一切不良现象、不满心理，都讲出来，激发了他们的积极性、创造性，增进了亲切友爱的空气，纠正了各种不良现象，平复了不满心理，团结了军队内部。

谭政的这个报告，许多是毛泽东口授的，基本都是毛泽东的意思。当时，中央军委总政治部正在彻底检查部队的政治工作，对整个政治工作的方向、制度、作风进行全面检讨。谭政起草前，毛泽东曾经召集陕甘宁晋绥联防军领导人贺龙、徐向前、萧劲光、谭政等讨论军队政治工作问题。初稿写出后，不仅毛泽东自己做了修改，加写了3000字左右的内容，他还要谭政将修改稿送周恩来、刘少奇等人审阅修改，还向当时在中央党校学习的各抗日根据地的主要领导人征求了意见。这个报告，后来还被中央列为整风文件和部队学习教材。

毛泽东在修改中，特别强调了军队政治工作的重要性，他认为，人民军队如果没有共产党领导的军事工作与政治工作的有机结合，"就不可能是彻底拥护人民利益的军队。八路军、新四军在抗日战争中之所以能够如此英勇坚持，艰苦奋

★ 1958年12月，毛泽东在广州与参加全军政治工作会议的高级干部座谈。右起：毛泽东、谭政、萧华。

斗，再接再厉，百折不回，其根本原因就在这里"。

之后，中共中央宣传部、中央军委总政治部联合发出关于学习谭政起草的《关于军队政治工作问题》报告的通知，特意强调：这个报告"是八路军、新四军政治工作问题的全面总结，其中关于发扬成绩、纠正缺点部分及组织形式、工作制度部分，都是八路军、新四军全体适用的；关于边区经验部分，亦值得全军重视"。这个报告"不但特殊地解决了军队政治工作问题，而且也一般地解决了我党历史经验、领导方法与工作作风上的许多问题，为全党干部所应注意"。

在毛泽东主持下，由谭政起草的这份《关于军队政治工作问题》的报告，与人民军队的历史经历一样，用生动活泼的革命战史告诉人们：对于人民军队而言，政治工作就是力量源泉，就是胜利保障，就是

★ 1963年2月27日,毛泽东、刘少奇、周恩来、朱德、贺龙、徐向前、聂荣臻等接见出席全军政治工作会议的代表。

生命线!

这一点,在解放战争中再次得到了验证。

政治工作做得好不好,党员的模范带头作用是其中一条重要的标准。解放战争时期,一到危急时刻,解放军部队中的党员总要站出来以身作则。行军时,把别人的枪、背包加到自己身上,因此只要扫一眼队列看看谁身上多了背包和枪,就知道谁是党员了。战斗时更不用问,冲锋时冲在最前面的一定是党员,撤退时留在后面负责掩护的也一定是党员。经历过战争年代的老革命都说:那时党员干部的模范带头作用,是看得见摸得着的。

与此形成鲜明对照的是国民党军队。原鞍山市公安局局长李维民在东北解放战争时期曾潜入沈阳做地下工作,成功策反了一个沈阳国民党军"军运指挥

★ 讲军队根本 ★
"政治工作是革命军队的生命线"

所"的译电员。这个译电员为何选择投向人民阵营？

他对李维民作了如下表白：

> "从前，我还认不清国民党，现在……他们的所作所为，简直使人再也不能容忍了！"
>
> "远的不说，单说我那个军运指挥所里，一个主任叫韩慕洲，一个副主任叫宋国春，两个坏蛋，一个肥的像猪，一个瘦的像猴，他们从到东北后，就不断地从鞍山用铁甲车大量地往天津搞运钢管、钢板，大发光复财。黄金搂多了，就花天酒地地过最糜烂的生活。韩慕洲已经有了两个老婆，还嫌不够，除了在妓院舞场乱搞女人之外，又看上了所里的一个年轻打字员，威逼利诱地娶为三姨太太。在所里，会拍马的爬上去，不会溜须的踢下来，最卑鄙的人最得势，最正直的人最受欺，……您看，这是什么世界？"

无论是投诚做地下工作的译电员还是掉转枪口炮口的"解放战士"，都认为国民党军与人民军队是两个完全不同的世界：人民军队的世界是让人向往的光明世界，国民党军队是令人窒息的黑暗世界。两个不同世界的背后是缔造了这两个不同世界的两大政治团队——国民党与共产党。

处在解放战争中的国民党和蒋介石本人，似乎都不懂得军队政治工作的重要性。更不明白自1946年夏天起，在兵力大大强于人民解放军的情况下，却在自己发动的全国规模的内战中，短短3个月就走向节节败退。

1946年10月1日，毛泽东在总结解放军3个月来的战况时，自信地说过这样一句经典的话：3个月经验证明：

> 一切军队必须加强政治工作。

几十年后的1964年5月25日，毛泽东在会见外宾时，依然自信地告诉外宾这样一条经验：

革命单搞军事不行。

单有军队，单会打仗是不行的。

只有会做政治工作的人才会打仗，不懂政治的人就不会打仗。

MAO ZEDONG

讲军队任务

"枪杆子里面出政权"

军队"决不是单纯地打仗的"

"人民解放军永远是一个战斗队"

"枪杆子里面出政权"

"须知政权是由枪杆子中取得的。"
——毛泽东:《在中央紧急会议上的发言》(1927年8月7日)

"每个共产党员都应懂得这个真理:'枪杆子里面出政权'。"
——毛泽东:《战争和战略问题》(1938年11月6日)

1927年春天以后,随着蒋介石叛变革命,南京和武汉国民政府相继"清党"和"分共",轰轰烈烈的大革命戛然而止,革命形势跌入谷底。8月7日,中共中央在武汉召开紧急会议,毛泽东提出了"枪杆子里面出政权"的思想,由此成为指导中国革命几十年的响亮口号。这一口号最初的表述方式是这样的:

> "对军事方面,从前我们骂中山专做军事运动,我们则恰恰相反,不做军事运动专做民众运动。蒋(介石)、唐(生智)都是拿枪杆子起的,我们独不管。现在虽已注意,但仍无坚决的概念。比如秋收暴动非军事不可,此次会议应重视此问题,新政治局的常委要更加坚强起来注意此问题。湖南这次失败,可说完全由于书生主观的错误,以后要非常注意军事。须知政权是由枪杆子中取得的。"

★ 讲军队任务 ★
"枪杆子里面出政权"

毛泽东之所以这么说，最直接的原因当然是大革命的失败创深痛巨，但与此同时，我们也可以从党在大革命前后对武装斗争的认识与实践中找到历史依据。

★ 建党之初没有枪杆子的遗憾

在成立的最初阶段，中国共产党把主要精力放在宣传主义和组织工人上。在党看来，这是无产阶级先锋队的本质决定的，是自然而然的事情。正因如此，对有人热衷于搞枪杆子的做法，党曾经一度持批判态度。

在宣传主义方面，以陈独秀、李大钊为代表的党的创立者，十分重视共产主义的宣传。陈独秀早在1915年即创办《青年杂志》，一年以后，《青年杂志》改名为《新青年》，后逐渐成为时代的号角，引领了一批又一批青年人。李大钊在1919年《新青年》第6卷第5、6号发表了《我的马克思主义观》，向国人大致介绍了马克思主义。这些宣传在党成立初期的确具有十分积极的意义，因为此时马克思主义刚刚传入中国，一些概念并不像今天这样为大家熟知，能够接受马克思主义的也大都是读过一些书的知识分子。在这样的情况下，让农民占大多数的民众接受并认可马克思主义，并继而起来为之奋斗，宣传似是唯一可行的选择。此时，站在时代的前列看清时局，指出革命的对象，并以此宣传和动员民众，汇集最大的革命力量，显得尤为重要。

在组织工人方面，党组织在上海、北京、济南、武汉、长沙、广州等产业工人比较集中的城市进行了大量的工作，但由于这些城市毕竟是在军阀的直接统治之下，运动并没有大张旗鼓地开展起来。那时，工人运动开展比较突出的一个是北京郊外的长辛店，一个是湘赣边界的安源。安源煤矿共有矿工12000多人，所产煤经过株萍铁路和粤汉铁路，运至湖北的汉阳，供汉冶萍公司炼钢用。在安源煤矿附近，又有铁路工人1000多人，煤矿加上铁路，也算得上是一个产业工人集中地。当时负责湖南党务的毛泽东很重视安源路矿的工人运动，先后派李立三和刘少奇到安源工作。他们以"平民教育"为名，在安源办理平民小学和工人补习学校，在其中积极宣传马列主义，并秘密发展党的组织。在安源，有合法身份的工人俱乐部通过罢工等方式为工人争取了大量的利益，也使得党的主张深入人心。

无疑，党在创建初期所开展的宣传和组织工作，对党的发展壮大都有着十分重要的意义。然而，一个革命的政党，如只掌握"笔杆子"而没有"枪杆子"，不能不说是一个遗憾。

黄埔军校建立之后，党即逐步认识到枪杆子的重要性。黄埔的学生军让党第一次体会到建设一支"党军"的重要性。这支部队是国共合作中两党用政治训练和严明纪律打造的一支新军，它是那么与众不同：完全没有军阀部队的旧习气，一切都是崭新的，军官和士兵不仅英勇战斗，更明白为什么战斗、为谁打仗。在这样的背景下，1924 年 11 月，周恩来赴任黄埔军校政治部主任后，即选调优秀共产党员到各部门任职，还代表中共广东区委直接领导在黄埔军校的中共党组织，扩大共产党的影响。不仅如此，中共广东区委还直接领导了一支革命武装——大元帅府铁甲车队。党中央也在 1925 年的四届二中全会上决定成立军事委员会，12 月 12 日，又将"军事运动委员会"改为"军事部"，这是第一个专门从事军事工作的组织。1926 年 7 月，党召开第三次中央扩大执行委员会，通过建党以来的第一份《军事运动议决案》。第一个专门从事军事工作的组织和第一个决议案的通过，是一个显著标志。

但是，党在此时并没有能真正掌握一支有力的武装，以致在蒋介石突然叛变革命时，我们的武装力量极其弱小，甚至束手无策。从 1927 年 3 月到中共六大，短短 15 个月，党员和革命群众被杀的有 30 多万，被监禁的有 4600 多人。党员的数量从 1927 年 5 月时的 57967 人，一下子降到 11 月时的 17650 人，减员幅度几达 70%！

★ 1925 年 3 月《中国军人》第 2 号上登载的铁甲车队为东征讨伐陈炯明事告各界书。

★ 讲军队任务 ★
"枪杆子里面出政权"

★ "枪杆子里面出政权"的提出

面对局势突如其来的骤然巨变，下一步怎么走？这个问题非常急迫地摆在党的面前。但中央领导层中一些人的认识一时并没能跟上急遽变化的局势。1927年4月27日至5月9日，在武汉召开党的第五次全国代表大会，此时距离"四一二"政变过去仅仅半月余，全党上下最为关切的是如何认清当前的严峻形势，选择什么样的道路，怎样继续革命。但是，大会通过的《政治形势与党的任务议决案》对此只是作了这样的表述："现在革命已进到第三个阶段，封建分子与大资产阶级已转过来反对革命。在这阶段中，革命势力之社会基础是无产阶级、农民与城市小资产阶级的革命的联盟。"并且认为："现在的时期不是革命低落的时期，而是紧张剧烈的革命斗争时期。"各种条件"都利于中国革命发展到工农小资产阶级之民主独裁制的阶段"。这还没有找到问题的要害，对指导中国革命也缓不济急。

山雨欲来风满楼，局势越来越紧张，而党中央部分领导人却还没有完全跳出旧思维的窠臼。5月25日，中央政治局会议认为："湖南工农运动所引起的纠纷，会形成全部政局上很严重的问题。纠纷之起因，一方面是由于蒋介石叛变后资产阶级地主阶级（湘籍军官在内）的势力及宣传，动摇了国民党领袖的工农政策；一方面是由于贫农幼稚行动如均分财产对于土豪劣绅之逮捕罚款以及关于宗教道德革命等，

★ 1927年时的毛泽东。

045

引起了小资产阶级小地主尤其是军人之剧烈反对。"显然，会议认为农运和工运过火是导致合作破裂不可忽视的原因之一。其实，在没能独立掌握武装力量的情况下，党唯一比较有力的凭借便是工农运动，以及由此动员起来的广大群众。在这样的节骨眼上却自缚手脚，将这唯一可借助的力量也近于放弃了，以赤手空拳来应对敌人的全副武装，哪有不失败的道理呢？

令人欣慰的是，这并不是全党唯一的声音。早在1927年初，毛泽东在实地考察了湘潭等五县的农民运动之后，认为批评农民运动"过分"的议论"貌似有理，其实也是错的"。他进一步说：

> "上述那些事，都是土豪劣绅、不法地主自己逼出来的。土豪劣绅、不法地主，历来凭借势力称霸，践踏农民，农民才有这种很大的反抗。凡是反抗最力、乱子闹得最大的地方，都是土豪劣绅、不法地主为恶最甚的地方。农民的眼睛，全然没有错的。谁个劣，谁个不劣，谁个最甚，谁个稍次，谁个惩办要严，谁个处罚从轻，农民都有极明白的计算，罚不当罪的极少。"
>
> "革命不是请客吃饭，不是做文章，不是绘画绣花，不能那样雅致，那样从容不迫，文质彬彬，那样温良恭俭让。革命是暴动，是一个阶级推翻一个阶级的暴烈的行动。农村革命是农民阶级推翻封建地主阶级的权力的革命。农民若不用极大的力量，决不能推翻几千年根深蒂固的地主权力。"

毛泽东的认识明显高明多了。他认识到所谓"过火"背后的深层次原因，也看到了其必然性和积极意义。更为重要的是，毛泽东指出了革命的暴力性质。既然革命是暴力的，那么暴力的革命必然要求革命的暴力，即枪杆子。虽然毛泽东此时还没有提出"枪杆子里面出政权"的论断，但他的思想深处无疑已经有了这样的认识。

到了7月，国共合作已到破裂的边缘，局势更加明朗。7月4日，在中央政治局常委会上，毛泽东明确提出"上山"和"投入军队中去"的策略，并说"上山可造成军事势力的基础"。反之，"不保存武力则将来一到事变我们即无办法"。这并不是毛泽东突发的念头,而是对中国革命实际情况深入了解和分析之后得出的符合实际的结论。早在6月,毛泽东就提出要发动群众,恢复工作,山区的人上山,滨湖的人上船,拿起枪杆子进行斗争,武装保卫革命。在7月上旬,他又和蔡和森谈及形势,并由蔡和森致信中央政治局常委:"我们提议中央机关移设武昌,同时中央及军部应即检查自己的势力,做一军事计划,以备万一。"枪杆子的问题,在毛泽东看来,已是十分重要且关乎全局的成败了。

7月15日武汉国民党政府宣布"分共",继南京政府后叛变革命,大革命失败。

8月7日召开的紧急会议上,面对中国革命异常险峻而复杂的形势,面对国民党这个强大的敌人,毛泽东没有照搬俄国的革命经验,没有言必称马列地将问题停留在理论分析上,而是根据历史经验和现实斗争的需要,响亮地提出:

> "秋收暴动非军事不可,此次会议应重视此问题,新政治局的常委要更加坚强起来注意此问题。湖南这次失败,可说完全由于书生主观的错误,以后要非常注意军事。须知政权是由枪杆子中取得的。"

"须知政权是由枪杆子中取得的"这一观点,无疑是对中国革命理论和斗争方式的巨大突破。

毛泽东的话,是针对瞿秋白等人讲的。当时在中央领导机关内部,形成了只注重城市斗争而忽略发动农民群众武装斗争的"左"倾错误。毛泽东的观点并未得到党内一些主要领导人的赞同。毛泽东后来回忆:

> "瞿秋白犯路线错误。他们在湖南弄到一个小册子,里面有我说的'枪杆子里面出政权'这样的话,他们就大为恼火,说枪杆子里面怎么能出政权呢?于是把我的政治局候补委员撤了。"

对抗国民党反动派以反动武装残酷屠杀共产党人和革命群众,最直接有效的就是以革命的武装去反对它!南昌起义、秋收起义和广州起义是在大革命失败后最有影响力的三次大起义。

★ 八七会议会址。

南昌起义是武装反抗国民党反动统治的开始。7月31日晚上，"全南昌市宣布戒严，将近半夜二点钟的时候，周恩来、贺龙、叶挺、朱德、刘伯承等同志率领北伐军三万余人，在南昌举行了武装起义，全城内外响起了一片激烈的枪声。""到天亮时止，全部结束了战斗，歼灭敌人一万多人，武装起义宣告胜利结束。"南昌起义的意义无须赘言，它的重要性怎么说都不为过。由此开始，党开始摸起自己的枪杆子干革命。

秋收起义是在毛泽东直接领导下的一次武装起义，毛泽东还为此专门填了一首《西江月·秋收起义》的词：

军叫工农革命，旗号镰刀斧头。
匡庐一带不停留，要向潇湘直进。

地主重重压迫，农民个个同仇。
秋收时节暮云愁，霹雳一声暴动。

★ 讲军队任务 ★
"枪杆子里面出政权"

秋收起义虽然由于敌我力量悬殊、全国革命形势低落等原因而失败了,但它锻炼了一支队伍——工农革命军第一军第一师。这支队伍在秋收起义受挫之后,根据毛泽东当机立断的命令,改变原有部署,退到浏阳文家市集中。在文家市,毛泽东向全师指战员说:

> 现代中国革命没有枪杆子不行,有枪杆子才能打倒反动派。这次武装起义受了挫折,算不了什么!胜败乃兵家常事。我们当前力量还小,还不能去攻打敌人重兵把守的大城市,应当先到敌人统治薄弱的农村,去保存力量,发动农民革命。

★ 八七会议后,毛泽东回湖南领导湘赣边界秋收起义。这是1937年5月9日毛泽东在延安和当年参加秋收起义的部分同志合影。

在此之后，起义军经三湾改编，走上井冈山，逐渐发展成为党领导的最著名的武装。

广州起义是继南昌起义、秋收起义之后中国共产党领导的又一次大的起义。这次起义在广州这个华南最大的城市建立了苏维埃政权，但由于共产国际代表诺伊曼坚持只能以城市为中心，必须"进攻进攻再进攻"，政权在坚持3天之后便遭到强大敌人的反扑。

到底怎样才能找到一条完全适合中国国情的革命道路？以毛泽东为代表的中国共产党人还在继续探索着。

★找到一条"农村包围城市，武装夺取政权"的道路

在井冈山建立工农武装割据之后，毛泽东对中国革命做了深入的思考，回答了红色政权为什么能够存在的问题。毛泽东认为，红色政权之所以能存在，其中一个重要原因就是"相当力量的正式红军的存在"：

> "相当力量的正式红军的存在，是红色政权存在的必要条件。若只有地方性质的赤卫队而没有正式的红军，则只能对付挨户团，而不能对付正式的白色军队。所以虽有很好的工农群众，若没有相当力量的正式武装，便决然不能造成割据局面，更不能造成长期的和日益发展的割据局面。所以'工农武装割据'的思想，是共产党和割据地方的工农群众必须充分具备的一个重要的思想。"

随后，毛泽东等人又在赣南、闽西建立起革命根据地，并在1931年11月成立了"中华苏维埃共和国临时中央政府"，它对内先后颁布了各种法律，使各根据地的苏维埃政权有着共同的章程可循；对外可以用国家政权的名义进行对等的交涉或发出公开号召，在历史上具有重要意义。

但由于中共中央"左"倾冒险主义的发展，蒋介石军事、政治战略的改变等原因，第五次反"围剿"以失败告终，党中央和中央红军不得不实施战略转移，并最终在陕北落脚。

★ 讲军队任务 ★
"枪杆子里面出政权"

到达陕北之后，时代的主题已经由土地革命逐渐向全民族抗战慢慢转变。中日民族矛盾已经超越阶级矛盾成为中国社会的主要矛盾，一个民族敌人深入国土这个事实起着决定性的作用。在这样的情况下，只有建立最广泛的抗日民族统一战线，才能挽救中华民族。但是，另一方面，在此之前，共产党与国民党之间在光明与黑暗的历史选择中缠斗了10年，共产党及其领导下的人民为此流过的血无法估量；国民党及其代表的反动集团也仍没有放弃消灭共产党的企图。在这样的背景下，拿了10年的枪杆子，此时该怎么处理？这又是一个从未遇到过的新问题，党也在这个问题上经历过不小的曲折。

恰在全面抗战开始后不久，王明从苏联回到延安。在1937年12月召开的政治局会议上，王明作了《如何继续全国抗战与争取抗战胜利呢？》的报告，提出了"一切经过统一战线""一切服从统一战线"的右的错误主张，否认共产党在抗战中争取领导权的重要意义，否认抗日民族统一战线中的独立自主原则。从根本上来说，就是主张放弃枪杆子。在蒋介石时刻都磨刀霍霍的时候，这样的主张自是十分危险的。

毛泽东则比王明清醒得多，他充分认识到枪杆子的无比重要性。1938年11月6日，毛泽东在扩大的六届六中全会上作结论，再次强调"枪杆子"对中国革命和中国共产党的重要性：

> "共产党员不争个人的兵权（决不能争，再也不要学张国焘），但要争党的兵权，要争人民的兵权。现在是民族抗战，还要争民族的兵权。在兵权问题上患幼稚病，必定得不到一点东西。劳动人民几千年来上了反动统治阶级的欺骗和恐吓的老当，很不容易觉悟到自己掌握枪杆子的重要性。日本帝国主义的压迫和全民抗战，把劳动人民推上了战争的舞台，共产党员应该成为这个战争的最自觉的领导者。每个共产党员都应懂得这个真理：'枪杆子里面出政权'。"

同样是拿枪杆子，共产党与国民党的根本区别在于与人民的关系，共产党是为人民拿枪杆子，也就是毛泽东说的"要争人民的兵权"。

抗日战争胜利后，美国的五星上将马歇尔参观延安，他感慨地说：

> "在延安，听到的最多的一个词，就是'人民'……中国人民如何，世界人民如何。'到人民中去'，'向人民学习'，这些都是口号，但又包含着比口号更深的意义，代表着一种极深的感情、一种最终的信念。"

这位美国将军明白了中国共产党人取得胜利的原因。这就是毛泽东1947年10月18日给中共佳县县委题词所说的：

> "站在最大多数劳动人民一面"。

与此相反的是，同样掌握先进的枪杆子却反人民的国民党并不明白这一点。1948年10月，国民党军东北"剿总"副总司令、第一兵团司令、吉林省政府主席、陆军中将郑洞国，在长春放下武器投降。几年后，郑洞国去上海就医路过北京时，当年围困长春的人民解放军将领萧劲光和萧华，请他吃全聚德烤鸭，希望他出来为人民做一些事情。在上海养病期间，他请求参加新中国建设。经毛泽东提议，他被任命为国防委员会委员。不久，毛泽东请郑洞国吃饭，席间郑洞国赞叹毛泽东的理论水平，毛泽东却这样回答他：

> "拜人民为师，这就灵了。"

在这场改变中国命运的革命战争中，共产党最终战胜国民党，人民解放军最终战胜国民党军，取得中国革命的最后胜利，这其中，关键不在枪杆子本身硬不硬，而在谁站在人民的立场代表人民。人民群众的意志、智慧和力量，即民心所向、民智所施、民力所为，具有决定性的意义。

中国共产党在毛泽东等人的正确领导之下，深刻汲取历史经验，反思"左"和右的教训，紧紧握住为人民打仗的枪杆子，从而取得了一系列胜利，并最终用人民的枪杆子，缔造了一个全新的中华人民共和国。

★ 讲军队任务 ★
军队"决不是单纯地打仗的"

军队"决不是单纯地打仗的"

"红军是一个执行革命的政治任务的武装集团。"

"红军决不是单纯地打仗的，它除了打仗消灭敌人军事力量之外，还要负担宣传群众、组织群众、武装群众、帮助群众建立革命政权以至于建立共产党的组织等项重大的任务。"

——毛泽东：《关于纠正党内的错误思想》（1929年12月）

这是1929年12月，毛泽东为中国共产党红军第四军第九次代表大会所写的决议中的名言。这两句话，深刻揭示了新型人民军队的根本性质和基本任务，实际上回答了要建设一支什么样的军队的问题。

自古以来，军队就是要打仗的。可毛泽东却提出军队不仅要打仗，而且要担负宣传群众、组织群众、武装群众、帮助群众建立革命政权以至于建立共产党的组织等项重大的任务，这确实令人耳目一新。其实，毛泽东的这个思想早在1927年底井冈山斗争期间就已提出，只不过到1929年底，这一思想更加完善了。之所以这样提，事出有因。

★ 如果只知道单纯打仗，"与旧式军阀就没有任何区别"

我们党是靠群众运动和群众工作起家的，一开始并没有完全和充分认识军事工作的重要性。大革命失败后，"枪杆子"的极端重要性凸显。但这时在党内和革命队伍中又产生新的偏向，一些人片面强调军事工作和打仗，而忽视了做群众工作。

1927年9月，工农革命军（后改称工农红军）进驻江西永新县三湾村时，当地群众由于不了解工农革命军，大都躲进山里。毛泽东要求各单位立即分头上山喊话，向群众做宣传，群众才陆续回村。这从反面说明了军事工作与群众工作相结合的重要性。因此，1927年10月初上井冈山时，毛泽东就经常提醒大家，红军要想在井冈山站住脚，就不能单纯地打仗，而要同时做好群众工作和建立政权等工作。但在新组建的人民军队中，这个思想弯子不是每个人都能很快转过来的。

1927年11月上旬，毛泽东在宁冈茅坪主持召开前敌委员会会议，决定趁国民党新军阀李宗仁对唐生智发动战争、江西敌军大部卷入和茶陵敌军调离之机，攻打茶陵县城。由于脚背被草鞋磨破而溃烂，加之需要继续做袁文才、王佐的工作，毛泽东就委托团长陈浩、一营党代表宛希先率领一营攻打茶陵。部队出发前，毛泽东作动员讲话，特地要求部队沿途发动群众，打土豪，筹款子；攻克茶陵后，帮助群众建立革命政权。

11月18日，工农革命军攻克茶陵县城。然而，进驻茶陵的工农革命军在茶陵一个多月，却并没有按照毛泽东的要求做群众工作，每天的活动还只是三操两讲和两点名；在政权方面，虽然成立了人民委员会，县长谭梓生是部队派的，但其他人员仍是旧的，依然坐堂审案，派款派捐靠商会，群众很不满。于是，宛希先写信向毛泽东报告。

11月下旬，正在宁冈的毛泽东立即给茶陵去信，批评陈浩等人的错误，主张打碎旧的县政权机构，充分发动群众，建立真正代表人民群众利益的工农兵政权。之后，进驻茶陵的工农革命军按照毛泽东的意见，成立了湘赣边界第一个红色政权——茶陵县工农兵政府，工人出身的谭震林当选为政府主席。同

★ 讲军队任务 ★
军队"决不是单纯地打仗的"

时,还建立了县赤卫大队、县工会、县农会等组织。

毛泽东为什么特别重视这件事,特地写信去批评陈浩的错误?这一方面是因为在当时敌强我弱的艰苦条件下,红军如果只是打仗而不依靠群众、不做发动群众的工作,那么红军就不可能生存,更谈不上发展。另一方面更深层次的原因在于,陈浩的做法,实际上是一种单纯军事观点和作风。毛泽东认为,如果按照这种做法,那么共产党领导的红军与旧式军阀就没有任何区别。如果这种思想作风继续发展,就可能导致军阀主义,甚至背叛革命。

果不其然,12月下旬,当李唐战争告一段落,湘军第八军的独立团和当地地主武装向茶陵反扑时,陈浩因遭到挫败而严重动摇,公开声称工农革命军没有前途,把部队往南带,企图到湘南投靠国民党第十三军军长方鼎英。

这时,毛泽东的脚背溃烂稍有好转,得知湘军反扑的消息后赶来茶陵,在茶陵湖口赶上队伍。宛希先、张子清等向他报告了陈浩等的背叛活动。毛泽东当晚召集团营干部紧急会议,果断扣押陈浩等人,解

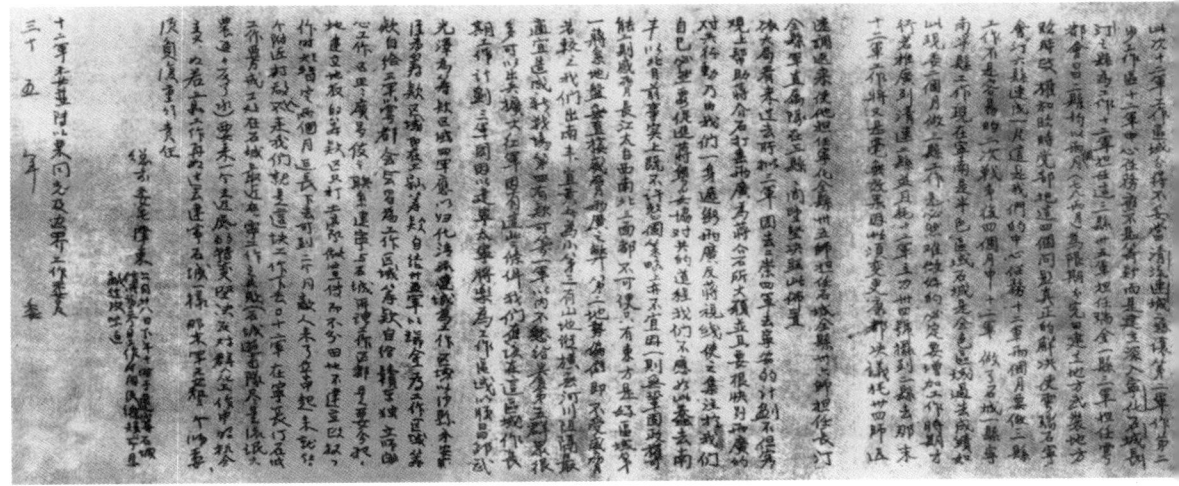

★ 1931年,毛泽东给周以栗、谭震林的信(抄件),信中谈到了红军打仗、筹款、做群众工作的三位一体的任务。

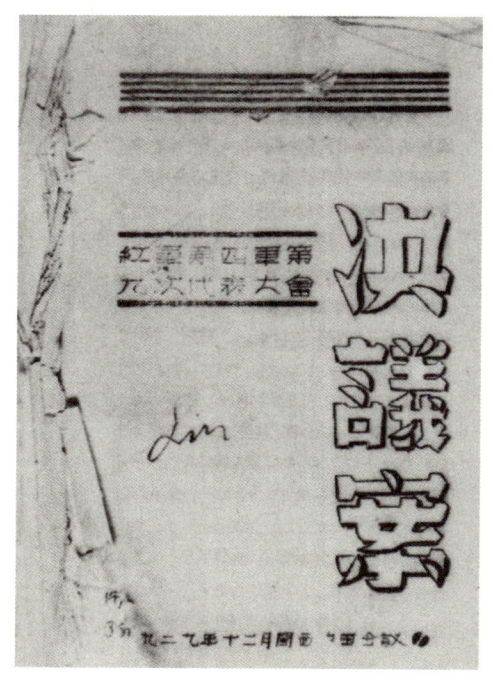

★ 古田会议通过的由毛泽东起草的决议案。

除了陈浩的团长职务,将工农革命军全部带回宁冈砻市。到砻市后,毛泽东主持召开前敌委员会会议,揭露和批判陈浩等投敌叛变行为,决定枪毙他们;任命张子清为团长,朱云卿为参谋长。

会后,毛泽东又召集工农革命军全体指战员大会,总结攻打茶陵的经验教训。正是在这次全体指战员大会上,毛泽东明确规定和宣布了工农革命军三项任务:

第一,打仗消灭敌人;
第二,打土豪筹款子;
第三,做群众工作。

★ 三项任务一起抓,就会有"很好的群众"和"很好的党"

在随后的革命斗争中,毛泽东一直强调工农革命军要同时执行打仗、筹款、做群众工作三项任务。

1928年1月初,为策应万安农军暴动和开辟遂川县工作,毛泽东在宁冈砻市向工农革命军发布攻打遂川的命令,要求指战员"一体执行"打仗消灭敌人、打土豪筹款子和做群众工作三项任务。

1月5日,率领工农革命军进占遂川县城后,毛泽东立即组织以班排为单位的分散活动,向广大群众宣传党的主张,发动群众起来革命,打土豪筹款子。

在遂川县城的工作局面打开后,毛泽东又要求将工农革命军的团部和特务连留在城里做群众工作,其余部队组成宣传队分三路下农村,一路到城东于田,

★ 讲军队任务 ★
军队"决不是单纯地打仗的"

一路到城西草林,一路到城西北大坑,向群众进行宣传,做社会调查,并发动和组织群众,打土豪筹款子。

毛泽东不仅大力倡导做群众工作,还身体力行、以身示范。1月14日,他亲自带领一支武装到遂川县城西面的草林圩,以班排为小队开展宣传,发动群众。他亲自深入圩上中小商人之中,一面作调查研究,一面进行宣传教育,提出保护中小商人的政策,明确规定要保护他们的财产和买卖,不能随意侵犯他们的利益;对于压迫农民群众和中小商人的豪绅,发动群众没收他们的浮财。他还利用草林圩逢圩(集市,三天一次)的机会,召开群众大会,宣讲保护中小商人政策的具体内容,说连商人的一颗红枣都不能动,鼓励中小商人放心做生意;号召广大人民群众,包括中小商人,团结一致,打土豪,分田地。会后,指导工农革命军将打土豪得来的衣服、铜板、猪肉等物品分发给劳苦群众。

毛泽东还高度重视党组织的重新建立和发展工作、政权建设工作等。他初步总结茶陵、遂川建设工农兵政权的经验,主持起草《遂川县工农兵政府临时政纲》,指导成立遂川县工农兵政府、县农民协会、县总工会和县赤卫大队等。

在遂川局面基本稳固后,1928年2月下旬,毛泽东又亲自率领工农革命军一部到永新县秋溪乡,开展群众工作,打土豪筹款子;亲自培养和发展一批工农分子入党,建立了秋溪乡党支部;对永新进行社会调查。

从1927年10月到1928年2月,毛泽东领导工农革命军在罗霄山脉中段开展游击战争,革命形势发展很快。宁冈、永新、茶陵、遂川都有了中共县委,酃县有了特别区委,莲花也有了党组织。宁冈、遂川、茶陵建立了县工农兵政府。宁冈、茶陵、遂川、永新等县都有了地方武装。土地革命已经开始(还没有深入)。中国第一个农村革命根据地——井冈山革命根据地已初具规模,湘赣边界的工农武装割据局面已经形成。这种革命局面的形成,显然是与毛泽东规定的工农革命军的三项任务密不可分的。

反之,如果工农革命军只是单纯打仗,而不做发动群众的工作,不做帮助地方发展党组织的工作,不做帮助建设政权的工作,那么就不可能建成革命根据地,建成了也不能巩固。如果那样的话,工农革命军就会因丧失群众基础和根据地而成为流寇,最终在强大的敌人面前宣告失败。

正因为如此,毛泽东在1928年11月25日写给中共中央的报告《井冈山的斗争》中，做了这样的概括：工农武装割据的存在和发展，除了要有相当力量的红军、有便利于作战的地势、有足够给养的经济力等军事方面的条件外，首先还要具备两个重要条件，一是"有很好的群众"，二是"有很好的党"。

毛泽东清楚地说明：红军不能只是单纯打仗，还要执行其他政治任务，否则便不能生存发展。这是被井冈山斗争的经验所充分证明了的。

★既要发展军事影响，又要发展政治影响

红军不能单纯打仗，这表面上只是一个工作任务的问题，其实涉及人民军队的宗旨性质问题。在这一点上，红军内部要形成一个统一清晰的认识，也不是那么容易的事。在转战赣南闽西期间，红四军内部就发生了很大的争论。

1929年初，毛泽东、朱德等率领红四军主力离开井冈山根据地，开始转战赣南、闽西。5月底，毛泽东在闽西永定县湖雷主持召开中共红四军前委会议。会上，发生了有关前委和军委分权问题的争论。一些人强烈要求成立军委，认为"既名四军，就要有军委"，指责前委"管的太多"，"权力太集中"。

这表面上是围绕要不要设立军委问题的争论，实质上反映了军内存在的单纯军事观点等思想有所发展，涉及红军的根本性质问题。

6月8日，中共红四军前委再次召开扩大会议。会议虽然以压倒多数票通过了取消临时军委的决定，但是，争论的根本问题仍未解决，主张设立军委的人"对于决议案没有服从的诚意，讨论时不切实争论，决议后又要反对且归咎于个人"；少数人甚至还把党内分歧意见散布到一般指战员中去，情况日趋严重。在这种情况下，作为前委书记的毛泽东，事实上难以继续工作。

6月14日，毛泽东在给红四军第一纵队纵队长林彪的信中明确指出，这次争论的实质是"军事观点群众观点两种不同的政治路线发生出来不同见解的表现"，是单纯军事观点在作怪。他说：

> "四军中向来就有一些同志是偏于军事观点的，与站在政治观点即群众观点上的人的意见不合，这是一个很严重的政治路线问题。因长期斗争经验和工农群众的影响，这种单纯观点的头脑，渐渐洗刷了一

讲军队任务
军队"决不是单纯地打仗的"

> 些,单纯的'打大仗'和'拿几十个州县'的观念比较地减少了,但没有完全消灭,遇有机缘就会发作,特别是在军事失败时候,差不多什么都可以取消,只要枪杆子保存就够了。这些同志在会议时候最厌烦的是讨论宣传和组织问题,在游击工作中发展单纯的军事影响而不去发展政治影响。"

6月22日,中共红四军第七次代表大会在福建龙岩召开。会前,毛泽东曾建议:通过总结过去斗争经验的办法达到统一认识,解决红军建设中存在的主要问题。但这一意见并没有被前委所采纳。大会也没有解决思想统一的问题。会后,毛泽东被迫离开红四军主要领导岗位,到闽西休养并指导地方工作。

8月21日,中共中央给红四军前委发出指示信,对中共红四军七大提出批评,强调"红军不仅是战斗的组织,而且更具有宣传和政治的作用","红军的游击,更充分负有发动群众实行土地革命建设苏维埃政权的使命"。

9月28日,中共中央再次给红四军前委发指示信(即"九月来信"),信中提出,红军的根本任务主要有三条:一是发动群众斗争,实行土地革命,建立苏维埃政权;二是实行游击战争,武装农民,并扩大本身组织;三是扩大游击区域及政治影响于全国。并明确指出:"红军不能实现上面三个任务,则与普通军队无异。"中央在信中要求红四军前委,要恢复朱德、毛泽东两同志在群众中的信仰。"九月来信"为红四军党内统一认识、纠正各种错误思想提供了根据。

11月,毛泽东遵照中央指示,回到红四军前委主持工作。12月28日、29日,中共红四军第九次代表大会在上杭古田召开。会议一致通过了毛泽东起草的8个决议案,其中第一部分即为《关于纠正党内的错误思想》。

决议列举和批判了单纯军事观点的各种表现:不承认军事只是完成政治任务的工具之一;不知道武装地方群众是红军的重要任务之一;不愿意艰苦地做细小严密的群众工作,等等。分析了单纯军事观点的思想根源:不认识红军和白军是根本不同的;雇佣军队的思想;过分相信军事力量,而不相信人民群众的力量,等等。

> "红军是一个执行革命的政治任务的武装集团。"
>
> "除了打仗消灭敌人军事力量之外,还要负担宣传群众、组织群众、武装群众、帮助群众建立革命政权以至于建立共产党的组织等项重大的任务。"

★《古田会议》(油画)。

决议规定了红军的性质和任务,明确指出:

毛泽东这里所提的红军任务,与此前所提打仗、做群众工作、筹款(后来延伸为"生产")三位一体的任务,虽然表述有所不同,但精神实质是一致的。其要义在于,强调红军是执行革命政治任务的武装集团,要讲政治,以党和人民事业的要求为使命,要宣传群众、组织群众、武装群众并帮助群众建立革命政权,还要注重党组织建设等。总而言之,不能只顾军事、只是单纯打仗。

★ 讲军队任务 ★
军队"决不是单纯地打仗的"

古田会议上所规定的红军的性质和任务，不仅在当时对建立一支新型人民军队具有重要奠基意义，而且对以后人民军队的建设发展也有深刻影响。在人民军队的发展历程中，除了担负其核心的战斗任务外，始终担负着工作队、生产队的任务。

古田会议中关于人民军队任务和使命的思想，在新的历史起点上对推进国防和军队建设仍然具有重要指导意义。今天，我们的人民军队除了要围绕战斗力标准深化军事斗争准备外，还要担负一些非战争军事行动任务。比如：支援国家经济社会建设；积极为维护社会和谐稳定贡献力量；应对各种突发事件；维护新型领域安全和利益；维护海外利益安全；参加地区和国际安全合作；加强反渗透、反分裂、反恐怖斗争，维护国家政治安全和社会稳定；担负抢险救灾、维护权益、安保警戒，等等。这是人民军队的一个良好传统和重要使命。

正如习近平所指出的那样：

> "随着时代发展和国家安全环境变化，我军职能使命不断拓展。"
>
> "打仗能力是军队的核心军事能力，也是完成其他任务的基础和支撑。"

同时，习近平也强调：

> "我们要正确把握核心军事能力和非战争军事行动能力的关系，始终扭住核心军事能力建设不放松。"
>
> "遂行非战争军事行动任务，是新时期军队履行职责使命很重要的一个方面，是践行我军根本宗旨、维护人民利益的必然要求"。

不管时代怎样变化，人民军队的性质不能变，任务不能偏。我们一定要牢记：人民军队的核心任务是打仗的，但却不是单纯打仗的，而是执行党的政治任务的武装集团，党和人民所需就是军队使命任务所系，人民军队既要发展军事影响，也要发展政治影响。这就是这支军队的特殊之处。

"人民解放军永远是一个战斗队"

"人民解放军永远是一个战斗队。"

——毛泽东：《在中国共产党第七届中央委员会第二次全体会议上的报告》（1949年3月5日）

这是毛泽东《在中国共产党第七届中央委员会第二次全体会议上的报告》中，用简练通俗的语言对我军根本职能的概括。当时正值中国革命即将取得全国胜利的前夕，毛泽东指出：

> "人民解放军永远是一个战斗队。就是在全国胜利以后，在国内没有消灭阶级和世界上存在着帝国主义制度的历史时期内，我们的军队还是一个战斗队。对于这一点不能有任何的误解和动摇。"

这里，毛泽东清晰地表达了人民解放军的首要任务。这一任务，把我军的根本职能聚焦在"战斗"上。

同时，考虑到新中国即将成立，我们就要进入和平建设环境，毛泽东以辩证的思维，接着又说了下面一段话：

> "人民解放军又是一个工作队，特别是在南方各地用北平方式或者绥远方式解决问题的时候是这样。随着战斗的逐步地减少，工作队的

★ 讲军队任务 ★
"人民解放军永远是一个战斗队"

> 作用就增加了。有一种可能的情况，即在不要很久的时间之内，将要使人民解放军全部地转化为工作队，这种情况我们必须估计到。现在准备随军南下的五万三千个干部，对于不久将要被我们占领的极其广大的新地区来说，是很不够用的，我们必须准备把二百一十万野战军全部地化为工作队。"

至此，毛泽东关于人民解放军以"战斗队"为核心，同时担负工作队、生产队等任务的思想有了完整的表述。自我军建军时起，就强调以"战斗队"为核心的三大任务，这是由人民军队的性质、宗旨和中国革命的特点以及中国的国情所决定的。

★ 以"打仗"作为前提的三大任务在人民军队初创时提出

军队首先要聚焦打仗，这是天经地义的。但是，共产党领导的人民军队，却不仅仅只是打仗。这是毛泽东在领导秋收起义开创井冈山革命根据地时提出的建军思想。

1927年11月上旬，当时任中共湖南省委前敌委员会书记的毛泽东，率秋收起义部队向井冈山进军。根据当时的形势，毛泽东主持前委讨论，决定利用湘桂军阀混战、茶陵敌人守备空虚之机，命令工农革命军第一团团长陈浩率第一营和特务连去攻打茶陵。毛泽东因脚背被草鞋磨破溃烂，无法随军前去。但他要求部队在打下茶陵后，一定要发动群众，扩大农民武装，建立革命政权。11月18日，工农革命军攻克茶陵县城。但是部队在占领茶陵后，一个多月并没有做群众工作，每天的活动只是三操两讲两点名。由于陈浩是北伐战争时混进革命队伍的一个投机分子，打下茶陵后，他与副团长等便胡作非为起来。他们穿起豪绅们的长袍，住进高档公馆，吃喝玩乐，无所不为。虽然拼凑了一个所谓的"人民委员会"，除了县长是部队派的外，其他人员仍是旧的。依然坐堂审案，派款派捐靠商会，土豪劣绅依旧在暗地里收租逼债，群众十分不满。一营党代表宛希先写信向毛泽东报告了这些情况，并对陈浩等人提出尖锐批评，但他们却置若罔闻。毛泽东接到宛希先的报告后立即回信，对陈浩等人的错误进行了严厉批评，令其撤销严重脱离群众的所谓"人民委员会"，要他们改变做法，发动和组织群众，召开工农兵代表大会，成立真正由人民当家做主的工农兵政府。根据毛泽东来信精神，工农革命军在广泛开展群众工作的基础上，帮助成立了井冈山革命根据地的第一个红色政权——茶陵县工农兵政府。工人出身的共产党员谭震林被选为主席。工农革命军还帮助茶陵组织了赤卫队。

12月下旬，湘军及地主武装反扑茶陵，工农革命军经激烈战斗后，退出茶陵县城返回宁冈县砻市。在总结攻打茶陵战斗经验教训的大会上，毛泽东表扬了指战员英勇顽强的战斗精神，同时也批评了部队在攻占茶陵后没有发动群众、组织群众、打倒土豪劣绅等严重缺点。鉴于工农革命军这次在茶陵作战中的教训，毛泽东明确提出革命军队应当担负起三大任务：

> 第一，打仗消灭敌人；
> 第二，打土豪筹款子；
> 第三，做群众工作。

★ 工农革命军军旗。

三大任务，第一位的是打仗。战斗队的性质，所有军人一看就明白。当然，要与一切旧式军队相区别，还必须懂得第二、第三位的任务。尤其要懂得"做群众工作"。

毛泽东在会上还宣布前委决定：处决企图率部叛变投敌的陈浩等人，并任命了工农革命军第一团新的领导人。

自古以来，人们总认

★ 讲军队任务 ★
"人民解放军永远是一个战斗队"

为军队的任务就是打仗。毛泽东提出军队的任务不仅是打仗，而且要做群众工作等，这是他对人民军队学说的重大贡献，使初创的人民军队一开始就在这样明确的指导思想下进行建设，影响是十分深远的。

三大任务提出后，初创的人民军队无论在坚持井冈山的斗争中，还是在开辟赣南、闽西革命根据地的斗争中，都积极执行三大任务。

1928年1月，毛泽东率工农革命军攻占遂川县城后，即分兵发动群众，组织群众打土豪、分浮财，建立各种革命群众组织和赤卫队，成立中共遂川县委和苏维埃政府，极大地促进了革命形势的发展。在实践中，证明了人民军队执行三大任务的必要性和可能性。4月，朱德、毛泽东率起义部队会师后成立的工农革命军，不久改称红军。1929年4月5日，毛泽东在他起草的《红军第四军前委给中央的信》中，为了纠正单纯军事观点，着重指出：

> "红军不是一个单纯打仗的东西，它的主要作用是发动群众，打仗仅是一种手段。"

随后，中共中央在"九月来信"中实际上肯定了毛泽东关于红军三大任务的提法，指出："目前红军的基本任务主要有以下几项：一、发动群众斗争，实行土地革命，建立苏维埃政权；二、实行游击战争，武装农民，并扩大本身组织；三、扩大游击区域及政治影响于全国。"认为"红军不能实现上面三个任务，则与普通军队无异"。同年12月，红四军根据中央"九月来信"精神召开古田会议。毛泽东为会议起草的决议中，批判了单纯军事观点，从理论上阐述了红军在打仗的同时，做群众工作以及建设革命政权的重要性。他指出："中国的红军是一个执行革命的政治任务的武装集团。特别是现在，红军决不是单纯地打仗的，它除了打仗消灭敌人军事力量之外，还要负担宣传群众、组织群众、武装群众、帮助群众建立革命政权以至于建立共产党的组织等项重大的任务。红军的打仗，不是单纯地为了打仗而打仗，而是为了宣传群众、组织群众、武装群众，并帮助群众建立革命政权才去打仗的，离了对群众的宣传、组织、武装和建设革命政权等项目标，就是失去了打仗的意义，也就是失去了红军存在的意义。"并要求将对红军战士进行三大任务的教育，作为红军政治训练的重要内容。这样,毛泽东规定红军的三大任务,就进一步明确为:一是打仗;二是宣传群众、组织群众、武装群众;三是帮助群众建立革命政权。

后来王明"左"倾错误的领导,曾一度把红军的三大任务缩减成单纯的打仗一项,使红军和根据地建设遭到重大损失。红军长征途中,遵义会议确立了毛泽东在红军和党中央的领导地位,红军部队恢复和坚持了执行三大任务的传统。在艰苦作战的同时,积极宣传群众,严格执行三大纪律八项注意和民族政策,战胜了国民党军队的围追堵截,扩大了党和红军的政治影响,起到了"宣传队""播种机"的作用。

★ 打仗的任务更重,三大任务却一个也不能忘

抗日战争时期,中国工农红军改编为八路军、新四军。自抗日战争起,打仗的任务更加艰巨了,但人民军队所处的环境和条件也更加艰难。我军的三大任务就发展成为打仗、做群众工作和生产。

★ 抗日战争时期部队开展大生产运动。

★ 讲军队任务 ★
"人民解放军永远是一个战斗队"

全国抗战开始后，根据国共谈判达成的协议，曾由国民政府军委会每月供给八路军40万元、新四军13万元法币的经费。这对于我军当时的人数来说，只是杯水车薪，与国民党军的供给相比，我军的供给是极为微薄的。为了支持长期抗战，打破日伪军和国民党顽固派的封锁，与人民群众共渡难关，毛泽东为我军规定了参加生产的任务。

抗战进入相持阶段后，1939年冬至1940年春，国民党发动第一次反共高潮，我军给予坚决回击。国民党以此为借口一度停发了八路军的军饷。1940年10月，国民党再次发动反共高潮，并完全停发了给八路军、新四军的军饷。在此期间，由于日本侵略军的疯狂"扫荡"，加上当时华北等抗日根据地发生严重灾荒，使我抗日根据地军民遇到极大困难，部队的武器、弹药、粮食和经费都异常缺乏。在这种情况下，我军响应中共中央和毛泽东开展生产运动的号召，开展了轰轰烈烈的大生产运动。

在这种情况下，我军的首要任务，依然是一切围绕"战斗队"开展，但三大任务却一个也不能偏废。

1939年春，毛泽东为抗大学员开展生产运动题词：

> "现在一面学习，一面生产，将来一面作战，一面生产，这就是抗大的作风，足以战胜任何敌人的。"

1940年2月10日，中央军委向全军发出关于开展生产运动的指示，要求各部队依不同环境、不同部门、不同劳动条件，广泛开展生产运动。在部队中提出一面战斗、一面生产的口号：

> "共产党领导的军队不怕任何困难，我们将以自力更生的精神，战胜物质困难，完成党的军事、政治任务。"

全军大生产运动的全面展开，到1943年陕甘宁边区做到了"自己动手，丰衣足食"；其他各根据地的部队做到了"自己动手，克服困难"。这年11月29日，毛泽东在中共中央招待陕甘宁边区劳动英雄大会上高兴地说，边区的军队，用自己动手的方法，达到了丰衣足食的目的。三大任务的协同推进，也是为了保证战斗任务的顺利进行。这一点，毛泽东一语道破：

> "我们的军队既不要国民党政府发饷，也不要边区政府发饷，也不要老百姓发饷，完全由军队自己供给；这一个创造，对于我们的民族解放事业，该有多么重大的意义啊！"

他还说：

> "我们有打仗的军队，又有劳动的军队。打仗的军队，我们有八路军新四军；这支军队也要当两支用，一方面打仗，一方面生产。我们有了这两支军队，我们的军队有了这两套本领，再加上做群众工作一项本领，那末，我们就可以克服困难，把日本帝国主义打垮。"
>
> "我们的军队如果只会打仗，那是不能解决问题的。"
>
> "只要我们全体英勇善战的八路军新四军，人人个个不但会打仗，会作群众工作，又会生产，我们就不怕任何困难，就会是孟夫子说过的：'无敌于天下。'"

毛泽东的几句话，点明了共产党领导的人民军队"无敌于天下"的原因。

八路军、新四军深入开展敌后游击战争，宣传发动群众，扩大抗日武装，创建抗日民主根据地，发展了人民战争。八路军、新四军开展的大生产运动，补充部队供给，减轻人民负担，克服严重财政和经济困难，为抗日战争的最后胜利提供了物质保证。

解放战争时期，八路军、新四军相继改称人民解放军，继续执行打仗、做群众工作和生产三大任务。随着战争形势的发展，我军迅速解放广大地区，并在新解放的地区建立革命政权。

根据接收和管理城市需要大批干部的新情况，毛泽东及时发出"把军队变为工作队"的指示。1949年2月8日，他在为中央军委起草的电报中提出：

★ 讲军队任务 ★
"人民解放军永远是一个战斗队"

> "军队不但是一个战斗队,而且主要地是一个工作队。军队干部应当全体学会接收和管理城市"。
>
> "严重的战争时期已经过去了。军队还是一个战斗队,在这一点上决不能松气,如果松气,那就是错误的。但是,军队变为工作队,现在已经要求我们这样提出任务了。"

3月5日,毛泽东在七届二中全会上,进一步郑重而明确地提出军队的任务。将我军"打仗"的任务表述为"战斗队",将"做群众工作"称之为"工作队"。再加上"生产队"的提出,我军三大任务的发展就被概括为战斗队、工作队、生产队,亦称为"三队"任务。此后,人民解放军在向全国进军中,派出大批干部战士参加接收和管理城市,恢复生产,稳定秩序,赢得了解放战争的全面胜利。

按照一般社会分工,军队的根本职能是打仗。但是,在新民主主义革命时期,我军同时担负三大任务,这是由中国革命战争这一特殊的社会历史条件决定的,也是符合历史逻辑的。毛泽东曾经在1945年4月27日写的《论军队生产自给,兼论整风和生产两大运动的重要性》一文中,

★ 毛泽东在中共七届二中全会上作报告。

以军队担负生产任务为例做了这样的阐释：

> "军队生产自给，在我们的条件下，形式上是落后的、倒退的，实质上是进步的，具有重大历史意义的。在形式上，我们违背了分工的原则。但是，在我们的条件下——国家贫困、国家分裂（这些都是国民党主要统治集团所造成的罪恶结果）以及分散的长期的人民游击战争，我们这样做，就是进步的了。"
>
> "因为我们采用了这种表面上'落后的'、'倒退的'办法，而使我们的军队克服了生活资料的困难，改善了生活，个个身强力壮，足以减轻同在困难中的人民的赋税负担，因而取得人民的拥护，足以支持长期战争，并足以扩大军队，因而也就能够扩大解放区，缩小沦陷区，达到最后地消灭侵略者，解放全中国的目的。这种历史意义，难道还不伟大吗？"

毛泽东关于我军执行三大任务，并非不分主次。"人民解放军永远是一个战斗队"，就是强调我军必须始终牢记自己的根本职能。

★ 三大任务在新中国成立后的变化和拓展

中华人民共和国成立后，中国人民解放军的任务发生了历史性的变化，但仍然是一支战斗队，同时又承担着多项任务。

1949年9月29日，中国人民政治协商会议第一届全体会议通过具有宪法作用的《共同纲领》，其中明确规定了人民军队的职能：

> "中华人民共和国的武装力量，即人民解放军、人民公安部队和人民警察，是属于人民的武力。其任务为保卫中国的独立和领土主权的完整，保卫人民的革命成果和一切合法权益。"

★讲军队任务★
"人民解放军永远是一个战斗队"

同时也规定了以下任务和职能:

> "中华人民共和国的军队在和平时期,在不妨碍军事任务的条件下,应有计划地参加农业和工业的生产,帮助国家的建设工作。"

★ 1949年开国大典阅兵式。

同年12月5日,毛泽东在为军委起草的《关于1950年军队参加生产建设的指示》中,进一步提出了战斗队与生产队并重的意见,号召全军:

> "除继续作战和服勤务者外,应当担负一部分生产任务,使我人民解放军不仅是一支国防军,而且是一支生产军,借以协同全国人民克服长期战争所遗留下来的困难,加速新民主主义的经济建设。"

1954年9月20日，第一届全国人民代表大会第一次全体会议通过了毛泽东主持起草的《中华人民共和国宪法》，以国家大法的形式规定了我军的任务。经多次修订的我国现行宪法中也规定：

> "中华人民共和国的武装力量属于人民，它的任务是巩固国防，抵抗侵略，保卫祖国，保卫人民的和平劳动，参加国家建设事业，努力为人民服务。"

根据新中国成立后的新情况和宪法赋予我军的使命，几十年来，中国人民解放军先后进行了内陆剿匪、解放沿海岛屿和边境自卫还击作战，维护了国家的安全和独立。

★ 人民群众欢迎解放军土改工作队。

在和平建设时期，我军的首要任务，始终是加强军队革命化、现代化、正规化建设，不断提高部队的军政素质和技术装备水平，做好反侵略战争的准备。同时，我军也发扬了做群众工作和拥政爱民的优良传统，参加国家经济建设，支援社会公益事业，建立新型的军政、军民关系。继续担负生产队的任务，组建生产建设兵团，开发边疆海岛，坚持农副业生产，增加了国家财富，改善了部队生活，减轻了人民负担。

党的十八大提出，在党成立100年时全面建成小康社会、在新中国成立100年时建成富强民主文明和谐的社会主义现代化国

★ 讲军队任务 ★
"人民解放军永远是一个战斗队"

家，实现中华民族伟大复兴的中国梦的奋斗目标。坚决维护中国共产党的领导和中国特色社会主义制度，坚决维护国家主权、安全、发展利益，坚决维护国家发展的重要战略机遇期，坚决维护地区与世界和平，为全面建成小康社会、实现中华民族伟大复兴提供坚强保障，是新的历史时期我军的神圣使命。

正是根据这样的历史使命，以习近平同志为核心的党中央，高度重视国防和军队现代化建设。习近平特别强调指出：

> "军队首先是一个战斗队，必须坚持一切建设和工作向能打胜仗聚焦。"
>
> "强化官兵当兵打仗、带兵打仗、练兵打仗思想。"

在当今中国面临的内部安全和外部安全、国土安全和国民安全、传统安全和非传统安全、生存安全和发展安全、自身安全和共同安全复杂多变的新历史环境下，确保能打仗、打胜仗依然是人民军队的首要任务和根本职能。

MAO ZEDONG

★

讲军队纪律

"三大纪律八项注意"

"加强纪律性,革命无不胜"

"三大纪律八项注意"

一、本军三大纪律八项注意,实行多年,其内容各地各军略有出入。现在统一规定,重行颁布。望即以此为准,深入教育,严格执行。至于其他应当注意事项,各地各军最高首长,可根据具体情况,规定若干项目,以命令施行之。

二、三大纪律如下:

(一)一切行动听指挥;(二)不拿群众一针一线;(三)一切缴获要归公。

三、八项注意如下:

(一)说话和气;(二)买卖公平;(三)借东西要还;(四)损坏东西要赔;(五)不打人骂人;(六)不损坏庄稼;(七)不调戏妇女;(八)不虐待俘虏。

——毛泽东:《中国人民解放军总部关于重行颁布三大纪律八项注意的训令》(1947年10月10日)

军队里头要经常进行三大纪律、八项注意的教育。

——毛泽东:《在中国共产党第八届中央委员会扩大的第三次全体会议上的讲话》(1957年10月9日)

★ 讲军队纪律 ★
"三大纪律八项注意"

1947年10月10日,毛泽东为中国人民解放军总部起草了《关于重行颁布三大纪律八项注意的训令》。新中国成立后,该训令被编入《毛泽东选集》,其中清楚地告诉人们:

> "本军三大纪律八项注意,实行多年,其内容各地各军略有出入。"

实行了多年的"三大纪律八项注意",尽管具体内容在不同时期和不同部队略有出入,但是,"三大纪律八项注意"早已有之,而且这句名言从名称到内容,都那么简简单单、朗朗上口。自它诞生、演变并确定以来,不仅人民军队的官兵"个个要记牢",就连普通老百姓都知道,这是毛泽东为共产党领导的人民军队制定的纪律建设的基本原则,是不能违背的铁的准则。

★"三大纪律八项注意"的由来及流传

在中国人民革命军事博物馆"第二次国内革命战争"展厅里,陈列着一幅写着红军"三大纪律六项注意"的包袱皮。由于年月已久,白布已经泛黄,但上面的字迹依然清晰可辨。这是一件很有纪念价值的文物,因为"三大纪律六项注意",正是有着中国人民解放军第一军规之称的"三大纪律八项注意"的前身。

中国人民解放军自建军伊始,就极其重视加强革命纪律,这是人民军队区别于一切旧式军队的显著标志。

★ 1947年10月10日,毛泽东批准颁发《关于重行颁布三大纪律八项注意的训令》,对多年来各地实行的三大纪律八项注意有关内容作了统一规定。

1927年，毛泽东领导湘赣边界秋收起义时，就要求部队官兵对待人民群众说话和气，买卖公平，不拉夫，不打人，不骂人。据《井冈山革命根据地和中央苏区大事纪实》书中记载：

> "1927年10月23日，工农革命军在毛泽东的率领下抵达荆竹山，王佐派侦探队长朱持柳前往迎接。由于战士们长途跋涉，饥饿难忍，刨了老百姓的红薯吃，违反了群众纪律。毛泽东得知情况后，于次日在荆竹山雷打石上召开大会。要求部队官兵严格遵守群众纪律，和山上的王佐部队搞好关系，做好群众工作，同时提出了人民军队最早的三项纪律。"

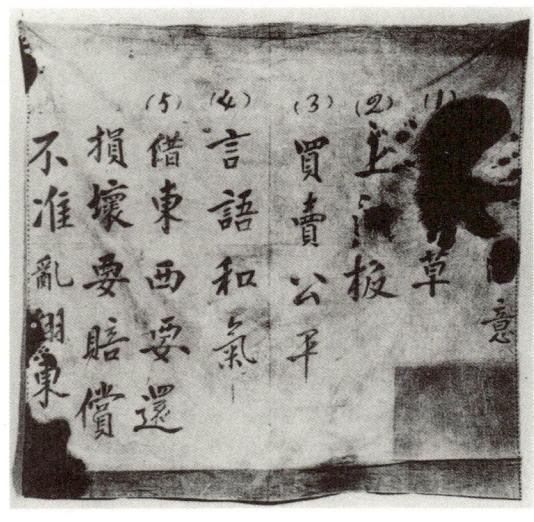

★ 井冈山时期，毛泽东为红军制定了"三大纪律六项注意"，作为红军的行动守则。图为红军战士写在包袱布上的"六项注意"。

这里提到的三项纪律分别是：
第一，行动听指挥；
第二，不拿工人农民一点东西；
第三，打土豪要归公。
1928年夏，又提出了六项注意，分别是：

一、捆铺草；
二、上门板；
三、买卖公平；
四、言语和气；
五、借东西要还；
六、损坏要赔偿，不准乱翻东西。

1929年以后，毛泽东又将三项纪律中的"不拿工人农民一点东西"改为"不拿群众一针一线"；将"打土豪要归公"改为"筹款要归公"，后来又改为"一切缴获要归公"。

对于六项注意，有人提议要增加"洗澡避女人"

★ 讲军队纪律 ★
"三大纪律八项注意"

和"不搜俘虏腰包"两项内容,毛泽东完全同意。这就变成了八项注意。

这就是井冈山和中央苏区时期形成的"三大纪律八项注意"最初版本。

特别是纪律问题,一是由这支人民军队的性质决定,二是因为当时军队里存在着一些错误思想和纪律松懈现象。1929年12月,毛泽东在红四军党的第九次代表大会上,专门指出:

> "红军纪律是一种对群众的实际宣传,现在的纪律比前松懈了,因此给了群众以不好的影响。"

加强纪律宣传和纪律教育,成为红军的要务。推动"三大纪律八项注意"的宣传教育,就是其中的一个重要措施。

不仅在中央苏区,而且在当时的各苏区根据地,"三大纪律八项注意"作为红军的纪律原则都广为传播。鄂豫皖苏区传唱的《红军纪律歌》,歌词这样写道:

> 红军纪律最严明:行动听命令,不得胡乱行;打土豪要归公,买卖要公平;工农的东西,不可拿分文;说话要和气,开口不骂人;无产阶级劳苦群众,个个尽相亲。出发与宿营,样样要记清:上门板,捆铺草,房子扫干净;借物要送还,损失要赔银;便溺找厕所,不搜俘虏身。三大纪律八项注意,大家照此行。

从这首《红军纪律歌》中可以看出,毛泽东在井冈山革命时期为中国工农红军制定的"三大纪律八项注意",很早的时候就已经传到了鄂豫皖等苏区,并且被编成歌谣,在红军指战员中间流传开来。

1931年9月,时任中共苏区中央局秘书长的欧阳钦在上海汇报工作时,还特意详细列举了"三大纪律八项注意"的条文内容,得到当时中共中央的肯定。

"三大纪律八项注意"于是成为人民军队纪律建设的基本原则和明确遵循。后来在《毛泽东选集》的注释当中,作了这样的评价:

> "三大纪律八项注意","是红军以及后来的八路军、新四军、人民解放军政治工作的重要内容,对于人民军队的建设,对于正确处理军队内部关系、团结人民群众和确立人民军队对待俘虏的正确政策,都起了伟大的作用"。

解放战争时期,由于"三大纪律八项注意,实行多年,其内容各地各军略有出入",1947年10月10日毛泽东为此起草发出了《中国人民解放军总部关于重行颁布三大纪律八项注意的训令》,对其内容作了统一规定,要求各地各军"即以此为准,深入教育,严格执行",同时也指出"至于其他应当注意事项,各地各军最高首长,可根据具体情况,规定若干项目,以命令施行之"。

这份重新颁布的"三大纪律八项注意"条文内容为:

> 三大纪律:
> (一)一切行动听指挥;
> (二)不拿群众一针一线;
> (三)一切缴获要归公。
> 八项注意:
> (一)说话和气;
> (二)买卖公平;
> (三)借东西要还;
> (四)损坏东西要赔;
> (五)不打人骂人;
> (六)不损坏庄稼;
> (七)不调戏妇女;
> (八)不虐待俘虏。

自此,"三大纪律八项注意"的内容正式确定下来。新中国成立后,1960年

9月，在整理出版《毛泽东选集》第四卷时，这份训令被收录其中，成为全党全社会普遍学习的纪律教材，教育提高了一批又一批的党员群众。

★ "三大纪律八项注意"教育熏陶下的人民军队

"三大纪律八项注意"长期教育熏陶下的人民军队，对敌斗争英勇坚决，无往而不胜，对群众则始终展现出作为人民子弟兵的立场本色、精神风范和纪律严明，在不同历史时期都涌现出许许多多感人至深的人物与事迹。

早在红军时期，古田会议就提出要严格遵守"三大纪律八项注意"，树立人民军队纪律严明的威武之师形象。革命初期，靠着坚定的理想和铁的纪律，红军和人民群众形成了血肉相连的鱼水之情，坚持了下来，并不断发展壮大。

在艰苦卓绝的二万五千里长征途中，红军纪律极为严明。广大红军指战员斗争环境恶劣，生活艰苦异常，时常忍饥挨饿，但他们始终对群众秋毫无犯，严格执行"三大纪律八项注意"，群众称赞"从来没有见过这样好的军队"。

红军领导机关反复强调严明纪律的重要性，强调在加强红军纪律检查时，还要加强对红军纪律的教育，提高红军遵守纪律的自觉性和主动性。长征初始，红军总政治部就发出《对目前行动的政治工作训令》，强调：

> 要耐心教育每个战士，绝对服从命令，严守纪律，不强买，不乱打土豪，不侵犯群众利益，与群众发生亲密关系。严厉处罚破坏纪律、违犯阶级路线的分子，每连队宣传队布置时，应实行进出宣传与检查纪律。

由于有了正确的政治方向、坚持不懈的纪律教育检查以及"三大纪律八项注意"等切实可行的纪律原则，红军在长征途中显现出革命军队的优良作风和杰出风范。

1935年2月，红军长征途经四川古蔺县境时，朱德向毛泽东讲起两件红军遵守纪律的事例，一个是红军路过该地橘林时秋毫无犯，另一个是红军战士挖了群众萝卜后塞进铜元作为酬金。毛泽东听后很高兴，他说："宋史言，岳飞军

★ 毛泽东颁布三大纪律八项注意纪念碑，位于湖南省桂东县沙田镇。

'饿死不掳掠，冻死不拆屋'。我们朱毛红军在井冈山是这样，到了总司令的四川家乡也是这样。"

毛泽东看得非常清楚：这样的军队才是真正有希望的军队。对这一点，人民群众看得也非常清楚。

红军长征途经少数民族地区时，也正是靠着正确的民族政策以及严明的纪律，处理好了和少数民族的关系，顺利实现了战略转移。为尊重少数民族人民及其宗教信仰，红军总政治部作出军队不得进入喇嘛寺、清真寺，禁止索取寺庙僧侣、群众的财物等规定。但1935年7月，在四川毛儿盖地区，红军某部负责人贺敏仁（贺子珍之弟）违反红军纪律，擅自进入喇嘛寺，并拿走藏民若干银圆。红军师部获知情况后，为严肃军纪，下令将贺枪毙。贺子珍后来说："当时是战争，是红军生死存亡的紧要关头，一切都要服从这个大局，不能干扰毛泽东对军队指挥工作的进行……我也要用红军的纪律约束自己，也要用红军的纪律严格要求自己的亲人。"

虽然这件事的原委有着不同的说法。据有人报告称,贺敏仁从喇嘛庙拿了1000块银圆,可是以他当时那么小的年龄,能否拿得动那么多的银圆(贺当时就否认拿钱之说,只承认肚子太饿,偷吃了供品;何况在他死后,随身的物品就是一个小背包、一条小军毯)。事情是否严重到要被枪毙的地步?这些问题都已无从考证。但通过这件事以及贺子珍后来的回忆,我们也可以看到长征时红军领导机关的执法如山和共产党员不徇私情的可贵精神。

当时还有不少穷苦的少数民族青年积极参加红军,一个很重要的原因,就是他们目睹了红军和旧军队纪律的截然不同,并且由此认定红军是穷苦人自己的队伍。世袭羌族土司安登榜的故事就是这样的。当时红四方面军在西渡嘉陵江后,执行了"各民族一律平等"的民族政策。而当安登榜在遭到国民党追捕走投无路时,恰遇刚刚进入羌族地区的红军。安登榜看见红军纪律严明,尊重少数民族,提倡"回番汉各民族平等",和国民党"汉官"完全不同,便率领随从毅然参加红军,并利用他的身份和影响在羌族地区为红军做了大量工作。后来,红军战士安登榜在长征路上为各民族的解放英勇捐躯。

这样的故事在长征时还有很多。正像古田会议《决议》里指出的那样,"红军纪律是一种对群众的实际宣传"。靠着坚定的理想和铁的纪律,我们党和红军号召起千千万万的穷苦百姓,投入到革命的洪流中,抛头颅、洒热血,前赴后继去争取革命斗争的最终胜利。

广为流传的解放战争时期"锦州苹果"和"解放军露宿上海街头"的故事也很能说明问题。

1948年11月8日,东北野战军林彪、罗荣桓、刘亚楼、谭政等负责人在给毛泽东和党中央的报告里,详细汇报了所属部队的纪律执行情况,其中特别提到了部队在某地发现大批苹果,"战士一个未动"的情况。此后,"锦州苹果"的故事广为流传。1956年11月,毛泽东在中共八届二中全会上回忆到听说这件事后的心情,他说:

> 艰苦奋斗是我们的政治本色。锦州那个地方出苹果,辽西战役的时候,正是秋天,老百姓家里很多苹果,我们战士一个都不去拿。我

看了那个消息很感动。在这个问题上,战士们自觉地认为:不吃是很高尚的,而吃了是很卑鄙的,因为这是人民的苹果。我们的纪律就建筑在这个自觉性上边。这是我们党的领导和教育的结果。人是要有一点精神的,无产阶级的革命精神就是由这里头出来的。

不仅是在锦州,攻入天津时,解放军战士不起火,只吃自备的干粮,多数人连咸菜也吃不上,对群众所送饭菜一概谢绝!广大群众深受感动,有的热泪盈眶,连声说:解放军好!共产党好!毛主席好!这些都显示出人民军队的纪律风范。

还有一个感人的故事发生在刚刚解放的上海。当时解放军打进上海后,模范执行党的城市政策,严格遵守"三大纪律八项注意"。为了不惊扰市民,在蒙蒙细雨中,部队悄然无声地睡在潮湿的路边。早上市民们醒来,开门看到这一感人的场景,油然而生的便

★ 1949年解放军进入上海后,为不惊扰市民,在街头露宿。

是对我们党和人民军队的由衷赞佩。人民解放军用严明的纪律令无数上海市民为之动容,并深深震撼着这座旧中国最大的城市。

时居上海的竺可桢,在当天的日记里记下了这感人的一幕,他说:

> 解放军在路站岗,秩序极佳,绝不见欺侮老百姓之事。在研究院门前亦有岗位,院中同人予以食物均不受。守门之站岗者倦则卧地,亦绝不扰人,纪律之佳,诚难得也。

近半个世纪后的1993年,荣毅仁仍然难以忘记这件事带给他内心的冲击,他回忆说:

> 解放上海的炮声初停,无数解放军战士日日夜夜风餐露宿在马路上,坚持不入民宅的情景,深深打动了我的心。这才是秋毫无犯的人民子弟兵。由此,我对新生的政权有了好感,又通过与党政领导人的接触,觉得他们有朝气、守信誉、尚实干,特别是党和政府的政策保护工商业,促进经济发展,保障社会安定,并在抗美援朝中敢于碰硬,使我直感地相信这个政府靠得住,新中国不断繁荣昌盛,从此有了希望,自己也可以在事业上大干一番。

就连当时在上海的国外报纸也报道说:

> 中共军队军纪优良,行止有节,虽然有许多大厦是打开着,可以用来做军营,而中共军队仍睡在人行道上。

这些只是体现人民军队性质和宗旨,代表人民军队形象千千万万事例中的几个普通事例。这是一支真正的人民军队,这就是受"三大纪律八项注意"长期教育熏陶的人民军队,这样的军队无敌于天下。

★ 一首广为传唱的《三大纪律八项注意歌》

"三大纪律八项注意"宣传教育的形式多种多样,其中最为深入人心的形式,是以它的内容为基础谱写而成的《三大纪律八项注意歌》。

歌词全文是:

> 革命军人个个要牢记,三大纪律八项注意;
> 第一一切行动听指挥,步调一致才能得胜利。
> 第二不拿群众一针线,群众对我拥护又喜欢;
> 第三一切缴获要归公,努力减轻人民的负担。
> 三大纪律我们要做到,八项注意切莫忘记了;
> 第一说话态度要和好,尊重群众不要耍骄傲。
> 第二买卖价钱要公平,公买公卖不许逞霸道;
> 第三借人东西用过了,当面归还切莫遗失掉。
> 第四若把东西损坏了,照价赔偿不差半分毫;
> 第五不许打人和骂人,军阀作风坚决克服掉。
> 第六爱护群众的庄稼,行军作战处处注意到;
> 第七不许调戏妇女们,流氓习气坚决要除掉。
> 第八不许虐待俘虏兵,不许打骂不许搜腰包;
> 遵守纪律人人要自觉,互相监督切莫违犯了。
> 革命纪律条条要记清,人民战士处处爱人民,
> 保卫祖国永远向前进,全国人民拥护又欢迎。

这首为人们熟悉、广为传唱的经典革命歌曲,最早是由红军老战士程坦创作的。程坦曾参加黄麻暴动,后来参加红军,担任红二十五军政治部秘书长。1935年9月,红二十五军到达陕北,与陕北红军合编为红十五军团。由于当时纪律教育的需要,程坦根据中央红军先期带到陕北的有关"三大纪律八项注

意"的文件内容，使用曾在鄂豫皖苏区流传的《土地革命已经成功了》的音调，填写成了《三大纪律八项注意歌》，在《红旗报》上刊登。这首歌曲从此在人民军队中开始广泛传唱。这以后，歌词的内容又几经调整补充。1957年，解放军总政治部再次组织人修改《三大纪律八项注意歌》的歌词。此稿经批准后作为定稿一直沿用至今，也就是前面列举的这首歌的歌词。

1957年10月9日，毛泽东在中国共产党第八届中央委员会扩大的第三次全体会议上，还专门就纪律问题提出了这样一条要求：

> "军队里头要经常进行三大纪律、八项注意的教育。"

演唱《三大纪律八项注意歌》，就是在党和军队里面进行这方面教育的一个有效形式。

1959年9月30日，李志民上将曾指挥由230名将军组成的"将军合唱团"在国庆10周年庆典上演唱《三大纪律八项注意歌》，受到全场热烈鼓掌！

这首携着辉煌和荣誉一路走来的《三大纪律八项注意歌》，其间凝结着中国人民解放军多年锤炼而成的优良传统和革命风范，不仅有力地保障了人民军队自身的纪律建设，在关键历史时刻还屡屡发挥出深远而重大的政治作用。

20世纪70年代，面对国际复杂局势和国内政治局势的变化，毛泽东在与林彪反革命集团的斗争中，通过领唱《三大纪律八项注意歌》，向党内军内传递明确的政治信号。

1971年8月15日至9月12日，毛泽东在南巡期间，多次与随行人员和有关座谈同志一起唱《国际歌》和《三大纪律八项注意歌》，表达出反对和防止党内分裂、维护团结的鲜明立场。8月27日和28日，毛泽东在长沙分别同华国锋、卜占亚以及刘兴元、丁盛、韦国清等谈过党内路线斗争的情况后，都带领全体在场同志唱《三大纪律八项注意歌》。包括在武昌见刘丰，在杭州见南萍、熊应堂、陈励耘等人时，毛泽东也都同他们合唱了《三大纪律八项注意歌》。

毛泽东强调部队在整风中要防止和克服骄傲自满情绪和军阀作风，他还谈道："你们不光要唱《三大纪律八项注意歌》，你们还要讲解，还要按照它去做。""'一切行动听指挥，步调一致才能得胜利'，这一条非常重要。步调不一致,分成两派,怎么样能得胜利呢?"所有这些举措,对于挫败林彪反革命集团的阴谋,发挥了不可低估的作用。

1973年底,毛泽东和党中央决定八大军区司令员相互对调。为了顺利达成这一目标,12月12日晚八时半,毛泽东在中南海游泳池住处主持召开了一次中央政治局会议。他说:"我提议,议一个军事问题,全国各个大军区司令员互相调动。""一个人在一个地方搞久了,不行呢,搞久了油了呢。有几个大军区,政治委员不起作用,司令员拍板就算。我想了好几年了。主要问题是军区司令员互相调动,政治委员不走。"为执行好这一决定,毛泽东特别强调:"第一条三大纪律八项注意,步调要一致,不一致就不行。"此时,他又提议在座的政治局委员唱《三大纪律八项注意歌》。

12月15日晚,毛泽东在中南海游泳池住处主持召开中共中央政治局扩大会议,部分政治局成员和北京、沈阳、济南、武汉军区负责人参加。他在谈到大军区司令员对调问题时,说:"在一个地方搞久了,也不大好。要革命,哪个地方都可以革命嘛。"会上,毛泽东再次指挥大家唱《三大纪律八项注意歌》。

12月21日下午,毛泽东在中南海游泳池住处接见了参加中共中央军委会议的全体成员。会见开始时,毛泽东亲切接见了一大批军队领导同志,共同回忆了革命斗争的艰苦历程,回忆了和朱德同志的深情厚谊,他还饶有兴致地同许世友讨论了读《红楼梦》的有关情况。会议最后,周恩来也提议大家唱《三大纪律八项注意歌》第一段。毛泽东说:"不错,就是这一条要紧。还有八项注意,第一项注意,第五项注意。第一项注意,说话要和气。第五项注意是,军阀作风不要呢。"

22日,毛泽东圈阅了《中国共产党中央军事委员会命令》(草稿)。命令说:

> 为了加强军队建设和反侵略战争的准备,为了使军区主要领导干部交流经验,熟习更多地区的情况,经毛主席、党中央决定,北京与沈阳、南京与广州、济南与武汉、福州与兰州八个军区司令员相互对调。此件于本日发出。

命令下达后,八大军区司令员不带随员,迅速奔赴新的工作岗位,体现了一切行动听指挥的革命精神。

这样重大的政治决定,毛泽东谈笑间便做通了工作,并且三次和大家同唱《三大纪律八项注意歌》,其中的智慧、气魄和无产阶级革命家的风度,久久不能让人平静。

"三大纪律八项注意"作为人民军队精神风范的伟大象征,深深扎根于历史,深深扎根于人民,它必将带着既往的辉煌和荣誉,不断在新时期绽放出更加耀眼的思想光芒。

"加强纪律性,革命无不胜"

要全部解决国民党并占领全国,则尚须要更多的时间。我党我军仍须稳步前进,不骄不躁,以求全胜。我们的口号是:"军队向前进,生产长一寸,加强纪律性,革命无不胜。"

——毛泽东:《再有一年左右时间即可从根本上打倒国民党》(1948年11月11日)

"军队向前进,生产长一寸,加强纪律性,革命无不胜",是毛泽东在解放战争时期提出的关于党和军队纪律问题的二十字口号。为什么有了"三大纪律八项注意"后,还要强调"加强纪律性"呢?毛泽东认为,路线是"王道",纪律是"霸道",这两者任何时候都不可少。

据记载,这二十字完整口号最早提出的时间是在1948年9月中央政治局会议召开前夕。会前的9月5日,邓小平在一份电报里提到:毛主席在几次会议及谈话中,提出全党当前任务仍为"部队向前进,生产长一寸,加强纪律性,革命无不胜"四句话。

两个月后的11月11日,毛泽东在给林彪、罗荣桓等及各中央局、分局的电报里向全党全军正式提出,"我们的口号是:'军队向前进,生产长一寸,加强纪律性,革命无不胜。'"这是战略决战之际中国共产党全部战略部署之精练概括。

毛泽东当时还特别强调"加强纪律性"是"许多环节在目前时期的一个中

心环节","这一个环节问题解决了,其他环节就可以顺利解决"。所以,这二十字口号又被简称为十个字:

> "加强纪律性,革命无不胜。"

这个口号如此鲜明响亮,如此朗朗上口、深入人心,一提出就在党内外产生了巨大的影响,以至于成为后人理解那段历史的标志性概念。

★毛泽东为什么要以建立报告制度为抓手狠抓纪律建设

"加强纪律性,革命无不胜"这个口号的前提,是人民军队凯歌向前,但它反映的,却是中国共产党及其领导的人民军队发展壮大的光辉历程。

为什么会选择在一个决战的年头狠抓纪律建设?那是1948年客观形势发展使然。

当时,解放战争已经进行了一年有余,随着各根据地军民的奋勇斗争,到1947年底时国共两军的实力对比已经悄然发生了根本改变。当时,毛泽东作出过一个重要的判断,他说:"中国人民的革命战争,现在已经达到了一个转折点。""这是一个历史的转折点。这是蒋介石的二十年反革命统治由发展到消灭的转折点。这是一百多年以来帝国主义在中国的统治由发展到消灭的转折点。"解放战争后来的推进,充分证明1947年底毛泽东作出的这一战略判断是极其精准的。也就是说,从这一刻开始,解放战争就进入了关键性的下半场。人民解放军在相继打败了国民党军队的"全面进攻"及"重点进攻"后,此刻终于赢得了战争主动权,开始转入战略进攻。

在这一背景下,革命局面也开始由老区向新区、由农村向城市、由局部向全局迅速铺开,胜利已经指日可待。然而这一胜利形势的快速推进也给党的工作转变提出了迫切的要求。主要是:解放区的人口面积大幅增长,党和人民手中接管的城市越来越多,战争的规模化日益扩展。于是,过去长期在农村分散环境中形成的许多思维和做法,已经难以适应新形势发展的需要。尤其是当时一些地方还存在着违反政策和纪律的"左"的错误倾向,干扰了党和人民夺取

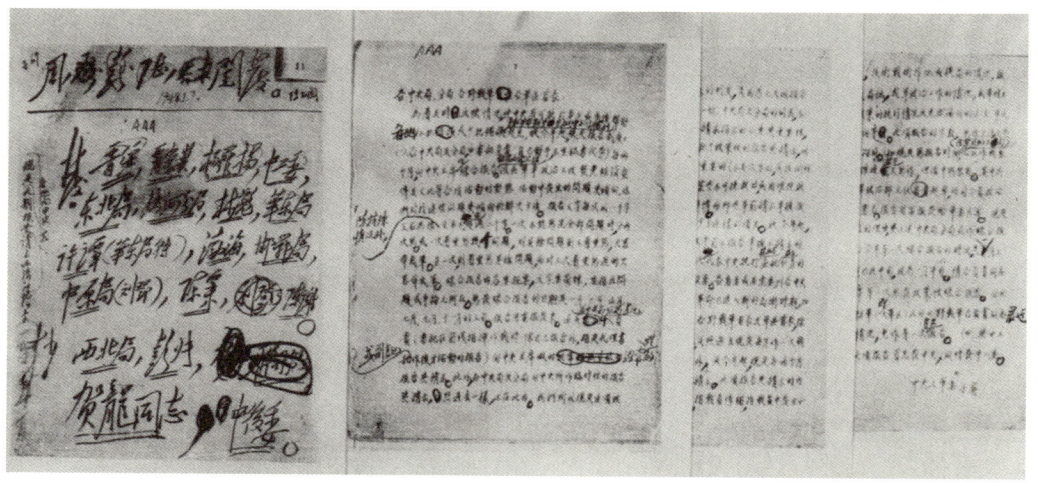

★ 1948年1月7日,毛泽东为中共中央起草的《关于建立报告制度》的党内指示。

全面胜利的战略部署,而这其中有不少是有些地方或组织不请示不报告、各行其是、各自为政及擅自处理问题而引起的。

为了有效避免此类问题的发生发展,同时实现党和军队各方面工作的科学化正规化,顺应形势发展提出的新要求。毛泽东经过深入考虑,敏锐地找到了一把解决以上棘手问题的钥匙,那就是纪律建设。纪律建设,在毛泽东抓党和军队建设上,具有极为重要的战略意义:取得新的更大的胜利,最后和最有决定性的重要任务,就是要加强中国共产党,就是要使党的干部在政治上更加成熟,就是要使党的政策在全党更能统一贯彻,就是要克服党内思想上的经验主义倾向和组织上的无政府无纪律倾向。在毛泽东心目中,这个时候,纪律是一个中心环节,这个环节问题解决了,其他环节的问题就可以迎刃而解。怎么解?毛泽东找到了一个重要的抓手:建立报告制度。

1948年1月7日,毛泽东为中共中央起草发出《关于建立报告制度》的党内指示,也就是当时赫赫有名的"子虞电",开启了解放战争全面加强纪律建设的历史征程。

除继续以往临时性事务性请示报告外,这份指示最大的新意是要求各地党政军一把手每两个月向中央和中央主席作一次综合报告,内容侧重于政策性——汇报该地各项活动动态,各类问题、倾向及解决办法。指示这样解释设计这项制度的原因:七大以后,仍有一些同志"不认识事先或事后向中央作报告并请求指示的必要和重要性,或仅仅作了一些技术性的报告和请示",中央"不充分明了他们重要的(不是次要的或技术性的)活动和政策的内容",因而发生了一些难以挽救的损失,现在必须改变这种"事前不请示、事后不报告的不良习惯";同时,革命进入新的高潮时期,各地各机关必须要和上级和中央"发生最密切的联系"。

从子虞电开始,毛泽东和中共中央接连发出了一系列补充完善报告制度的规定和指示,大力推进这项工作。

3月25日,毛泽东为中央起草了一份《关于建立报告制度的补充指示》。这份指示要求各中央局、分局和各前敌委员会,"除已规定的报告制度务须严格遵守外",还要执行另外三项制度:

> (一)你们对于下级发出的一切有关政策及策略性质的指示及答复,不论是属于何项问题,不论是用电报发出的或用书面发出的,均须同时发给中央一份。
> (二)下级向你们所作政策及策略性的报告,其内容重要者,亦须同时告知我们,文长者摘要电告或函告。
> (三)每一个中央委员、中央候补委员均有单独向中央或中央主席随时反映情况及陈述意见的义务及权利。

这份指示,将对下指示与对上报告归为一件事,将上级与下级紧紧地连接起来。这就进一步拓展了报告制度的深度和广度。

6月5日,中共中央发出《关于宣传工作中请示与报告制度的规定》,专门在宣传工作中强化了纪律要求。

8月28日,毛泽东在《中共中央关于各中央局、分局、军区、军委分会及

前委会向中央请示报告制度的决议》稿上，专门加写了这样一段话：

> "各地党报必须无条件地宣传中央的路线和政策，并不得在宣传中将中央和受中央委托执行中央的路线、政策和任务的机关（即各中央局、分局、军委分会和前委会）处于平列的地位。相反的，必须公开向党内外声明，各受中央委托的机关是执行中央的路线、政策和任务的。各中央局、分局、军委分会及前委会在发出自己的决议、指示、命令和训令时，亦必须注意到此点，不得将自己和中央处于平列的地位，甚或向党内军内将自己造成高出中央的影响。"

9月，中共中央政治局会议通过了上述决议，要求全党全军切实强化请示报告制度的落实执行。该决议对请示报告的内容、方式作出规范，系统地梳理了党和军队在方方面面的工作。

报告制度的建立是解放战争时期中共中央作出的一项重大制度创新，顺应了新的形势特点对党提出的迫切要求，为全党上下加强联系沟通、及时纠正各类错误倾向、积极应对新问题新挑战、制定出符合客观实际的政策策略，奠定了关键制度基础。

正如《毛泽东选集》第四卷中《关于建立报告制度》一文的题解中所说：

> "这个问题在这时之所以特别重要，是因为革命形势已经有了极大的进展，许多解放区已经连成一片，许多城市已经解放或者即将解放，人民解放军和人民解放战争的正规性程度大为提高，全国胜利已经在望。这种情况，要求党迅速克服存在于党内和军队内的任何无纪律无政府状态，把一切必须和可能集中的权力集中于中央。建立严格的报告制度，就是党为此目的而采取的一个重要步骤。"

★ 讲军队纪律 ★
"加强纪律性，革命无不胜"

★ 以批评东北局为例：毛泽东狠抓纪律建设的决心和魄力

毛泽东做事向来雷厉风行，不抓则已，一抓到底。为让报告制度在党内扎根，他付出巨大艰辛，一面极其繁忙地指挥解放战争，一面自始至终地亲自抓这项工作。1948年8月以后，他着重强化了报告制度的落实，批评东北局就是一个突出事例。

东北解放区是当时我党面积最大、实力最强的一块根据地，各方面工作都走在全国前列，为解放事业作出了突出贡献。但是，毛泽东也发现，当时东北局在一些问题上，未按要求作综合报告，他对此提出了严厉批评。

1948年3月25日和8月9日，毛泽东两次电催东北局，指出中央规定的报告制度，各中央局、分局的负责同志"均已严格遵照实行，惟独东北局没有实行"，"三月，五月，七月三次报告均未做亦未声明理由。前已电催一次，你们亦承认应当作报告，但仍未实行，是何原因，究竟你们何时间开始作第一次综合性的报告，望复"。

8月15日，毛泽东第三次去电，语气相当严厉，对东北局8月13日复电中的"敷衍态度"提出批评，质疑电报所提之理由：东北局"常委各同志均极忙碌"，深陷具体事务，"故对各部门的工作难求得全部了解，对作全貌的报告遂感困难"。他还拿关内和东北局作比较，指出"关内各中央局领导同志所处环境，均不如你们好"，"像大别山那样严重的环境，邓小平同志尚且按照规定向中央主席做了综合性报告"，"何以你们反不能做此项报告"。我们认为"主要理由并不是你们所说的一切，而是在这件事上，在你们心中存在着一种无纪律思想"。

在如此严厉的批评督促下，东北局立即开会进行检讨。林彪和东北局分别于8月15日和19日向中央提交了综合报告和检讨报告，深刻剖析错误原因在于"对于按期给中央作报告，没有提到政治的组织的原则高度去认识"，"没有完全自觉地意识到不按期向中央作报告，就是一种政治上的错误与组织上的违犯纪律的行为，这是主要的一方面"。"今后保证定期向中央作报告"，"与各种无纪律观念继续作斗争"。

8月22日，毛泽东复电东北局表示"你们这次检讨是有益的"，这样才能"取得主动"。在这次电报中，毛泽东第一次提出：纪律建设是"许多环节在目前时期的一个中心环节"。他强调，"这一问题的性质是如此重要，即只有解决这一问题，才能由小规模的地方性的游击战争过渡到大规模的全国性的正规战争，由局部胜利过渡到全国胜利"。

事情到此并未结束，毛泽东决定趁热打铁，借批评东北局一事推动全党纪律落实再进一步。8月23日，他为中央起草指示向全党转发了同东北局的这些往来电报，要求关内各局不能自满，"不能因为做几次综合报告，就不检讨这个长期在党内首先在各高级领导机关内存在着尚未解决仅在近来才开始认真解决的关系重大的问题"，要求他们在"克服自己及自己属下的经验主义、游击主义、无纪律状态和无政府状态"方面，也要"依照东北局办法"，在"一次至几次会议上加以认真检讨，实行自我批评，规定克服办法"。对其他未严格执行报告制度的单位和个人，毛泽东也同样严加批评督促。

为巩固纪律落实成效，批评东北局的同时，毛泽东为中央起草发出了一系列指示和规定，强调各中央局、分局、前委不仅自己要执行好报告制度，还要严格督促所属执行，并要求各地深入开展学习讨论，开展反对"无政府无纪律状态"的党内斗争，切实避免各行其是、各自为政的倾向。再经过9月中央政治局会议的总结和夯实，加强纪律性的意识得以深入人心。

对东北局的严厉批评，在党内引起很大震动。9月5日，在西柏坡准备参加9月会议的邓小平，向刘伯承、陈毅等通报有关情况时，就说过：毛主席几次谈到加强纪律性系目前工作之中心环节。此种精神，从最近中央对东北局的批评和几个电示可以看到。中原局及中原军区对此应迅速检讨，成立一个正式的决议报告中央，同时发给各区委、各纵队。第二天，中原局即讨论通过《关于克服无纪律无政府状态并建立报告制度的决定》，其中谈道："中央一月七日规定报告制度后，于八月五日、十四日、二十二日、二十三日连电系统地说明克服无纪律和反无政府状态及报告制度的重要，又连续将各中央局讨论中央对报告制度的指示转给各地。此种严格的、有系统的、坚持原则的领导作风，给我们树立了一个榜样"。

毛泽东借批评东北局所表达出的加强纪律落实的决心和魄力，给各级领导

★ 讲军队纪律 ★
"加强纪律性，革命无不胜"

干部留下了深刻的印象，通过抓住典型事例，再加上环环相扣的严格要求，换来了全党全军对纪律问题的高度重视。

★ **为让华野开好纪律会议，毛泽东下令推迟淮海战役发起时间**

加强纪律性不仅大大促进了全党在政治上的集中统一，同时对当时解放战争的决战决胜也起到关键保障作用。

前面提及的毛泽东严格督促东北局作综合报告，这件事就发生在辽沈战役决胜的前夜。而不久后，9月8日至13日，毛泽东在西柏坡主持召开中共中央政治局会议，着重强调全党加强纪律性和统一集中问题。也正是这次会议召开期间，9月12日辽沈战役在北宁路打响。一个个时间点的环环相扣，不是历史的巧合，它充分反映出"加强纪律性"和"革命无不胜"之间存在的必然联系。

又一个突出的事例发生在华东战场。

1948年9月24日，当时济南战役已经取得决定性胜利，处于收尾阶段，华东野战军代司令员兼代政治委员粟裕致电中央军委，提出举行淮海战役的建议。第二天，在批准同意这一建议的复电中，毛泽东要求华野所部"开一次像上月曲阜会议那样的干部会，统一作战意志，调整内部关系"。电报在这里所指的"上月曲阜会议"，即是指8月25日至29日华东野战军前委在山东曲阜召开的纵队以上领导参加的作战会议。那次会议不仅制定了济南战役的作战计划，还开展了深入的批评与自我批评，解决了不少历史遗留问题，统一了华野内部的思想认识，对于济南战役取得胜利起到重要的促进作用。淮海战役发起前夜，毛泽东决定如法炮制推动华野再开一次像上个月那样成功的会议。这便是淮海战前第二次曲阜会议的由来。

9月27日，中共中央发出指示，要求"华野前委，山东兵团前委，苏北兵团前委均应利用目前两星期时间，根据中央历次指示，检讨自己及所属的某些无纪律无政府状态问题，并将结果电告"。次日，毛泽东去电特意作出时间安排："为使你们的会议开得好一些，时间可以有七天到十天，而将执行淮海战役的时间推迟到10月15日以后。"

10月5日至24日，华东野战军前委在曲阜召开扩大会议，按照中共中央和

★ 三大战役期间的毛泽东和周恩来。

中央军委有关指示精神，认真开展纪律检讨活动，进一步增进内部团结。纪律讨论一结束，会议即转入研究制订淮海战役具体作战方案的阶段。

就连身处河南宝丰县中原军区驻地的陈毅（当时兼任华东野战军司令员及政委），也在9月30日向会议去电，要求"这次曲阜会议，应就夏季各纵查整及濮阳查整的结论作两个月来战斗与工作的实际检讨，归结到中央指示关于无政府状态、无纪律状态的根本纠正，保证今后能建立深刻的整体观念，予军阀主义、本位主义、自由主义、官僚主义以致命的打击，保证能更顺利的执行新的战略机动和争取大革命胜利"。陈毅还介绍了刘邓、陈谢部队开展查整的经验，认为"这与华野的情形是基本上相同的，故重提一遍作各纵参考"。他还要求在会上，"各纵委与前委各同志均应有简略发言，作自我批评，以便造成更好的团结"。

10月6日，即华野开会期间，中央再次去电告知饶漱石、粟裕："此次会议检讨关于无纪律无政府状态时，应做成一个决议，在会上通过。"

不到10天时间，中共中央接连4份指示电，就连身处数百里外的陈毅也专门去电，共同指导督促一个野战军前委开会检讨纪律问题、增进内部团结一致。为让华野做好这场纪律大检讨，毛泽东甚至还推迟了涉及上百万人生死命运的战略大决战，这在党的历史上恐怕也是绝无仅有的。这都充分反映出决战前夜，革命营垒内部团结统一的问题、加强纪律性的问题，在毛泽东和中共中央领导层的心目中占有多么高的位置。而这确是抓住了问题的要害，国民党反动派最后的崩溃，一个突出的标志就反映在纪律问题上。看看淮海战场上国民党军队有多少次在关键时刻的起义投诚，及其对战争失败的一方国民党反动派所产生的毁灭性冲击。我们便可以得知，"加强纪律性，革命无不胜"，绝对不是虚话。

在毛泽东和中共中央的直接督促指导下，此次曲阜会议上，华野内部开展了认真的批评和自我批评，从根本上增进了内部的团结统一。随后淮海战役所取得的辉煌战果以及战役期间华野所属各部紧密无间的配合支援，充分反映出第二次曲阜会议的巨大成效。

淮海战役还是中原野战军和华东野战军共同执行作战任务的一场大决战。毛泽东当时说过："二野三野（二野即中原野战军，三野即华东野战军——引者注）联合作战，不只是增加一倍两倍的力量，数量变，质量变，这是一个质的变化。"

淮海战役第一阶段时，为配合华东野战军各纵队围歼黄百韬兵团，中原野战军迅速切割徐州、蚌埠线，占领宿县，既堵住了徐州之敌南逃的后路，又制止了孙元良兵团东援，夹住了黄维兵团北上，为华野最终歼灭黄百韬兵团解除了后顾之忧。

在淮海战役最为紧张的第二阶段，为配合中原野战军的南线作战，经中央军委同意，华东野战军主动改变了在北线歼击邱清泉、李弥两兵团的既定方针，会同中原野战军集中力量首先歼灭黄维兵团，再回头歼灭徐州守敌，确保了战役全局取得胜利。

关于配合作战可能付出的巨大牺牲及其必要性，邓小平当时在给中原野战军各纵队负责人会议上作动员时，说过这样一段话：要消灭敌人，没有牺牲精神是不行的。我们要不惜一切代价，在华野协同下，坚决完成歼灭黄维兵团的任务。即使这一仗中野拼光了也值得，其他野战军照样渡江，中国革命照样胜利！

两大野战军之间，野战军各纵队之间，解放军和人民群众之间，纪律严明、团结如一人，共同克敌制胜，这一幕幕感人的场景在淮海战场上不断地上演着。人民解放军广大指战员用鲜血牺牲和不朽功勋，印证着"加强纪律性，革命无不胜"这一光辉论断的无比正确。

★ 蒋介石最终与毛泽东有了"共识"：胜与败，要害在纪律

1948年底，毛泽东在西柏坡为复刊后的《中国青年》题词："军队向前进，生产长一寸，加强纪律性，革命无不胜。"这幅著名的题词今天仍然静静地陈列在西柏坡纪念馆展室中。时间过去了半个多世纪，岁月已将这段历史尘封，然而透过题词之意境神韵，我们仿佛感受到了毛泽东当年在题写这些文字时的欣慰喜悦。

1949年6月，毛泽东在《论人民民主专政》中总结概括了28年革命斗争战胜敌人的三件武器，其中第一件就是"一个有纪律的，有马克思列宁主义的理论武装的，采取自我批评方法的，联系人民群众的党"。他把纪律放在最前面，是总结了党的整个历史，而最直接

★ 1948年12月，毛泽东为《中国青年》杂志创刊题词："军队向前进，生产长一寸，加强纪律性，革命无不胜。"

★ 讲军队纪律 ★
"加强纪律性，革命无不胜"

的背景应该就是1948年中国共产党加强纪律性的成功实践。

　　1949年，即将败退台湾的蒋介石在总结失败的原因时，也有一段刻骨铭心的总结，他是这样对比国共两党的："感知国军失败，不是因为外敌，而是因为内乱"，"共匪之优点，一、组织严密。二、纪律严厉。三、精神紧张。四、手段彻底。五、军政公开方式。六、办事方法：调查、立案、报告、审查、批准、执行、工作检讨。七、组织内容：干部领导、由下而上、纵横联系、互相节制、纠察彻底、审判迅速、执行纪律、主义第一"。而国军"都养成自保自足的恶习，只看到带领的一部的利害，对于友军的危难、整个战局的成败，几乎漠不关心……纪律如此废弛、精神如此低落，要与凶顽狡猾的匪军作战，绝无幸免于消灭的道理"。蒋介石的这段话，当然难脱推卸责任之嫌，但在大局砥定之际，作为这场战争最大的失败者蒋介石的上述评价耐人寻味。

　　值得关注的是，毛泽东和蒋介石，作为这场战争胜利一方和失败一方的主要代表，他们在回顾总结斗争过程的成败得失时，竟然在中国共产党的纪律问题上取得了共同的认识，都认为这是事关双方胜负的一个关键因素，确是发人深思的！

MAO ZEDONG

讲军队作风

"坚定正确的政治方向,艰苦奋斗的工作作风,灵活机动的战略战术"

"团结,紧张,严肃,活泼"

"艰苦奋斗是我们的政治本色"

"坚定正确的政治方向，艰苦奋斗的工作作风，灵活机动的战略战术"

"坚定不移的政治方向，艰苦奋斗的工作作风，加上机动灵活的战略战术，便一定能够驱逐日本帝国主义，建立自由解放的新中国。"

——毛泽东为抗大同学会题词（1938年3月5日）

"你们在这里要学到坚定正确的政治方向，艰苦奋斗的工作作风，加上灵活的战略战术。有了这三样东西，我们便能够最后战败敌人。"

——毛泽东：《在抗大应当学习什么？》（1938年4月9日）

"抗大的教育方针是：坚定正确的政治方向，艰苦奋斗的工作作风，灵活机动的战略战术。这三者，是造成一个抗日的革命的军人所不可缺一的。"

——毛泽东：《抗大三周年纪念》（1939年5月26日）

★ 讲军队作风 ★

"坚定正确的政治方向，艰苦奋斗的工作作风，灵活机动的战略战术"

"坚定正确的政治方向，艰苦奋斗的工作作风，灵活机动的战略战术"，是毛泽东在抗日战争期间对"一个抗日的革命的军人"提出的"不可缺一"的三条基本要求。此后，也成为衡量人民解放军每一个军人是否合格的三条标准。这三条要求或标准的提出，源于毛泽东1938年和1939年期间对延安抗日军政大学的题词、文章和讲演。

★ "革命的军人所不可缺一"的"三样东西"

中国人民抗日军事政治大学，简称"抗大"。1936年6月1日，创办于陕北瓦窑堡，最初名为中国人民抗日红军大学。在瓦窑堡举行开学典礼时，毛泽东出席会议并讲话。1937年1月，学校迁往延安并改名为"中国人民抗日军事政治大学"，毛泽东亲自兼任抗大教育委员会主席。1月21日，抗大第二期在延安举行开学典礼，毛泽东再次出席并讲话。

抗大是中国共产党创建的一所高级军事政治学校，在毛泽东的亲自领导和指导下成立，培养了大批军事干部和政治干部。从抗大毕业的学员分赴不同的战场和各条战线，成长为抗战的中坚力量，为中国革命事业作出了重要贡献。随着中国共产党领导的人民抗战不断展开，抗大也很快闻名中外。

> "抗大为什么全国闻名、全世界闻名，就是因为它比较其他的军事学校最革命最进步，最能为民族解放与社会解放而斗争……抗大的革命与进步，是因为它的职员教员与课程是革命的进步的，又因为它的学生是革命的进步的，没有这两方面的革命性进步性，抗大决不能成为全国与全世界称赞的抗大。"

这是毛泽东在抗大成立三周年时给出的评价。抗大之所以"最革命最进步"，是因为职员教员、课程及其学生的革命性、进步性，当然，也与抗大的教育方针紧密相关。

如何培养我军干部，毛泽东在亲自指导抗大教学工作的过程中煞费苦心。

在1937年抗大的开学典礼上,毛泽东就对学员们提出过这样的要求:

> "把自己变成一把雪亮的利刃,去打倒日本,去创造新社会。"

怎样才能变成利刃、打倒日本并创造新社会?毛泽东反复思考如何办好抗大的问题。抗大必须有明确的教育方针,这个教育方针,要跟随学员前往不同战场和各条战线,要内化为我党我军的优良作风和宝贵传统。

为了加强学员与学校的联系,也为了推动抗大的教学建设,主持抗大工作的副校长罗瑞卿提议成立抗大同学会,并请毛泽东为同学会题词。1938年3月5日,抗大同学会成立,毛泽东欣然题词:

> "坚定不移的政治方向,艰苦奋斗的工作作风,加上机动灵活的战略战术,便一定能够驱逐日本帝国主义,建立自由解放的新中国。"

这是毛泽东首次对抗大教育方针作出的清晰概括,这一教育方针的目的就是"驱逐日本帝国主义,建立自由解放的新中国"。

随后,毛泽东在1938年3月19日、20日,以及4月9日、30日等时间,分别对抗大学员作了多次讲话。

其中,4月9日,毛泽东重点讲了"在抗大应当学习什么"的问题。经过深入思考,他向学员提出了能够最后战败敌人的最重要的"三样东西":

> "你们在这里学习的时间很短,只有几个月,学不到很多的东西,不像别的大学可以学几多年……
> 你们在这里要学到坚定正确的政治方向,艰苦奋斗的工作作风,加上灵活的战略战术。有了这三样东西,我们便能够最后战败敌人。"

对于这"三样东西",毛泽东不断地强调、不断地表述,并且不断地解释其中的含义。4月30日,毛泽东在抗大第三期第二大队的毕业典礼上,生动形象地用评价《西游记》里几个神话人物的方式解读这"三样东西":

★ 讲军队作风 ★

"坚定正确的政治方向，艰苦奋斗的工作作风，灵活机动的战略战术"

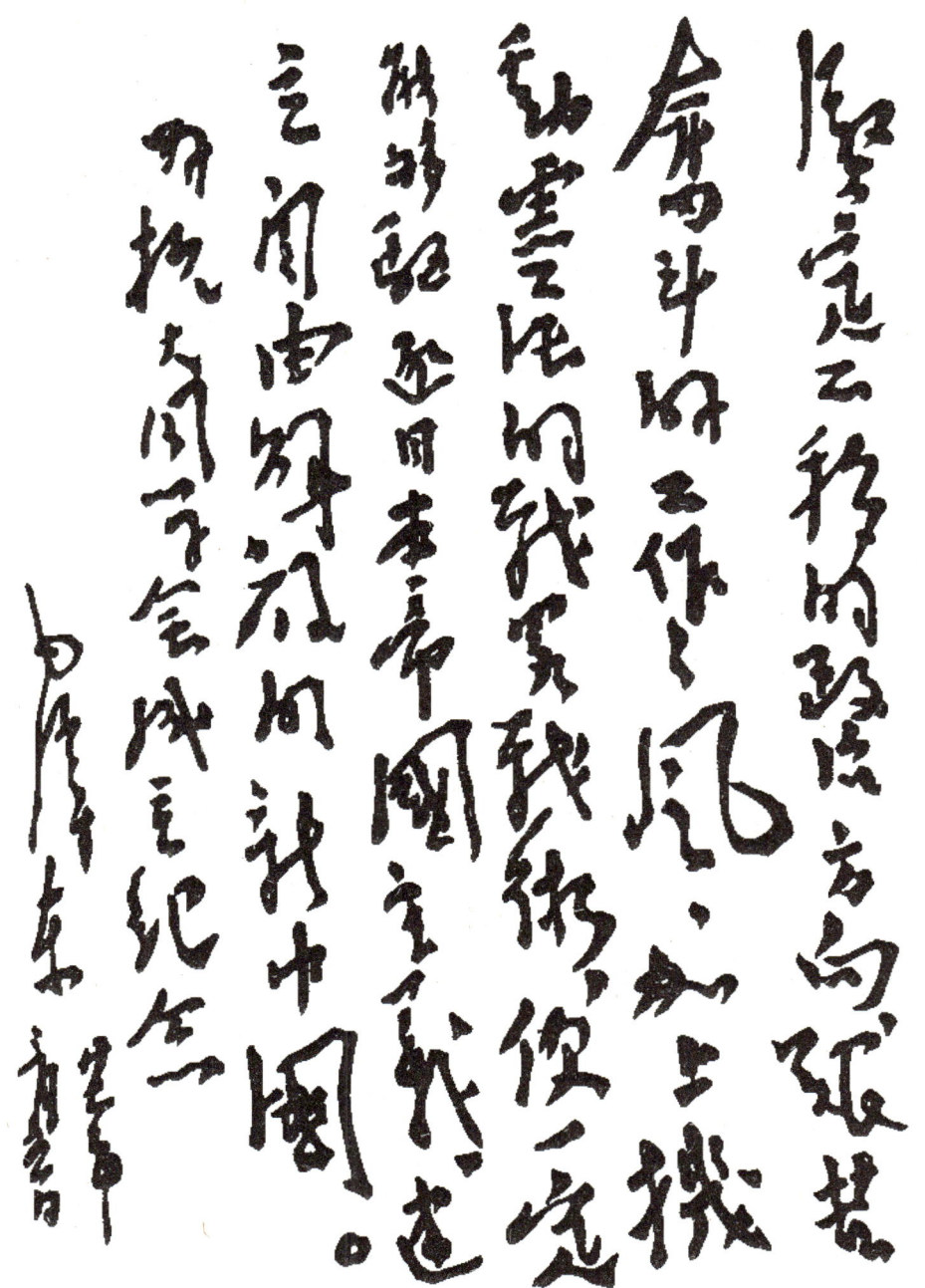

★ 1938年3月5日，毛泽东为抗大同学会成立题词：坚定不移的政治方向，艰苦奋斗的工作作风，加上机动灵活的战略战术，便一定能够驱逐日本帝国主义，建立自由解放的新中国。

唐僧这个人，一心一意去西天取经，遭受九九八十一难，百折不回，他的方向是坚定的。但他也有缺点，麻痹，警惕性不高。敌人换个花样就不认识了。猪八戒有许多缺点，但有一个优点，就是艰苦，七绝山臭稀柿胡同就是他拱开的。孙悟空很灵活，很机智，但他最大的缺点就是方向不坚定，三心二意。你们别小看了那匹小白龙马，它不图名，不为利，埋头苦干，把唐僧一直驮到西天，把经取回来，这是一种朴素、踏实的作风，是值得我们取法的。

毛泽东的这段趣评，其实就是毛泽东根据唐僧师徒不同的个性，指喻出"坚定正确的政治方向""灵活机动的战略战术"和"艰苦朴素的工作作风"。

这三个方面的重要内容，伴着台下的笑声和掌声，成为毛泽东送给学员的毕业教诲和人生寄语。

到了1939年，抗大成立三周年。5月26日，毛泽东特地写了纪念文章，文中进一步把上述"三样东西"概括为"抗大的教育方针"：

> "抗大的教育方针是：坚定正确的政治方向，艰苦奋斗的工作作风，灵活机动的战略战术。这三者，是造成一个抗日的革命的军人所不可缺一的。抗大的职员、教员、学生，都是根据这三者去进行教育与从事学习的。"

毛泽东提出的三句话的教育方针，既是针对抗大的，也是针对所有革命军人的。后来，这三句话与"团结、紧张、严肃、活泼"八个字放在一起，成为我军普遍提倡的优良传统和作风，影响深远。

★ "坚定正确的政治方向"

抗大培养的革命干部，要忠实于中华民族解放事业，要有能力领导抗日斗争，其核心的素质就是要有坚定正确的政治方向。据抗大政治部成立的速记股所记录和整理的材料显示，毛泽东在抗大各期各队开学时，大都亲自到校讲话。毛泽东讲话时的一个首要内容，就是帮助学员树立正确的政治方向。

1938年4月，毛泽东在抗大第四期第三大队的开学典礼上讲："政治方向可

★讲军队作风★
"坚定正确的政治方向，艰苦奋斗的工作作风，灵活机动的战略战术"

以有许多不同的方向，你们要学一个正确的政治方向。"在当时，什么是正确的政治方向呢？毛泽东给出了答案，就是要瞄准打败日本帝国主义的目标，他说：

> "要打日本、怎样打日本、为什么日本帝国主义一定能打倒的正确的政治方向。"

毛泽东还提出：立足于抗日民族革命战争，贯通中国人民革命事业的长远利益，达到民族民主革命的统一，是当时正确政治方向的基本内容。

仅仅学习和树立"正确的政治方向"是不够的，毛泽东还有着更高的要求，那就是要："坚定正确的政治方向"。

怎样才能做到"坚定"？那就要在正确的政治方向上"永久奋斗"，要"为中国人民解放事业而奋斗终身"！

1939年5月30日，毛泽东在西北青年救国会举行的模范青年授奖大会上讲话，阐述了"模范青年"的标准：

> 第一，"什么是模范青年？就是要有永久奋斗这一条。……没有这一条，什么都是空的。……"
>
> 第二，"在政治上要有一个正确的方向，但是光有这个正确的政治方向是不够的……"
>
> 第三，"有了正确的政治方向后，还要坚定，就是说，要有'坚定正确的政治方向'。这个方向是不可动摇的，要有'富贵不能淫，贫贱不能移，威武不能屈'的骨气来坚持这个方向。"

达到这三个标准的青年，才称得上是真正的模范青年。

抗大学员大多数是青年，青年人富有革命热情，却缺乏严格锻炼。针对这个特点，毛泽东经常教导学员要有顽强的革命意志和毅力，他说：

> 今后同志们的革命路程是漫长的，会有种种艰难险阻，不是平坦的阳关大道。

他形象地做着手势说：

> "每个同志在革命的征途中，不能摔了一跤便哇哇哭起来，'我不干了'。应当从地上爬起来，不畏困难，不怕牺牲，继续勇敢战斗前进。"

又说：

> "一个人革命一阵子是容易的，更重要更可贵的是革命一辈子，为中国人民解放事业而奋斗终身。"

毛泽东在抗大讲话时，还多次引用"愚公移山"的故事，教育学员要永远坚持革命，决不中途妥协。他还告诫学员不要学汪精卫，不要学张国焘，不要学米亚加，他谆谆嘱咐："革命是要真正革到底的。"

毛泽东的这些教导，变成了无数抗大学员的神圣誓言，抗大学员也在他们自身的实践中履行了这个誓言。

当时延安城内的商店出售一种印有"photographic"或"Album"字样的长方形小本子，很多新到的学员买来作为纪念册，等到毛泽东讲演结束，学员们就热情地拿着这种小本子围上去，请毛泽东题词。警卫人员照例是打开一块旧白布单，让大家把小本子放进去，然后包好背走，过几天便分别把题好词的小本子退回每个学员。毛泽东会在百忙中抽出时间，一本一本认真地题写一两句话，勉励每个同志努力学习进步，坚持正确的政治方向等。

毛泽东向学员说明在抗大应当学习什么时，还特别指出，达到及完成正确的政治方向，"必得有"一个条件：

> "要学一个达到及完成这种政治方向的工作作风——艰苦奋斗的工作作风，必得有这种作风才能达到及完成以上的政治方向。"

这个条件就是"艰苦奋斗的工作作风"。此外，毛泽东还在阐释国民精神总动员的政治方向时，也指明了"坚定正确的政治方向"与"艰苦奋斗的工作作

风"之间的密切关系:

> "这种坚定正确的政治方向,是与艰苦奋斗的工作作风不能脱离的,没有坚定正确的政治方向,就不能激发艰苦奋斗的工作作风;没有艰苦奋斗的工作作风,也就不能执行坚定正确的政治方向。"

所以,抗大的教育方针包含的第二个内容就是"艰苦奋斗的工作作风"。

★ "艰苦奋斗的工作作风"

一个军人的政治方向有了以后,还要解决工作作风问题。

1939年5月26日,毛泽东在抗大三周年纪念时分析了抗大当时面临的问题:"抗大在其逐年的改良进步中间,伴来了若干缺点,它发展了,但困难也来了,主要的是经费不足、教员不足、教材不足这几项。"

面对这些困难,毛泽东的态度是:"共产党领导的抗大,是不怕困难与一定能够克服困难的。在共产党面前无困难,就是因为它能克服困难。"

当时,延安的知识青年大多来自内地,而经济落后的陕北与大城市相比差距很大。抗大的物质条件,也没法和富饶地区城市的学校相比。毛泽东听说有些新学员因为抗大的校舍、设备、教员、教材等过于简单,而或多或少地开始怀疑抗大的教学效果。于是,他在一次讲话中开门见山地说:

> "依靠自己,艰苦奋斗,创造条件,办好学校,是革命的优良传统。"
>
> "没有房子住,我们自己开山打窑洞。没有教员,我们自己选拔培养,孔夫子说'三人行必有我师焉',俗话也说'三个臭皮匠顶一个诸葛亮',现在我们的队伍成千上万,各种人才都有,不论新同志老同志,发现出来便可以选任教员,也可以既当学员又当教员。
>
> 没有教材,我们自己编写,当然要尽力收集和重视参考国内外已有的教材,但革命军队的政治工作和革命战争的战略战术,是不可能

★ 1939年5月,毛泽东在抗大成立三周年大会上讲话。

★ 讲军队作风 ★

"坚定正确的政治方向,艰苦奋斗的工作作风,灵活机动的战略战术"

> 靠别人来替我们编写的。
>
> 至于没有教室、桌子、板凳,那末我们就坐在地球上听课,现在大家不是都坐在地球上吗?(当时听报告都是在广场上席地而坐)。"

毛泽东在讲话中最后点明:

> "我们的目的是要学习革命道理和抗日本领,而这些是在别处学不到的。"

毛泽东充满革命乐观主义的生动讲话,使得初到延安的青年学员在一片笑声中茅塞顿开,很快树立起正确的学习态度,适应了简朴的学习环境,并以艰苦奋斗的革命传统作风为荣。

艰苦奋斗的另一个重要方面就是自己动手进行生产以解决物质困难。国民党对边区和八路军的封锁,使得边区的财源、粮源日趋艰难。毛泽东先后作过多次重要指示,号召动员抗大师生开荒种地,生产粮食和蔬菜。

毛泽东提出要求:现在一面学习一面生产,将来一面作战一面生产。这就是抗大艰苦奋斗的作风,足以战胜任何封锁和破坏。他还进一步要求大家,要坚持知识和生产劳动结合,坚持知识分子和工农群众结合。这些要求的意义非常深远。

抗大政治部的一名工作人员奚定怀回忆道:

> "工作以后,我便参加在南门外山脚下开垦一段废弃的旧公路,把铁壳般硬的老路面刨开,种出大量青菜萝卜。1939年开春以后,抗大响应毛主席号召,掀起了开荒种粮生产运动。陕北黄土高原,许多山地可以开垦种谷子,我们政治部就在当时住区窑洞上面的山脊地进行春耕播种。"

为着同一理想,艰苦奋斗,患难与共,是革命队伍不可战胜的基石。艰苦奋斗的工作作风,绝不仅仅是抗大的教育方针。从红军时期开始,我军就有了这种优良作风。到了中共七届二中全会,毛泽东提出的"两个务必"中,其中一个就是:"务必继续地保持艰苦奋斗的作风。"

1956年11月15日,毛泽东在中共八届二中全会上讲话时强调说:"我是历来主张军队要艰苦奋斗,要成为模范的。"他举了个"酸菜"的例子:

> "一九四九年在这个地方开会的时候,我们有一位将军主张军队要增加薪水,有许多同志赞成,我就反对。他举的例子是资本家吃饭五个碗,解放军吃饭是盐水加一点酸菜,他说这不行。我说这恰恰是好事。你是五个碗,我们吃酸菜。这个酸菜里面就出政治,就出模范。"

毛泽东风趣地说:"解放军得人心就是这个酸菜,当然,还有别的。"他补充道:"现在部队的伙食改善了,已经比专吃酸菜有所不同了。但根本的是我们要提倡艰苦奋斗,艰苦奋斗是我们的政治本色。"

毛泽东提倡的艰苦奋斗的工作作风,成为我党我军在任何情况下都必须坚持的优良作风和优秀传统。

★ "灵活机动的战略战术"

抗大的学校性质,决定了其教育方针里的第三个内容:战略战术。毛泽东说:

> "要学点战略战术。抗大是军事学校,要学做一个军人,学点军事本领。"

当时在战术训练方面,正规战术和游击战术都初步有了一些教材和教学基础,而战略教学还很薄弱。中央红军到达陕北不久,毛泽东就一再要求加强红大、抗大战略方面的教学。那时还没有克劳塞维茨《战争论》的完善中译本,毛泽东想起来马克思主义著作翻译家何思敬教授正在延安,就请他作了《战争论》的部分节译和口头译述,还安排他给抗大学员讲授战略理论。

★ 讲军队作风 ★

"坚定正确的政治方向,艰苦奋斗的工作作风,灵活机动的战略战术"

★ 抗大学员开赴抗日前线。

1938年4月2日,抗大第四期第一大队准备迁到瓦窑堡去办校,毛泽东在他们临行作了讲话,提出要"讲点战略问题"。他说:

> "必要开展,所谓开展便是在政治方面要知大局顾全大体,因此在军事方面我们要讲点战略问题,兵团以上的问题。你们可以由排连长做到师长,领导更多的人。这不是升官而是干革命工作。为了这个目的,所以必要开展。"

1938年5月21日,毛泽东在抗大第三期总结大会上讲了学习战略问题的必要性:

> "过去对战略方面比较忽略,军事顶困难也不过难到马克思主义的地步罢了!我们不要以为人家是连营长为什么要讲战略?其实大纲节

> 目非要不可,黄埔也是有的。而且没有战略,战术也一定谈不好。小的东西是要占大的东西的地位的。如一个鼻子,(笑)你能把它安在背上吗?战术也是如此,班教练,连教练,是有它一定位置的。我很担心把它安错了,所以要讲战略。"

毛泽东还亲自到学校演讲《中国革命战争的战略问题》和《实践论》《矛盾论》等。毛泽东每次谈到战略战术,要害总是"灵活机动"。他说:

> "指导一切战争,都应当依据敌我情况运用灵活机动的战略战术,而在敌强我弱的战略防御和战略相持阶段对日作战,更要有高度的灵活性、机动性,才能有效地打击敌人,消耗敌人。我们有广大的国土和人民的支持,在客观条件上能够长期与敌人周旋。"

无论讲到正面战场还是游击战场,毛泽东都一再强调战略战术上的"灵活性"和"机动性":

> "正面战场切忌消极的单纯防御,处处被动挨打,一溃千里;只有采取灵活机动的积极防御,诱敌深入,选择有利地形相机歼击来犯之敌,方能阻滞敌人前进。
> 我们八路军则必须坚持独立自主的敌后游击战争,不放弃有利条件下的运动战,而游击战争具有更大的灵活性、机动性,这是我们当前制敌取胜的主要战略战术。"

毛泽东强调:不论是战略上或战术上,都要认真研究和按照客观规律办事。

> "譬如怎样防空?当敌人飞机来轰炸,你就应当利用地形卧下,不要乱跑,否则一摸胳膊没有了,再一摸脑袋没有了,那可不行。"

★ 讲军队作风 ★
"坚定正确的政治方向，艰苦奋斗的工作作风，灵活机动的战略战术"

除此之外，毛泽东还写信给有关人员，请他们到国民党统治区及苏联收集有关战略的书籍和教材。毛泽东运用唯物辩证法总结红军战争经验，以及结合抗日战争实际情况所提出的一系列战略战术思想，培育了中国革命战争整整一代优秀的指挥员。

据有人回忆，1938年期间，毛泽东多次讲述论持久战的问题，除了五六月间在延安抗日战争研究会讲《论持久战》外，这年冬季的一个夜晚，毛泽东还在延安城北门外山坡下的广场，专门作过有关持久战问题的报告。这次报告除了又一次论述战争的长期性以外，还着重讲了指导战争是一种艺术。毛泽东说：

> "我们要善于运用这种艺术，在抗日的战场上演出一幕一幕精彩的戏来，不断打击和削弱敌人，壮大自己，逐步实现从战略上的劣势转为优势，最后打败敌人。"

在毛泽东和共产党领导下的人民军队，就是在革命的战争中学会了这种灵活机动的战略战术。他们不仅在抗日战争的战场上，而且在解放战争的战场上，"演出一幕一幕精彩的戏"，一路打败敌人，取得革命战争的胜利。可以说，"坚定正确的政治方向，艰苦奋斗的工作作风，灵活机动的战略战术"，就是我军战胜敌人的重要法宝。

当中国人民解放军节节胜利，即将迎来新中国诞生时，1949年7月，毛泽东在修改新华社广播稿《八一介绍》时加写了这样一段话：

> "二十二年的人民解放军的历史证明，只要坚持了正确的政治路线和军事路线，保持艰苦奋斗的工作作风，完全和人民群众打成一片，任何强大的敌人都是能够打倒的，任何严重的困难都是能够克服的。"

新中国成立后，"坚定正确的政治方向，艰苦奋斗的工作作风，灵活机动的战略战术"这三句话的内涵，被进一步发扬光大，成为对军队尤其是军人的基本要求，也成为我军的光荣传统和基本作风。1960年1月，中共中央军委扩大会议提出，要在全军普遍重点提倡以"坚定正确的政治方向，艰苦奋斗的工作

★ 抗大学员自己动手解决校舍不足问题，于1937年11月突击半个月，建成窑洞175个。二排右起第一人为抗大副校长罗瑞卿。

作风，灵活机动的战略战术"三句话和"团结、紧张、严肃、活泼"八个字为重点的优良传统和作风。

1960年5月6日，总政治部主任谭政就宣传这一传统作风等问题向毛泽东等人作了书面请示报告。谭政在报告中说：

> 对抗大时有关作风的三句话，我们计划好好宣传一下，但目前流行的提法不尽一致，一是一九三八年抗大同学会成立时毛主席的题词："坚定不移的政治方向，艰苦奋斗的工作作风，机动灵活的战略战术。"一是一九三九年抗大三周年时毛主席文章中的提法："坚定正确的政治方向，艰苦奋斗的工作作风，灵活机动的战略战术。"两个提法用词不同，究竟以哪个为好，请予指示，以求统一。

讲军队作风

"坚定正确的政治方向,艰苦奋斗的工作作风,灵活机动的战略战术"

1960年5月8日,毛泽东在请示报告上作了定论,他批示道:

> "以一九三九年的三句为好,奋斗二字改朴素为宜。"

此后"艰苦奋斗的工作作风"改为"艰苦朴素的工作作风"。完整表述为:

> 坚定正确的政治方向,艰苦朴素的工作作风,灵活机动的战略战术。

"团结,紧张,严肃,活泼"

"团结,紧张,严肃,活泼。"

——毛泽东为中国人民抗日军政大学制定的校训(1937年10月)

在为中国人民抗日军政大学制定"坚定正确的政治方向,艰苦朴素的工作作风,灵活机动的战略战术"这三句话的教育方针之前,毛泽东还于1937年10月为抗大制定了八个字的校训:

"团结,紧张,严肃,活泼。"

这八个字的校训,从1938年开始,就赫然写在抗大颁发的《组织条令》中。自毛泽东提出以后,"团结,紧张,严肃,活泼"这八个字四个方面的要求,也很快形成为抗大的校风。1939年6月1日,在抗大成立三周年纪念大会上,全体学生一致通过的《抗大誓约》中写道:我们坚决执行"团结,紧张,严肃,活泼"的校风。

中国人民抗日军政大学根据毛泽东制定的校训所形成的这一校风,既熏陶和提炼抗日军政干部的优秀的品格风范,养成了他们良好的精神状态,由此也因他们的传播和坚守,后来成为人民解放军的优良传统。

★ 讲军队作风 ★
"团结，紧张，严肃，活泼"

★ "不到延安，不懂中国"

就在毛泽东为抗大题写校训的1937年10月前后，延安军民之间那种团结而活泼的气氛显得尤为突出，一改中国社会的旧面貌。

1938年夏天，一位在上海以至全国摄影界知名的人士辗转来到延安后，感受极深。这位叫吴印咸的摄影家一走进延安，立刻看到一个与上海和中国其他地方完全不同的世界：一个充满生气和活力的新天地，人与人之间充满着真挚和平等，一股清新的社会风气扑面而来！吴印咸后来回忆道：

> "这里的人们个个显得十分愉快，质朴，人们之间的关系又是那么融洽。我看到毛泽东主席、朱德总司令等人身穿粗布制服出现在延安街头，和战士、老乡唠家常，谈笑风生。"
>
> "我被深深地感动了。我觉得我已经到了另一个世界，这正是我梦寐以求的理想所在。"

吴印咸感受到的这种社会气象，其他来延安的人，无论是国内的还是国际的，也无论是友方的还是敌方的，也都深深地感受到了。

在中共中央及其领导下的人民军队总部驻扎延安期间，整个延安基本上是这样一种生动活泼的新面貌。

1944年7月28日，美军观察组成员谢伟思给美国军方和美国国务院发去了他到延安后所写的第一份报告，其中写道：

"我们来到陕北后，发现这里是中国具有许多现代事物的地方……我们的全体成员有一个同样的感觉，好像我们进入了一个不同的国度和遇见了不同的人民。……有一种生机勃勃

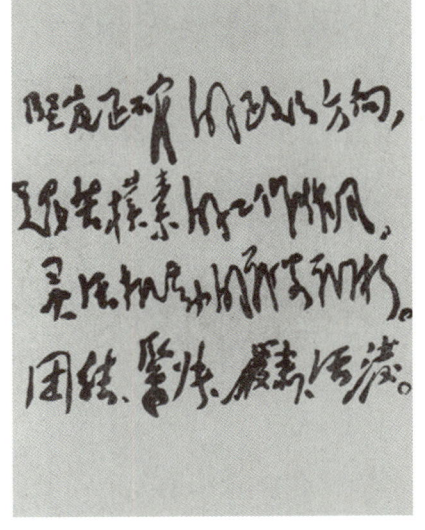

★ 毛泽东为抗大题写的校训。

的气象和力量,一种和敌人交战的愿望,这在国民党的中国是难以见到的。"

《人民日报》曾经两次以"延安印象"为题,报道过抗战胜利前后外国记者眼中的"延安印象"。

一次报道讲的是1944年初的事。当时中国共产党驻重庆办事处走来一群外国记者,他们集体采访了留守这里的负责人董必武。他们中间有《纽约时报》的阿特金森,《曼彻斯特导报》特约记者、《基督教科学箴言报》驻重庆记者冈瑟·斯坦因,《时代》杂志的爱泼斯坦,合众社和《泰晤士报》的福尔曼等。董必武鼓励他们到延安去亲眼看一看。这篇报道稿写道:

> 与雾气浓重、天空阴郁的重庆相比,1944年集体采访延安的外国记者,在陕北欣喜地看到另外一种景象。这里气候干爽,阳光灿烂,处处充满生机,让他们感到舒畅。斯坦因后来在《红色中国的挑战》一书中这样描述他的延安印象:
>
> 延安像个农村,安逸而纯洁。与其说它是中共的军政中心,毋宁说它好像是中世纪一所学院的校园。
>
> 太阳在半荒芜的但是特别吸引人的大地上奏起一曲宁静而欢快、反映乡村和谐的乐章。
>
> ……
>
> 几个月后,在重庆的美国新闻处工作的佩克,见到了回到重庆的中外记者考察团中的斯坦因一行人。佩克写道:
>
> 我和这批记者中的几个交谈过,我发现他们受到了深刻的震动。他们看到了共产党和国民党之间的差异是那样巨大和鲜明,以致没有任何方法能够防止一场内战的爆发,而在这场内战中,最有希望获胜的是共产党人。

这篇报道特别提到了延安作为中国共产党的"军政中心",它所表现出来的"和谐的乐章",还有"不同的人对中共领导人有着各自的偏爱",以及"共产党和国民党之间的差异是那样巨大和鲜明"。早在1937年10月采访过毛泽东的英

★ 讲军队作风 ★
"团结，紧张，严肃，活泼"

国记者贝特兰，在后来的一篇报道中还写了他采访一位青年对延安这种独特风格的感受：

> "为什么地域偏僻、交通不便、生活艰苦的延安会对要求抗日的人们产生这么大的吸引力呢？有一位青年这样说：卢沟桥事变时'我在上海，立刻我就去南京投效工作。但是在南京，什么也没有——只有老官吏、老官僚。屡屡总是叫我们在一个办事处里等一等，于是，明天再来。很多人是这样走掉了。''我们中间的许多人，都觉得顶好只有向第八路军学习。延安的领袖们有伟大的政治经验，而且特别精于游击战术和民众运动。我们到西北来学习这些东西。'"

还有一次报道，讲的是1946年时一个美国记者对延安的印象。题目就是《三个美国记者的延安印象》。这三位记者分别是：美国远东问题专家、多家期刊的特约撰稿人罗辛格，《纽约先锋论坛报》记者斯蒂尔，美国著名女记者斯特朗。

罗辛格对延安的观感是："延安是中国进步的象征。"他在延安住了10天，回到北平对往访的记者说：

> "我坦白地讲，延安是中国千百个城市中的一个城市，因而它不可能完全脱离掉中国的现状，因之我不能毫无根据地把它誉之为人间的天堂；然而我必须肯定地说：延安是中国进步的象征，是中国光明的指针。"
>
> "中共的领袖和南京的官员那是显然不同的，就以一件小小的事情来比拟吧，南京的官员们实际毫无事做，却像煞有介事的摆出忙劲头；但中共的领袖，和蔼可亲，能和你娓娓的长谈，为了弄清一个问题，我们能长谈一个下午，虽然这样也许会影响到他们晚间的睡眠，因为他们得把白天耽误的工作到晚上来做。
>
> 毛主席是我所见到的最令人钦佩的人物中的一个。他有一种非常卓绝的本领，当他和我对谈美国外交政策的时候，他曾经提出了许多深奥广博的问题。但当我陆续地回答他的时候，他仅仅提出一下，或着重地概括

一下,就把我打算询问他的美国对华政策问题,于不知不觉间回答了。"

斯蒂尔是驻北平外国记者中比较有权威的一个,他对延安的观感是:"不到延安,不懂中国。"当有人问到他在延安十日的感触,他说:

"从总的讲来,不到延安实在不能深触到中国问题内脏;到了延安使我对中国问题的认识深化了。我觉得在延安访问中,有三件事使我感动而且深刻起来。第一件是我体味到共产党常常说的'为人民服务',证诸在延安所亲见的各种具体事实,我认为这是货真价实的。第二件是中共需要和平,而且也的确为和平而努力;我看不到中共有发动或策划内战的打算与行动。第三件我觉得中共的党员,在思想是同情与拥护苏联的,然而在另一方面的确打破了我过去的一个认识,以为中共与苏联在实际上有什么具体的连(联)系。他们实际上确无什么连系的。"

他正赶上看到王震将军转战万里回到延安的场面,他形容道:

"这简直不像是发生于人民与军队之间的场面,而像亲族欢迎他荣归的子弟,于此我体味了'军民一家'这个言语的实际内容。"

斯特朗对延安的观感则是:"中国的命运,决于延安。"她说:

"延安是好地方呀!但红军抵达陕北以前,那里是个破落的贫穷的僻地,现在中国共产党把那里的农村建设好了,人民正享受着和平安宁而富有劳动美德的正常生活。

延安的特点是质朴。我在延安的时候毛泽东先生送给我一本书,里面都是当地农民住舍所用的窗饰的图案画(按:即窗花——编者)。朱德将军送给我一方地毯,那是用土线织成的,也是当地农民手工业的成绩。这两样礼品的本质已经是质朴无华的;而配合那简素的图案,单纯的线条和深沉的色彩,就更显其朴实了。"

★ 讲军队作风 ★
"团结，紧张，严肃，活泼"

最后，她下结论说：

> "解决远东命运的，解决中国命运的，不在于美国，不在于南京，而在延安！的确，延安的方向，是解决远东与中国问题的具体真实的方向。"

美国记者根据自己的亲身体验得出这样的结论：延安人民与军队之间，就像亲族与子弟之间的关系，"军民一家"；不到延安，不懂中国；延安是中国进步的象征，是中国光明的指针；共产党把那里的农村建设好了，人民正享受着和平安宁而富有劳动美德的正常生活；解决远东命运的，解决中国命运的，不在于美国，不在于南京，而在延安！这些外国记者认定：延安的方向，就是解决远东与中国问题的具体真实的方向。

这些亲身体会和感受，处处映照了毛泽东提出的"团结，紧张，严肃，活泼"的场景。

★ "谁破坏了纪律，谁就破坏了党的团结统一"

除了上面提到的"团结""活泼""和谐的乐章"等，是共产党及其领导的军队与其他旧政党、旧军队面貌有着根本的不同外，还有一种根本的不同，就是共产党领导下的延安，也有其"紧张"与"严肃"的一面，这也与外界有着根本的不同。

在延安，党政军民所有人，都在极其艰难的环境中紧张地工作，在一丝不苟地为党和人民忘我地工作着。另外，还有一种特别的严肃态度和严肃的气氛，这种气氛尤其体现在纪律严明上。

就在毛泽东为抗大题写"团结，紧张，严肃，活泼"校训的前后，发生了一起既破坏党的纪律又严重违反法律的事件。事件的主角，就是抗大的学员黄克功。

黄克功，少年时就加入红军，参加过井冈山的斗争和长征。身经百战，为党和军队作出过贡献，也算是有功的老革命。就在毛泽东为抗大制定校训之前，他进入抗大学习，还担任第六队队长。其间他与陕北公学女学生刘茜谈恋爱，却因逼婚未遂于1937年9月开枪将刘茜杀害。

★ 抗大学员进行军事演习。

案发后,毛泽东在抗大教育长罗瑞卿写的报告上很快作出批示,同意抗大对黄克功的处理意见。毛泽东还于10月10日给陕甘宁边区高等法院院长雷经天写了一封长信:

雷经天同志:

你的及黄克功的信均收阅。黄克功过去斗争历史是光荣的,今天处以极刑,我及党中央的同志都是为之惋惜的。但他犯了不容赦免的大罪,以一个共产党员红军干部而有如此卑鄙的,残忍的,失掉党的立场的,失掉革命立场的,失掉人的立场的行为,如为赦免,便无以教育党,无以教育红军,无以教育革命者,并无以教育做一个普通的人。因此中央与军委便不得不根据他的罪恶行为,根据党与红军的纪

★ 讲军队作风 ★
"团结，紧张，严肃，活泼"

律，处他以极刑。正因为黄克功不同于一个普通人，正因为他是一个多年的共产党员，是一个多年的红军，所以不能不这样办。共产党与红军，对于自己的党员与红军成员不能不执行比较一般平民更加严格的纪律。当此国家危急革命紧张之时，黄克功卑鄙无耻残忍自私至如此程度，他之处死，是他的自己行为决定的。一切共产党员，一切红军指战员，一切革命分子，都要以黄克功为前车之戒。请你在公审会上，当着黄克功及到会群众，除宣布法庭判决外，并宣布我这封信。对刘茜同志之家属，应给以安慰与抚恤。

毛泽东
一九三七年十月十日

毛泽东的这封信，在公审会上当着黄克功和到会群众宣读后，人们更加清楚，法律是严肃的、无情的；同时，"党与红军的纪律"也是严肃而严明的，无论任何人，都不能违反，"共产党与红军，对于自己的党员与红军成员不能不执行比较一般平民更加严格的纪律"。这就是共产党和红军与其他政党和军队的另一个不同。

对于抗大中的党员干部，对于我们党的各级干部，毛泽东和党中央历来要求十分严格，无论什么人，只要违反了党的纪律或犯了不容赦免的大罪，不管过去有多少斗争历史，一定严惩不贷。毛泽东多次强调过，我们这样一个肩负着民族解放事业的大党，其政治纪律必须是严肃的。他还多次说过，我们党进行复杂的斗争时，也必须是严肃的。

就在毛泽东为抗大制定校训前后，他不断地谈到对涉及"团结""紧张""严肃""活泼"等问题的一些思考和感受。

1936年12月，毛泽东在《中国革命战争的战略问题》中清晰地表达这样的一种工作状态："我们需要的是热烈而镇定的情绪，紧张而有秩序的工作。"

1937年8月，毛泽东在《矛盾论》中谈到"共产党内正确思想和错误思想的矛盾"，还特别提醒党内同志："党一方面必须对于错误思想进行严肃的斗争,另方面又必须充分地给犯错误的同志留有自己觉悟的机会。在这样的情况下,过火的斗争,显然是不适当的。但如果犯错误的人坚持错误,并扩大下去,这种矛盾也就存在着发展为对抗性的东西的可能性。"

1937年9月7日,毛泽东在《反对自由主义》中特别强调:"我们主张积极的思想斗争,因为它是达到党内和革命团体内的团结使之利于战斗的武器。"提倡"一切忠诚、坦白、正直的共产党员团结起来,反对一部分人的自由主义的倾向"。他反对"自由主义取消思想斗争,主张无原则的和平"。

1937年11月27日,他在给自己的表兄文运昌的信中,还特别表达了这样一种心情:"日本帝国主义正在大举进攻,我们的工作是很紧张的,但我们都很快乐健康。"

1938年10月14日,在中共扩大的六届六中全会上,毛泽东在讲到"党的纪律"时,特别提到了严肃纪律和团结统一的重要性,"必须重申党的纪律","谁破坏了这些纪律,谁就破坏了党的统一","必须对党员进行有关党的纪律的教育,既使一般党员能遵守纪律,又使一般党员能监督党的领袖人物也一起遵守纪律"。讲到"团结和胜利",毛泽东特别强调"中国共产党内部的团结,是团结全国人民争取抗日胜利和建设新中国的最基本的条件"。讲到扩大党内民主,他特别强调了"活泼""愉快"的因素,认为"扩大党内民主,应看作是巩固党和发展党的必要的步骤,是使党在伟大斗争中生动活跃、胜任愉快、生长新的力量、突破战争难关的一个重要的武器"。毛泽东在讲到"马克思主义必须和我国的具体特点相结合"的问题时,特别强调了"活泼"的元素,他认为,"离开中国特点来谈马克思主义,只是抽象的空洞的马克思主义",要使马克思主义在中国具体化,就必须废止洋八股,"空洞抽象的调头必须少唱,教条主义必须休息,而代之以新鲜活泼的、为中国老百姓所喜闻乐见的中国作风和中国气派"。

对党、对军队,对团结一致的军民,毛泽东有关"团结,紧张,严肃,活泼"局面的倡导,随处可见,也可以看出他始终寄托着既紧张、严肃,又团结、活泼的期许。

★ 讲军队作风 ★
"团结，紧张，严肃，活泼"

★ "团结，紧张，严肃，活泼"为何能成为优良作风

自"团结，紧张，严肃，活泼"的校训在抗大确定以后，这八个字所包括的深刻内涵和丰富内容，就成为人民军队的光荣传统和优良作风，也成为共产党人政治生活和工作状态的一种追求。

陈毅曾经在对抗大工作所提的建议中明确表示："我军传统作风之解释和叙述，军队铁的纪律的遵守，军队指战员间的革命的友爱，革命军人的自觉的学习和工作精神，这是创造优良校风的具体内容。"他还认为："校风之创造，是造成良好的学习与修养的环境，更加熏陶和提炼干部的优秀的政治品质，更加提高和增加干部的实用的技术，使每一干部踏足校门，即有新鲜的感觉，而便利他从事学习与修养。" 这就充分说明，毛泽东为抗大制定的"团结，紧张，严肃，活泼"的校训及其所倡导的校风是多么重要。

八个字的校训之所以能够成为党和军队的优良传统，最根本的原因还在于既体现着马克思列宁主义的"新鲜活泼"，又反映出人民群众的"喜闻乐见"。因此，在上面提到的1938年10月扩大的六届六中全会讲话中，毛泽东还提醒全党同志：

> "马克思列宁主义的伟大力量，就在于它是和各个国家具体的革命实践相联系的。对于中国共产党说来，就是要学会把马克思列宁主义的理论应用于中国的具体的环境。成为伟大中华民族的一部分而和这个民族血肉相联（连）的共产党员，离开中国特点来谈马克思主义，只是抽象的空洞的马克思主义。因此，使马克思主义在中国具体化，使之在其每一表现中带着必须有的中国的特性，即是说，按照中国的特点去应用它，成为全党亟待了解并亟须解决的问题。"

为形成具有中国化的马克思列宁主义的思想特点和文化风格，毛泽东在教育引导全党和全军干部方面下了极大的功夫。他在扩大的六届六中全会上还提出这样的目标任务：

> "我们的任务,是领导一个几万万人口的大民族,进行空前的伟大的斗争。所以,普遍地深入地研究马克思列宁主义的理论的任务,对于我们,是一个亟待解决并须着重地致力才能解决的大问题。我希望从我们这次中央全会之后,来一个全党的学习竞赛,看谁真正地学到了一点东西,看谁学的更多一点,更好一点。在担负主要领导责任的观点上说,如果我们党有一百个至二百个系统地而不是零碎地、实际地而不是空洞地学会了马克思列宁主义的同志,就会大大地提高我们党的战斗力量,并加速我们战胜日本帝国主义的工作。"

在教育和锻炼我们党和军队这两支队伍的过程中,毛泽东既抓干部的理论学习,也特别注重抓良好风气和文化氛围的养成。

抗日战争期间,毛泽东除了在延安亲自领导开办中国人民抗日军政大学外,还领导开办了陕北公学、青年干部训练班、鲁迅艺术学院、马列学院、中共中央党校、中国女子大学等。

对抗大的学员,毛泽东特别注意培养。他亲自担任抗大教育委员会主席,认为"这是共产党的大事,不是小事",一定要抓紧抓好。毛泽东和中共中央还为学校选调了一批经历过战争考验、具有军事或政治工作经验的干部到校工作,如刘伯承、林彪、罗瑞卿、徐向前、张际春、滕代远、何长工、李井泉、彭绍辉、许光达、莫文骅、李志民、胡耀邦等。同时,又从大后方请了艾思奇、何思敬、任白戈等学者到抗大任教。

毛泽东亲自为抗大讲课,据他后来回忆:"那时我可讲得多,三天一小讲,五天一大讲。"他的一些重要著作如《中国革命战争的战略问题》《矛盾论》《实践论》《论持久战》等,都被列为抗大的必读教材。

毛泽东讲课的内容十分广泛,包括政治、军事、哲学、历史等。为了"提高战略空气",他讲得最多的还是战略问题。他说:

> "只有了解大局的人才能合理而恰当的安置小东西。即使当个排长也应该有全局的图画,也才有大的发展。"

★讲军队作风★
"团结，紧张，严肃，活泼"

★ 毛泽东给抗大学员讲课。

在抗大学员中，一部分是从部队中抽调的红军军政干部，一部分是从全国各地来到延安的知识青年。毛泽东对这些学员提出了很高的要求，在政治上要求大家努力学习马列主义，在军事上要求努力学习军事理论。这些学员到抗大以后，战略思维能力迅速得到提高。

抗大三大队有一个学员在毕业后给毛泽东写来一封信，谈到自己的收获："过去未到这里以前，在外边（指非特区）看过很多的书报杂志，五花八门，懂得了不少，可是抓不住中心，摸不着方向。但是到了这里以后，就学到了中国社会性质是什么，知道了中国是半殖民地半封建的社会。"毛泽东看后欣慰地说：这个学员在抗大所学到的是"重要的中心的一点"。

每当抗大举行开学典礼或结业式时，毛泽东只要在延安或条件允许，都要到会讲话。对入学的学员鼓励他们在学校里要好好学习，对走出校门的学员要求他们向社会学习，善于"读无字之书"。

抗大、陕北公学、马列学院、中共中央党校、鲁迅艺术学院等延安的学校，培养了一大批政治坚定、思想丰富、能力过硬、作风优良的党和军队的干部，他们大多在各条战线上成为骨干力量，对争取抗战胜利、对以后的革命和建设事业作出了重要贡献。

在抗大学习与工作过的李志民后来回忆说：

> "现在我们再回顾四十多年前这段历史，就更感到当年党中央、毛泽东同志对待知识分子大胆信任、大胆使用的政策是完全正确的。如果当年不搞五湖四海，而搞'孤家寡人'的关门主义，把从国民党统治区来的知识青年，或是在政治历史上沾点'灰尘'的青年统统拒之门外，我们就组织不起来浩浩荡荡的革命大军，巩固不了抗日民族统一战线，要取得抗日战争的胜利是不可能的。"

一曲抗大的校歌，反映了当时延安的情形：

"黄河之滨，集合着一群中华民族优秀的子孙，人类解放救国的责任，全靠我们自己来担承……"

那些掌握了马克思主义理论且有着良好的品格作风的干部，走出延安后，

★ 讲军队作风 ★
"团结,紧张,严肃,活泼"

每到一处,就带出一支思想和作风上都过硬的队伍。正如毛泽东在全面抗战爆发前所说的:

"我们党的组织要向全国发展,要自觉地造就成万数的干部,要有几百个最好的群众领袖。这些干部和领袖懂得马克思列宁主义,有政治远见,有工作能力,富于牺牲精神,能独立解决问题,在困难中不动摇,忠心耿耿地为民族、为阶级、为党而工作。"

我们党和人民军队的优良传统和新鲜风尚,就是这么被逐步传播和固定下来的。毛泽东所期望的"大大地提高我们党的战斗力量,并加速我们战胜日本帝国主义的工作"很快得到了实现。这些优良传统和新鲜风尚,伴随着中国共产党和人民解放军取得了抗日战争、解放战争的伟大胜利,也伴随着党和军队建设新中国的历史进程。

在新中国建设的历史时期,"团结,紧张,严肃,活泼"的优良传统和军队

★ 抗大学员在排练合唱。

风尚还适合不适合？答案是肯定的。

自新中国成立以后，在党和军队的思想政治工作和社会主义教育工作中，革命传统和优良作风的教育始终没有放松过。其中，"团结，紧张，严肃，活泼"的内容，一直是军队提倡的作风教育内容和践行的方向。

随着我国社会主义建设的全面开展，毛泽东又把人民军队的这一优良作风加以具体化，使之成为社会主义新风尚的核心要求，成为党和国家建设的重要保证。正如他1957年提出的："我们的目标，是想造成一个又有集中又有民主，又有纪律又有自由，又有统一意志、又有个人心情舒畅、生动活泼，那样一种政治局面，以利于社会主义革命和社会主义建设，较易于克服困难，较快地建设我国的现代工业和现代农业，党和国家较为巩固，较为能够经受风险。"这样一种政治局面，从某种意义上说，就是"团结，紧张，严肃，活泼"的另外一种表述方式。

1960年四五月间，为了应对复杂多变的国际局势，加强军队建设，毛泽东同意中央军委关于成立北海舰队、统一北海区海军力量的建设，并在战时更好地配合陆军、空军实施作战的有关报告。同时，毛泽东还同意了解放军总政治部提出的关于推广宣传他在延安抗大时所提的有关三句话教育方针和"团结，紧张，严肃，活泼"八个字校训的报告。

1963年底，中央决定在农村和军队中广泛开展社会主义教育运动。在这样的背景下，冶金工业部部长王鹤寿向毛泽东递交了关于企业思想政治工作的报告，提出在企业里学习解放军的政治工作，工业部门从上到下要成立政治部，以推进工业的发展。如何学习解放军，正是毛泽东一直在思考的问题。1963年12月11日，毛泽东将这个报告批给国务院副总理兼国家经济委员会主任薄一波：

> "此件请你看一下。别的工业部是否也抓起了思想政治工作，请你查告我。看来学解放军，并且调一些解放军好干部到工业部门工作，是一个好办法。请你考虑一下这个问题。"

薄一波接到毛泽东的批示后，于12月15日回信毛泽东，表示：学习解放

★ 讲军队作风 ★
"团结，紧张，严肃，活泼"

军，调一批解放军的好干部到工业部门工作，确是加强工业企业政治工作的好办法。

12月16日，毛泽东又致信军队的几位主要负责人林彪、贺龙、聂荣臻、罗瑞卿、萧华，向他们正式提出工业部门学解放军的问题。信中说：

> "国家工业各个部门现在有人提议从上至下（即从部到厂矿）都学解放军，都设政治部、政治处和政治指导员，实行四个第一和三八作风。我并建议从解放军调几批好的干部去工业部门那里去做政治工作（分几年完成，一年调一批人），如同石油部那样。……看来不这样做是不行的，是不能振起整个工业部门（还有商业部门，还有农业部门）成百万成千万的干部和工人的革命精神的。"

毛泽东信中提到的"三八作风"，就是当年在延安时期为抗大制定的教育方针"三句话"，即"坚定正确的政治方向，艰苦朴素的工作作风，灵活机动的战略战术"，以及"八个字"即"团结，紧张，严肃，活泼"。

从此，"团结，紧张，严肃，活泼"的优良传统，又从人民军队的军营中，广泛地传到各工矿企业里。直到"文化大革命"期间，毛泽东还多次强调要向解放军学政治、学军事、学三大纪律八项注意、学加强组织纪律性，学习"团结，紧张，严肃，活泼"的好作风。

至今，在中国人民解放军的军营里，都还清晰地印着"团结，紧张，严肃，活泼"这八个字；走进军营的每一个人，都还能体会到中国共产党领导的人民军队各级官兵身上所透出的独特的优良作风。

"艰苦奋斗是我们的政治本色"

"根本的是我们要提倡艰苦奋斗,艰苦奋斗是我们的政治本色。"

——毛泽东:《艰苦奋斗是我们的政治本色》(1956年11月15日)

这是毛泽东在中共八届二中全会上讲的一句名言。1956年11月15日,当毛泽东说出这句名言的时候,在场的人听得非常清楚,首先是以我们党领导下的这支人民军队为例讲的。这句话高度概括了毛泽东关于艰苦奋斗的思想,它所包含的深意,贯穿和体现在我党我军的全部历史之中,诠释着党和军队兴旺发达的真谛,也昭示着党和军队辉煌的未来。

★井冈山:靠理想信念、官兵一致克服"三大苦"

1927年,由于蒋介石、汪精卫先后叛变革命,第一次国共合作破裂,大革命惨遭失败,毛泽东率领秋收起义队伍上了井冈山,点燃了"工农武装割据"的星星之火。

井冈山的斗争环境极其险恶。据老同志回忆,当时红军将士历尽了人间"三大苦":

一是打仗苦。面对敌人的疯狂进剿,作战成了井冈山军民的日常生活。而打起仗来又缺少枪弹,一支枪一般只有三四发子弹,冲锋前和追击时才能使

★ 讲军队作风 ★
"艰苦奋斗是我们的政治本色"

用。因为敌强我弱，打仗时还得不停地行军转移。有一次率部突围，彭德怀鞋子掉了，结果一只脚穿鞋，一只则打赤脚。干粮袋也丢了，两天未吃一粒米，饥饿疲乏，几乎寸步难行。

二是伤病苦。井冈山上的药品及医生奇缺。没有医疗器械，就用打碎的碗片、刮平的竹子，做成镊子等器械；没有酒精消毒，就用石灰水来煮；没有纱布，就用土布代替；没有骨锯，就用木匠的小锯子来做断骨手术，用杀猪刀来开刀。当时枪伤病员最怕换药，用竹片做的镊子夹着很硬的粗布往伤口里捅，伤员真是疼痛难忍。

三是生活苦。吃穿住都极其困难。当时的井冈山，"人口不满两千，产谷不满万担"，军粮严重不足，红米吃光了只能煮南瓜吃。一日三餐必不可少的食盐，由于敌人封锁运不进来，一度完全断绝，指战员普遍营养不良。寒冬腊月，没有冬衣，很多战士还是穿两层单衣，晚上睡觉没有被子，只能钻到稻草堆里。许多人天不亮就提前起床爬山跑步，因为这是取暖的好办法。

然而，艰苦的生活和极度的困难没有吓倒英勇的红军，正如毛泽东所说的那样："除极少数人说点风凉话，闹点情绪外，大多数人是坚定乐观的，战斗力还是蛮强的。"

为什么红军能够艰苦奋斗在井冈山上？这个答案首先要从理想和信念中去找。毛泽东在井冈山初创时就提出"在思想上建党"的要求，许多先进分子在党旗下重新宣誓："牺牲个人，努力革命，阶级斗争，服从组织，严守秘密，永不叛党。"正是因为胸怀革命理想并坚守必胜信念，很多人在井冈山得到精神上的巨大满足，而不去在意物质生活的艰苦。年轻的陈毅安曾任武昌国民政府警卫团辎重队队长，放弃优裕的生活，跟随毛泽东上了井冈山，他在给未婚妻的信中说："我们天天行军打仗，钱也没有用，衣也没有穿，但是精神非常的愉快，较之以前过优美生活的时代好多了，因为是自由的，绝不受任何人的压迫；同志们之间亦同心同德，团结一致。"当然，很多普通的干部战士可能达不到那样高的认识水平，但是，他们同样有着朴素的革命情感，曾任红军医院院长的曾志后来回忆说："尽管战士并不懂得很多革命道理，但他们十分清楚地认识到，跟着共产党干革命是他们唯一的生路，参加红军就是为穷人打天下。"

红军能够艰苦奋斗在井冈山上，也与部队官兵一致、干部率先垂范有很大

关系。当时,毛泽东、朱德等红军领导人与官兵同甘苦、共患难,从军长到伙夫,除粮食外,一律吃5分钱的伙食。老红军刘显宜就说:"虽然生活这样苦,但是大家都不感到什么苦,情绪是饱满的,精神是乐观的。为什么呢?因为干部以身作则,和我们一起过艰苦的生活。"

有一次,毛泽东来到步云山练兵场,发现战士们闹情绪,一了解,原来是部队缺粮食,挖来的野菜又太苦,难以下咽,毛泽东二话没说,端起碗,夹着野菜,便大口地吃起来。他一边吃一边说,这种野菜是很苦,可是有丰富的政治营养,我们干革命,就要吃大苦,没有今天的苦,哪有明日的甜呢?战士们看在眼里、听进了心里,深受感动:毛委员都不觉得苦,我们也不怕苦!

1928年底,为了解决部队的吃粮问题,红四军发起了全军的挑粮运动。在去宁冈运粮的五六十里山路上,峰峦叠嶂,丛林密布,红军队伍肩挑背扛,早出晚归。毛泽东、朱德都亲自去挑粮。朱德砍削了一根木头,写上"朱德扁担"字样,前后箩筐装满粮,和战士一样翻山越岭。官兵受此鼓舞,生活不嫌苦,打仗不怕死,团结战斗,粉碎了国民党军队一次次"围剿"。

当时有一首歌谣:"红米饭,南瓜汤,秋茄子,味道香,餐餐吃得精打光。干稻草,软又黄,金丝被儿盖身上,不怕北风和大雪,暖暖和和入梦乡。"唱出了红军在井冈山上不畏艰苦、顽强奋斗的乐观精神。

★延安:艰苦奋斗的"东方魔力"

1935年10月,中央红军经过长征到达陕北。1936年10月,三大主力红军在甘肃会宁会师。长征在世界军事史上都是绝无仅有的壮举。红军将士吃草根、啃树皮,爬雪山、过草地,开动双脚,仅中央红军就长驱了二万五千里,突破道道天险,摆脱国民党的围追堵截,实现了伟大的战略转移。毛泽东曾深有感触地说:"谁使长征胜利的呢?是共产党。没有共产党,这样的长征是不可能设想的。中国共产党,它的领导机关,它的干部,它的党员,是不怕任何艰难困苦的。"

长征后,在陕北相对稳定的环境中,党和军队仍然保持着艰苦奋斗的作风。1936年,美国记者斯诺访问延安,红军在艰苦卓绝中奋斗牺牲的故事深深

★ 讲军队作风 ★
"艰苦奋斗是我们的政治本色"

打动了他。当他看到毛泽东穿打补丁的衣服，周恩来睡土炕，彭德怀身上是用降落伞做的背心，林伯渠耳朵上架着断了腿的眼镜，便断言：这是可贵的"东方魔力"，这是中国人的"兴国之光"。

这年12月，毛泽东在《中国革命战争的战略问题》中总结第二次国内革命战争的经验，首次使用了"艰苦奋斗"的概念："中国共产党以自己艰苦奋斗的经历，以几十万英勇党员和几万英勇干部的流血牺牲，在全民族几万万人中间起了伟大的教育作用。"

1938年3月，毛泽东为抗日军政大学同学会成立题词："坚定不移的政治方向，艰苦奋斗的工作作风，加上机动灵活的战略战术，便一定能够驱逐日本帝国主义，建立自由解放的新中国。"他把"艰苦奋斗的工作作风"作为抗大的教育方针加以提倡。这样，艰苦奋斗从理论到制度上成为我党建军的重要原则和造就革命军人必不可少的条件。

1939年5月1日，毛泽东在延安各界为实行国民精神总动员及纪念"五一"劳动节大会上提出，争取抗战胜利，就要改造全国国民的精神，把一切不好的东西统统去掉，例如自私自利、贪生怕死、贪污腐败、萎靡不振等，提倡和发扬中华民族的艰苦奋斗精神。他还对艰苦奋斗与政治方向的关系作了阐发：

★ 1942年，毛泽东在延安穿着打补丁的衣服给干部作报告。

★ 正在写下"艰苦奋斗"四个大字的毛泽东。

"没有坚定正确的政治方向，就不能激发艰苦奋斗的工作作风；没有艰苦奋斗的工作作风，也就不能执行坚定正确的政治方向。"

抗战进入相持阶段后，由于日军的疯狂进攻，国民党顽固派的包围封锁，加上严重的自然灾害，中国共产党领导的敌后抗日根据地在财政经济上日益困难，吃饭、穿衣几乎都难以保障。1939年2月2日，中共中央在延安召开生产动员大会，毛泽东在会上发出"自己动手"的号召。1941年，为克服经济上的严重困难，减轻人民群众的负担，中共中央再次强调走生产自救的道路。各抗日根据地的党政军学人员和人民群众响应号召，掀起了大生产运动。这年3月，八路军三五九旅由王震率领，进驻荒无人烟但土质肥沃的南泥湾。刚开始的时候，习惯战场的干部战士对开荒种地没有经验，感到很不适应。但是共产党人的革命意志不会让他们在困难面前低下头来。没有房，就自己动手挖窑洞；没有菜，就挖野菜吃；没有工具，就自制锄、铲。干部战士干活拼命，为了保证大家的身体健康，部队一度规定了"不得早到，不得晚退"的劳动纪律。经过几年的艰苦奋斗，三五九旅把梢林满山、荆棘遍野的南泥湾，变成了"到处是庄稼，遍地是牛羊"的"陕北好江南"。与此同时，毛泽东、朱德等中央领导人在延安带头参加生产劳动，经常利用休息时间开荒、种菜。周恩来、任弼

★ 讲军队作风 ★
"艰苦奋斗是我们的政治本色"

时还参加中央直属机关纺线比赛，被评为"纺线能手"。这大大激励了广大军民的生产热忱。

大生产运动为争取抗日战争的最后胜利奠定了物质基础，同时把艰苦奋斗和自力更生紧密结合起来，使得艰苦奋斗精神进一步得到弘扬和发展。

★西柏坡：从"不吃苹果"到"两个务必"

抗日战争胜利后，国内和平的环境没有维持多久，蒋介石就撕破了假和平的面具。1946年，国民党发动全面内战。1948年5月，经过一年多的转战陕北，毛泽东率领中央机关进驻河北平山县西柏坡村。在这里，毛泽东决策指挥了辽沈、淮海、平津三大战役。就是在辽沈战役期间，发生了一件让毛泽东格外高兴的事，并引发他关于艰苦奋斗的进一步思考。

辽沈战役的主战场在辽西的锦州地区。1948年秋，东北野战军有11个纵队和4个独立师、1个骑兵师、1个炮兵旅在此参战，时间长达40多天。锦州及其周边的兴城、绥中等地都盛产苹果，当时正值苹果成熟的季节。战前，东北野战军政治委员罗荣桓和总政治部主任谭政召开由各纵队政委、政治部主任参加的战前政工会议，要求各纵队做好战时政治工作，特别要求严格遵守群众纪律，不动老百姓的任何财物。罗荣桓指着院子里结着累累果实的苹果树说："要教育部队，保证不吃老百姓一个苹果，无论是挂在树上的，收获在家里的，掉在地上的，都不能吃，这是一条纪律，要坚决做到。"

1948年10月，第三纵队结束义县战斗后奉命急赴锦州外围参加锦州攻坚战。其中一个连队一夜行军近百里，赶至锦州城郊，由于接连几天的挖掘工事和激烈苦战，又经一夜急行军，战士们人困马乏，渴得嗓子眼儿冒烟。清晨，他们来到锦州城外一个苹果园。此时接到上级"停止前进，就地隐蔽"的命令。为防止敌军轰炸，连队全部进入老百姓的果园隐蔽。这时太阳慢慢升起来，大家又渴又累，尽管抬起手就可以摘到苹果，但没有一个战士那样做，因为他们知道，部队有纪律，群众的一针一线、一草一木都不能动。还有一个连队于拂晓前进驻一个农家大院。大院中间有两棵苹果树，树上结满诱人的大红苹果，部队在苹果树下活动、休息一整天，没人吃老乡一个苹果。有人发现树

★ 东北野战军从1948年9月12日至11月2日进行辽沈战役，歼灭国民党军队47万余人，解放东北全境。图为部队向锦州发起总攻。

下掉了苹果，怕被踩坏，还捡起来放到老乡的篮子里。

10月14日、15日，解放军一举攻克锦州，取得关系东北战场乃至全国战场形势关键一仗的胜利。很快，解放军不吃苹果的事迹随战况一同报告给在西柏坡的毛泽东。看到战报，毛泽东的喜悦之情溢于言表。他高兴的不仅是一次关键性战役的胜利，还有具备艰苦奋斗精神的人民军队的强大力量！从一个小小的苹果，毛泽东看出了政治意义，看出了这里面所蕴含的我们这支人民军队纪律严明且吃苦耐劳的革命精神和优良作风。此时，尽管国民党的军队仍然人数众多、装备精良，但毛泽东已经深深感到"我们的部队有希望"，我们的胜利指日可待。后来，有些国民党将领被俘后讲到"在下不光败在战场上，更败在作风精神上",也从另一个侧面证明了这点。

到1948年底,决定中国前途和命运的战略决战已近尾声,中国革命面临着从新民主主义革命到社会主义革命的伟大历史转折。这又是一个历史的关键时刻,毛泽东清醒地预见到:"夺取全国胜利,这只是万里长征走完了第一步","革命以后的路更长,工作更艰苦"。为此,在1949年3月召开的中共七届二中全会上,他向全党全军提出"两个务必"的要求:"务必使同志们继续地保持谦虚、谨慎、不骄、不躁的作风,务必使同志们继续地保持艰苦奋斗的作风。"这里,毛泽东是站在巩固革命胜利成果、走好革命和建设新征程的政治高度,来看待保持和发扬艰苦奋斗的作风的。

★新中国:讲"不吃苹果"故事的用意

新中国成立以后,人民军队继承和发扬艰苦奋斗的光荣传统,用汗水、鲜血乃至生命,续写了新时代的"不吃苹果"的故事。

抗美援朝战争中,"一把炒面一把雪"的志愿军,打败了不可一世的以美国为首的"联合国军"。上甘岭战役,敌人在我方仅仅3.7平方公里的阵地上倾泻了190多万发炮弹和重磅炸弹,山头被整整削低了2米,中国人民志愿军指战员们没有饭吃,没有水喝,仍以顽强的斗争精神坚持战斗14个昼夜,夺得了战役的最后胜利。

就在人民解放军刚刚进入上海的时候,曾经有人预言:上海是个大染缸,共产党的军队"红"着进来,要不了3个月就会"黑"着出去。进驻上海南京路的"好八连"战士,用多年的实际行动让这个"预言"不攻自破。他们在十里洋场巡逻站岗,不为各种诱惑所动,不拿群众一针一线,克己奉公,为民服务,始终保持了艰苦奋斗的本色。

然而,不得不承认,由严酷的战争环境进入到相对宽松的和平环境,中国共产党及其领导的人民军队在作风建设上面临着新的严峻考验。贪图享受、铺张浪费、革命意志衰退等不良倾向在一部分干部中有所抬头,甚至出现了贪污腐化现象。毛泽东对此一直保持着高度警惕。

从1951年底到1952年下半年,毛泽东指导全党全军开展反贪污、反浪费、反官僚主义斗争,并将这场斗争称为"严重斗争",要求分别轻重,惩治或批判一切犯有贪污、浪费和官僚主义的罪行或错误的人员。"三反"运动对于制止腐化风气蔓延、弘扬艰苦奋斗作风起到了积极作用。

1954年8月,经毛泽东批准,中央军委发出了《关于制止某些高级干部腐化堕落违法乱纪行为的指示》,点名批评了一些高中级干部,指出这些人违法乱纪,损害了党和军队的声誉,给革命造成不良影响,必须严肃处理。这一指示在全军引起了极大的震动。经过批评和斗争,问题严重的人受到了处理。通过教育和检查,全军同志受到了一次深刻的艰苦奋斗作风教育。

1956年,国际上苏共二十大的召开和波兰、匈牙利事件,使人们意识到社会主义建设并非想象的那么一帆风顺,同样存在严重的矛盾和问题。国内社会主义改造基本完成后出现的工人罢工、学生罢课、农民退社情况,也让许多人始料未及。如何妥善解决社会主义社会的矛盾和问题,如何克服前进道路上新的艰难险阻,成了这一时期毛泽东思考的重点。在这年11月召开的八届二中全会上,他讲了一段意味深长的话:

> "我是历来主张军队要艰苦奋斗,要成为模范的。一九四九年在这个地方开会的时候,我们有一位将军主张军队要增加薪水,有许多同志赞成,我就反对。他举的例子是资本家吃饭五个碗,解放军吃饭是盐水加一点酸菜,他说这不行。我说这恰恰是好事。你是五个碗,我们吃酸菜。这个酸菜里面就出政治,就出模范。解放军得人心就是这个酸菜,当然还有别的。现在部队的伙食改善了,已经比专吃酸菜有所不同了。但根本的是我们要提倡艰苦奋斗,艰苦奋斗是我们的政治本色。锦州那个地方出苹果,辽西战役的时候,正是秋天,老百姓家里很多苹果,我们战士一个都不去拿。我看了那个消息很感动。在这个问题上,战士们自觉地认为:不吃是很高尚的,而吃了是很卑鄙的,因为这是人民的苹果。我们的纪律就建筑在这个自觉性上边。这是我们党的领导和教育的结果。人是要有一点精神的,无产阶级的革命精神就是由这里头出来的。"

★ 讲军队作风 ★
"艰苦奋斗是我们的政治本色"

毛泽东后来又在不同场合重申过这段话的意思。他把艰苦奋斗提到"政治本色"的高度，这就是告诉人们，艰苦奋斗是我们党、我们军队区别于一切非无产阶级政党和军队的重要标志之一，我们是把人民利益摆在至高无上地位的政党和军队，是为了人民的利益而艰苦奋斗的。

艰苦奋斗，关系着我们党、我们军队的性质，因而关系着我们党、我们军队的前途命运。只有坚持和发扬艰苦奋斗精神，我们的军队才能真正建立起铁的纪律，成为无论是拿着武器，还是使用糖衣炮弹的敌人都打不倒的钢铁之师；只有坚持和发扬艰苦奋斗精神，我们的党才能真正保持与人民群众的密切联系，成为屹立在中国大地上，拥有像希腊神话中的安泰那样无穷力量的伟大政党。

★ 1965年5月，重上井冈山的毛泽东。

从井冈山到新中国，正是在毛泽东等老一辈革命家的率先垂范和大力弘扬下，艰苦奋斗精神成为中国共产党、人民军队的优良传统和克敌制胜的法宝。改革开放以后，随着经济社会快速发展，物质条件不断改善，各种诱惑因素增多，我党我军的作风建设又面临着更为严峻的考验。在新的历史条件下坚持和发扬艰苦奋斗精神，是我党我军始终保持勤俭清廉、保持同人民群众血肉联系的关键，是关系我党我军会不会改变颜色的大问题。

党的十八大以来，以习近平为核心的党中央对艰

苦奋斗有着深刻的认识和高度的重视。2014年10月全军政治工作会议期间，习近平带头吃起了红米饭南瓜汤，他站在新时代的高度，进一步强调了艰苦奋斗对于人民军队的重要意义：

> "艰苦奋斗是我军的政治本色。毛泽东同志曾经针对有的同志拿解放军吃酸菜同资本家吃饭五个碗作比较的怨言，指出酸菜里面出政治、出模范，解放军得人心就是这个酸菜。我军能够吸取李自成军队进北京后'庞大的人马都在京城里享乐'的教训，没有成为李自成第二，从根本上说是用艰苦奋斗精神教育官兵的结果。"

2016年，在纪念红军长征胜利80周年大会上，习近平的一段话，阐明了坚持艰苦奋斗与中国特色社会主义伟大事业之间的必然联系，让我们刻骨铭心：

> "实现伟大的理想，没有平坦的大道可走。夺取坚持和发展中国特色社会主义伟大事业新进展，夺取推进党的建设新的伟大工程新成效，夺取具有许多新的历史特点的伟大斗争新胜利，我们还有许多'雪山''草地'需要跨越，还有许多'娄山关''腊子口'需要征服，一切贪图安逸、不愿继续艰苦奋斗的想法都是要不得的，一切骄傲自满、不愿继续开拓前进的想法都是要不得的。"

毛泽东
MAO ZEDONG

讲军队素质

"没有文化的军队是愚蠢的军队"

"没有文化的军队是愚蠢的军队"

"没有文化的军队是愚蠢的军队,而愚蠢的军队是不能战胜敌人的。"
——毛泽东:《文化工作中的统一战线》(1944年10月30日)

这句名言是在争取抗战最后胜利的关键时期,毛泽东在陕甘宁边区文教工作者会议上讲演时提出来的,强调的是军队必须做好文化教育工作,总结提炼了我军不断调整完善的文化教育方针,生动精辟地阐明了军队文化教育的重要作用和战略意义。

这句名言所包含的治军理念以及我军的文化教育工作内容,早在红军时期就已经开始实行了。毛泽东在1944年从文化角度对人民军队提出这样的训示,既不是突然的,也不是偶然的。在提出之前,毛泽东经过了长期的实践探索和深入思考;在提出之后,我军的文化教育工作,更是遵循这样的要求和方向进一步深化,使我军真正成为一支高素质的现代化人民军队。

★ "笔杆子跟枪杆子结合起来"

人民军队建立伊始,就十分重视军队文化教育。井冈山时期就开始设立培训基层军官的"红军教导队"。早在1929年12月,毛泽东在起草"古田会议决议"时,就对红四军的文化教育问题提出了明确要求:由"各纵队政治部负责

★ 讲军队素质 ★
"没有文化的军队是愚蠢的军队"

★ 抗日战争时期，民兵在上文化课。

编制青年士兵识字课本"，在"每个纵队内设立青年士兵学校一所，分为三班至四班"，"每班以授足九十小时为一学期"，对士兵进行有组织、有领导、有计划的文化教育。到了瑞金时期，还组织了"红军学校"和各式教育机构，对军队干部战士进行政治教育和文化教育。

进入抗日战争时期，共产党领导的军队承担起民族解放等历史重任，如何提高军队的全面素质，成为毛泽东和中共中央思考的一个重大问题。

1938年11月，毛泽东在分析抗日游击战争的战略地位时明确提出，要"最普遍地发展抗日的文化教育"。

1939年，毛泽东在延安发起了声势浩大的学习运动，军队里也出现了哲学小组、读书小组等各种学习小组。同年5月，延安在职干部教育动员大会召开。

毛泽东在会上解释了发起学习运动的直接原因,即"我们共产党要领导革命"。他还毫不避讳地指出当时队伍中出现的"本领恐慌"问题。毛泽东是这么说的:

> 有些老干部,有些营长、连长不但文章不会做,很多东西也不知道,战士反而比他们高明。逐渐地,"队伍里边有一种恐慌,不是经济恐慌,也不是政治恐慌,而是本领恐慌",好像开铺子,本来东西不多,一卖就完,空空如也,再想开铺子,就要进货。干部的"进货"就是学习本领。

毛泽东点明:"无论党、政、军、民、学的干部,都要增加知识,才能把工作做得更好。"

这次会议上,毛泽东还倡导了一种学习观念:"学习应该学到底。"他说,学习的最大敌人是不到"底"。自己懂了一点,就以为满足了,不要再学习了,这满足就是我们学习运动的最大顽敌。我们要克服这个顽敌。

当年的延安,有著名的抗日军政大学等培养各类军政干部的学校。除了在抗大这样的正规军事政治学校中培训部队指战员学习文化外,在军队内外,还广泛开展了扫盲教育活动,如开设延安司令部扫盲班,开展边区普遍持久的冬学活动、识字活动等,整个延安展现出浓厚的学习氛围。

革命形势的发展,让广大的干部战士越来越意识到文化教育和综合素质的重要性,正如毛泽东所说的:"革命力量的组织和革命事业的建设,离开革命的知识分子的参加,是不能成功的。"

1939年12月,毛泽东起草并发布了关于《大量吸收知识分子》的决定,提出:"一切战区的党和一切党的军队,应该大量吸收知识分子加入我们的军队。"毛泽东希望把"枪杆子"与"笔杆子"结合起来。他提醒各级干部:

> "如果知识分子跟八路军、新四军、游击队结合起来,就是说,笔杆子跟枪杆子结合起来,那末,事情就好办了。"

毛泽东的提倡,很快得到落实。这种结合,取得了显著的实效,知识分子

★ 讲军队素质 ★
"没有文化的军队是愚蠢的军队"

的工农群众化和工农干部的知识分子化实现了携手进、同步走。一方面，有些人初到根据地时还以"先生""小姐"相称，在思想作风上与劳动群众距离很大的知识分子，经过学习和锻炼，逐步变成了与工农群众同呼吸共命运、甘心为劳动人民服务的革命战士。另一方面，军队里也"切实地鼓励工农干部加紧学习，提高他们的文化水平"。

在"笔杆子跟枪杆子结合起来"的基础上，毛泽东在1940年12月提出了更具体的指示："应容许资产阶级自由主义的教育家、文化人、记者、学者、技术家来根据地和我们合作，办学、办报、做事。应吸收一切较有抗日积极性的知识分子进我们办的学校，加以短期训练，令其参加军队工作、政府工作和社会工作；应该放手地吸收、放手地任用和放手地提拔他们。"

到了1941年4月，中央军委发布了《关于军队中吸收和对待专门家的政策指示》。

实践的发展，不断在证明知识分子对于革命事业的重要性和必要性；实践的发展，也不断在证明人民军队提高文化素质的重要性。

到了1942年，随着"增长力量，准备反攻"的到来，毛泽东等人对如何提升人民军队综合素质的问题思考得更深。1942年3月4日，毛泽东、朱德和时任中央军委副主席的王稼祥借给八路军留守兵团保安部队写慰问信之机，对部队提出了更紧迫的要求。在信中，他们充分肯定了战士们从全面抗战以来，"在军事技术、政治、文化的学习以及内部的工作上，都有了进步"，交代了要在1942年"配合全世界反对法西斯的战争准备反攻，要在今后两三年内打倒日本帝国主义"的形势和任务，然后提出：

> "军事技术和文化水平还须大大提高。"
>
> "要以大力来组织文化教育，努力克服文盲，克服我军特别是干部中文化水平低下的弱点。"

★ "愚蠢的军队是不能战胜敌人的"

到了1944年，开展文化教育成为党和军队三大重点工作之一。毛泽东分析

说，我们的一切工作都是为了打倒日本帝国主义。在这样的前提下，我们的工作重点有三项：

> "首先是战争，其次是生产，其次是文化。"

毛泽东反复强调：文化方面还有很多工作要做。

1944年3月，中共中央召开宣传工作会议，毛泽东在这次会议上针对陕甘宁边区的文化教育问题发表了讲话，其中，提到了边区的军队教育问题。

毛泽东在会上讲，当时的边区环境是"今年比去年好，摩擦仗大概是不会打了"，对于边区老早就提出来了"战争、生产、教育"的口号，毛泽东认为，"边区在没有战争的条件下，直接的任务就是生产和教育两项"。边区的生产已经有了进步，教育和文化工作就更应该提出来了。

讲到这儿，毛泽东特别指出："军队也有教育，有政治教育、军事教育、文化教育。"总结过去的经验，我们党在内战时期和抗战初期学会了打仗和战争，所以在政治、军事这两门上比较熟悉。但是，对于文化这一门，毛泽东的评价是："也不是很有成绩。"在不留情面地评价之后，毛泽东继续说，"过去中央苏区也搞过文化，比如有海军舞，在座的同志也有看过的，也有识字组，办过报，办过学校，但不能说全党都学会了"。所以，"文化方面还有很多事要做，要搞识字组，搞唱歌，搞春联，等等"。

文化的力量有多大？毛泽东给大家举了个"文化"发挥作用的例子：

> "有一个秧歌叫《赵富贵》，还有一个秧歌叫《张治国》，听说在吴起镇演出后，警三旅有一个士兵把自己的手捆起来，跑到连长那里请求处罚。为什么要请求处罚？他说'我想开小差，不但自己想开小差，还想组织别人开小差'，还讲出在他棉衣里缝了多少法币。他要求处罚。他自己讲出来了，当然也就不处罚了。"

★ 讲军队素质 ★
"没有文化的军队是愚蠢的军队"

毛泽东说，这就是我们的文化的力量。

文化和政治、经济、军事之间的关系是什么？毛泽东讲，"至于文化，它是政治、经济的反映，又指导政治、经济；它反映军事，又指导军事"。落实到当时边区的发展情况，毛泽东分析说："我看如果不发展文化，我们的经济、政治、军事都要受到阻碍。现在我们是被拖住了脚，落后的东西拖住了好的东西，比如不识字、不会算账，妨碍了我们的经济、政治、军事的发展。假如我们都能识字，文化高一点，那我们就会更快地前进。所以我提议，从现在起，我们就要提出发展文化这个问题，请大家考虑考虑，调查研究一下。"

那么，文化对于军事、军队有多重要？把文化具体到知识，毛泽东说：

> "革命军队除了要有革命精神，没有知识也不行。如果军队没有知识，文化、政治水平不提高，那末这个军队的质量也不可能提高。"

毛泽东的意思，用大白话表达了出来，就是"没有文化就不行"。这样的说法，干部战士特别容易懂。毛泽东还举了北伐时期的例子，说新军队比旧军队好，是同建立黄埔军校有关系的。因为当时黄埔学员大部分是青年学生，这些青年既有革命热情，又有知识，他们有了文化，所以其他军队也就比不上了。

发展文化的方法有许多，毛泽东专门单独点了"识字组"的名。他说，"边区过去也搞过识字组，但是失败了，我想实际上是没有做"。但是，识字组能起的作用是很大的，"提高文化，消灭文盲，要靠识字组"。

为了推广识字组，毛泽东还提出了一个"手巾鼓励法"：要以自愿为原则，"开始不妨组织一两个组，约一些人识字，识字当然比不识字好，于是识字的人就神气。再评选几个模范出来，奖给他们几块手巾，字也识了，手巾也有了，搞他两年就可以搞成一个风气"。

文化对于军事、军队的重要性，被毛泽东一再阐释、反复强调。毛泽东在这次会上的讲话是这样结尾的：

> "二十多年以来，我们党首先学会了政治，后来又学会了军事，去年学会了经济建设，今年要学会文化建设。如果文化建设取得伟大的

成就,那我们就又学会了一项很大的本领,陕甘宁边区就可以在全国成为更好的模范!"

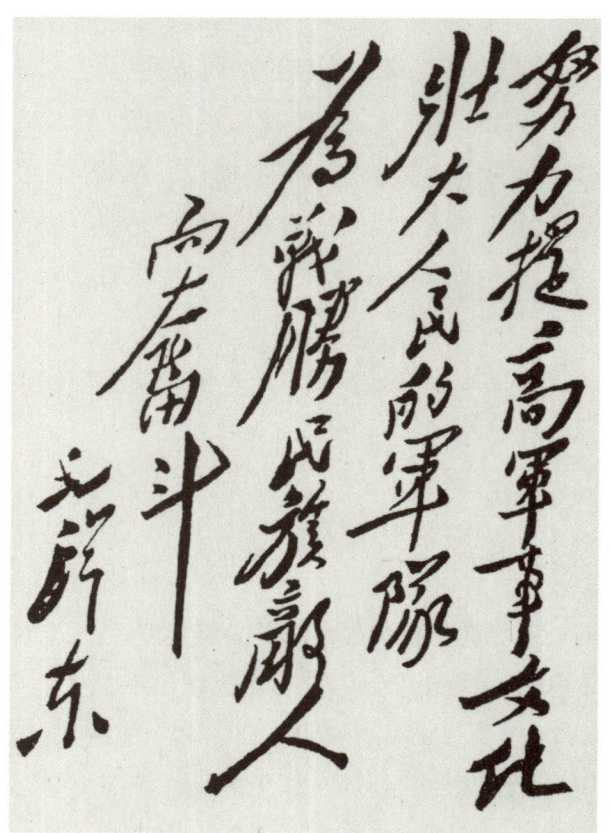

★ 毛泽东在1945年的题词:努力提高军事文化,壮大人民的军队,为战胜民族敌人而奋斗。

1944年5月,毛泽东在延安大学开学典礼上又提到了文化教育问题。他在广大师生面前定下了一个目标:边区140万老百姓,10万党、政、军,一共150万人,都要识字。毛泽东说:我们要有文化,才能学习政治,将来当乡长、区长、县长都要有文化。诚然,学习文化是学习政治理论和军事科学的基础。没有文化,其他理论也很难学得进去。

然而,要让部队全面提高文化素质,却不是一件容易的事。为此,毛泽东始终坚持不懈地反复提醒和教育大家。

1944年10月,毛泽东在陕甘宁边区文教工作者会议上,干脆使用了更为直接明了的语言来提醒部队干部战士重视文化教育工作,一句名言,就这样脱口而出:

"没有文化的军队是愚蠢的军队,而愚蠢的军队是不能战胜敌人的。"

在此之后,毛泽东关于军队文化教育工作重要作用和战略意义的思想,更加深入人心。

在1944年的宣传工作会议上讲到军事教育时,

★ 讲军队素质 ★
"没有文化的军队是愚蠢的军队"

毛泽东曾说:"今冬要来一个大练兵。"到这年的冬天即12月,毛泽东在布置1945年的任务时再次强调:

> "为着战胜日本侵略者,于充分注意军事、政治、经济之外,还要注意文教工作。"

1945年4月,毛泽东又提出:必须发展解放区的文化教育事业。

我军的文化教育事业,伴随着打败日本帝国主义而蓬勃发展。进入解放战争时期,又有了新的局面。

1947年,时值五四运动二十八周年,毛泽东在修改新华社社论时写上了自己对于革命文化事业的期许:

> "它为现在的革命战争与将来的革命建设而服务,没有它,革命战争与革命建设的胜利是不可能的。我们面前还有强大的敌人与艰苦的战斗,因此,我们十分需要广大有力的革命文化事业,为战胜敌人克服困难之共同目标而奋斗,为独立、民主、和平的新民主主义中国而奋斗。"

对于在军队开展文化教育工作,毛泽东的考虑是很细致、很实用的。举个例子,毛泽东认为在部队进行地理常识教育极为重要,他提供了具体的操作办法:

★ 人民解放军扫盲班的战士正在学习算术。

> "关于地理常识的教育极为重要。请你们考虑，是否可以制印长江以南及西北、西南的简明地图一张，图上有大的河流、山脉，有省界，有大城市及中等城市的名称。在省名及大城市名的旁边注明该省该市的人口总数。在各野战军自己担任占领和工作的区域内，标注重要县镇的名称。图幅不要太大，以纵横一公尺左右为适宜。除发给营部以上各级机关每处一张外，如能每个连队有一张，使一切识字的连排长及战士都能阅看，则极为有益。我们认为，此种地图常识的教育，将使指战员们增加勇气和对于任务的明确性。"

这个建议是在1949年2月提出的，成立新中国的蓝图绘制，也进入了最后阶段。

1949年7月，毛泽东在中共中央给中华全国文学艺术工作者代表大会的贺电中写道：

> "我们中国是处在经济落后和文化落后的情况中。在革命胜利以后，我们的任务主要地就是发展生产和发展文化教育。"

发展文化教育的任务，也是针对人民军队将要进入新中国，承担更艰巨的任务而提出的。

★ "使军队形成为一个巨大的学校"

新中国成立后，中国人民解放军的文化教育和文化建设进入了一个新的历史时期，全方位、正规化和大规模的文化教育计划全面展开。

1950年8月1日，在八一建军节之际，毛泽东以军委主席名义发布了《关于在军队中实施文化教育的指示》。《指示》的第一项，提出了梯次递进、逐步提高的目标任务：

★ 讲军队素质 ★
"没有文化的军队是愚蠢的军队"

> "全军规模的文化教育,自一九五一年一月正式开始。务求在三年之内,使一般战士及初级小学程度以下的干部达到高级小学的水平,使一般相当于高级小学程度的干部达到初级中学的水平,然后再继续提高。"

毛泽东还要求,要把军队办成"一个巨大的学校":

> "全军除执行规定的作战任务和生产任务外,必须在今后一个相当时期内着重学习文化,以提高文化为首要任务,使军队形成为一个巨大的学校,组织广大指挥员和战斗员,尤其是文化水平低的干部,参加文化学习。"

"使军队形成为一个巨大的学校"出于多方面的考虑:一是革命历史原因,人民解放军是以农民为主体发展起来的;二是部队现实情况,当时官兵文化知识水平普遍比较低;三是国防建设任务,要使我军适应正规化、现代化的需要。

毛泽东的这篇著名的"八一指示",对文化教育的规模、时间、目标以及教学、考试、经费等各个方面,作出了具体的规定和详细的安排。比如:

> 连队教育,"暂规定以百分之六十的时间进行文化教育,以百分之三十的时间进行军事教育,以百分之十的时间进行政治教育"。
>
> 在职教育,"各部队应按在职教育与离职教育衔接并进的方法,而以在职教育为重点,举办下列各种文化学校",如在职的半日文化学校、为离职干部办的速成小学和速成中学等。
>
> 干部教育,"各级干部,首先是经历多年斗争而文化水平甚低的工农出身的干部,凡能离职学习者,均应由各级领导机关有计划地分批或轮流抽调,经过考试,送入速成小学,或速成中学,或高级干部的文化补习班去学习。一部分优秀的青年战士,也可选调入学"。

> 教育教学纪律,"一切文化学校均应建立正规与合理的考试、分级、编班、升级、留级、毕业及发文凭等项制度,制定各种必需的条例及规则,确立学生的自觉纪律,规定教员的责任"。

这份指示,为全军规范教育制度和提高教育水平,为全体指战员全面提升素质,提出了系统的规划。同年10月,军委总政治部提出教育实施方案,强调文化建设在任何情况下,都是我军建设不可缺少的一个方面。

这次计划详尽的文化教育运动,尽管因为抗美援朝战争的爆发,在一些方面没能按原先的计划全面落实,但是,各部队抓教育的任务并没有耽误。据有关统计资料显示,我军战士在1951年初期的文化程度,初小以下者占80%,其中识500字以下者尚有30%左右;干部中的文化程度不及高小者约占68%,其中还有初小者占30%左右。到1953年中期,官兵中占八成左右的文盲半文盲人数,已经变为超过八成达到初小毕业以上文化水平。

从20世纪50年代起,除了在部队开办文化夜校、文化补习班、文化训练队、速成小学、速成中学等外,还逐步建立起军事学院、总高级步兵学校、后勤学院、军事工程学院以及各军、兵种各专业院校。部队的文化教育,也由突击式教育转入长期性和正规化教育。军队文化建设,逐步实现由文化扫盲、识字向正规文化教育的跨越,迈出了人民解放军现代化、正规化建设的新阶段。

在新的历史阶段上,毛泽东对军队学习、掌握科学技术,提升科技水平,形成学科学、爱科学、用科学的浓厚氛围,倾注了许多心血。

1953年8月,毛泽东在给军事工程学院的训词中明确提出:"今天我们迫切需要的,就是要大批能够掌握和驾驭技术的人,并使我们的技术能够得到不断的改善和进步。"

毛泽东认为,只有掌握科学技术,军队才能走向现代化,才能形成新的战斗力。为此,他要求全党全军同志,要适应新情况,努力学习,刻苦钻研,使自己成为内行。

50年代中期,针对原子能时代到来的一些特点,毛泽东明确提出,我们要来一个技术革命,要向科学进军,要钻研原子能时代。

1955年3月,毛泽东向全党提出:

★ 讲军队素质 ★
"没有文化的军队是愚蠢的军队"

> "我们进入了这样一个时期，就是我们现在所从事的、所思考的、所钻研的，是钻研社会主义工业化，钻研社会主义改造，钻研现代化的国防，并且开始要钻研原子能这样的历史的新时期。"

★ 毛泽东参加军事学院典礼。

毛泽东明确要求部队要加强原子能的理论研究，要发展现代化的国防力量，特别是要发展尖端科学技术。

1958年1月，毛泽东在《工作方法六十条（草案）》中又指出：目前中国经济落后，物质基础薄弱，使我们还处在一种被动状态，这就要求技术革命。他说："提出技术革命，就是要大家学技术，学科学。"这些指示对于全军的科学文化学习也有重要的指导意义。

从1954年到1959年，经过毛泽东批准，中央军委根据军队正规化、现代化建设的需要，在原有院校资源力量的基础上，对全军院校进行调整，建立了中国人民解放军政治学院、高等军事学院和军事科学院，并按军兵种分别建立海军、空军、炮兵和装甲兵等军兵种的高等院校。为提高部队官兵整体文化素质，还开办了各种形式的文化学校，培养正规化、现代化建设需要的各方面的人才。到20世纪60年代初期，全军院校达到120余所，形成了初、中、高三级院校体系，建立了干部院校培训制度，全军60%以上的军官经过本级院校培训，全部经过院校短期培训。通过院校学习，一批又一批具有现代战争知识、会指挥诸兵种协同作战的军事指挥员走上了军队的领导岗位。

1959年1月14日，根据毛泽东和中共中央的指示精神，中国人民解放军总政治部发出《关于在干部中普及中等教育和高等教育的指示》，要求以十年为期，在全军干部中普及中、高等教育。全军再次掀起向文化进军的热潮。

新中国成立至1959年这10年间，经过各种形式的教育和持续不断的努力，中国人民解放军的文化素质和综合能力得到了快速的提高。1959年1月的《关于在干部中普及中等教育和高等教育的指示》进一步提出"以十年为期"的教育目标，是对军队走向现代化的更高要求。在整个过程中，毛泽东对军队文化教育和军人综合素质的提高，始终都给予极大的关注。

1964年6月，借军队"大练兵"之机，毛泽东在检阅北京、济南军区部队汇报表演时，不仅对部队军事训练作出重要指示，还着重强调了部队的文化教育。毛泽东用精练易懂的语言，这样向部队提出要求：

> "练武还要练文，注意学文化。"

★ 讲军队素质 ★
"没有文化的军队是愚蠢的军队"

"文化"这一概念，正是毛泽东创建人民军队，领导和推进部队建设的一个核心概念。文化，凝聚着人民军队的精气神，从根基上影响着革命军人尤其是现代军队的综合素质，尤其是思想政治素质。正是在毛泽东持续不断的教育和倡导下，人民军队中诞生了一系列不朽的精神，如战争年代的井冈山精神、长征精神、延安精神等，又如新中国成立以后的"雷锋精神""'两弹一星'精神""载人航天精神""抗震救灾精神"，等等。改革开放初期，邓小平在讲到军队的带头作用时，曾经以自己的深切体会说过：

> "历来树立毛主席培养的好作风是军队带头的。不是叫'宣传队''播种机'吗？是军队把好作风带到地方，从长征开始以后就遍及全国。毛主席培养的好作风是由军队、根据地的干部带到全国去的。现在要发扬这些作风，这是保证实现四个现代化很重要的问题。"

邓小平的这些话，恰恰说明了我们这支人民军队的优良传统、精神文化优势以及她之所以伟大的深刻内涵，同时，也印证了毛泽东那句伟大的名言：

> "没有文化的军队是愚蠢的军队，而愚蠢的军队是不能战胜敌人的。"

毛泽东
MAO ZEDONG

★

讲怎么打仗

"打得赢就打,打不赢就走"

"你打你的,我打我的"

"不打无准备之仗,不打无把握之仗"

"部队要练夜战、近战"

"打得赢就打,打不赢就走"

"'打得赢就打,打不赢就走',这就是今天我们的运动战的通俗的解释。"

——毛泽东:《中国革命战争的战略问题》(1936年12月)

1935年10月,在历经一年的艰苦转战到达陕北以后,毛泽东终于带领红军找到了一个可以歇歇脚的地方。毛泽东此时的心情是兴奋的。他曾写下一首《七律·长征》以记之:

> 红军不怕远征难,万水千山只等闲。
> 五岭逶迤腾细浪,乌蒙磅礴走泥丸。
> 金沙水拍云崖暖,大渡桥横铁索寒。
> 更喜岷山千里雪,三军过后尽开颜。

诗的基调是乐观的,但不可否认,长征背后所隐藏的是中国革命一道深深的伤口。对于长征,毛泽东说:

> "并不是我们愿意长征,我们是被迫的。"
> "那是犯了错误的结果。"
> "红军长征了,一走走了二万五千里,人家在后面也'欢送'了二

> 万五千里,并且在前面还有'欢迎'的,在天上加上'送礼'的,这礼物名曰炸弹。"

红军长征所经历的艰难困苦,毛泽东在此后的岁月中经常提及。是呀,中央红军陕甘支队到达陕北时,只剩下七千人,而且人人成了"皮包骨"。中国革命怎么就走到了这般田地?

长征教育了党,教育了红军。毛泽东到达陕北后,即着手总结党和红军十多年来正反两方面的经验教训。

"打得赢就打,打不赢就走",就是毛泽东总结长期艰苦战争实践得出来的一条重要经验。这条经验的获得要从井冈山斗争时期讲起。

★ "既要会打仗,又要会打圈"

1927年10月,毛泽东率领秋收起义的部队上了井冈山,时任中央特派员的毛泽东是这支部队的实际领导者。虽为军队的领导者,但毛泽东的身份却有些"尴尬",他曾在1964年6月会见外国朋友时直陈当时的困窘:

> "我是一个知识分子,当一个小学教员,也没学过军事,怎么知道打仗呢?"

但敌人可不管你毛泽东会不会打仗,他们对消灭共产党是不遗余力的。随着起义部队在井冈山落定,敌人的"进剿""会剿"随之而来。湖南、江西的国民党军或轮番来攻,或结伴而来,好不热闹。如何在红军力量弱小的时候,既能消灭敌人,又能保存自己,是毛泽东要细细琢磨的问题之一。

没有学过军事的毛泽东就这样被迫在战争中学习战争,在战争中总结战争,在战争中掌握战争,他把马列主义普遍真理与中国具体革命实践相结合,在军事斗争实践中不断总结经验,并把这些经验上升为正确的理论。

正是在一次次的战斗中,毛泽东懂得,在敌强我弱的情况下,不能用硬拼

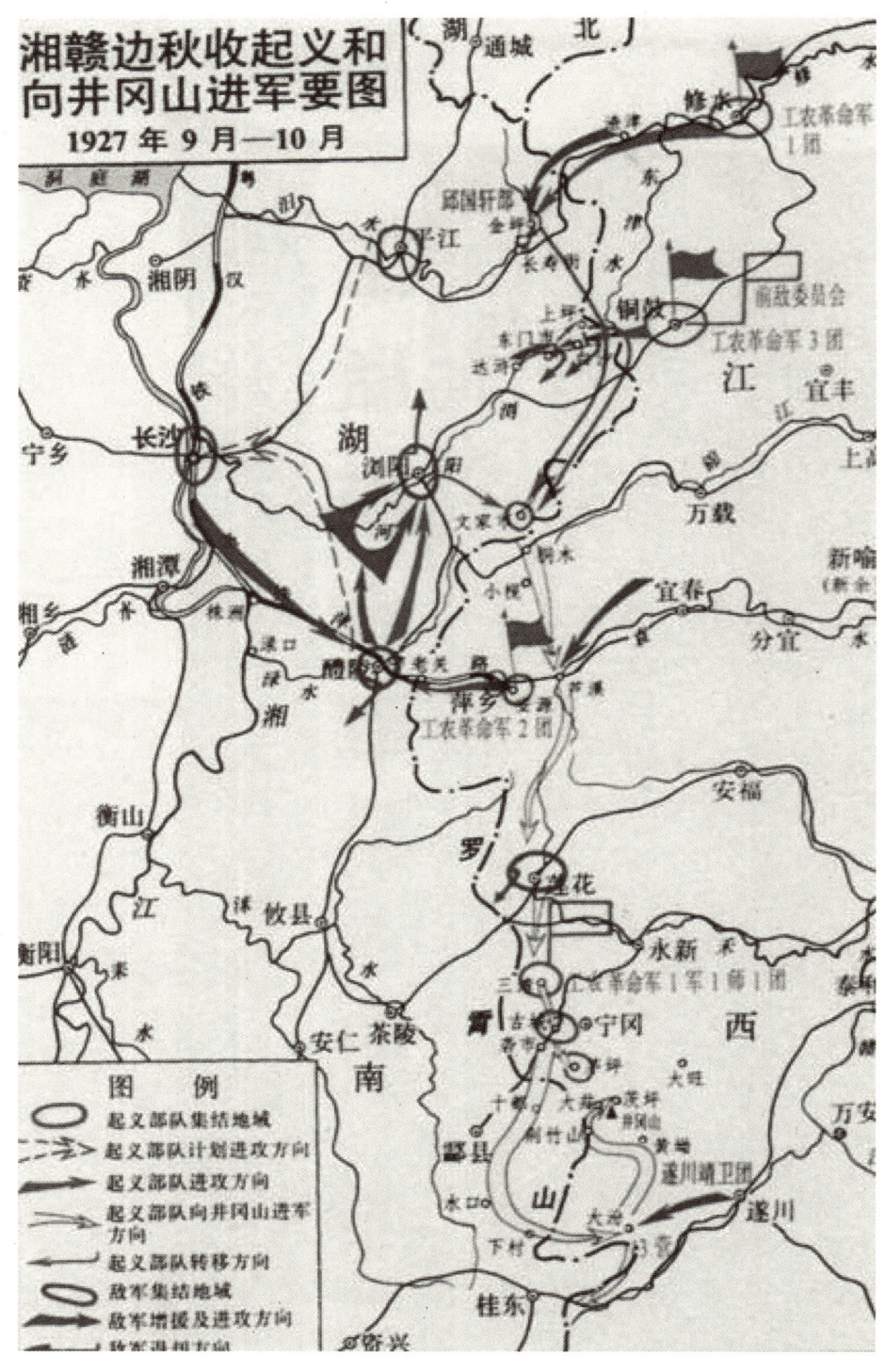

★ 秋收起义和向井冈山进军要图。

★ 讲怎么打仗 ★
"打得赢就打，打不赢就走"

的办法，那样只会吃亏。要用游击战的办法，跟敌人打圈。"既要会打仗，又要会打圈"，就是毛泽东避实击虚、战胜强敌的办法。

对于毛泽东发明的这套作战方法，谭震林后来在回忆井冈山斗争经历时说：

> 毛泽东同志当时曾对部队说到井冈山以前一个"山大王"朱聋子的故事。朱聋子曾讲，在井冈山不要会打仗，只要会打圈。毛泽东同志说："我们既要会打仗，又要会打圈。"他还说：敌人"来者不善，善者不来"，所以，我们要"退避三舍"。你一退，敌人不知我们去向，就得重新调查。我们先领他兜几个圈子，一等他的弱点暴露出来，就要抓得准，打得狠，打得干净利落，有所缴获，就像做买卖一样，赚钱就来，蚀本不干。
>
> 总之，打得赢就打，打不赢就走。你来打我叫你打不着，我来打你一定把你吃掉。

具有敏锐洞察力和强大分析综合能力的毛泽东，从人们耳熟能详的故事中，逐渐总结出适合红军实际要求的战争法则，并用以指导实践。此后，朱德率领红军来到了井冈山，红军的战略战术得到了进一步的发展，陆续开发出诸如迷藏战、泥鳅战、兜圈战、伏击战、埋伏战等多种战法，对付来犯的国民党军，正所谓"总有一款适合你"。国民党军被打得晕头转向，"匪"不是越"剿"越少，而是越"剿"越多，井冈山的红旗始终屹立不倒。

多年后，毛泽东在回顾井冈山的这段军事斗争经历时指出：

> "一九二八年五月开始，适应当时情况的带着朴素性质的游击战争基本原则，已经产生出来了，那就是所谓'敌进我退，敌驻我扰，敌疲我打，敌退我追'的十六字诀。"

"十六字诀"就是"打得赢就打，打不赢就走"的具体化。

井冈山的战争实践，让不懂军事的毛泽东有了底气。他逐渐认识到"打得赢就打，打不赢就走"这一战略战术适合于中国革命战争的需要。

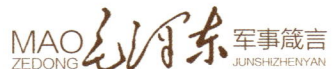

1929年1月,红军离开井冈山来到赣南艰苦转战,其间形势一度危急。中央2月7日给毛泽东、朱德写信,认为现时红四军以集团行动,目标过于集中,且不利于给养与持久,建议有计划地、有关联地将红军的武装力量,分成小部队的组织,散入湘赣边境各乡村中进行和深入土地革命,朱德、毛泽东则离开部队来中央工作。

4月5日,毛泽东代表红四军前委给中央回信。在回信中,他干脆利落地指出,这种把队伍分得很小,散向农村,目的在保存红军和发动群众的想法,是过于悲观了,中国革命是能够取得更大胜利的。毛泽东的底气何来?他在信中这样说:

> "我们三年来从斗争中所得的战术,真是与古今中外的战术都不同。用我们的战术,群众斗争的发展是一天天扩大的,任何强大的敌力是奈何我们不得的。
>
> "我们用的战术就是游击的战术,大要说来是:'分兵以发动群众,集中以应付敌人。''敌进我退,敌驻我扰,敌疲我打,敌退我追。''固定区域的割据,用波浪式的推进政策。''强敌跟追,用盘旋式的打圈子政策。''很短的时间,很好的方法,发动群众。'这种战术正如打网,要随时打开,又要随时收拢,打开以争取群众,收拢以应付敌人。三年来都用这种战术。"

毛泽东相信,有了这样的战术,何愁中国革命不胜利呢?

但是,要真正把"打得赢就打,打不赢就走"运用自如,却是极为艰苦曲折的事。

"前途是光明的,道路是曲折的",这是毛泽东很喜爱的一句话,这句话用在中国革命的道路上是再合适不过了。就在中国革命形势发展很好的时候,"革命急性病"却容易发作。

1930年初,"立三路线"统治了中央,此时毛泽东正在进行赣南闽西根据地的艰苦创建工作。6月,中央政治局通过了李立三起草的《新的革命高潮与一省或几省的首先胜利》的决议。决议认为中国革命到了大决战的前夜,要以中心

★ 讲怎么打仗 ★
"打得赢就打,打不赢就走"

城市的武装暴动来夺取全国革命的胜利。决议要求举行以武汉为中心的全国总暴动,并集中红军进攻中心城市,以达到各路红军"会师武汉""饮马长江"的目标。

15日,中共中央致信红四军前委,指出:

> "现在红军的任务,不是隐蔽于农村中作游击战争,它应当积极进攻,争取全国革命的胜利"。

李立三是毛泽东的同乡,他深知这位同乡的想法,也了解他的脾气,于是在这封信的末尾,中央特别强调:

> "中央新的路线到达四军后,前委须坚决按照这个新的路线转变","如果前委有谁不同意的,应即来中央解决"。

再不执行,已近乎直接"对抗"中央了。而且此时的毛泽东等人毕竟还心存"侥幸",认为也许队伍身处偏僻,对全国形势并不了解,而中央可能看得更清楚些。所以队伍很快集中起来,组成红军第一路军,向南昌进发了。中央派出涂振农为特派员,随军行动。涂振农随即公布了他从中央带来的《中国革命军事委员会为进攻南昌、会师武汉通电》,以壮声势。仗还没有打,就把自己的意图说得一清二楚,中央可谓信心满满。

一路侦察了解情况之后,毛泽东等却发现事情并不像中央说的那样简单。南昌城高沟深,城郊池塘较多,回旋余地小,易守难攻。敌军守城兵力雄厚,而且与援军相距不远,如果久攻不下,很可能还会被敌人"包了饺子"。

经过一番过细的思考,8月1日,毛泽东、朱德派罗炳辉率红十二军两个纵队进占南昌对岸的牛行车站,实地侦察敌情,并隔江向南昌鸣枪,以纪念南昌起义三周年。罗炳辉回来后,报告南昌国民党军队防务严实,不宜进攻。

怎么办?打得赢就打,打不赢就走!毛泽东、朱德即刻下令红军撤围南昌,北上国民党军队兵力空虚的安义、奉新等地。在安义、奉新一带,毛泽东开始了分兵发动群众、进行扩大红军的工作。

毛泽东在随后给中央的信中解释了红四军这样做的理由：

> "若直进南昌，则敌人主力没有消灭且在我军后，南昌又四面皆水，于势不利，故乘虚渡河向南昌对岸，前进攻击牛行车站为目标，举行八一示威"。
>
> "敌人在南昌城不还一枪、不出一兵。我们此时找不到敌人打，既不能攻南昌，八一示威任务已经达到，遂向奉新、安义散开工作，发动群众，筹款，做宣传等"。

硬仗虽然没有打，但此行并非全无收获。红军从根据地出发以后，一路开展宣传，发动群众，红军的力量得到了较大的发展，从1万人增加到1.8万人，这就为日后进行大规模反"围剿"战争打下了很好的基础。

不久，在活捉敌师长张辉瓒的战斗中，毛泽东又一次运用了这一战法。战争取得胜利后，红军乘胜挥师东指，直取东韶谭道源部第五十师，再歼敌3000余人。5天之内，红军先后打了两个大胜仗，歼敌1.5万余人，胜利地打破了敌人的第一次"围剿"。

其实，在打完谭道源师后，仅30里地之遥的洛口，还有许克祥、毛炳文的两个师。人们都认为下一步该打洛口了。就在大家整装待命之时，毛泽东却宣布收兵不打。萧克后来回忆说：

> 毛主席像看透了我们的心思，笑着说：龙冈、东韶两个大胜仗，打破了敌人"围剿"的主力，有些同志好像天兵天将，又想打洛口。你们晓得洛口有敌人两个师和谭道源残部，还有十二个团，集中在一起，又有工事，再去打就不会像打张辉瓒、谭道源那么容易了。我们才恍然大悟。会议一散，议论纷纷："为啥不打洛口呢？是总政治委员的主意，打得赢就打，打不赢就走。"

★ 讲怎么打仗 ★
"打得赢就打，打不赢就走"

★ 从"敌人既弱且地势群众都好"处取"绝对胜利的把握"

毛泽东"打得赢就打，打不赢就走"的战法，讲的每战必须有绝对胜利的把握。如果有把握，就坚决地打；如果没有把握，就适时而走。

就在第一次"围剿"中央苏区失败后，1931年4月，蒋介石又调集20万人，任命军政部长何应钦为总指挥，兵分四路，发动了第二次"围剿"。这次蒋介石学"乖"了，采取厚集兵力，"稳扎稳打、步步为营"的作战方针，严防因冒进深入被我军各个击破。

毛泽东等多次召集军事会议商讨击破敌人的方针，最后大家统一了认识，决定"换汤不换药"，仍然把敌军放到根据地来消灭。在先打哪一部分敌人问题上，人们有些分歧。有些人主张先打在兴国的蒋光鼐、蔡廷锴的第十九路军，认为打垮十九路军后，有利于红军向湘南、赣南发展。毛泽东对此有不同意见，他认为：

> 蒋蔡比较是强有力的，在历史上未曾打过败仗，曾经在湘南把张发奎打得落花流水，我们现在主要的是择敌人弱点打破，打蒋蔡没有绝对胜利的把握，我们应打王金钰这路，因为这路敌人既弱且地势群众都好。

分析和判断了"敌人既弱且地势群众都好"，选择"敌人弱点打破"，这是毛泽东认为"有绝对胜利把握"之处。毛泽东的意见最终被会议采纳。红军移师东固，逼敌而居。几万红军在敌人的重重围困之中，在敌人的眼皮底下，一隐蔽就是25天。其间一些指战员耐不住性子，要求早打快打。但毛泽东拒绝一切冒险建议，始终坚持打得赢才打，耐心捕捉战机。

战机终于出现了。随着前方报告王金钰部脱离富田阵地，开始向东固地区推进，毛泽东、朱德果断地下达歼敌命令。红军从眼前之敌蔡廷锴、郭华宗两师之间仅25公里的空隙间钻了出去，神不知鬼不觉地出现在大股敌人的身后。5月16日埋伏在白云山上的红军战士如下山猛虎扑向王金钰部，砍瓜切菜般快速解决了战斗。紧接着,毛泽东指挥红军转向敌人围攻线的后方,向东横扫,在半个月的时间内,从赣江东岸打到闽西北山区,纵横700余里,先后取得富田、白沙、中村、广昌、建宁5个战役的胜利,歼敌3万余人,缴获各种武器2万余件和大量的军用物资,第二次"围剿"再次被击碎。

兴奋之余,毛泽东诗兴大发,写下《渔家傲·反第二次大"围剿"》:

> 白云山头云欲立,白云山下呼声急,枯木朽株齐努力。枪林逼,飞将军自重霄入。
>
> 七百里驱十五日,赣水苍茫闽山碧,横扫千军如卷席。有人泣,为营步步嗟何及!

敌人来得很快。距离上一次"围剿"被打破仅一个月后,新一轮的"围剿"又发起了。这一次急怒攻心的蒋介石自领总司令一职,调集30万人马,声称要在3个月内"戒除内乱","剿灭赤匪"。根据地的形势空前严峻起来,因为此时红军主力尚在福建开展群众工作,散得很开。

毛泽东、朱德等很快收拢部队,千里回援。一开始,他们曾设想在闽赣边界布置战场,消灭敌军一路再说;但很快就发现这次"围剿"规模很大、势头很猛,我军在根据地外部实现歼敌较为困难。

打不赢就走!毛泽东立即率领主力绕道千里回到根据地后部兴国集中待机。

在根据地内东奔西走近一个月的国民党军,终于发现了红军的主力,他们兵分数路,向兴国猛扑过来。毛泽东、朱德等原拟北出富田,跳出敌之包围,向敌之后方联络线上横扫,重现第二次反"围剿"的一幕。但当红军主力开始北上时,忽然发现敌之精锐两师已先于红军赶到富田,原定的计划已难以实现。怎么办?还是那句话:打不赢就走!毛泽东等果断改变计划,率部折回,另寻战机。

要知道这时可是处于敌人的包围圈中啊!红军兵行险着。毛泽东一方面派少量部队伪装主力,向西佯动;另一方面率主力向东疾进,从敌军间的狭小空隙穿过,跳出了包围圈。跳出包围圈的红军好不快活,今天歼灭敌人一个师,明天又打掉敌人一个旅。

但红军行藏毕竟暴露，很快在黄陂地区第二次陷入重围。为了避免同超过红军数倍的敌军决战，毛泽东再次使用"声东击西"之计，命令红十二军伪装成红军主力，大张旗鼓地向乐安佯动，摆出红军将北攻临川的架势；主力则从国民党两军间仅10公里的狭窄缝隙中穿了过去。10公里的空隙，却要几万红军一夜间秘密穿插而过，这如同"大象过针眼"一般困难，但英勇的红军做到了！

这真是战场上的奇观。一方面，红军主力在根据地西部好整以暇地从容休整；另一方面，国民党军在红十二军的"带领"下，翻山越岭，忽东忽西，幻想着赶上红军主力与之决战，好不热闹。

有人说：如果方向错了，越努力则失败得越彻底。这句话形容此时的国民党军很是贴切。国民党军官在家信中这样抱怨道：

> "这一月来，无论官兵差不多没有不病的。肥的拖瘦，瘦的拖死。至于山高路险，跌死的人马以及病后被土匪杀死的官兵，总和起来比出发时候的人数差不多要少三分之一。"

打又打不上，找又找不到，很"努力"的国民党军这仗打得可真是窝囊到家了。而此时蒋介石与广东、广西军阀又重新开战了，垂头丧气的"围剿"部队只能狼狈地撤出根据地。红军则衔尾追击，第三次"围剿"顺势打破。

"围剿"打破后，红军就势拔除在根据地内长期盘踞的数百个地主武装土围子炮楼，将赣南和闽西两块革命根据地连成一片，为中央革命根据地的最终形成打下了坚实的基础。

★ 我们的特点、长处，"正是我们战胜敌人的工具"

当然，胜利的把握，说起来容易，做起来极难。战场上双方的情况瞬息万变，既不存在常胜将军，也没有永远正确的统帅。更何况我们党及其领导的军队在其发展中会遇到指导思想上的形形色色的错误干扰。

1931年中共六届四中全会召开，标志着王明所代表的"左"倾教条主义路

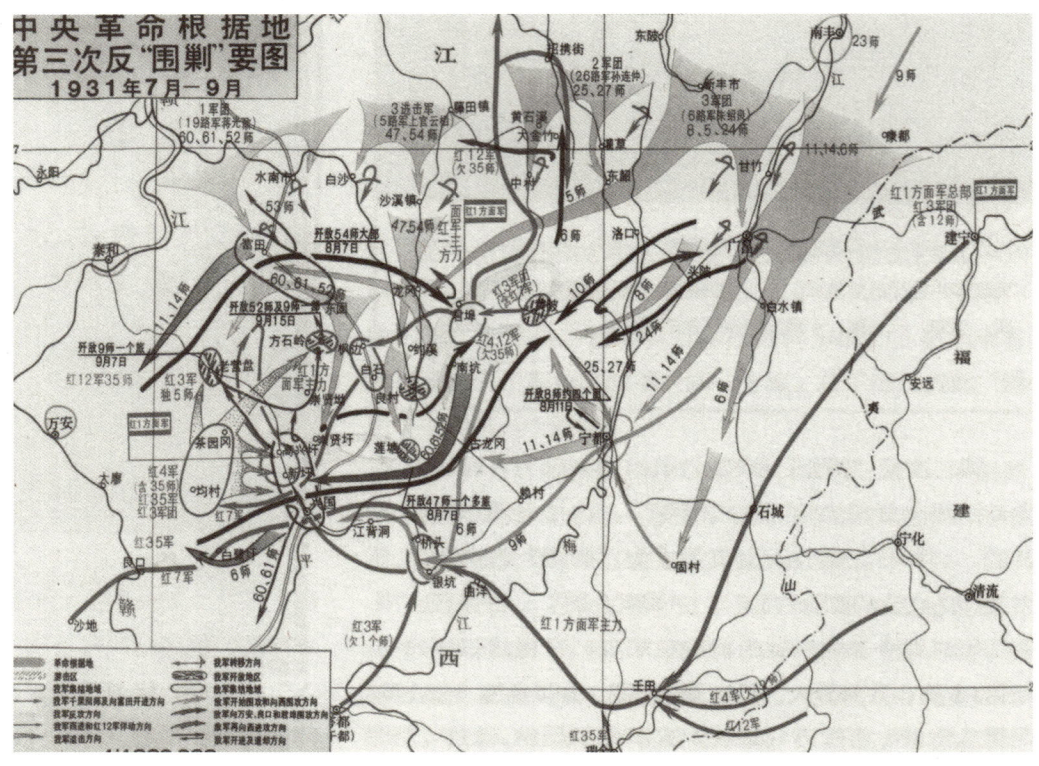

★ 中央革命根据地第三次反"围剿"要图。

线在中央开始占据统治地位。但因中央毕竟远在上海，与赣南闽西革命根据地相隔遥远，对苏区红军遥控指挥不便，这才使得毛泽东等在制定具体的战略战术问题上保留了相当的灵活性。但随着1933年1月临时中央负责人博古来到中央苏区，"左"倾冒险主义路线在中央苏区全面推行开来。毛泽东被排除出红军领导层。

不懂军事的博古相信外来的和尚会念经，于是他从共产国际请来了高鼻子、蓝眼睛的德国"军事专家"李德。李德真是依靠地图指挥作战的"行家里手"，他用尺子在地图上丈量，要求今天红军必须行军到哪里，明天红军必须攻下哪一座城池，而完全不考虑其实现可能性有多大。他还机械地搬用苏联红军正规战争的经验，采取"御敌于国门之外""不丧失寸土""两个拳头打人"等错误作战方针，使得红军的第五次反"围剿"从一开始就陷入了极大的被动之中。当时在红三军团三师任政治委员的黄克诚曾回忆说：

> "过去红军作战，前线部队有很大的机动性和主动权，打得赢就打，打不赢就走，明知道吃亏，就决不蛮干。可现在不同了，不管大仗小仗，统统由上边制定作战方案，下达具体作战命令，部队在执行中不允许有一丝一毫的机动。本来是按照上边的命令行事，但仗没打好时却要追究下边同志的责任，真是咄咄怪事。李德指挥军队完全照搬德国军事学上那一套，毫不顾红军当时的具体情况，不考虑敌强我弱的特点，一味搞所谓正规化，打阵地战，与敌人拼消耗，红军怎么能吃得消？李德今天命令部队去攻打这里，明天又命令部队去攻打那里，又不集中使用兵力，结果，哪里也吃不掉，白白疲劳、消耗了部队。"

李德等人否认红军的流动性，反对所谓"游击主义"，反对过去行之有效的"打得赢就打，打不赢就走"的战略战术，强行推行所谓"正规战争"的战略方针，其结果是"白区损失百分之百，苏区损失百分之九十"，得到了一个异乎寻常的大流动——长征。

长征是中国革命遭受重大失败的被迫之举，也是中国革命走向转折的自我救赎之路。

在突破国民党军四道防线之后，从中央根据地出发的8万红军已锐减到3万，红军危矣！中国革命危矣！

遵义会议的召开，挽救了党，挽救了红军。毛泽东重回红军的领导位置，革命军队的面貌为之焕然一新。此后，红军重新拿起"打得赢就打，打不赢就走"的利器，在国民党重兵之间忽东忽西，穿插迂回，机动作战，经过四渡赤水，佯攻贵阳，威逼昆明，巧渡金沙江，最终在敌人的重兵包围中灵动脱出。

到达陕北落下脚以后，总结人民军队成功与失败的实践经验，以便更好地开展抗日斗争，成为毛泽东关注和思考的一个重点问题。

1936年12月，毛泽东在红军大学讲演，系统总结了第二次国内革命战争的

★ 遵义会议后,中央红军在毛泽东等指挥下,四渡赤水河,取得了战略转移中具有决定意义的胜利。图为《四渡赤水》(油画)。

经验,就中国革命战争战略方面的诸问题作了说明。在讲演中,毛泽东首先提出的问题是——研究战争,研究战争规律必须立足于中国的国情、中国的经验。他指出:

"我们现在是从事战争,我们的战争是革命战争,我们的革命战争是在中国这个半殖民地的半封建的国度里进行的。因此,我们不但要研究一般战争的规律,还要研究特殊的革命战争的规律,还要研究更加特殊的中国革命战争的规律。"

"我们固然应该尊重过去流血的经验,但是还应该尊重自己流血的经验。"

★ 讲怎么打仗 ★

"打得赢就打，打不赢就走"

中国革命战争的特点何在？毛泽东认为有这样四个特点：

> "第一个特点，中国是一个政治经济发展不平衡的半殖民地的大国，而又经过了一九二四年至一九二七年的革命。"
>
> "第二个特点是敌人的强大。"
>
> "第三个特点是红军的弱小。"
>
> "第四个特点是共产党的领导和土地革命。"

在这四个特点之下，毛泽东认为中国革命战争的战略战术不是什么阵地战，而是"没有固定的作战线"的运动战。毛泽东对于这种运动战的通俗解释是10个字："打得赢就打，打不赢就走。"这就是一种游击性的运动战。

毛泽东深知，一些大力倡导所谓"正规战争"的人士难免会对此予以讥笑，他严肃指出：

> "游击性正是我们的特点，正是我们的长处，正是我们战胜敌人的工具。"
>
> "红军的运动战的基本特点，就在这里。"

"打得赢就打，打不赢就走"带了一点中国农民特有的机智，似乎是一句登不了"台面"的话，但它却是对中国革命战争胜利与失败的深刻总结。

这一看似简单的战略原则，恰恰是来自红军10年的血战史。事实胜于雄辩。在强敌压境之下，如果不愿意丧失一部分土地，结果丧失了全部土地；如果不在一部分人民家中一时地打烂些坛坛罐罐，结果会使全体人民长期地打烂坛坛罐罐。

毛泽东认为，由于我们从实际出发采取了"打得赢就打，打不赢就走"的所谓"游击方针"，使得中国革命摆脱了困境。正因为如此，毛泽东多年以后回忆说：

> "没有那些胜利和那些失败,不经过第五次反'围剿'的失败,不经过万里长征,我那个《中国革命战争的战略问题》小册子也不可能写出来。"

对于这些从中国革命战争的血与火中总结出来的经验,毛泽东很是看重。1965年3月,他在会见由艾哈迈德·舒凯里率领的巴勒斯坦解放组织代表团时,曾经向外国朋友这样介绍他的作战方法的精华:

> "你不是说读了我写的文章吗?这些东西用处不大。主要是两条,你打你的,我打我的。我打我的,又有两句话,打得赢就打,打不赢就走。帝国主义最怕这种办法。打得赢,我就把你吃掉;打不赢,我就走掉,你找也找不着。我们开头时用游击战的办法,进攻的时候用,防御的时候也用。根本办法是打运动战。"

毛泽东所说的这种根本办法,其实就是游击性的运动战的办法,也就是一切从实际出发的战法。毛泽东还特别向客人强调了这样一句:

> "战争就是学习。"

★ 讲怎么打仗 ★
"你打你的，我打我的"

"你打你的，我打我的"

"先打弱的，后打强的，你打你的，我打我的（各打各的）政策，亦即完全主动作战政策。"

——毛泽东：《先打弱的后打强的你打你的我打我的》（1947年4月22日）

2013年7月15日，一次重要的军事工作会议在军委主席习近平主持下召开。开门见山，习近平讲了这样一番话：

> "战略就其本来意义而言，就是毛泽东同志所讲的，是指导战争全局的方略。创新军事战略指导，必须紧紧抓住战争指导这个根本。"

当讲到军人和军队要"随时准备打仗"时，习近平特别强调说：

> "战争指导艺术的最高境界，就是你打你的、我打我的。筹划和指导战争，必须不断创新战略指导和作战思想。"

"你打你的，我打我的"，这是引用毛泽东概括于解放战争时期的话。为什么如此推崇毛泽东的这句话，称其为"战争指导艺术的最高境界"呢？这还得从60多年前那场波澜壮阔的解放战争说起。

★ "'各打各的'政策,亦即完全主动作战政策"

1947年4月22日,一封来自中央军委的电报送到晋察冀军区司令员兼政治委员聂荣臻的案头,电报的起草人是毛泽东。

这是一封聂荣臻急切盼望的电报,因为此时正太战役正进行到节骨眼上。按照此前晋察冀军区所拟订的计划,正太战役将分两个阶段进行:第一阶段,扫清石家庄外围之敌,如敌人南援则歼灭之;第二阶段兵锋西指,大举破击正太铁路。4月9日正太战役发起。晋察冀军区按计划扫清石家庄外围敌人后,国民党军出动了。国民党军队的指挥者并非都是蠢材,他们没有直接南援石家庄,而是玩起了"围魏救赵"之计,直扑解放区重镇胜芳镇,企图吸引聂荣臻所部回援,以解石家庄之围,重夺战争主动权。怎么办?

半年多以前,大同、集宁之战失利的阴影还在聂荣臻眼前挥之不去。1946年7月,晋察冀军区发起大同战役,意图攻取山西名城大同。但由于准备工作不够细致,直到9月,大同城仍未攻克,战事陷入胶着,但是国民党的援军却来了。晋察冀军区部队被迫分兵打援。好不容易包围了援敌,但国民党军的另一股援军又到了。再分兵再打援。处处被动的结果是三处敌人都没有消灭,打了一个消耗仗。不仅如此,解放区重要城市张家口也在敌人的反扑下丢失了。要知道张家口可是解放战争以来,国民党军从共产党手中夺取的一个大城市,蒋介石狠狠地陶醉了一把,大大地吹嘘了一阵,声称"共军已总崩溃","可在三个月至五个月内,完成以军事解决问题"。

再也不能重蹈覆辙!聂荣臻定下决心之时,毛泽东的电报到了。电报很简短,仅仅100来字:

> "你们现已取得主动权,如敌南援,你们不去理他,仍然集中全力完成正太战役,使敌完全陷入被动,这是很正确的方针。"
>
> "正太战役完成后,应完全不被敌之动作所迷惑,选择敌之薄弱部分主动地歼击之,选击何部那时再定。这即是先打弱的,后打强的,你打你的,我打我的(各打各的)政策,亦即完全主动作战政策。"

这是在现有资料中"你打你的，我打我的"战略思想第一次见诸文字。

"你打你的，我打我的"，也被毛泽东称之为"各打各的"。它的出发点，就是"先打弱的，后打强的"。总之一句话，就是要"完全主动作战"。在毛泽东胸中，战争指挥显然已经变成了一门"艺术"，一门高超的军事指挥艺术。

收到电报的聂荣臻如同吃了一颗"定心丸"，立即领会了毛泽东和中共中央的意思，并坚决执行预定第二阶段的任务，一下子变被动为主动。

聂荣臻后来在他的回忆录中，这样总结这一战役：

> "战役的全部过程，始终贯彻执行大踏步进退，在运动中以歼灭敌人有生力量为主的作战原则，不受局部情况的牵制，因而摆脱了被动。"

5月10日正太战役结束，不仅实现歼敌3.5万人，更为重要的是山西、河北广大地区为我所占领，敌太原、石家庄之间的联系被切断，晋察冀和晋冀鲁豫解放区连成一片，华北地区的战局开始转入主动。

一年之中，两次战役，面对近乎相似的敌人，却取得了截然不同的战果，这一事例向我们生动地诠释了"你打你的，我打我的"夺取战争主动权的重要性。

★ "把包袱让给敌人背上"

毛泽东不仅向他的将领们指明了"你打你的，我打我的"战略思想，而且也在身体力行着。此时的毛泽东，刚刚撤离延安，正在陕北高原的深沟高壑之中辗转行进，在转战陕北中一路运筹帷幄、决胜千里。

1946年6月，国民党当局发动全面内战。随着解放战争的进行，国民党军战线日益延长而兵力日益不足的被动局面日渐显现。被人民解放军牵着走的蒋介石，急于摆脱被动，开始转变军事策略，变"全面进攻"为"重点进攻"，图谋夺取延安以提振国民党军日渐低迷的士气。延安是中共中央所在地，被誉为中国革命的"摇篮"，无数热血青年向往的革命"圣地"，也是毛泽东生活了10年的地方。放弃延安，是许多人想都不要想的事情。是守还是弃？这是摆在毛

★ 1947年，转战陕北中的毛泽东。

泽东面前一道两难的选择题。

成竹在胸的毛泽东作出了自己的选择：主动放弃延安。

决定一出，别说共产党内很多人不理解，就是延安的许多老百姓也表达了自己的困惑。针对这一决定，毛泽东向他们这样解释道：

"譬如有一个人，背个很重的包袱，包袱里尽是金银财宝，碰见了个拦路打劫的强盗，要抢他的财宝。这个人该怎么办呢？如果他舍不得暂时扔下包袱，他的手脚很不灵便，跟强盗对打起来，就会打不

> 赢，要是被强盗打死，金银财宝也就丢了。反过来，如果他把包袱一扔，轻装上阵，那就动作灵活，能使出全身武艺跟强盗对拼，不但能把强盗打退，还可能把强盗打死，最后也就保住了金银财宝。我们暂时放弃延安，就是把包袱让给敌人背上，使自己打起仗来更主动，更灵活，这样就能大量消灭敌人，到了一定的时机，再举行反攻，延安就会重新回到我们的手里。"

1947年3月18日，在隆隆的枪炮声中，毛泽东批阅完手头的文件，叮嘱战士打扫好房子后，从容离去。19日，国民党军占领延安。蒋介石大喜过望，将之视为空前的大捷，授予此战"功臣"胡宗南"二等大绶云麾勋章"，命令他立刻指挥军队对陕北进行"清剿"。为了拖住蒋介石的这支战略预备队，在此后大半年的时间里，毛泽东牵着他们的鼻子在陕北高原游转，终陷胡宗南近25万大军于十分疲惫、十分缺粮的困境，国民党军"肥的拖瘦，瘦的拖垮"，苦不堪言。西北人民解放军则抓住时机，先后发起青化砭战役、羊马河战役、蟠龙战役和沙家店战役，连战连捷，歼灭国民党军2万多人。

8月的沙家店战役结束后，毛泽东亲自来到西北野战军司令部表示祝贺。他不无嘲讽地说：

> "胡宗南是个没有本事的人，阴险恶毒，志大才疏。他那么多军队，打我们没一点办法！我们打了这么多次，就没有吃过败仗。他的本事，就是按我们想的行动。""那有什么办法？我们哪样想，他就那样办，当然要吃亏了。"

他鼓励大家：

> "沙家店一战，把敌人的嚣张气焰完全打掉了！形势对我们非常有利，我们要找机会再打几个这样漂亮的胜仗，到那时候，陕北的敌人就没有立足之地了。"

恰如毛泽东所料，处处受制的胡宗南陷于西北战场，动弹不得，不得不于一年后的1948年4月逃离延安，延安重回人民手中。

历史雄辩地证明：毛泽东提出的"你打你的，我打我的"这种"各打各的"的战略，在战争实践中使解放军完全掌握了主动。国民党军"攻占延安曾经宣扬为一个伟大的胜利，实则是一个既浪费又空虚的、华而不实的胜利"。

★ "行动自由是军队的命脉"

"你打你的，我打我的"这一战略思想，究其本质是在谈如何夺取战争主动权的问题。在长期的军事生涯中，毛泽东深知夺取战争主动权对于中国革命的重要意义，在他指挥下变被动为主动的战例不胜枚举。

早在第一次国内革命战争刚刚结束后，毛泽东就在1938年5月写成的《抗日游击战争的战略问题》《论持久战》等著作中深刻论述过他对于主动性的认识，提醒人们注意对战争主动权的争夺。他说：

> "主动性，说的是军队行动的自由权，是用以区别于被迫处于不自由状态的。行动自由是军队的命脉，失了这种自由，军队就接近于被打败或被消灭。一个士兵被缴械，是这个士兵失了行动自由被迫处于被动地位的结果。一个军队的战败，也是一样。"

他强调：一切战争的敌我双方，都力争主动，力避被动，以达到保存自己消灭敌人之目的。

那么，如果因为估计和处置错误，或者因为不可抗的压力，被迫处于被动地位的时候，该怎么做呢？毛泽东认为，这时的任务，就是努力脱出这种被动。怎样摆脱军事上的被动？毛泽东提出了这样的办法：

> "就是坚决地实行外线的速决的进攻战和发动敌后的游击战争，在战役的运动战和游击战中取得许多局部的压倒敌人的优势和主动地位。通过这样许多战役的局部优势和局部主动地位，就能逐渐地造成战略的优势和战略的主动地位，战略的劣势和被动地位就能脱出了。"

★ 讲怎么打仗 ★
"你打你的，我打我的"

这段话，深刻地阐明了主动和被动之间、优势和劣势之间的相互关系。

如何获取主动地位？毛泽东给出的答案是两个字"进攻"。后来，毛泽东还把进攻的一系列要诀，逐步细化给了人民军队。他指出：

> "主动地位只有在进攻胜利之后，才能最后地取得。"
>
> "进攻是消灭敌人的惟一手段，也是保存自己的主要手段，单纯的防御和退却，对于保存自己只有暂时的部分的作用，对于消灭敌人则完全无用。"

他特别强调：

> "战术上的防御手段，离开直接或间接协助进攻，则毫无意义。"
>
> "一切进攻战都要主动地组织之，不要被迫地采取进攻。"

他还说过：

> "有计划地造成敌人的错觉，给以不意的攻击，是造成优势和夺取主动的方法，而且是重要的方法。"

这些，好比围棋中的"先手"之法。对弈中哪一方取得"先手"，取得"势"，胜利的天平就将倾向于哪一方。对于取得"先手"的方法，毛泽东论述颇多，运用也颇多。在波澜壮阔的解放战争时期，毛泽东将这一方法运用得炉火纯青。

毛泽东曾经将战争的完整形态概括为三个阶段，即战略退却、战略反攻和战略进攻。正所谓"兵无常势，水无常形"。在解放战争期间，毛泽东却在我军战略退却刚一结束，就指挥人民解放军跳过战略反攻阶段，直截了当地进入战略进攻，大大加速了战争进程。

解放战争战略进攻的第一声"发令枪"，是刘邓大军发出的。1947年6月，根据毛泽东和中共中央的战略决策，12万刘邓大军出敌意外地南渡黄河，转战

鲁西南，又在8月中旬突然向南越过陇海铁路，穿过遍地泥淖的黄泛区，抢渡沙河、汝河、淮河，甩开国民党的重兵堵截，于下旬进入大别山区，实施战略展开，着手创建鄂豫皖边根据地。

与此同时，陈谢大军（四纵、九纵及三十八军）于8月下旬，从晋南南渡黄河，切断陇海铁路，进军陕南、豫西，实施战略展开，创建豫陕鄂边根据地。

陈粟大军（华野外线兵团）则于9月上中旬转战鲁西南，后越过陇海铁路南下，在豫皖苏边实施战略展开，创建根据地。

这样的部署，一下子就形成了刘邓、陈粟、陈谢三路大军挺进中原、开创新的中原解放区的局面。

三路大军在广阔的中原地区一面大力扫荡土杂武装，发动群众，建立地方武装和政权，一面相机集中兵力打中等规模之仗，至1948年5月，一个有3000万人口的中原解放区胜利地完成了创建和巩固任务。

对于中原三军的作战，毛泽东曾在1948年3月为中国人民解放军发言人起草的《评西北大捷兼评解放军的新式整军运动》一文中，作出了高度的评价，一下就点明我军是如何取得主动的：

> "我刘邓、陈粟、陈谢三路野战大军，从去年夏秋起渡河南进，纵横驰骋于江淮河汉之间，歼灭大量敌人，调动和吸引蒋军南线全部兵力一百六十多个旅中九十个旅左右于自己的周围，迫使蒋军处于被动地位，起了决定性的战略作用，获得全国人民的称赞。"

在人民解放军的持续打击下，国民党军被打怕了，再也不敢分散驻守。他们以多年加修的城防工事为依托，将多个兵团聚集一处，改取重兵固守、诸兵团驰援的会战方式与我周旋。

形势所逼，大决战迫在眉睫。1948年，大决战的战机首先在东北出现。

此时的东北战场上，国民党军虽然仍有4个兵团，44个师，加上地方武装共55万的人马，但已经被分割和压缩在长春、沈阳和锦州三个互不联系的地区内。而东北人民解放军则发展到53个师，加上地方部队已超过100万人。人民解放军不仅在数量上占据着优势，而且在质量上也有显著优势。

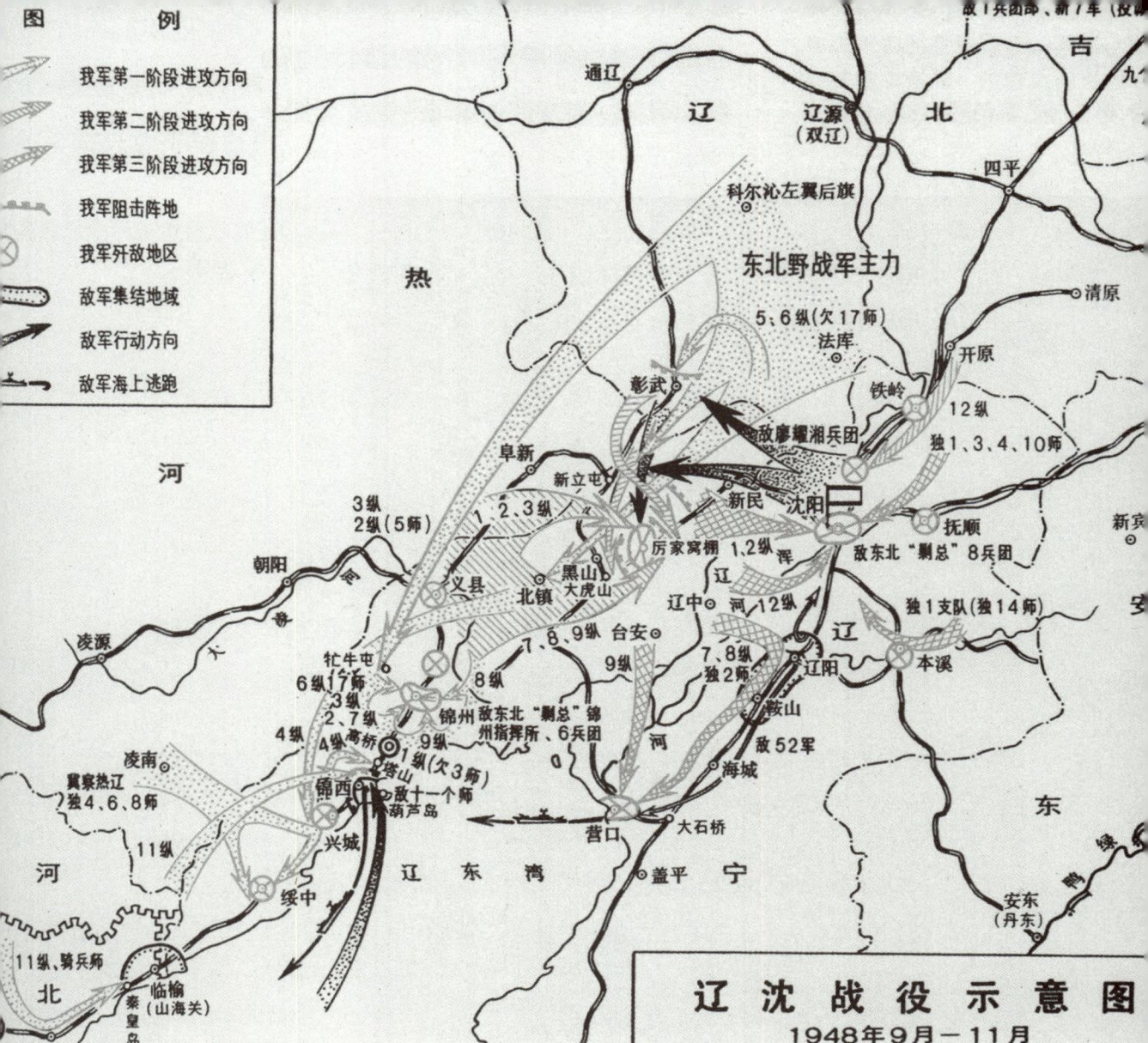

★ 辽沈战役示意图。

　　早在1948年2月，毛泽东就向东北野战军提出了"封闭蒋军在东北加以各个歼灭"的设想，并把打击的方向初步选在锦州方向。但东北野战军司令员林彪对此却顾虑重重。他认为主力从北满远道南下攻打国民党军队坚固设防的锦州，如果久攻不下，敌从华北和海上增援，将会陷解放军于被动。他提议先打长春。5月下旬，长春攻坚战打响，但久攻不克，被迫改为严密围困。

攻打长春的失利,让林彪对南下作战有了更为积极的认识。关键还是个如何获得主动性的问题!毛泽东对于林彪认识的转变给予肯定,他于8月22日致电林彪,进一步启发说:

"攻击长春,既然没有把握,当然可以和应当停止这个计划,改为提早向南作战的计划。在你们准备攻击长春期间,我们即告知你们,不要将南进作战的困难条件说得太多太死,以致在精神上将自己限制起来,失去主动性。"

9月10日,东北野战军南下奔袭北宁线,国民党军队进出东北的大门即将关闭,我军历史上第一个战略决战也就此拉开了帷幕。

攻锦战役一展开,蒋介石立刻慌了神,急忙从葫芦岛和沈阳两个方向调兵增援。毕竟是远离大本营作战,严重的敌情让林彪再次踌躇起来,倾向于回头再攻长春。10月3日毛泽东复电指出:

"你们应利用长春之敌尚未出动、沈阳之敌不敢单独援锦的目前紧要时机,集中主力,迅速打下锦州,对此计划不应再改。"

2小时后,毛泽东再次致电林彪指出:

"只要打下锦州,你们就有了战役上的主动权;而打下长春并不能帮助你们取得主动,反而将增加你们下一步的困难。望你们深刻地计算到这一点,并望见复。"

毛泽东说得非常清楚,就是要告诉林彪,"你打你的,我打我的"政策的关键,就在于必须掌握战场的主动权。好在林彪很快改正了错误,毛泽东终于放下一颗心来。10月10日,他致电林彪指出攻锦的重大意义:

"你们的中心注意力必须放在锦州作战方面,求得尽可能迅速地攻

> 克该城。即使一切其他目的都未达到，只要攻克了锦州，你们就有了主动权，就是一个伟大的胜利。"

主动权一旦建立，其他的事就好办了。10月15日锦州解放，21日长春解放，11月9日东北全境解放，转眼间，东北近50万国民党军灰飞烟灭。对于攻打锦州夺取主动权这一着，东北"剿总"副总司令兼锦州指挥所主任范汉杰这样评价：

> "这一着非雄才大略之人是作不出来的，锦州好比一条扁担，一头挑东北，一头挑华北，现在是中间折断了。"

"你打你的，我打我的"是毛泽东总结中国革命战争长期经验后提出的，是人民军队由战略劣势转为战略优势并最终取得解放战争决定性胜利的制胜法宝，也是令敌军将领钦佩的雄才大略。

★ "打仗的办法就这么两句话"

1949年10月中华人民共和国成立了，但周边的局势并不消停。

1950年6月，朝鲜战争爆发，美国随即介入。面对朝鲜战争持久化可能性的逐渐增大，毛泽东不能不早做防范。9月5日，在中央人民政府委员会第九次会议上，毛泽东就朝鲜战争的前景谈了自己的一些设想。他分析了美国在军事上的长处和短处，认为美国的长处是铁多，短处则在于战线太长、运输路线太远、战斗力太弱。他设想美国可能会乱来。采取什么样的战略？毛泽东是这样说的：

> "我们中国人民是打惯了仗的，我们的愿望是不要打仗，但你一定要打，就只好让你打。你打你的，我打我的，你打原子弹，我打手榴弹，抓住你的弱点，跟着你打，最后打败你。"

这时的毛泽东，已做了最坏的打算，准备与美国直接较量了。掌握战争主动权，仍是他思考的关键问题之一。

9月15日，美军从仁川登陆，切断了朝鲜人民军的退路，朝鲜战局逆转。很快美军越过了三八线，打还是不打，这个决断真是难下呀！打，毕竟面临的是世界头号军事强国；不打，敌人如果摆在鸭绿江边和台湾，随时可以找到侵略的借口。毛泽东思考再三，认为与其将来被动地守或打，不如现在主动地打，出动志愿军抗美援朝，保家卫国。

很快，中国人民志愿军将美军从鸭绿江边打回了三八线。你来我往几个回合之后，战线最终稳定在三八线附近地区。美军利用其"铁多"的优势对我展开狂轰滥炸，这是所谓"你打你的"；我则利用敌人的弱点，有针对性地开展积极防御。在防守方面，由地面防御转变为地下防御，构筑了坑道纵深工事，在利用坑道进行防御战的同时，积极发挥自己近战、夜战的特长，进行阵地进攻战。这种方法被毛泽东形象地称为"钻洞子"。

在进攻方面，毛泽东总结历次我军在朝鲜战场上实行战略或战役迂回的经验，认为：一次包围美军几个师，或一个整师，甚至一个整团，都难以达到歼灭任务。他提出：每次作战野心不要太大，只要求我军每一个军在一次作战中，歼灭美军一个整营，至多两个整营，也就够了。通过多打小规模的歼灭仗，削弱敌人，降低敌人士气，逐渐地进行打大规模的歼灭仗。这种战术后来被毛泽东称为"零敲牛皮糖"战术。毛泽东这种攻得破、守得住的战术发挥了很大的效果，志愿军伤亡大幅降低的同时，敌军的伤亡却显著增长。在无可奈何之下，美军被迫在停战协定书上签字。正如毛泽东所说：抗美援朝战争让美国等懂得，"现在中国人民已经组织起来了，是惹不得的。如果惹翻了，是不好办的"。"你打你的，我打我的"战略指导思想，无论在战略劣势、战略均势、战略优势的情况下，还是在国内战争、国际战争的情况下，都发挥了巨大的威力。

新中国成立，毛泽东对这一战争指导思想也很是珍爱。在外国朋友向他讨教军事方面战略战术问题时，他多次提到"你打你的，我打我的"思想。

1965年3月，毛泽东在会见由艾哈迈德·舒凯里率领的巴勒斯坦解放组织代表团时，就兴致勃勃地说：

★ 讲怎么打仗 ★
"你打你的，我打我的"

★ 1965年3月26日，毛泽东主席会见巴勒斯坦解放组织主席艾哈迈德·舒凯里。

"打仗的办法就有两条，你打你的，我打我的。什么军事道理，简单地说就这么两句话。什么叫你打你的？他找我打，但他又找不到，扑了个空。什么叫我打我的？我集中几个师、几个旅，把他吃掉。"

他以国内战争为例，向客人作了形象的介绍：

"人有十个指头，我先吃个小的，用五个吃一个，九个先不管它。吃了个小的，我就走了。他不就少了一个指头吗？第二次又吃一个，还有多少？八个，少了两个。然后又吃了一个，又少了一个，又吃了一个,又少了一个。蒋介石有四百多万军队,再加上四百多万补充兵员,最后剩下几十万人到台湾去了。这就叫我打我的。就像吃饭一样,总要一口一口地吃。你总不能把一碗饭一下子就吃进去吧!不能把一只鸭、一只羊、一只牛,统统一口吃了下去。事物都是可以分割的,帝国主义也是事物,也可以分割,也可以一块块地消灭。蒋介石八百万军队也是事物,也可以一块块地消灭。这就叫做各个击破。这就是欧洲和中国古书里说的道理,很简单,没有什么深奥的道理。"

正所谓"大道至简",毛泽东以极朴素的语言形象地把一个很复杂的战争理论说得极为透彻,"你打你的,我打我的"战略指导思想从中国具体国情出发,具有鲜明的中国气派和中国特色。毛泽东的军事理论成为国内外军事爱好者研究的重要课题,他所提出的战略指导思想已经被过去战争所证明,也将被未来的战争所证明。

★ 讲怎么打仗 ★
"不打无准备之仗，不打无把握之仗"

"不打无准备之仗，不打无把握之仗"

必须注意不打无准备之仗，不打无把握之仗，每战都应力求有准备，力求在敌我条件对比上有胜利之把握。

——毛泽东：《解放战争第二年的战略方针》（1947年9月1日）

9月1日，这个日子今天已经成为我国大中小学校开学的日子。每遇这个日子，人们总要想到新学期的学习计划。而70年前的1947年9月1日，毛泽东的一份有关战略方针的指示，就像给他的将领布置"新学期"的"学习任务"。理解毛泽东的"不打无准备之仗，不打无把握之仗"的军事论断，让我们从当年他在这一天起草的一份党内指示《解放战争第二年的战略方针》入手。

★ **对敌我状况精确的掌握，犹如一堂"算术课"**

此时的毛泽东在陕西佳县朱官寨。从3月18日撤离延安算起，在近半年的时间里，毛泽东和中共中央坚持在陕北，巧妙转战，犹如带着国民党军在陕北"转悠"，其间与国民党搜索部队几次"擦肩而过"，情况很是危险。为安全计，8月，中共中央决定向西北野战军司令部所在地靠近。经过20多天的行军，毛泽东一行来到了朱官寨。安全问题虽暂时解决了，但这时却是毛泽东等人转战陕北过程中粮食最困难的一段时间。毛泽东、周恩来等的伙食相当粗糙，他们

和当地农民一样,吃的是米糠、秕谷和瓜果合在一起再加几把黑豆片片熬成的"钱钱饭"。生活虽然困苦,但毛泽东的心却是激昂的。8月底沙家店大捷后,毛泽东曾在西北野战军旅以上干部会议上指出:现在最困难的时期已经过去了,用湖南话来说,陕北战争已过坳了。

既然已经过了最低谷,那么下一步就是如何"上升"的问题。9月1日,毛泽东这份给各解放区布置的"作业",主要内容就是要求各解放区以主力打到国民党区域,由内线作战转入外线作战,也就是由战略防御阶段转入战略进攻阶段。在这份指示中,毛泽东首先列举了1946年7月至1947年6月我军所取得的主要战绩:

> "歼灭敌正规军九十七个半旅,七十八万人,伪军、保安队等杂部三十四万人,共计一百十二万人。"

对于敌军现有力量,毛泽东有精确的估算:

> "南线一百五十七个旅,北线七十个旅,后方二十一个旅,人数约一百五十万人;特种部队、伪军、交通警察、保安部队等约一百二十万人;敌后方军事机关非战斗人员约一百万人。敌全军共约三百七十万人。"

在毛泽东看来,这些敌军看起来很多,但能用于机动作战的部队不到一半。有解放军战士甚至戏称,国民党军是"绣花枕头,中看不中用"。毛泽东指出:

南线各军中,顾祝同系统117个旅中,被我歼灭和受歼灭性打击者有63个旅,尚未被歼和尚未受歼灭性打击者只有54个旅。

> "全部顾军,使用于守备和仅能作地方性机动之用者占了八十二到八十五个旅,能用于战略性机动者只有三十二到三十五个旅。程潜系统和其他的七个旅大体均只能任守备,其中一个旅曾受歼灭性打击。

★ 讲怎么打仗 ★
"不打无准备之仗,不打无把握之仗"

> 胡宗南系统三十三个旅中,被歼灭和受歼灭性打击者有十二个旅,能用于战略性机动者只有七个旅,其余均任守备。"

北线敌军中"孙连仲系统十九个旅,内有八个旅被歼灭和受歼灭性打击;傅作义十个旅,内有二个旅受歼灭性打击;阎锡山十五个旅,内有九个旅被歼灭和受歼灭性打击。这些敌军现在大体均取守势,能机动作战的兵力只有一小部分。国民党后方任守备的兵力仅有二十一个旅"。

敌军机动力量之疲弱与我军机动力量之强大形成了鲜明的对比。据此,毛泽东按照我军第一年作战平均每月歼敌8个旅的速度,提出了第二年的主要工作任务:

> "再歼敌九十六至一百个旅(七、八两月已歼敌十六个半旅),则敌军将进一步大受削弱,其战略性机动兵力将减少至极度,势将被迫在全国一切地方处于防御地位,到处受我攻击。"

这份党内指示的重要性不仅仅在于它提出了未来一年我军的作战任务,更在于它具体归纳出我军总的作战原则。人们耳熟能详的"十大军事原则"中的九条在这份文件中出现了,"不打无准备之仗,不打无把握之仗"是其中重要的一条。

指示中的数字是枯燥的,但毛泽东对数字的把握却是惊人的。这恰恰证明毛泽东对敌斗争准备之充分,对敌我状态了解之透彻。没有对敌我的精准计算和周密翔实的计划,哪来的克敌制胜?一切大而化之、囫囵吞枣的战争计划,其结果只能是失败。

毛泽东有战略方针的这份指示,仿佛给全党和人民军队上了一堂"算术课"。毛泽东在这节"算术课"中告诉人们什么叫有准备,什么叫有把握。

"不打无准备之仗,不打无把握之仗",短短14个字,实在是人民军队长期作战经验血与火的凝结。

★ 有把握则"岿然不动",无把握则"吃了亏"

戎马半生的毛泽东,指挥大小战役无数,是军内军外、国内国际公认的军事家、战略家。曾经跟随他打过仗的解放军指战员称誉说,毛主席极少败绩,堪称"常胜将军"。所谓"常胜",就是因为指挥每一仗,总是有把握才打。

毛泽东的这一认识来源于战争实践。他涉足军事斗争的第一仗,就吃了无把握、无准备的苦头。

1927年9月,为了反抗国民党的黑暗统治,毛泽东以中央特派员的身份,领导了震动全国的湘赣边界秋收起义,起义的最终目标是夺取湖南的中心城市——长沙,起义军的主力是工农革命军第一师。起义发起后,毛泽东兴奋地写下了《西江月·秋收起义》:

> 军叫工农革命,旗号镰刀斧头。匡庐一带不停留,要向潇湘直进。
> 地主重重压迫,农民个个同仇。秋收时节暮云愁,霹雳一声暴动。

革命的激情是高昂的,但革命的现实却异常残酷。由于群众没有充分发动起来,本来就很薄弱的兵力又分散使用,加之当时全国革命形势已走向低潮,反动军事力量占据绝对优势,起义部队在攻击平江、浏阳等县时,均告失利,这时,起义部队也已由原来的5000人锐减到1500余人。

县城都未能攻下,何谈长沙?!毛泽东当机立断,改变部署,下令各路起义部队立即停止进攻,退到浏阳文家市集中。

9月19日,在文家市里仁学校召开的前敌委员会会议上,工农革命军今后的行动方向是中心问题,争论得很是激烈。起义部队中不少人认为应坚持原定计划——"取浏阳直攻长沙"。理由很简单,因为这是中央的既定主张。是的,直攻长沙是"政治正确",即使失利,毛泽东也不失为坚决执行了中央所要求的任务;而如果不攻长沙,"临阵脱逃"是显而易见的罪名。但是依靠工农革命军现有力量去攻占国民党军队强固设防的长沙,无异于以寡敌众、以卵击石,这个决心让毛泽东如何能下呢?

★《毛主席在文家市》（油画）。

经过激烈的争论，毛泽东一锤定音，起义军放弃进攻长沙，向南转移到敌人统治力量薄弱的农村山区，寻找落脚点，以保存革命力量，再图发展。几个月后，毛泽东为这个决定付出了代价，中共中央临时政治局认为毛泽东犯了"右倾逃跑"等错误，撤销了他政治局候补委员的职务。

退往湘南之路并不平坦。不仅起义部队内部许多人忍受不了艰苦，开了小差，而且湖南、江西国民党当局分别派兵围追堵截。9月25日清晨时分，部队行进到江西莲花县境时，突遭国民党军袭击。准备不足，仓促应战之下，起义军人枪各损失三百。军事总指挥卢德铭为了掩护后卫部队撤退而英勇牺牲，年仅23岁。毛泽东十分痛惜这位年轻将才的牺牲，愤怒地斥责侦察不力、指挥错误的第三团团长苏先俊："还我卢德铭！"

起义部队缩编为一个团后，好不容易到达了井冈山，但这个地方是否适合作为落脚点，还需要考察。毛泽东带着队伍沿井冈山周边进行了探察。还是在清晨，只是地方改在了遂川的大汾镇，部队突然遭到遂川县地主武装靖卫团三四百人的袭击。因为人地生疏，准备不及，整个队伍被打散了。前卫第三营同团部失去联系而辗转南下，半年后方才重新归队。毛泽东自己则率领团部和特务连边打边撤，一直退到井冈山南麓的黄坳。最初收集到的失散人员仅40多人，状况可谓十分狼狈。

这就是革命血的事实：打无准备之仗，连地方民团也打不过。

起义军最后决定在井冈山建立根据地。经过一段时间的恢复，特别是与朱德率领的部队会师后，起义部队改名为红四军，战斗力有了很大提高，井冈山根据地的建设也颇具声势。但这时一些同志的"急性病"却犯了。1928年6月间，湖南省委接连致信红四军等，提出：

> "以后四军须集中力量向湘南发展，与湘南工农暴动相一致，进而造成湘南割据，实现中央所指示的割据赣边及湘粤大道计划。"
>
> "希望毫不犹豫的立即执行。"

湖南省委的来信让毛泽东很是为难。湖南国民党兵力比江西要强得多，以红四军此时的实力，前往湘南，可谓凶多吉少。对于上级这样的指示，毛泽东后来曾叙述他当时的心情，他说：

> "不从则迹近违抗，从则明知失败，真是不好处。"

经过大家讨论之后，毛泽东认为对于这种无把握的仗，还是不打为好。在给湖南省委写的报告中，他陈述了不去湘南的六条理由：

> 一、红四军正根据中央和湖南省委批准的计划，建设以宁冈为大本营的根据地，不宜轻率变动。
>
> 二、"湘省敌人非常强硬，实厚力强，不似赣敌易攻"，"此时不宜向湘省冲击，反转更深入了敌人的重围，恐招全军覆灭之祸"。
>
> 三、"宁冈能成为军事大本营者，即在山势既大且险，路通两省，

★ 讲怎么打仗 ★
"不打无准备之仗,不打无把握之仗"

> 胜固可以守,败亦可以跑","实在可以与敌人作长期的斗争,若此刻轻易脱离宁冈,'虎落平阳被犬欺',四军非常危险"。
>
> 四、过去全国暴动失利,都是因为"不求基础巩固,只求声势浩大"的缘故。因此,在永新、宁冈工作,建设罗霄山脉中段的政权,求得巩固的基础,这"绝非保守观念"。
>
> 五、湘南各县经济破产,土豪打尽。四军此刻到湘南去,经济困难绝不能解决。
>
> 六、"伤兵增到五百,欲冲往湘南去,则军心瓦解"。

他最后写道:

> "上项意见,请省委重新讨论,根据目前情形,予以新的决定,是为至祷!"

正所谓教条主义害死人。7月间,湖南省委巡视员杜修经不顾现实情况,一味坚决执行省委的命令,他趁毛泽东等远在江西永新的机会,把红四军两个团拉往湘南。湘南一战,先胜后败,两团人马只剩下了一个团。国民党军队也趁红四军主力远离的机会发动猛攻,侵占边界各县城和平原地区,焚烧房屋,屠杀人民,湘赣边界遭受严重摧残。若不是留在井冈山上的一个营在黄洋界据险死守,整个根据地险些都被敌人占了去。这次惨痛的教训,史称"八月失败"。

当然,失败之下也幸好有守备井冈山的红军一营官兵的充分准备,凭借黄洋界隘口的天险奋勇抵抗,激战一天,击退敌军,胜利地保卫了这块革命根据地。所以毛泽东在黄洋界保卫战胜利后作了一首著名的诗词——《西江月·井冈山》:

> 山下旌旗在望,山头鼓角相闻。
> 敌军围困万千重,我自岿然不动。
>
> 早已森严壁垒,更加众志成城。
> 黄洋界上炮声隆,报道敌军宵遁。

这首词反映的就是黄洋界退敌的故事,描写了我红军战士"森严壁垒"的准备和"众志成城"的英勇。

但是,这背后的教训也是极为深刻的:如果打无把握的仗,其结果很可能是失败。

在中国革命战争的进程中,"革命急性病"一犯再犯,其损失是极为严重的。

1931年中共六届四中全会后,以王明为代表的"左"倾教条主义在中央取得了统治地位。他们强调所谓"进攻路线",宣称"目前中国政治形势的中心的中心,是反革命与革命的决死斗争",把反对这种冒险行动的主张一概斥为"保守""退却"以至"右倾机会主义路线"。他们还利用组织手段把"左"倾冒险主义路线强行推行到红军和革命根据地中去,毛泽东受到排挤,被排除在中央苏区红军领导层之外,逐渐"靠边站"了。

1932年1月,中共临时中央数电指示中央苏区中央局,提出占取中心城市的要求:

> "利用目前顺利的政治与军事的条件,占取一二个重要的中心城市,以开始革命在一省数省的首先胜利。"

电报明确提到要占哪些中心城市:

> 红军应攻打江西中心城市,如果不能打下南昌,至少要在抚州、吉安、赣州中选择一个城市攻打。

苏区中央局开会讨论了中央的指示,决定攻打赣州。毛泽东在会上发言,大意是:

> 赣州是赣南的政治经济中心,是闽粤两省的咽喉,是敌军必守的坚城;它三面环水、城墙高筑、易守难攻,前年三月红四军曾围攻赣

> 州三天，没有结果，只得撤围；现在赣州南北都屯集着国民党重兵，以红军现有力量和技术装备很可能久攻不克，还是以不打为好。即使要打，也只能采取围城打援的战术。

但毛泽东的这一建议未被采纳。会后不久，毛泽东因病到瑞金城郊的东华山古庙休养，休养中的他一直挂念着赣州的战事。

3月上旬的一个早晨，项英突然赶到东华山，告诉毛泽东一个他一直担心的事情：赣州前线战事失利，红军已处在腹背受敌的境地。此时，中革军委急电请毛泽东暂停休养，赶赴前线参加决策。毛泽东立刻冒雨飞马赶回瑞金，随即复电前线，提议起用红五军团，以解红军之围。当晚，他又从瑞金出发，日夜兼程，赶到赣县江口前线指挥部直接参与指挥。红军虽最终脱出险境，但伤亡却达3000人之巨。

随后，苏区中央局扩大会议在赣县江口举行，讨论红军今后的行动方向。毛泽东提出以"出击求巩固"转向赣东北发展的主张。但是失利的教训并没有让一些人警醒，他们仍然认为红军攻打赣州是依据中央和中央局的决议，在政治上是正确的；现在虽从赣州撤围，但还是要执行中央的"进攻路线"，夺取中心城市。

会议否决了毛泽东的意见，决定红军主力"夹赣江而下"，向北发展，相机夺取赣江流域的中心城市或较大城市，毛泽东率红一、红五军团组成中路军北上。

多年以后的1964年2月，朱德重游闽西时曾赋诗一首，表达了对毛泽东意见被否决的惋惜：

> "不听仙人指，寻求武夷巅。越过仙霞岭，早登天台山。赣闽成一片，直到杭州湾。出击求巩固，灭敌在此间。"

毛泽东看到，国民党"剿共"的大本营设在南昌，中央根据地向北发展的空间很小。向西发展，因有赣江梗阻，也不可行。向南发展，必然会和广东军阀发生激烈冲突，发展困难。目前阶段向东发展最为有利，一来有闽西老根据地作依托，二来闽南还有广阔的发展余地。而此时恰是向福建发展的良好时机。福建除张贞的第四十九师是正规军外，其余都是地方保安部队，战斗力不强。于是他又提出向福建发展的主张。经过进一步的调查和思考，毛泽东提出了一个大胆的设想：直下漳州。

要知道漳州可是福建的大城市，攻打漳州是远离根据地作战，一旦久攻不下，中央根据地也可能不保。对于毛泽东的建议，一些人表达了自己的顾虑。毛泽东作了如下分析：

一、"直下漳泉，方能调动敌人，求得战争，展开时局"，此为攻敌所必救；

二、漳州地势平坦，没有城墙，易攻难守。张贞部第四十九师两个旅和一些地方部队约一万人，孤立无援。

周恩来支持了毛泽东的主张。

果然，红军进攻漳州很是顺利，仅两天就夺取了漳州，歼灭国民党军第四十九师大部，俘虏副旅长以下官兵1300多人，缴获各种枪2100余支、各种炮6门、子弹13万发、炮弹近5000发、无线电台1部，缴得飞机2架。此外，红军还在漳州筹集100多万元的款项，动员近千名群众参加红军。这真是一场痛快淋漓的胜利。

亲身经历这两次战役的聂荣臻后来回忆道：

> "打赣州，没有打下来，吃了个大苦头。打漳州，打下来了，吃了一个甜头。两者相距一个多月。两相比较，究其原因，赣州，是敌人的强点，又有国民党大部队增援，再加上我们侦察警戒疏忽，所以吃了亏，毛泽东同志一开始就不主张打。漳州，是敌人的薄弱点，毛泽东同志就赞成我们打，并且亲自指挥我们打，取得了胜利。所以，选择敌人的弱点打，应该是我们处于劣势的部队绝对要遵守的一个军事原则。"

打有把握之仗的结果就是不一样！

★ 讲怎么打仗 ★
"不打无准备之仗，不打无把握之仗"

★ "有了'眼'则满盘皆活"

红军所经受的磨难太多了！在反反复复之中，在一次又一次失败之后，红军选择了毛泽东，历史选择了毛泽东。1935年召开的遵义会议确立了毛泽东在红军中的领导地位，中国革命也由此开辟了一个新的境界。

1937年7月7日，卢沟桥事变爆发，中国进入了全民族抗战的新阶段。如何率领八路军和新四军发挥自己的长处，打有准备的仗、打有把握的仗，最终取得抗战的胜利，是摆在毛泽东面前的一个重要课题。

在八路军奔赴抗战前线之际，中共中央召开了洛川会议，会议的一个重要议题是军事问题。对于军队将要采取的战略方针，有些同志求战心切，急于打几个漂亮的歼灭战，扩大我军的政治影响。

毛泽东认为这样做并不可取。他认为不应当过分地夸大我军的力量，要看到敌强我弱的现实短时期内很难改变，因此抗日战争不是速决战，而是持久战。我军虽然已有10年内战的经验，但毕竟还没有同具有现代军事装备的日军交过手，而且还很弱小，这样的"蛮干"是以我之短击敌之长，不仅没有出路，而且不利于发挥我军的长处，不利于我军的发展壮大。

毛泽东在洛川会议上明确提出红军目前的战略方针是以游击战争为主，而且应该是"独立自主的山地游击战争（包括有利条件下消灭敌人兵团与在平原发展游击战争，但着重于山地）"。他认为红军是靠山吃饭、靠山起家的，只有打山地游击战，才有利于保存和发展自己，才是打有准备、有把握之仗。可以说，毛泽东山地游击战争的提出，从一开始就使得红军在抗日战争中处于主动地位。

那么目前八路军开展山地游击战争的主战场设在何处？毛泽东选定的地方是山西。这不仅因为山西是八路军开赴前线最便捷的地方，从山西可以居高临下地俯瞰河北平原，有力地牵制华北日军的行进，而且凭借山西宽阔、险峻而复杂的地形，有利于阻滞日军机械化部队的前进，有利于八路军开展山地游击战，消灭敌人。正如任弼时所说：

"山西方面地形交通限制了敌人的长处,恰又补足我们的短处,便利于我们的防守,持久斗争与打击敌人。"

★ 毛泽东(中)、周恩来(右)和任弼时在1937年洛川会议期间合影。

洛川会议前,毛泽东曾考虑八路军出动后集中部署在以恒山山脉为中心的冀察晋绥四省交界地区。但局势变化得很快,八路军出动时,日军在北路和东路两个方向上向山西发动了强大的钳形攻势,准备两路会合,夺取太原。如果仍按原定部署,我军将"全部处于敌之战略大迂回中,即使第二步撤向太行山脉,亦在其大迂回中(设想敌占太原之情况下),将完全陷入被动地位"。这种部署方法无疑对于刚刚出动、对如何开展山地游击战争还不熟悉的八路军是不利的。

★ 讲怎么打仗 ★
"不打无准备之仗，不打无把握之仗"

毛泽东因势利导，及时改变原来计划，改将一一五师部署在晋东北，以五台为活动重心，不利时逐渐南移，改以太行山脉为活动区。将一二〇师部署在晋西北，以管涔山脉及吕梁山脉之北部为活动地区。将一二九师部署在晋南，以太岳山脉为活动地区。事后证明，毛泽东的战略判断是极为准确的，这几个地区后来成为八路军在山西敌后坚持抗战的主要支撑点。

八路军开赴抗日前线后，在毛泽东和中共中央的精心指导下，山地游击战争开展得很顺利，一个又一个山区抗日根据地很快建立并巩固起来。毛泽东曾将建立根据地形容为围棋的"作眼"，他认为有了"眼"则满盘皆活。随着战局的发展，日军快速向南推进，造成河北、山东等平原地区兵力空虚，为已经在山区站稳了脚跟的八路军向华北广大平原地区发展带来新机会。

平原地区地域广阔、人口稠密、资源丰富、交通发达，对于进一步扩大抗日力量当然有极大好处，但是开展平原地区游击战争的难度更大，更容易受到拥有现代武装力量的日军的摧残。如何在平原地区建立根据地是毛泽东必须解决的问题。

1937年12月，毛泽东获悉冀中平原日军兵力空虚，立刻致电朱德、任弼时，提出派一个支队到平汉铁路以东的平原地区进行游击战争。由于当时在这方面还缺乏经验，电报中十分慎重地说明这只是试探性的游击作战，任务是：

一、侦察情况；
二、扩大抗日统一战线，发动民众与组织游击队；
三、破坏伪组织；
四、收集武器，扩大自身。

电报要求"两支队出去须十分谨慎、周密、灵活，根据情况灵活地决定自己行动"。

此前，吕正操已经试探性地到冀中开展了一些活动，在此基础上，经过整训，很快，平原地区的第一块敌后抗日根据地——冀中根据地建立起来，他们在建立党委、军队和地方政权方面的一些经验，为此后平原地区开展游击战争提供了很好的借鉴。

紧接着，1938年2月，毛泽东派杨成武到以雾灵山为根据地的冀东平原发展新的游击区域。4月,又派出罗炳辉配合中共山东省委开展山东根据地的创建工作。

这一块又一块根据地的建立与巩固,为毛泽东作出向河北、山东平原地区大量发展游击战争的重大决策提供了基本的依据。1938年4月21日,毛泽东向八路军总部发出指示:

> "党与八路军部队在河北、山东平原地区,应坚决采取尽量广大发展游击战争的方针,尽量发动最广大的群众走上公开的武装抗日斗争。"
>
> "应即在河北、山东平原划分若干游击分区,并在各区成立游击司令部,有计划地有系统地去普遍发展游击战争,并广泛地组织不脱离生产的自卫军。"

★ 转战陕北期间的毛泽东。

在中国广大的平原地区一个又一个根据地逐步建立起来了,八路军、新四军也在战争中越打越多、越打越强,实际承担着抗击大部分日伪军的重担,为中国抗日战争的最后胜利作出了巨大的牺牲和贡献,成为中国抗日战争的中流砥柱。人民军队在抗战结束时发展为百万之众,也为其后解放战争的胜利奠定了坚实的基础。

毛泽东的排兵布阵,处处体现出打"有准备之仗"和"有把握之仗"的思路。

毛泽东"不打无准备之仗,不打无把握之仗"

★ 讲怎么打仗 ★
"不打无准备之仗，不打无把握之仗"

的原则，既是自己实践经验的总结，也是对中国革命战争经验的总结；既是战争法则，也可以看成是一般的工作方法。这种原则思路和方法始终伴随着他。

新中国成立后，毛泽东在具体工作中还多次强调要注意运用这一思想方法和工作方法。

1951年1月24日，毛泽东在审阅山西省委关于取缔反动组织一贯道情况报告时批示各地：

> "和作战一样，不打无准备之仗，不打无把握之仗，山西省委在准备和实行取缔一贯道的大规模斗争中是做到了这一点的，故成绩甚大，值得全党研究。"

1953年7月，毛泽东在中央政治局扩大会议上，布置资本主义工商业的社会主义改造工作时指出：

> "要有准备地搞国家资本主义，没有准备则不要搞。搞国家资本主义要有条件，包括政治工作和经济工作条件。要像过去打仗一样，不打无准备之仗。干部要就地取材，培养训练工厂的工会主席和支部书记。要有计划、有步骤、有准备地变私人资本主义为国家资本主义，大体上要用三年到五年的时间完成。"

十八大以后，以习近平同志为核心的党中央继承和发挥了毛泽东的这种思想方法和工作方法。从习近平强调的以下几段话中，我们可以深切感受到这种传承和发扬。

在面对现阶段中国改革开放的复杂和繁重任务时，习近平是这样说的：

> "实践中，对必须取得突破但一时还不那么有把握的改革，就采取试点探索、投石问路的方法，先行试点，尊重实践、尊重创造，鼓励大胆探索、勇于开拓，取得经验、看得很准了再推开。"

"中国是一个大国，决不能在根本性问题上出现颠覆性错误，一旦出现就无法挽回、无法弥补。我们的立场是胆子要大、步子要稳，既要大胆探索、勇于开拓，也要稳妥审慎、三思而后行。"

在指导解放军抓军事斗争准备的时候，习近平是这样强调的：

"要把现代战争的特点、规律、制胜机理搞清楚"。

"在进行作战筹划时，要把可能遇到的困难想深、想细、想透、想全，做到谋定而后动。"

★ 讲怎么打仗 ★
"部队要练夜战、近战"

"部队要练夜战、近战"

"部队要练夜战、近战,练二百米硬功夫,每团要培养一个夜老虎连。"
——毛泽东:《对部队军事训练的若干指示》(1964年7月)

这是1964年毛泽东在观看中国人民解放军北京军区和济南军区大比武"尖子"分队和民兵汇报表演后发出的号召。"练夜战、近战","练二百米硬功夫","培养夜老虎"的要求,既是对人民军队长期以来善于夜战、近战这一战术优点和特点的肯定,又是对部队训练提出的具体要求,体现了毛泽东对军事训练的高度重视。

众所周知,人民军队是从武器落后、非常弱小的状态一步步发展壮大的,在长期的革命战争年代,人民军队经常通过夜战、近战战术的运用,使敌人的武器优势难于发挥作用,进而消灭敌人,保存和壮大自己,创造了无数经典的战例,成为我军优良的战术传统。

★ 两战娄山关,近战显神威

近战,是一种硬功夫。毛泽东对近战有着亲身体验。人民军队自创建以来,往往面临狭路相逢勇者胜的险境。

1962年,因筹备纪念毛泽东《在延安文艺座谈会上的讲话》发表20周年,

《人民文学》5月号准备公开发表毛泽东创作的《清平乐·蒋桂战争》《采桑子·重阳》和《忆秦娥·娄山关》等六首词。为此,《人民文学》编辑部约请郭沫若为之写作《喜读毛主席的"词六首"》,作为这几首词的权威解读和学习体会。当郭沫若将自己的文章清样送请毛泽东审看时,毛泽东对其他内容改动不多,却把郭沫若所写有关《忆秦娥·娄山关》的解释文字全部删掉,并以郭沫若的口吻,重新写了长达500余字的详尽解释。其中,毛泽东写《忆秦娥·娄山关》中的"苍山如海,残阳如血"一句,"是在战争中积累了多年的景物观察,一到娄山关这种战争胜利和自然景物的突然遇合,就造成了作者自以为颇为成功的这两句话。"通常而言,毛泽东对自己诗词一贯比较谦虚甚至自贬,常说自己的诗词是"诗味不多,没有什么特色"。但是,对于这首《忆秦娥·娄山关》,他不仅说明是心情郁闷多年后豁然开朗的结果,而且对词中的"苍山如海,残阳如血"两句,明确指出是自以为颇为成功的创造。这在他对自己诗词的评价中非常罕见。这不仅表明他确实对该词有着非同一般的喜爱,更反映出当年长征路上红军勇夺娄山关给他留下的印象之深刻。

娄山关位于黔北大娄山脉中段,处遵义、桐梓两县之交界,是川黔交通的重要关口,其地势险要,山路崎岖,海拔1000多米,"北拒巴蜀,南扼黔桂",有"大娄山锁钥"之称,当地流传一首民谣:"巍巍娄山关,离天三尺三;人过要低头,马过要落鞍",这里自古为兵家必争之地。娄山关载入中国革命史册,则是因为中国工农红军在长征途中,克服艰难险阻,两次胜利攻克娄山关天险,取得了红军长征以来的首次大捷。

1934年12月12日,中央红军兵分两路进入贵州;1935年1月7日,红军占领遵义。贵州军阀王家烈、侯之担闻讯,慌忙调兵遣将,在娄山关一带设防,希图倚仗娄山关天险阻止红军,以保其老巢。侯之担急令从乌江防线溃退下来的敌军扼守娄山关,同时又电令从川南赶来桐梓的部属增援娄山关,防堵红军北进。王家烈则令其部属渡乌江北上,企图夺回遵义,对红军形成夹击之势。在这种危急的情况下,为了确保遵义的安全,实现中共中央在黔北建立新根据地的战略意图,中革军委命令红一军团第二师追击向北逃窜之敌军,夺取娄山关,以防御川南之敌向遵义进犯。红军总参谋长刘伯承和红一团政委聂荣臻下达了夺取娄山关占领桐梓县城的命令。接到命令后,红四团团长耿飚、政委杨

★ 讲怎么打仗 ★
"部队要练夜战、近战"

成武立即率部出发。在部队抵板桥，消灭敌人一个前哨排后，决定采用分兵夹击的办法，一路正面强攻，一路绕小道抄袭攻克娄山关。1月9日，一营担任正面主攻，沿公路以梯队形式展开向关口推进，二营则集结山脚待命。据守娄山关的敌军是刚从乌江防线溃败下来的，仅看到红军到来，对方尚未进攻，便惊慌失措，慌忙用电话向其军部请求增援。正巧，红军通信班战士发现了敌人的电话线，搭线到敌人电话线上窃听到敌人的对话，得知敌军东侧空虚。耿飚团长即命令正面部队暂缓进攻，命令东侧侦察队、工兵连迅速断敌退路。随后，我通信兵又获悉守敌欲撤退的电话，红军正面强攻部队当即以猛烈火力从关南发起总攻，迅猛杀上娄山关，红军战士冒着枪林弹雨，冲入敌阵，与敌人展开白刃近战肉搏，敌军很快溃败，娄山关战斗大获全胜。当天，红二师师部进占桐梓，红一师与第十团等随之亦从遵义赶到，从而组成了遵义的北面防线，为保卫遵义革命中心区的安全和遵义会议的召开作出了重要贡献。

遵义会议后，结束了"左"倾路线的统治，确立了毛泽东在党中央的领导地位。但遵义会议精神刚刚传达到红军各部，又迎来了蒋介石40万大军的合围。蒋介石令川湘军阀沿乌江、长江渡口修筑工事，封堵红军，同时命令滇桂军阀严防红军入界，最后薛岳率领的中央军进占贵阳后分别由贵阳、息峰和清镇、黔西等方向朝遵义推进，对红军实行铁桶合围。为摆脱敌人围追堵截，中革军委决定撤出遵义，北渡长江，在北部地区重新创建革命根据地。1935年2月24日，红一军团前锋消灭敌王家烈第四团一部，再次攻占桐梓县城。2月25日晨，中革军委决定再占娄山关，红三军团总指挥彭德怀、政委杨尚昆奉命指挥一、三军团及干部团进攻娄山关，彭德怀命令红三军团第十三团担任主攻，从正面攻打关口，其余部队从两翼包抄。得知红军再攻娄山关后，敌师长柏辉章急忙派兵向娄山关增援，并令其部下"固守娄山关三日"以待援。25日，红十三团在团长彭雪枫的指挥下，在火力掩护下向娄山关关前制高点点金山发起进攻。敌军占据高位，向红军猛烈射击，红军战士冒着炮火顽强地向敌军阻击阵地攀爬，随着红军战士不断接近敌军阵地，敌军开始有所动摇，这时，红军突击队员果断扔出一排手榴弹后，端起刺刀冲入敌阵，再次与敌人进行近战肉搏，一时间喊杀声震天，枪声大作，经过激烈的肉搏战，终将守敌击溃，夺取了制高点。下午4点，红军连续攻占了娄山关两侧多座山头，完全突破了敌人的

防线,在黄昏前牢牢控制了关口。26日清晨,娄山关浓雾密布,敌军为夺回娄山关,向我军拼死反扑,因为林密雾浓,可视距离短,红军只能等到敌人出现在几米开外时才能开枪阻击,就这样打退了敌人数次冲锋。上午10时,敌军倾巢出动,敌军官全部持手枪在后督战,驱使敌军士兵黑压压的一片向娄山关关口蜂拥而来,娄山关战斗迎来了最严峻的时刻。在敌军冲击最猛烈的时候,红军将士毅然发起了反冲锋——这是红军战史上极为惊心动魄的一幕:悲壮的军号声刹时在娄山关间嘹亮地响起,红军官兵迎着大雾,端着刺刀或举着马刀一路呐喊着冲向敌军,当敌人看到如神兵天降一般从大雾中向自己涌来的红军战士后,意志终于崩溃了,在又一场激烈的近战肉搏之后,敌军开始溃败。战斗一直持续到下午5时,关口始终掌握在红军手中,当晚敌军力竭而逃。至此,第二次娄山关战役结束。此战,中央红军经激烈战斗,再次攻克川、黔交通要道娄山关,敲开了遵义的北大门。

28日傍晚时分,毛泽东迎着战场的硝烟,策马登上娄山关,在凛冽的西风中,望着如血的夕阳,毛泽东感慨万端,吟出了那首长征中最为悲壮的著名诗句《忆秦娥·娄山关》:

> "西风烈,长空雁叫霜晨月。霜晨月,马蹄声碎,喇叭声咽。
> 雄关漫道真如铁,而今迈步从头越。从头越,苍山如海,残阳如血。"

毛泽东的感慨中,不仅有红军练就的近战本事,更包含着红军将士不怕牺牲、英勇顽强的大无畏精神。

★夜袭阳明堡,步兵也能战飞机

夜战,更是一种硬功夫。对人民军队靠夜战取得的胜利,毛泽东也记忆犹新。

1937年10月,日军以数万之众进犯太原。为抵抗日军,国民党军在太原以北忻口一带组织会战,八路军一二九师则奉命在敌侧后寻机打击日军以配合正面作战。其中,一二九师第七六九团接到的命令是在忻口以北的崞县、阳明堡

★ 讲怎么打仗 ★
"部队要练夜战、近战"

★ 1937年10月19日，八路军第一二九师一部夜袭山西代县阳明堡的日军机场，焚烧敌机24架。这是阳明堡战斗后，第一二九师部队向晋东南移动和《新中华报》关于阳明堡战斗的报道。

之间截击敌军。

10月16日，七六九团进抵代县以南的南滹沱河东岸苏龙口村、刘家庄一带，此时的忻口会战正打得如火如荼，深入敌后的七六九团官兵发现敌机不断从滹沱河对岸的附近某处起飞，对忻口、太原的国民党军实行轮番轰炸。通过侦察，七六九团发现了日军设在阳明堡的军用机场。为了配合友军正面会战，七六九团团长陈锡联决定袭击日军在阳明堡的机场，以减少其对忻口一带我军的空中威胁。但是日军机场防备森严，我军又没有远距离攻击武器，怎么打才能确保袭击成功呢？经过研究，七六九团决定发挥我军夜战、近战的特长，于夜间趁敌不备对敌机场发动突袭。

当10月19日夜晚到来，四处一片漆黑。团长陈锡联一声令下，七六九团官兵趁着夜幕悄悄地踏上了奇袭日军阳明堡机场的征程。很快，七六九团突击队在夜幕的掩护下顺利地渡过滹沱河，然后突击队立刻

呈战斗队形散开，向机场摸去。在黑暗中接近敌军机场后，先悄悄地靠近敌军，干掉敌人的岗哨，再用钳子剪开铁丝网，后面的部队像猛虎一样从缺口冲入机场内，而此时的日军仍然毫无察觉，他们做梦也想不到八路军会在这样的夜晚袭击他们的飞机。进入日军机场后，七六九团突击队一部分兵力迅速向机场角落掩蔽部里的敌人扑去，准备阻击敌军反扑，而主力则直奔机场一侧的机群，准备炸毁飞机。夜间的行动紧张而寂静，我军突击部队利用黑暗的掩护在敌人没有发觉的情况下最大限度地接近了敌机群，长长的几大排敌机已在黑夜中隐约可见，直到这时，才突然传来日军的喊叫声，紧接着响起一串枪声，敌我遭遇了。一瞬间，战斗进入险恶状态。七六九团战士向敌机群发起迅猛攻击，争先恐后地冲向敌机群。整个机场顿时枪声大作，爆炸声震天动地，火光冲天！我突击部队与守卫机群的日军在飞机周围近战拼杀起来。从睡梦中惊醒的日军驾驶员拼命冲向机群，有的被击毙，有的爬上飞机，盲目开火。固定在飞机上的机枪不仅发挥不了作用，反而打中了前排的飞机。此时，隐蔽在飞机下的战士，在消灭了守卫机群和机舱里的敌人之后，各个爆破组敏捷地跃上飞机，砸碎驾驶舱玻璃，将一捆捆冒烟的手榴弹扔进一架架飞机舱里。在此起彼伏的飞机爆炸声中，七六九团战士越打越勇，都想着"再多报销他一架"！随着震天动地的爆炸声，全部敌机被炸起火，滚滚浓烟弥漫了整个机场上空。

看到机场被八路军偷袭，飞机一架接一架地被炸毁，日军恼羞成怒，发疯似的从掩蔽部冲出来。七六九团战士们面对号叫的日军，越战越勇。为了保证炸毁敌机任务的顺利完成，七六九团负责阻敌部队与日军在黑夜中展开了白刃战，激战一个小时，杀退敌人的几次反扑，直到敌机全部被炸毁，机场地面设施也被摧毁才撤出战斗。此役一举炸毁日军24架战机，歼灭机场守敌百余人。当敌人的装甲车增援部队赶到机场时，我军早已胜利撤出战斗。

八路军夜袭阳明堡机场的胜利消息很快传遍全国。刚开始，国民党方面有些人根本不相信这是八路军干的，有人甚至嘲笑说："就凭八路那点破武器，还能打飞机？不可能！"可是，自从10月20日起，一连好多天，忻口、太原都没有了敌机踪影。这时，这些国民党官员才相信八路军步兵也能炸飞机的神奇战绩。为此，一直被日军空袭骚扰的国民党第二战区副司令长官卫立煌专门致电八路军表示感谢，蒋介石还专门为七六九团颁发了嘉奖令。

夜袭阳明堡，打出了八路军夜战的过硬本领，也打出了八路军的威名。这一战斗，成为我军在十四年抗战中诸多乘敌不备，充分发挥我军近战、夜战特长，以劣势装备打败优势敌人的典型战例之一。

★把兵练得个个都像夜老虎、小老虎

人民军队在近战、夜战中的优势和英勇顽强精神，在新中国成立后也有特别的体现。

1950年6月朝鲜战争爆发，战火很快烧到了鸭绿江边，威胁着新生的人民政权。毛泽东发出了"抗美援朝、保家卫国"的号召，组织以彭德怀为司令员兼政治委员的中国人民志愿军，开赴朝鲜前线，同朝鲜人民军并肩作战，抗击美国侵略军。当时的美国，拥有世界上最庞大的军事力量和大规模的毁灭性武器原子弹，其军队火力配备和机动性均为当时世界之最，中国人民志愿军当时即使一个军的重火力也不足美军一个师的一半，可以说，抗美援朝战争中最突出的问题是与敌人武器装备的悬殊差距。

但是，志愿军很快发现美军虽然拥有诸多先进武器和强大火力，其士兵的战斗意志却不强，害怕近战、夜战和被包围切断退路。因此，为了扬长避短，有效打击敌人并减少自己的伤亡，中国人民志愿军在朝鲜战场上极为重视近战、夜战战术的运用，使人员、装备均处于劣势的我军能够迅速接近敌人展开搏斗，使敌先进武器难以发挥作用，进而消灭敌人、保存自己。

那时，在夜战器材不十分发达和没有大量装备军队的情况下，夜晚的黑暗能极大降低现代化兵器的作战能力，给军事行动带来很大困难。善于夜战的军队，常能战胜装备占优势的敌人。1950年11月1日，志愿军第三十九军完成了对当面之敌南朝鲜军第一师的进攻准备。当时，美骑一师八团正在组织与其换防，志愿军对这一情报并不知道，看着军车进进出出云山，志愿军以为敌军发现了我军，企图逃走，遂于当夜提前发起攻击。在这次战斗中，志愿军充分发挥我军近战、夜战特长，利用夜暗大胆穿插、迅速分割、勇猛突击，很快就与美军形成敌中有我、我中有敌的胶着态势，坐拥大量先进武器的美军，在夜战、近战中，也只能是在"瓷器店里捉猫"，强大的火力根本不能发挥作用，只

能依靠轻武器与志愿军作战。这场中美军队在朝鲜战场上的第一次较量，以志愿军的胜利而告终。在这次云山战斗中，志愿军战士首次以劣势装备成功打击了美军，歼敌2000余人，其中美军1800余人，重创了美骑兵第一师。还凭借手中的步枪和刺刀在黑夜中缴获了4架美军飞机，这也是在朝鲜战争中中国人民志愿军唯一一次缴获美军飞机。

云山之战作为一次出色的对运动之敌的夜战、近战典范，在朝鲜战争结束后作为模范战例被日本陆上自卫队学校收入《作战理论入门》一书，书中有这样几句评价：

> "对中国军队来说，云山战役……取得了圆满的成功，其主要原因是他们忠实地执行了毛泽东的十大军事原则，对孤立分散的美军集中了绝对优势的兵力进行包围，并积极勇敢地实施了夜间白刃战。"

而有美国人则做了这样的评价：

> "中国人缺乏坦克、空中支援和重型火炮，取而代之，他们利用突然的奇袭来战胜美国人……中国军队能够在丝毫不被敌军察觉的情况下，让数量庞大的部队利用夜间行军穿越种种艰险的地形，身穿打着补丁的棉军装的中国士兵在这件事情上胜过任何国家的士兵。他们能够在夜色的掩护下极其秘密地渗透到敌人的阵地中去，简直令人难以置信。"

此后，志愿军进一步总结经验，发扬优势，将夜战发展为战役规模，使其不仅用于战术范围，而且发展到战役规模贯穿着抗美援朝战争的全过程，并在实战中摸索出一整套实施夜间运动进攻的作战原则。即进攻时通常是白天准备、黄昏发动，一般利用一两个夜间在战役中大胆穿插迂回，割裂敌人战略态势后再利用几个夜间在战术上分割包围，各个歼灭。而防御作战时则利用夜间实施反冲击歼灭敌人并组织增援和补给增强防御力量。夜间因美军飞机不能出动，其地面部队也停止作战，用大炮机枪构成环形阵地，不断发射照明弹，等

★ 1950年，中国人民志愿军赴朝作战首战告捷，和朝鲜人民军配合，在云山一带歼敌1.5万余人，解放了清川江以北大片土地，挫败了敌人在感恩节前占领全朝鲜的狂妄计划。图为中国人民志愿军和朝鲜人民军正乘胜追击敌人。

待天亮。这时正是志愿军充分发挥自己夜战特长的好时机。志愿军不顾疲劳，连续作战，乘着黑夜的掩护悄悄接近美军阵地，突然用轻武器和手榴弹发起攻击。一些美军士兵在睡袋里就送了命，活着的抓起重机枪，漫无目标地乱打一气。打到天亮时，他们惊奇地发现，中国人居然无影无踪，不知去向了。就这样，志愿军在夜幕下渡过临津江、跨过三八线，几乎是在黑暗中完成了五次战役。此后，尚未发现哪支军队在纯战役、战术角度，将夜战发挥得如此淋漓尽致。有美军人员不得不感叹中国军队的夜老虎精神，说："月亮是中国人的。"

随着新中国建设的步伐加快，中国人民解放军军队建设也迈入了正规化、现代化的新时期。其中，军事训练则是军队建设的重中之重。毛泽东对军队教育训练一向十分重视，要求全军"必须掌握最新的装备和随之而来的最新的战术"。

在毛泽东等中央和军队首长的重视下，人民解放军各级指战员对军队训练抓得很紧，不断出现练兵热潮，1964年的全军大比武，就是我军军事训练史上一次盛事。

1963年12月24日，叶剑英赶赴镇江，观看南京军区郭兴福军事训练教学法现场表演。12月27日，叶剑英向中央军委报告了现场会议情况。毛泽东见到叶剑英的报告后，对其中"把兵练得……一个个都像小老虎一样"一条特别感兴趣，认为叶剑英找到了一个好方法，可以在全军推广郭兴福教学方法。随后，中央军委批转了这个报告，全军掀起了一个学习郭兴福教学法的群众性大练兵热潮，总参谋长罗瑞卿根据各大军区的意见，决定组织各大军区大比武，来检验和推动练兵的效果。为了迎接全军大比武，各军区、各兵种陆续举行各自的比武大会，各部队争先恐后，热情高涨，训练场上一片龙腾虎跃的景象。

6月以后，全军分18个区域进行比武。参加比武表演的，既有部队，也有民兵，共1.37万余人，参观比武的干部约9万人。比武中，获集体一等奖的单位1212个，获个人一等奖的有2257人，其中各军兵种一等集体尖子289个，个人一等尖子545人，部队训练成绩大幅提升。

1964年6月，毛泽东在看到全军比武情况的简报后，对这场大练兵、大比武产生了浓厚的兴趣，主动提出说"此等好事，能不能让我也看看？"6月15日和16日，毛泽东、刘少奇、董必武、朱德、周恩来、邓小平等党和国家领导人，分别在北京西山、阳坊、十三陵观看了北京、济南军区军事汇报表演。毛泽东等人饶有兴致地观看了半自动步枪和冲锋枪精度射击、轻机枪速射、3000米武装越野、侦察兵捕俘和攀登、坦克表演等科目，不时鼓掌称好。就在这次观看大比武中，毛泽东又发表了一系列有关如何训练部队的观点。

观看射击表演时，毛泽东说："要注意多搞夜战，搞近战"，"训练部队晚上行军，晚上打仗"，"要多练习，要注意普及"。

观看侦察兵表演时，毛泽东说："游泳训练夏天完全可以搞，部队要学游泳"，"要学会在江海里游，不经过大风大浪不行"。

观看武装越野表演时，毛泽东说："战士的身体要很好，体力要好。"

当军区领导人汇报每个战士都要有自己一套过硬本领时，毛泽东说："练武还要练文，注意学文化。"

在看完北京、济南军区的表演后，毛泽东还提出："要在全军普及，光有'尖子'部队是不够的。普及'尖子'经验要很快布置，抓紧这项工作"。

★ 讲怎么打仗 ★
"部队要练夜战、近战"

★ 1964年，毛泽东在北京、济南部队军事训练表演现场。

毛泽东对军队训练的重视是一以贯之的，即使是在"文革"十年内乱期间，毛泽东还对林彪、"四人帮"一伙片面突出政治、取消军事训练的错误做法进行了尖锐批评，他明确地对军队提出：

"军队要严格训练，严格要求，才能打仗。"

尽管历史的硝烟已经远去，但是毛泽东关于军队要聚焦打仗，要练夜战、近战，练二百米硬功夫，要培养"夜老虎"等思想，早已成为人民解放军不变的训令。今天，在新的历史条件下，继承和发扬我军近战、夜战和培养"夜老虎"等优良战术传统，不断加强军事训练，提高官兵战术水平，对于我军打赢在新

★ 毛泽东等党和国家领导人同参加军事训练表演的部队指战员合影。前排左起：董必武、邓小平、朱德、毛泽东、刘少奇、周恩来、贺龙。

形势下的现代战争依然有着十分重要的意义。

毛泽东
MAO ZEDONG

讲战略战术

"敌进我退，敌驻我扰，敌疲我打，敌退我追"

"大步进退，诱敌深入，集中兵力，各个击破"

"只有积极防御才是真防御"

"十大军事原则也要补充和发展"

"一切反动派都是纸老虎"

"在战略上要藐视敌人，在战术上要重视敌人"

"敌进我退,敌驻我扰,敌疲我打,敌退我追"

"敌进我退,敌驻我扰,敌疲我打,敌退我追。"

——毛泽东:《红军第四军前委给中央的信》(1929年4月5日)

"敌进我退,敌驻我扰,敌疲我打,敌退我追"这四句著名的话,被称为"游击战术十六字诀"。它是中国革命战争战略形成和发展的源头,是人民军队发展史上第一个独特的战略战术原则,也是中国人民解放军军事战略体系的第一块基石。

十六字诀是毛泽东最先提出来的,还是朱德最先提出来的,目前仍无从查考。但自井冈山时期起,"朱毛,朱毛""朱毛不可分"的关系就已经成立。十六字诀,应该是两人共同的军事谋略和军事智慧的一部分。2016年6月出版的《中国共产党的九十年》是这样表述的:"毛泽东、朱德在总结经验基础上概括出'敌进我退,敌驻我扰,敌疲我打,敌退我追'的十六字诀"。这一表述是比较符合历史事实的。

★ 讲战略战术 ★
"敌进我退，敌驻我扰，敌疲我打，敌退我追"

★ 井冈山全景。

★毛泽东：从朱聋子的故事中悟出十二字诀

1927年秋，毛泽东率领秋收起义的部队上了井冈山，开创出中国第一块革命根据地。

要巩固和发展井冈山这块革命根据地，首先必须解决如何发展武装斗争的问题。就当时的革命力量而言，不过千余人。朱毛会师后成立红四军，也不过万余人。而江西和湖南两省的敌人很强大，常常联合起来"进剿"红军。在农村开展工农武装割据的斗争，在中外历史上是没有先例的。从中国的孙子到德国的克劳塞维茨，无论是马克思、恩格斯，还是列宁、斯大林，都没有也不可能给红军准备一个现成的答案。

从毛泽东个人来讲，没有上过军事院校，秋收起义前没有带兵打仗的经历，上井冈山之初，仍是满身文人气息，曾表示"军旅之事，未知学也，我不是个武人，文人只能运笔杆子，不能动枪"。可是武装斗争的需要却把他推上了"革命山大王"的位置，他不得不"从战争中学习战争"。毛泽东的过人之处，就在于善于学习，不仅能从胜利的斗争中积累作战经验，而且更善于从挫折中寻找失败的教训。胜与败，都能让他在实践中获得军事才能。

1927年11月，工农革命军第一团第一营由宁冈西进，击溃茶陵靖卫团，占领了茶陵城。红军一举拿下小城镇，欢欣鼓舞，准备在此建立根据地。12月，敌人一个团来攻茶陵，第一营与后来增援的第三营拼力扼守，抗击一天多时间，终因寡不敌众，被迫撤出战斗。这次战斗虽给敌人一定杀伤，但红军自己损失也很大，付出了惨重的代价。

攻打茶陵的战役，毛泽东因为脚伤没有参加，但部队撤出茶陵时他赶过去，阻止了团长张浩等人的投敌企图，把士气低落的部队带回了井冈山。毛泽东深刻总结这次失败的经验教训，他感到，红军以弱小的兵力打守城的消耗战是不明智的，结果得不偿失。

之前，毛泽东在井冈山听到过山大王朱聋子的故事。朱聋子大名叫朱孔阳，他在井冈山当了几十年山大王。反动官府千方百计要捉拿他，可是捉了几十年也捉不住。原来这位山大王会兜圈子。井冈山地势险要，到处是悬崖绝壁，只有几条狭窄的小路通进山里，有的地方甚至连羊肠小道也没有，要靠攀登才能上去，而且山里树密林深，气候多变，经常是云雾弥漫。朱聋子就充分利用这些条件来对付官兵。只要官兵一进山，他就跟官兵满山兜圈子，官兵对他毫无办法。因此，朱聋子常说：不要会打仗，只要会打圈。

联系眼前的失败，毛泽东从这个故事中得到很大启发：在敌强我弱的情况下，用硬拼的战法难免会吃亏，只能跟敌人打圈。而对于红军来说，光打圈还不行，要把打圈和打仗结合起来，才能达到消灭敌人、扩大根据地的目的。这样，毛泽东便从朱聋子的故事中引出了新思路。

毛泽东把红军干部和战士集中起来，对大家说：打圈是个好经验，不过朱聋子打圈只为保存自己，不是为了消灭敌人、扩大根据地。我们改他一句：既要会打圈，又要会打仗。打圈是为避实击虚，强敌来了，先领他转几个圈子，

★ 讲 战 略 战 术 ★
"敌进我退，敌驻我扰，敌疲我打，敌退我追"

★《新城大捷》（油画）。

等他晕头转向暴露弱点以后，就抓准狠打，打得干净利落，打得有收获，既消灭敌人，又缴获武器。总之，赚钱就来，蚀本不干，这就是我们的战术。

干部战士听了，反复琢磨，越想越觉得有味道，都感到毛泽东的这个战法好，十分佩服。

没过多久，1928年1月，赣军二十七师杨如轩部以一个团和一个营进攻万安，又以一个营进占井冈山的北大门——宁冈新城，对井冈山革命根据地构成严重威胁。为了对付敌人的进攻，毛泽东在遂川主持召开前委和万安、遂川县委联席会议。

据参加会议的人回忆，毛泽东在会上"教导我们对付敌人的办法，要看敌人的多少，了解敌人的情况，打得赢就打，打不赢就走，敌人来了我们就退，敌人去了我们就追"。另有回忆，毛泽东"最后对万安工作作了指示，希望万安同志很好运用'敌来我走，敌驻我扰，敌退我追'十二字诀"。这个时候，红军的战术和打法，在毛泽东那里已经有了比较清晰

的眉目。

2月初,敌人以优势兵力进攻遂川。毛泽东率领工农革命军迅速收兵,主动转移到黄坳和井冈山。虽然撤出遂川,但毛泽东又派出小股部队时不时地对遂川突袭搅扰,令敌人惶恐不安。当年遂川百姓中流传的一段歌谣,传颂着游击战术的威力:"黄坳屯兵,遂川做客,一个月来三次,看你土劣怕不怕。"

敌人一直以为工农革命军主力仍在遂川附近,而对新城疏于戒备。2月18日清晨,工农革命军抓住机会,对新城发动突然袭击,以两个团兵力,集中攻歼占领新城的敌一个营。在赤卫队的配合下,工农革命军由南、北、东三面攻城,故意留出西门的空子。实际上毛泽东早已安排袁文才的部队在西门外埋伏,结果敌人受到攻击向西逃窜,正好进入袁的埋伏圈,全部被击溃。这一仗打得十分精彩,工农革命军占领新城,俘敌近300人,打破了敌人对井冈山的第一次"进剿"。

从这时起,工农革命军指战员开始感受到游击战"敌来我走,敌驻我扰,敌退我追"的威力,士气振奋起来。

★朱德:积14年征战经验摸索出游击战法

与毛泽东"文人"出身的情况不同,朱德在上井冈山之前已经是在战场上磨砺多年的军事将领了。他早年毕业于云南陆军讲武堂,曾在苏联学习军事,有云南戍边的经历,参加过护国战争、护法战争,在江西赣东剿过匪,南昌起义后又率部转战湘粤边。在10多年的征战中,朱德积累了不少游击战的经验,对游击战战法有了一些自己的认识。

1913年秋,时任滇军营长的朱德率部驻防中越边境的滇南开远、蒙自、个旧一带。该地区属于典型的亚热带山岳丛林地形,山高坡陡,草深林密,自然条件复杂。法帝国主义收买土匪在边境骚扰抢掠百姓,并不断制造事端,以便寻找借口侵占云南。为了防范土匪来袭,朱德令部队在营房四周垒起高高的围墙,可是哨兵不敢放在门外头,出去就会被杀掉。朱德率大部队去进剿,由于受地形限制,很难对土匪实施包围。抓不到土匪,还时不时被偷袭,这让朱德非常着急。他亲临前线仔细观察敌情、勘察地形,潜心研究土匪出没的规律,

★ 讲战略战术 ★
"敌进我退，敌驻我扰，敌疲我打，敌退我追"

精心研究对策。经过艰难摸索，朱德终于找到了一种适合当地情况的游击战战术：部队有时化整为零，有时聚零为整，采取秘密迅速或夜间行动，声东击西，忽进忽退，机动灵活，一抓住敌人就予以全歼。经过两年多大大小小的战斗磨炼，运用这种方法，朱德基本平息了滇南的匪患。

1918年，时任护法靖国军第十三旅旅长的朱德移防泸州。当地匪患猖獗，他们打家劫舍，敲诈勒索，无恶不作，到处滋扰乡民。朱德决心为民除害，便担负起清剿土匪的任务。在剿匪的过程中，他善于审时度势，随机应变，充分运用和发挥在滇南剿匪的经验，先后荡平泸州一带的土匪。

后来朱德到欧洲寻找革命真理，加入了中共旅欧党组织。1925年7月，朱德离开德国进入苏联莫斯科东方劳动者共产主义大学学习。几个月后，又到莫斯科郊外的莫洛霍夫卡接受军事训练，学习城市巷战、游击战战术等。一次，教官问朱德回国后将怎样指挥作战，朱德根据过去与土匪作战时采用过的流动游击战术回答说，战法是"打得赢就打，打不赢就走"，"必要时拖队伍上山"。

回国后的朱德，在党的领导下参加了1927年的南昌起义。起义失败后，朱德率部转战湘粤边，又投入了游击战的实践。这时候的朱德，不仅革命意志坚如钢，而且在军事理论和军事实践上，都有了更高的升华和更丰富的经验。

在湘南智取宜章后，面临着国民党军许克祥部六个团的进攻。朱德沉着地对情况作出分析："的确，敌人有不少优势，我们不能低估。他兵力数倍于我，武器装备精良，后方实力雄厚。在这种敌强我弱的情况下，决不可采取南昌起义后那种死打硬拼的方法。应该有勇有谋，灵活机动，扬长避短。用游击战和正规战结合的打法，去战胜敌人。"在朱德、陈毅等的指挥下，工农革命军避实就虚，诱敌深入，主动撤退，寻找有利战机，终于取得坪石大捷，打退许克祥部的进攻。

后来，朱德在回忆和自述中，多次忆及自己在加入红军前的战争实践中，已经摸索出一些游击战术并加以实际运用。1944年，在延安编写中国工农红军红一军团史座谈会上，朱德说过："关于游击战争，我还有点旧的经验。过去从1911年辛亥革命开始，在川、滇同北洋军阀等打仗，打了10年，总是以少胜多。在军事上的主要经验，就是采取了游击战争的战法……"

★朱毛会师后：十六字诀应运而生

1928年4月，朱德、陈毅率领南昌起义余部和一部分湘南农军到达宁冈砻市，与毛泽东的工农革命军胜利会师，成立了工农革命军第四军。两支武装力量的会合，不仅仅是人数增多、装备改善，还有经验的叠加、战略战术的提高。

得知朱毛会师的消息，国民党赣军二十七师两个团分别由永新、遂川向井冈山根据地发动第二次"进剿"。毛泽东、朱德、陈毅等召开军委会议，根据敌情，决定采取避敌主力，攻击侧翼，声东击西，集中兵力歼敌一路的作战方针。

★《井冈山会师》（油画）。

★ 讲战略战术 ★
"敌进我退，敌驻我扰，敌疲我打，敌退我追"

根据会议部署，朱德、陈毅率领工农革命军第二十八团、二十九团，作为主力，在遂川方向迎敌八十一团；毛泽东率工农革命军第三十一团到宁冈与永新交界的七溪岭，阻击向宁冈进攻的敌七十九团。朱德、陈毅率主力部队迅速向南挺进，佯攻遂川，在黄坳击败敌军一个营。随后朱德带领部队又开展了追击战。关于这场战斗的过程，当时正在工农革命军第二十八团的粟裕，后来有过这样一段回忆：

> "当时我们从黄坳出发，向遂川运动，刚一接触，敌人就逃跑了。这时朱德同志和我们在一起，他一面领着我们跑，一面不停地督促：'快追！快追！'我们一口气追了35公里。"
>
> "这种追击已不是一般意义上的追击，而是为了达到歼灭敌人的一种战术。"

之后，工农革命军第二十八团直奔五斗江，在这里利用地形设下埋伏，待敌八十一团进入埋伏圈，全团炮火齐发，将敌人打得溃不成军，夺路而逃。工农革命军二十八、二十九团追赶逃敌，乘胜占领了永新城，粉碎了敌人第二次"进剿"。

这是朱毛会师后运用游击战术取得的首次大捷。

5月中旬，赣军5个团在二十七师师长杨如轩率领下，又发起对井冈山根据地的第三次"进剿"。毛泽东和朱德经过认真研究，决定采取敌进我退、声东击西的战术，待敌深入到根据地内后再行消灭，并制定了具体的作战部署。工农革命军第二十八团奉命主动撤出永新县城，退回宁冈，积极备战，待机出击；第二十九团在永新东面的高桥、天河一线，不断骚扰敌军，使他们处于疲惫不安之中。

已撤到砻市的毛泽东和朱德等研究具体的歼敌之策。毛泽东提出"应趁敌人立足未稳，引出来打"，朱德赞成毛泽东的主张，具体提出由一部突击高陇重镇，使杨如轩产生宁冈空虚的错觉，乘机攻我宁冈，而我则设伏歼之。毛泽东等一致同意。

杨如轩果然中计，他误以为工农革命军主力已到高陇，宁冈必然空虚，便

★ 这是最早以文字记载的"十六字诀",出自毛泽东1929年4月5日以红四军前委名义给中央的信。

放胆向根据地腹地进犯。毛泽东立即命令工农革命军二十九团、三十二团及地方武装速往新老七溪岭,占据有利地形,伏击敌人。同时朱德、陈毅率领主力部队冒雨急行军100多里,奔袭永新,在草市坳设伏全歼敌第七十九团。正在永新城里的杨如轩突然得知工农革命军打来,慌忙换上便装,从城墙上吊下来,又被流弹击伤,狼狈逃回吉安。朱德率领部队乘胜开进永新城,缴获大批武器、弹药和军需物资。其余敌军各自散去,国民党军的第三次"进剿"又宣告失败。

经过井冈山斗争中反反复复的游击战实践,如何开展游击战的十六字诀呼之即出。毛泽东后来在《中国革命战争的战略问题》中说:"从一九二八年五月开始,适应当时情况的带着朴素性质的游击战争基本原则,已经产生出来了,那就是所谓'敌进我退,敌驻我扰,敌疲我打,敌退我追'的十六字诀。"

至于这十六个字,到底是毛泽东先概括的,还是

★ 讲战略战术 ★
"敌进我退，敌驻我扰，敌疲我打，敌退我追"

朱德先概括的，确实很难说清楚。当时两人天天一同战斗，遇事共同商讨，只有他们都同意认可的战术，才能在战场上付诸实践。即使在某次会上由某人先提出十六字诀，其背后也必定包含着另外一人的创造。因此，说十六字诀是思想火花的碰撞，是集体智慧的结晶，更为合理！

1928年5月以后，井冈山军民以十六字诀为战术指导原则，又取得龙源口大捷、永新困敌等一系列军事胜利。

★ 毛泽东被誉为"现代游击战争之父"

经过近3年频繁的游击战争，毛泽东进一步阐发了以十六字诀为核心的游击战理论。1929年4月5日，毛泽东在《红军第四军前委给中央的信》中写道：

> "我们用的战术，就是游击的战术，大要说来是：'分兵以发动群众，集中以应付敌人。''敌进我退，敌驻我扰，敌疲我打，敌退我追。''固定区域的割据，用波浪式的推进政策。''强敌跟追，用盘旋式的打圈子政策。''很短的时间，很好的方法，发动群众。'这种战术正如打网，要随时打开，又要随时收拢，打开以争取群众，收拢以应付敌人。"

十六字诀产生后，得到了当时的党中央的认可和推广。中共中央于1929年六七月间，把红四军前委给中央的信转发给贺龙、湘鄂西前委和四川省委，指出"这些经验很可以作你们的参考"。随后，鄂豫皖、湘鄂西、鄂西南、赣东北苏区的红军，也相继提出了反映本地区特点的游击战争原则。比如洪湖地区提出"你来我飞，你去我归，人多则跑，人少则搞"，湘鄂赣边区提出"彼集我散，彼散我集，昼伏夜出，化整为零"等。

红军运用这种独特的战略战术，使数量、装备占绝对优势的强敌无可奈何。蒋介石曾哀叹道："剿匪之难，甚于大战。盖彼利用地形之熟识、民众之协从，避实就虚，随所欲为；而官兵则往来追逐，疲于奔命矣。"

十六字诀言简意赅，有十分丰富的理论内涵。它把防御与进攻、退却与反攻、保存自己与消灭敌人有机地结合起来，其总体精神是：从敌大我小、敌强我弱的客观实际出发，利用民众和地形等方面的有利条件，趋利避害、灵活机动地作战，达到以小敌大、以弱胜强的目的。1936年10月，毛泽东对美国记者斯诺谈话，提到采取十六字诀的原因：

> "最初为许多人所反对，他们不主张采用这种战术，可是许多经验证明了它们的正确。凡是红军脱离了这种战术的时候，一般总是失败的。红军的人数很少，较敌人少一二十倍；它的资源和军需是有限的，所以只有巧妙地把计策和游击战术联合起来，才有希望战胜有着广大富庶根据地的敌人。"

随着红军的发展壮大，游击战争的规模不断扩大，新的作战形式也在战争实践中不断产生，但战略指导思想的基础仍然是十六字诀。正如毛泽东指出的那样：

> 等到战胜敌人的第三次"围剿"，于是全部红军作战的原则就形成了。这时是军事原则的新发展阶段，内容大大丰富起来，形式也有了许多改变，主要地是超越了从前的朴素性，然而基本的原则，仍然是那个十六字诀。十六字诀包举了反"围剿"的基本原则，包举了战略防御和战略进攻的两个阶段，在防御时又包举了战略退却和战略反攻的两个阶段。后来的东西只是它的发展罢了。

十六字诀虽然产生于井冈山时期，却对后来历次战争阶段都有战略指导意义。彭德怀在抗日战争初期曾说过："毛泽东同志曾经发明了一个有名的十六字诀的游击战术原则，即'敌进我退，敌驻我扰，敌疲我打，敌退我追'。这一原则虽是十年前的发明，在今天的民族革命战争中，仍然是用得着的。"

无论是在国内革命战争时期，还是在抗日战争时期，人民军队依靠中国共产党的领导和人民群众的支持，运用十六字诀的基本精神，实行灵活机动的战略战术，创造了一个个以弱胜强、以劣势装备战胜优势装备之敌的奇迹。

★ 讲战略战术 ★
"敌进我退，敌驻我扰，敌疲我打，敌退我追"

以十六字诀为基础的毛泽东游击战思想，汲取了古今中外游击战的精华，凝聚了朱德等中共领导人的集体智慧，不仅在国内，而且在国际上都产生了深远的影响。曾有日本军事评论家说：

"把游击战加以系统化、战略化、普遍化的始祖，无论怎么说也是中国的毛泽东。他是现代游击战争之父，典型的实践指导者。"

"大步进退,诱敌深入,集中兵力,各个击破"

"敌进我退,敌驻我扰,敌疲我打,敌退我追,游击战里操胜算;大步进退,诱敌深入,集中兵力,各个击破,运动战中歼敌人。"

——毛泽东:为苏区军民歼敌誓师大会写的对联(1930年12月下旬)

这副毛泽东1930年12月写的对联,生动地体现了第二次国内革命战争中毛泽东等领导下的红军交互使用游击战和运动战打击敌人的谋略,以及在条件成熟的时候由"以游击战为主向以运动战为主转变"的军事战略,反映了毛泽东在反"围剿"的运动战中把正规性与游击性巧妙结合起来的战略指导思想。

所谓游击战,是分散游动的作战,以袭击为主要手段,具有高度的主动性、灵活性、进攻性、速决性和流动性。而运动战,是正规兵团在长的战线和大的战区上进行的外线速决进攻战的作战形式。一般来说,游击战属于"非正规的作战",运动战属于"正规的作战"。红军当年从游击战到运动战的军事战略转变,并不是一帆风顺的,正如毛泽东后来在《战争和战略问题》一文中指出的那样,"曾经遇到很大的困难"。

★讲战略战术★
"大步进退,诱敌深入,集中兵力,各个击破"

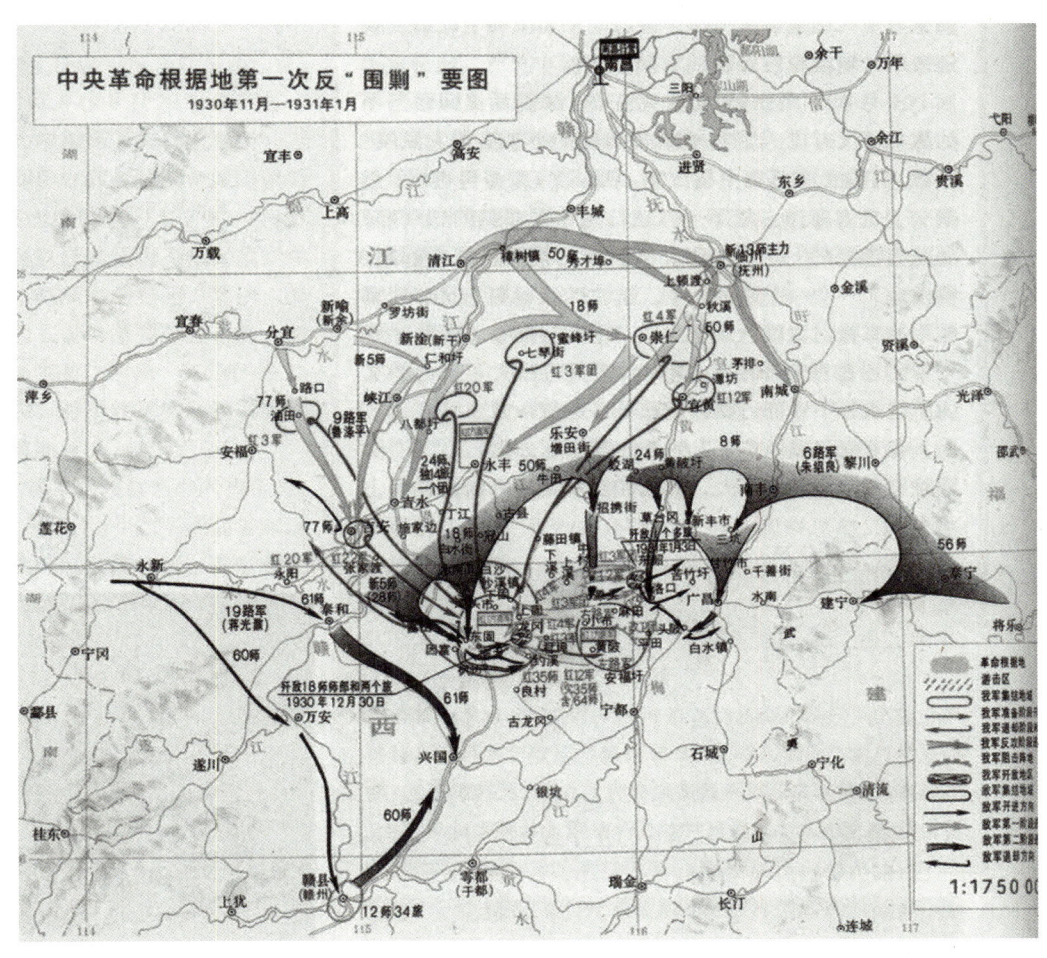

★ 中央革命根据地第一次反"围剿"要图。

★力排众议,连续两次战略后退

井冈山时期,毛泽东和朱德运用"敌进我退,敌驻我扰,敌疲我打,敌退我追"的十六字诀,率领红军打退敌人的多次"进剿"和"会剿"。1929年1月,面对敌人更大规模的"会剿",毛泽东和朱德率领红四军主力离开井冈山,出击赣南。经过近两年的苦斗,建立了赣南、闽西革命根据地(后发展为中央革命根据地)。红军队伍不断壮大,成立了红一方面

★《毛泽东》（油画）。

军，由毛泽东任总前委书记兼总政治委员，朱德任总司令。到1930年10月间，红一方面军总人数已达4万人。

对于毛泽东、朱德在赣南闽西的活动，蒋介石集团又惊又怒又恐慌。他们感到"匪祸之炽，唯江西最烈"，这片燎原烈火，是自己的心腹大患，如不赶紧扑灭，势必毁灭国民党的统治。于是，1930年10月，中原大战结束后，蒋介石立即掉过头来，兴师10万，以赣西南为重点，向红军和革命根据地发动大规模"围剿"，并扬言要在3—6个月内彻底解决问题。

10月28日，蒋介石亲自下令，任命江西省政府主席鲁涤平兼任第九路军总指挥。鲁涤平立即集结大队人马，准备向赣西南根据地推进。而红一方面军主力当时所在的袁水流域，正处于根据地的前沿地区。

敌强我弱，形势严峻。对于红军来说，虽然过去打过许多胜仗，但这样大规模的反"围剿"正规作战还是第一次。怎样打，在哪里打，成了指战员热烈议论的中心。

当时主要有两种意见：一种主张仍用游击战的一套办法来对付敌人；另一种意见则两眼照旧死盯南昌、九江不放，要拿大城市。

★ 讲战略战术 ★
"大步进退，诱敌深入，集中兵力，各个击破"

毛泽东认为，这两种意见都是不正确的。前一种意见，只看到敌人的强大，没有看到于我有利的形势变化。赣西南革命根据地当时已在34个县建立了县苏维埃政府，拥有9座县城，人口达200多万。分得土地的贫苦农民积极支持红军和苏维埃政府，许多地方建立了游击队和赤卫队。与井冈山时期不同，红军已经拥有民众全力支持的广阔战场和充分的回旋余地。后一种意见，则不顾客观现实条件，只知进攻，不知防御，毕竟相对于敌军，红军人数还是少很多，武器装备也完全不在一个水平线上。

紧急关头，毛泽东冷静地分析了敌我形势，主张在强敌进攻面前，不是要分散，而是要集中，不是先向敌进攻，而是先退却再反攻。他进一步发展了井冈山时期十六字诀的作战原则，提出了"诱敌深入""退却到根据地作战"的运动战方针。

然而，苏区军民一时难以接受这一方针。一部分干部战士受到"左"倾冒险主义"进攻路线"的影响，不肯承认敌强我弱的现实，把退却看作"保守路线"。一些地方干部和群众生怕红军一撤，让敌人进来打烂了"坛坛罐罐"。

要说服这么多干部群众，打消他们的抵触情绪，并不是一件容易的事。

毛泽东的第一个退却目标，是红一方面军从袁水流域东渡赣江，向根据地中部退。为了说服部队过江，毛泽东大会讲，小会说，条分缕析，晓以利害。他用"将欲取之必先予之"的道理，说明只有丧失才能不丧失，以一时丧失土地才能换得消灭敌人，然后再收回失去的土地。关于危害人民的问题，毛泽东说："不在一部分人民家中一时地打烂些坛坛罐罐，就要使全体人民长期地打烂坛坛罐罐。惧怕一时的不良的政治影响，就要以长期的不良影响做代价。"

11月1日，红军总部发布撤退的命令后，毛泽东仍不放心，连夜找到红三军团总指挥彭德怀说：一定要说服部队按期过江。

毛泽东的担忧并不是多余的。红三军团的第五和十六军大多数是湖南平江、浏阳人，第八军大多是湖北阳新、大冶人，有些人从狭隘的地方观念出发，反对东渡赣江，主张一、三军团分家，夹江布阵。

好在彭德怀等人支持毛泽东的主张。彭德怀在红三军团会议上斩钉截铁地说："做了决定的东西，不能随便改变"，"要集中兵力，大量消灭当前蒋介石进攻之敌，有意见到江东去讨论吧，我是一定要过江的，总前委这个决定是正确

★ 新余市罗坊镇陈家闹1930年10月26日至30日,毛泽东在此主持召开红一方面军总前委与江西省行动委员会联席会议,确定"诱敌深入"赤色区域的第一次反"围剿"战略方针。

的。红军要打遍全中国,不要地方主义"。

几天后,当鲁涤平率领他的7个师21个旅赶到袁水流域时,红一方面军已全部撤到了赣江以东。

11月16日,国民党内又下达"二期会剿"总攻击令,将攻击战略展开于赣江以东的吉安至南丰之间,妄图消灭红军于吉安、吉水、永丰、乐安、宜黄、南城一带。18日至20日,各路敌军分别进到上述各地,结果又一次扑空。原来红一方面军渡过赣江后,毛泽东又主动放弃吉安、吉水、乐安等13个县,有计划地向根据地中心地区的东固、龙冈一带山区进行第二次战略后退。12月1日,红军主力到达宁都西北部的黄陂、小布地区。

毛泽东的战略意图得到了实现。

★召开誓师大会,分析六大有利条件

红一方面军"出没无常",令在南京的蒋介石大伤脑筋。12月上旬,他亲自到南昌,召集"剿匪军事会议",制定了"长驱直入,分进合击"的作战方针。后又设立了"陆海空军总司令南昌行营",任命

★ 讲战略战术 ★
"大步进退，诱敌深入，集中兵力，各个击破"

鲁涤平为"剿匪"军总司令兼南昌行营主任，张辉瓒为前线总指挥。敌军浩浩荡荡、气势汹汹向根据地中心地区推进。

12月下旬，敌人在吉安至建宁一线布开了阵势。红军主力则在黄陂、小布一带集结完毕，休整多日，准备迎敌。天空乌云密布，寒风劲吹，一场大战即将开始。

就在这时候，毛泽东亲自主持召开一个隆重的反"围剿"誓师大会。

会场设在小布附近的一个宽阔的河滩上。参加会议的除红军主力部队外，还有许多地方武装、赤卫队和群众共几万人。河滩上人头攒动，红旗招展，枪矛林立。

会场的主席台上，挂着毛泽东事先经过深入思考后亲笔拟就的对联。

上联是："敌进我退，敌驻我扰，敌疲我打，敌退我追，游击战里操胜算"；

下联是："大步进退，诱敌深入，集中兵力，各个击破，运动战中歼敌人"。

横幅是："苏区军民歼敌誓师大会"。

这副对联，一下子把领导层的战略意图讲清楚了，大家一目了然。

朱德先致开幕词，然后请毛泽东讲话。在热烈的掌声中，毛泽东左手叉腰，右手挥舞着说：

当前的局势是紧张的，敌人大兵压境，可是我们有足够的把握取胜。取胜的办法就是台上的这副对联。

接着，他具体解释了"诱敌深入"的必要和好处，还分析了敌必败、我必胜的六个条件。他掰着手指，一一作了详细的说明。

第一条，我们军民一致，人民积极援助红军，这是最重要的条件；

第二条，我们可以主动选择有利作战的阵地，设下陷阱把敌人关在里面打；

第三条，我们可以集中优势兵力，可以一部分一部分地歼灭敌人，一口一口地把敌人吃掉；

第四条，我们可以发现敌人的薄弱部分，拣弱的打；

第五条，我们可以把敌人拖得筋疲力尽，然后再打；

第六条，我们可以想办法造成敌人的过失，乘敌之隙，加以打击。

毛泽东条条讲得简单易懂、清楚明白。讲完有利条件，他又说，由于我们实行了诱敌深入的作战方针，两次大踏步地后退，敌人已经开始掉进我们的陷阱，敌情、地形、人民等条件，都已发生了改变，利于我而不利于敌。条件已经开始具备，胜利就在眼前！

毛泽东讲得活泼生动，会场上时而十分寂静，时而响起一片欢笑之声。红军官兵从毛泽东符合实际又富于智慧的讲话中获得了战胜敌人的信心和勇气。

最后，毛泽东亲自带领大家振臂高呼："勇敢冲锋，奋勇杀敌，多缴枪炮，扩大红军！""活捉鲁胖子，打倒蒋介石！"

口号声像万丈狂涛，震动整个山谷。

精神振奋的红军队伍，会后雄赳赳气昂昂地向战斗阵地开进。在红军指战员心中，那副46个字的对联，已经成为打败敌人的"锦囊妙计"。

"大步进退，诱敌深入，集中兵力，各个击破"，说起来容易，做起来并不那么容易，需要高超智慧和仔细谋划。

毛泽东经分析认为，敌虽有10万大军，但兵分八路，我取其一，仍可以多胜少，各个击破，伤其十指不如断其一指。当时敌张辉瓒的十八师和谭道源的五十师，是鲁涤平的嫡系部队，是敌军主力。张辉瓒已进占东固，谭道源已达源头一带。如果把这两个师或其中一个歼灭，敌人的阵线就会被我突破一个缺口，把东西敌人分割成远距离的两群，"围剿"就基本上打破了。

12月27日，听说谭道源师正在拉夫，准备出发，中途要经过地形复杂的小布，毛泽东和朱德便命令部队开到小布以北的山林中埋伏起来，准备打敌人一个措手不及。

时值寒冬，滴水成冰，指战员们冒着寒风，在潮湿的工事里整整蹲了一天，结果连敌人的影子也没看见，只好撤回。

第二天天不亮，部队又去设伏，一直到夕阳西下，路上仍是空荡荡的。狡猾的谭道源始终躲在工事里不出来。

连续两天扑空，战士们有点沉不住气了，怪话、牢骚话开始多起来。毛泽东和朱德肩上的压力很大，但他俩坚持初战一定要慎重，叫战士们撤出小布阵地，继续耐心等待。

机会果然来了。12月29日，张辉瓒率领近万人的队伍，扛着汉阳造步枪，还有德国制造的鲁伯大山炮、哈克齐斯机枪等，气势汹汹向龙冈进犯。张辉瓒向来以他的"铁军师"自居，且把红军的主动撤退视为"落荒而逃""不堪一

★ 讲 战 略 战 术 ★
"大步进退,诱敌深入,集中兵力,各个击破"

★ 中央革命根据地第一次反"围剿"第一仗胜利旧址——江西兴国东北的龙冈。

击",气焰十分嚣张,急欲寻找红军主力交手。

龙冈位于永丰县南端,有五六百户人家。镇子后面是座大山,前面是条两丈来宽的小河,河对面又是一座坡度不大的小山,整个地形像个陷阱。毛泽东、朱德立即指挥红军开到这里,在山上设好埋伏,并派出一小部分武装会同地方游击队,去引诱张辉瓒上钩。

12月30日凌晨,细雨浓雾,张辉瓒率部由龙冈向五门岭推进,刚进入狭窄山路时突然听见嘹亮的冲锋号声,紧接着就是密集的枪声和震耳的呐喊声,红军从四面八方包围过来。不一会儿,红军又把敌人的队伍切成了几段,而后分割包围。敌军凭借新式武器进行顽固抵抗,多次组织反击,企图突围。但是在红军的优势兵力面前,这种挣扎只能是徒劳。

此时,毛泽东、朱德正在龙冈和君埠之间的黄竹岭指挥战斗。望着漫天大雾，毛泽东风趣地对朱德说："总司令，你看，真是'天助我也'！三国时，诸葛亮借东风大破敌兵；今天，我们乘晨雾全歼顽敌啊！"

经过数小时的激战，敌人组织的多次突围均被打退，锐气大减，到处乱窜。红军全歼敌军近万人，活捉张辉瓒。

张辉瓒的十八师被歼灭后，红军又乘胜追击谭道源师，在东韶歼灭谭师一个旅3000多人。其他各路敌人争相溃逃。

第一次反"围剿"胜利后，毛泽东挥笔写下《渔家傲·反第一次大"围剿"》的著名词篇。它的前半阕是：

> 万木霜天红烂漫，天兵怒气冲霄汉。雾满龙冈千嶂暗，齐声唤，前头捉了张辉瓒。

在战场上要活捉敌军的一个师长，绝不是靠勇气和运气就能做到的。毛泽东把高超的智慧和精到的战略战术运用得恰到好处。

★ "军队无非是要学会两个东西，一个是会打，一个是会走"

中央革命根据地第一次反"围剿"，是红军在战略转变阶段以运动战方式歼敌的第一次战役行动。这次反"围剿"之所以取得胜利，正是因为全面实行了毛泽东制定的"大步进退，诱敌深入，集中兵力，各个击破"的正确战略方针。正如朱德后来总结的："第一次反'围剿'打得很好。……这说明了：只有依靠群众，依靠根据地，诱敌深入，才能大量歼灭敌人。……由此也可以看出毛主席思想的力量。如果不把立三路线反掉，把部队开去打武汉、九江，结果是很难设想的。"

国民党内部对于这次"围剿"的失败曾作过较为深刻的反省："匪军盘踞赣南地区，曼延滋长，已达年余；凭借苏区组织，从事作战准备；灵活运用正规战术与游击战，行动机敏，分合自如。且熟悉复杂地形，得内线作战之利。故能彻底集中优势兵力，打击国军之一部，以达其突破围剿之目的。"

★ 讲战略战术 ★
"大步进退，诱敌深入，集中兵力，各个击破"

运用和发展第一次反"围剿"的成功经验，红军又相继取得中央革命根据地第二、第三、第四次反"围剿"的胜利。

1936年12月，毛泽东在《中国革命战争的战略问题》中对他在反"围剿"作战中的指导思想作了总结和分析，他说：

> "从一九二八年五月开始，适应当时情况的带着朴素性质的游击战争基本原则，已经产生出来了，那就是所谓'敌进我退，敌驻我扰，敌疲我打，敌退我追'的十六字诀。……后来我们的作战原则有了进一步的发展。到了江西根据地第一次反'围剿'时，'诱敌深入'的方针提出来了，而且应用成功了。等到战胜敌人的第三次'围剿'，于是全部红军作战的原则就形成了。"

毛泽东这里所指的红军作战原则主要是：以反"围剿"为主要形式，依托根据地作战；实行战略退却，诱敌深入；集中兵力实行运动战，"打得赢就打，打不赢就走"，在运动中发现敌军弱点，打速决战、歼灭战；不失时机地实行进攻，扩大战果。在这个过程中，实行正规军、游击队和赤卫队相结合，使主力红军的战争与人民的游击战争互为左右手。

毛泽东的这些战略战术思想建立在人民战争的基础之上，解决了红军如何以劣势兵力和落后的装备去战胜强大的敌人的问题，是对马克思列宁主义军事学说的杰出贡献。

然而，到1933年下半年第五次反"围剿"时，临时中央全面贯彻"左"倾教条主义方针，排挤毛泽东，把红军指挥大权交给共产国际派来的德国人李德。李德不了解中国实际情况，只是搬用正规的阵地战经验。他们放弃过去几次反"围剿"行之有效的积极防御方针，实行军事冒险主义方针，主张"御敌于国门之外"。结果红军遭受惨重失败，不得不放弃根据地，于1934年10月开始长征。

直到1935年1月召开遵义会议，才重新确立以毛泽东为主要代表的马克思主义正确路线在中共中央的领导。遵义会议后，中央红军在毛泽东等指挥下，根据实际情况的变化，灵活地变换作战方向，迈开铁脚板，忽东忽西，迂回曲折穿插于敌人重兵之间,使敌军感到扑朔迷离,疲于奔命,红军则处处主动。中央红军摆脱了几十万国民党军队的围追堵截,取得战略转移中具有决定意义的胜利,充分显示了毛泽东高超的军事指挥艺术。

关于红军从游击战到运动战的战略转变中经历的困难,毛泽东后来说过:

"这里有两方面的任务。一方面,要反对沉溺于游击性而不愿向正规性转变的右的地方主义和游击主义的倾向,这是由于干部对已经变化的敌情和任务估计不足而发生的。这一方面,拿中央红色区域来说,曾经作了艰苦的教育工作,才使之逐渐地转变过来。又一方面,则要反对过分地重视正规化的'左'的集中主义和冒险主义的倾向,这是由于一部分领导干部对敌情和任务估计过分,并且不看实情,机械地搬用外国经验而发生的。这一方面,在中央红色区域,曾经在三年的长时间内(遵义会议以前),付出了极大的牺牲,然后才从血的教训中纠正过来。这种纠正是遵义会议的成绩。"

尽管历经困难曲折,但毛泽东的运动战思想终究在实践中证明了它的正确性,成为人民军队的战略战术指导思想。在后来的战争中,我军战略方针又有所变化,但高超的运动战始终是我军作战的一个重要形式。

抗日战争中,毛泽东和中共中央根据敌我双方的力量对比,确定了"独立自主的山地游击战"和"基本的是游击战但不放松有利条件下的运动战"的作战方针。在《论持久战》一文中,毛泽东阐述了运动战"进"与"退"的辩证关系:"拼命主义者不知道运动战的特点之一是其流动性,不但许可而且要求野战军的大踏步的进退","因为暂时地部分地丧失土地,是全部地永久地保存土地和恢复土地的代价"。"我们历来主张'诱敌深入',就是因为这是战略防御中弱军对强军作战的最有效的军事政策"。

解放战争开始后,毛泽东即指出:"战胜蒋介石的作战方法,一般地是运动战。因此,若干地方,若干城市的暂时放弃,不但是不可避免的,而且是必要的。"1947年3月,国民党军队投入胡宗南等部25万兵力进攻延安。毛泽东和中共中央根据陕北群众基础好、地形险要、回旋余地大等有利条件,作出主动放弃延安的决定。此后，西北野战兵团采取"蘑菇战术"与敌周旋，先后取得青化砭、羊马河、蟠龙镇、沙家店战役胜利，歼敌近3万人，粉碎国民党军对陕北的重点进攻。

1950年抗美援朝战争开始后，毛泽东和中共中央明确提出运动战的方针，要求志愿军极力争取与造成运动歼敌的良机，以运动战的方式，集中优势兵力，各个歼灭敌人。这一方针贯彻抗美援朝整个运动战期间，中国人民志愿军先后取得了5次战役的胜利，将以美国为首的侵略军赶到了三八线附近地区，彻底扭转了朝鲜战局，为抗美援朝战争的胜利奠定了基础。毛泽东后来总结运动战经验时说："军队无非是要学会两个东西，一个是会打，一个是会走"，"打就吃它一口，吃不了大的吃小的，吃了一口再吃一口"。

毛泽东的运动战思想在历次战争中发挥了巨大的威力，指导我军大量歼灭敌人，扭转了战争形势，取得一次又一次辉煌的胜利。

"只有积极防御才是真防御"

"积极防御,又叫攻势防御,又叫决战防御。消极防御,又叫专守防御,又叫单纯防御。消极防御实际上是假防御,只有积极防御才是真防御,才是为了反攻和进攻的防御。"

"基本的原则是承认积极防御,反对消极防御。"

——毛泽东:《中国革命战争的战略问题》(1936年12月)

1935年10月,中共中央到达陕北。在以后的一年多时间里,毛泽东利用相对稳定的局势,总结土地革命战争经验,写了两篇重要文章:一篇是1935年12月《论反对日本帝国主义的策略》一文,系统地解决了土地革命战争时期党的政治路线上的问题;一篇是1936年12月《中国革命战争的战略问题》一文,系统地说明了有关中国革命战争战略方面的诸问题。

上述有关"只有积极防御才是真防御"的这段话,就是《中国革命战争的战略问题》第五章"战略防御"中的名言,实际上点明了中国革命战争必须实行积极防御的战略方针。

中国革命的这一正确战略方针,并不是一开始就很明确的,而是在战争实践中逐步总结出来的;也不是一经提出就为大家所广泛接受,而是在正反两方面经验教训的深刻对比中,特别是在经历了第五次反"围剿"失败的惨痛教训后,才逐步为大家所信服和接受的。

★ 讲战略战术 ★
"只有积极防御才是真防御"

★ 1930年11月1日，红一方面军发布的"诱敌深入赤色区域，待其疲惫而歼灭之"，准备反"围剿"的作战命令。

★"战略防御是红军作战中最复杂和最重要的问题"

中国革命战争采用什么样的战略战术，这一方面要遵从军事战争的一般规律，另一方面更根本地取决于中国革命战争的特点。防御和进攻是战役中的两种重要形式。但是在中国革命战争中，防御问题不仅仅是一个战役问题，而且是一个战略问题，这是由中国革命的特点所决定的。

毛泽东在《中国革命战争的战略问题》中分析了中国革命战争的四大特点，其中一个重要特点是敌强我弱。在这种情况下，如何保存实力、积蓄力量，是首要的问题。

★ 1936年12月，毛泽东在红军大学做《中国革命战争的战略问题》的讲演。这是该书的各种版本。

然而在大革命失败之初，我们党对这一问题认识却不深，片面强调进攻，而否认必要的退却和迂回。广州起义的失败即是一例。

1927年12月，我们党发动广州起义，占领广州的绝大部分市区，并成立苏维埃政府。由于敌我力量悬殊，起义军不可能坚守广州。在起义的当天晚间，起义主要领导人之一叶挺即主张，乘粤军主力没有回到广州之前，把起义军撤出广州。但这个正确意见遭到共产国际代表诺伊曼的反对。诺伊曼认为，起义只能以城市为中心，而且必须"进攻，进攻，再进攻"，退却就是"动摇"。

结果，由于起义军未能及时退出广州，遭到粤系军阀张发奎等部的疯狂反扑。起义军虽进行了顽强斗争，但终因寡不敌众，在起义的第三天即遭到失败。起义主要领导人之一张太雷和许多起义者英勇牺牲。

这种忽视防御的思想，与对革命形势过分乐观的估计有关，也与急于占领中心城市的指导思想有关。

相反，在秋收起义部队攻打长沙严重受挫后，毛泽东果断决定改变原定计划，把起义军向南转移到敌人统治力量薄弱的农村山区,寻找落脚点。这种必要的退却和迂回,使红军得以保存力量,为以后的发展壮大进而开辟井冈山革命根据地、实现更好地打击敌人创造了条件。

试想,如果当时秋收起义部队坚持攻打长沙的计划,与强大的敌人硬拼,结果也必然是遭受惨痛的失败,也就不会有以后井冈山革命根据地的开辟和革命力量的不断发展壮大。

因此,毛泽东在《中国革命战争的战略问题》中总结说:

> "首先而且严重的问题,是如何保存力量,待机破敌。所以,战略防御问题成为红军作战中最复杂和最重要的问题。"
>
> "敌我双方已在军事对抗中,而且敌人是优势,当受敌人压迫时,革命党人也不应该采取防御手段。如果这样想,那就是第一号的傻子。"

必要的战略退却,不仅在开展武装起义、开辟根据地时非常必要,而且在打破敌人"围剿"、巩固根据地时,也是必要和有效的方针。这一点,在红军数次反"围剿"斗争的正反两方面实践中,已经得到了充分证明。

在中央革命根据地,战略退却方针体现为"诱敌深入"的口号。从1930年冬到1931年秋,红一方面军在毛泽东、朱德的指挥下,"诱敌深入赤色区域,待其疲惫而歼灭之",进行了三次胜利的反"围剿"斗争。

在川陕革命根据地,战略退却方针体现为"收紧阵地"的口号。1933年、1934年,红军第四方面军在徐向前等指挥下,采取"收紧阵地"的方针,取得了反"三路围攻"和反"六路围攻"的胜利。

当然也有反面的例子,如毛泽东所提到的1932年鄂豫皖边区反"围剿"失利之事。

1932年7月,蒋介石调动约30万军队,发动对鄂豫皖边区的第四次"围剿"。此前,红四方面军连续取得黄安、商潢、苏家埠、潢光四次战役的重大胜利,主力和地方部队均有较大发展。张国焘被胜利冲昏头脑,认为国民党军队已成为"偏师",它"动员任何多少部队,都不堪红军的一击"。于是,他盲目轻敌,不做任何反"围剿"准备,坚持所谓不停顿的进攻战略,导致在作战一开始即陷入被动,"丧失了措置裕如的能力",最后不得不放弃根据地,向西转移。

可见,不实行必要的战略退却方针,其中一个根本原因,还是对于敌强我弱这一中国革命战争的长期特点缺乏足够认识,因而盲目乐观,准备不足。

相反,毛泽东所强调的积极防御战略方针的第一步,即战略退却,并不是单纯的害怕退让,而是先避其锋芒,保存力量,再寻找战机。毛泽东认为,如果在敌强我弱的情势下,不实行必要的战略退让,盲目"拼消耗",这无异于乞丐与龙王比宝,是不合时宜的。

暂时的战略退却,也不是一味等待、无所作为,而是要积极准备、积蓄力量。包括搜集敌人方面的政治、军事、财政和社会舆论等方面的情报,政治动员,征集新兵,财政和粮食的准备,政治异己分子的处置等。在战略退却一开始,干部群众往往因为没有经验而不相信暂时退却的必要性。在此过程中,毛泽东强调要做好说服干部群众的工作。这也是准备工作的一个重要方面。

同时,战略退却本身并不是目的,而只是反攻和消灭敌人的必要手段。毛泽东强调:"战略退却的目的是为了保存军力,准备反攻。"当战略退却到一定程度,客观条件有利于我不利于敌、敌我力量对比发生变化时,就应该积极准备反攻,集中兵力消灭敌之一路或一部。在打破敌之"围剿",迫其转入防御时,红军则应适时转入进攻,扩大战果,为打破敌人新的"围剿"创造条件。毛泽东所说"积极防御,又叫攻势防御",其含义即在于此。

毛泽东列举了客观情况有利于我不利于敌的几种情况:

(一)积极援助红军的人民;
(二)有利作战的阵地;
(三)红军主力的全部集中;
(四)发现敌人的薄弱部分;
(五)使敌人疲劳沮丧;
(六)使敌人发生过失。

毛泽东提出,至少要满足以上两个或以上的条件时,"才算是有利于我不利于敌，才好使自己转入反攻"。

毛泽东认为，进攻是战争的重要手段，防御也是战争必不可少的手段。毛泽东并不反对进攻，但他反对盲目的进攻。他所强调的战略退却，其目的是为进攻创造更好的条件。正如他自己所说的那样：

"战略退却的全部的作用，在于转入反攻，战略退却仅是战略防御的第一阶段。全战略的决定关键，在于随之而来的反攻阶段之能不能取胜。"

★ "消极防御实际上是假防御"

积极防御是一种攻势防御，是最终为了进攻的防御，是真防御。与积极防御相反的是消极防御。毛泽东认为，消极防御是一种单纯防御、专守防御。消极防御不是为了进攻，而是单纯防守，最终也达不到防守的目的，因而是假防御。

消极防御的典型例子，是在第五次反"围剿"期间，临时中央的错误战略方针。

为了发动对革命根据地的第五次"围剿"，蒋介石做了半年的多方面的准备，调集100万军队，并自任总司令。尽管如此，如果红军能够正确地估计形势，利用有利条件，采取积极防御的方针，扬长避短，在运动中各个歼灭敌人，打破这次"围剿"还是有可能的。

但是，这时毛泽东已经离开了红军领导岗位，临时中央直接领导这次反"围剿"斗争，采取了一系列错误的战略方针。

首先，在敌方大力准备"围剿"的时候，临时中央不是积极积蓄力量、准备迎战，而是采取了错误的分兵战略。1933年6月，临时中央提出将红一方面军主力分离作战，一部分在抚河、赣江之间作战，一部分入闽作战，企图在两个战略方向"全线出击"，同时取胜，"夺取中心城市"。在国民党方面精心准备、军力占优势的情况下，这一"两个拳头打人"的错误战略，使自己丧失了战争准备的宝贵时间，丧失了主动权。

其次，在敌人进攻初期，临时中央采取了错误的"御敌于国门之外"的错误战略。临时中央废弃过去几次反"围剿"斗争中行之有效的积极防御方针，而采取军事冒险主义的方针，实行所谓"先发制人""不打烂坛坛罐罐""不丧失寸土""六路分兵""不让敌人践踏一寸苏区"土地的方针，要求红军在根据地外消灭敌人。在敌我力量对比悬殊的条件下，这种外线作战无异于以卵击石。果然，从1933年9月下旬到11月中旬，红军在外线连续作战近两个月，不仅没有有效消灭敌人，反而遭到很大损失，陷于被动地位。

再次，在进攻作战几次受挫的情况下，临时中央又采取了错误的"短促出击"的战术原则。这一原则是共产国际军事顾问李德提出来的。这种战术原则，强令装备很差的红军，同用新式武器装备起来的国民党军队打正规战、阵地战、堡垒战，同敌人拼消耗。这无异于用红军之短去对付国民党军队之长，实际上是一种消极的防御方针。其结果是导致打破"围剿"成为不可能，红军只剩下离开根据地、开始长征一条路可走了。

可见，与积极防御方针相比，消极防御方针在战争之前不认真准备、积蓄力量；在战争之初不实行必要的战略退却；在战争之中又不注意采取扬长避短、集中兵力、运动战、战役战斗的速决战、歼灭战等有利于我方的正确战术，其结果必然是失败。

因此，"消极防御实际上是假防御"。毛泽东坚决反对这种错误的战略方针。针对第五次反"围剿"中由于采取消极防御方针而失败的惨痛教训，他在《中国革命战争的战略问题》中愤慨地说：

> "据我所知，任何一本有价值的军事书，任何一个比较聪明的军事家，而且无论古今中外，无论战略战术，没有不反对消极防御的。只有最愚蠢的人，或者最狂妄的人，才捧了消极防御当法宝。然而世上偏有这样的人，做出这样的事。"

★积极防御战略方针的发展

积极防御的战略思想是在土地革命战争中逐步形成的，是对中国革命战争规律的深刻把握和经验的深刻总结。在抗日战争时期，积极防御的战略思想得

★ 讲 战 略 战 术 ★
"只有积极防御才是真防御"

到全面贯彻和运用。

在解放战争期间，积极防御战略方针得到全面发展。在战争初期，党中央和中央军委依据当时敌我力量对比和政治、军事、经济、地理等条件，制定了内线作战和"以歼灭国民党的有生力量为主而不是以保守地方为主"的正确的战略方针，使我军在兵力处于劣势的条件下，能充分利用解放区的有利条件，不断地歼灭敌人，逐步改变敌我力量的对比，改变战略上的被动地位和防御态势；在战略进攻阶段，确定把全军分成内线兵团和外线兵团，外线兵团的突击矛头主要指向敌人的要害和防御力量薄弱的中原地区；毛泽东还高度概括人民军队20余年的作战经验，提出了以集中优势兵力打歼灭战为核心内容的十大军事原则。这些都使积极防御的战略思想进一步成熟和完善。

★ 1936年的毛泽东。

新中国成立后，我们在抗美援朝战争中也是采取持久的积极防御的作战方针，坚守战线，大量消耗敌人，以争取战争的胜利结束，确保了志愿军在战争中的主动权。

朝鲜战争结束后，党中央开始考虑新中国的国防和军队建设方针问题。1955年5月1日，毛泽东在中共中央书记处扩大会议上强调：中国的战略方针是"积极防御，决不先发制人"。1956年3月，中央军委

★ 1953年毛泽东视察海军某部。

扩大会议明确提出，我国国防建设采取积极防御的战略方针。

毛泽东关于积极防御的思想和战略方针，在中国进入改革开放新时期后，得到了进一步坚持和不断丰富发展。

在改革开放之初，邓小平明确指出："我们未来的反侵略战争，究竟采取什么方针？我赞成就是'积极防御'四个字。积极防御本身就不只是一个防御，防御中有进攻。"

★ 讲战略战术 ★
"只有积极防御才是真防御"

改革开放后，党中央和中央军委根据国际形势变化，提出要从立足于准备早打、大打、打核战争转到重点准备应付局部战争上来。

20世纪90年代后，党中央和中央军委适应国际形势和军事斗争形势发展的需要，提出把未来军事斗争准备的基点放在打赢可能发生的现代技术特别是高技术条件下的局部战争上；进入新世纪之后，又进一步明确把军事斗争准备基点放到打赢信息化条件下的局部战争上，我军军事战略指导思想不断完善。

党的十八大后，习近平反复强调：必须认真贯彻新时期积极防御军事战略方针。他说：

> "军事斗争准备是军队的基本实践活动，要牢牢扭住，须臾不能松懈。准备工作做得越充分，我们在战略上就越主动，越能不战而屈人之兵。你有准备、有实力，人家才不敢轻举妄动。"
>
> "积极防御的军事战略方针，是由我国社会主义性质和国家根本利益决定的，要毫不动摇坚持，同时要丰富和完善积极防御战略思想的内涵。"
>
> "中国奉行积极防御的军事战略方针，不会动辄以武力相威胁，也不会动不动到别人家门口炫耀武力。到处炫耀武力不是有力量的表现，也吓唬不了谁。"

这些话语清晰表明：中国人民不惹事，但也不怕事，我们不主动侵略别人，但面对侵略，我们坚决捍卫国家安全。同时也表明：只有积极防御才是真防御，只有做好应付战争的充分准备，敌对势力才不敢轻举妄动，我们才能赢得战略上的主动权。

"十大军事原则也要补充和发展"

"十大军事原则,是根据十年内战、抗日战争、解放战争初期的经验,在解放战争进入反攻时期提出来的,是马克思列宁主义普遍真理同中国革命战争实践相结合的产物。运用十大军事原则,取得了解放战争、抗美援朝战争的胜利(当然还有其他原因)。十大军事原则目前还可以用,今后有许多地方还可以用。但马克思列宁主义不是停止的,是向前发展的,十大军事原则也要根据今后战争的实际情况,加以补充和发展,有的可能要修正。"

——毛泽东:《在军委扩大会议小组长座谈会上的讲话要点》(1958年6月23日)

毛泽东总结的中国人民解放军"十大军事原则",如果用10句话全部讲出来,可能不容易记住。它的全文出自毛泽东转战陕北期间的一篇报告:《目前形势和我们的任务》。但人民解放军的将士为什么能熟记于心?因为只要搞清每一条的出发点和核心内涵,就会一下子明白:条条管用、句句实用。

第一条讲先打哪里:"先打分散和孤立之敌";第二条讲先取哪里:"先取小城市、中等城市和广大乡村";第三条讲作战目标:"以歼灭敌人有生力量为主要目标";第四条讲如何使用兵力:"每战集中绝对优势兵力四面包围敌人";第五条讲取胜的把握:"不打无准备之仗";第六条讲战斗作风:"发扬勇敢战斗、不怕牺牲、不怕疲劳和连续作战的作风";第七条讲运用好两种战斗形式:"力求在运动中歼灭敌人","同时,注重阵地攻击战术";第八条讲攻城时机:"在攻城问题上,一切敌人守备薄弱的据点和城市,坚决夺取之";第九条讲人力物力哪里来:"我军人力物力的来源,主要在前线";第十条讲如何休整:"善于利用两个战役之间的间隙,休息和整训部队"。

作为军事统帅的毛泽东,总结出这十条军事原则!同样作为军事统帅的邓小平,运用了这十条后深有体会地说:"打得好的仗都是依靠了这十条,不依靠这十条,仗就一定不会打好。"

★ "十大军事原则是人民解放军打败蒋介石的主要方法"

人们最早听毛泽东集中讲"十大军事原则",是在1947年12月下旬。为什么要在这个时候概括出"十大军事原则"?

1946年夏,蒋介石政府再次撕毁国共合作协议,打破人民期待已久的在抗战胜利后建立和平民主国家的梦想,又一次欲置代表广大人民群众根本利益的中国共产党和人民军队于死地。就像20年前欲将红军一举"围剿"消灭在中央苏区一样,蒋介石命令国民党军队对共产党领导的解放区发动全面进攻。可事与愿违的是,半年多打下来的结果,国民党军不仅没有占到什么便宜,反而被人民解放军歼灭了71万多人;国民党军不仅给人民解放军"送来"了大量的武器装备,而且也"送来"大量的兵源,俘虏兵纷纷自愿加入人民解放军。毛泽东在总结"军事原则"时讲的"以俘获敌人的全部武器和大部人员,补充自己。我军人力物力的来源,主要在前线"这些内容,恰恰是蒋介石乖乖地配合的!

屡战屡败的蒋介石,不得不改变策略,集中主要兵力,重点进攻陕甘宁边区和山东解放区。延安,就是他进攻的重中之重。1947年3月,蒋介石纠集34个旅25万兵力,仅负责袭击延安的胡宗南部就有15个旅14万人,他们从南、北、西三个方向,以空中、地面、伞兵等方式,气势汹汹压向延安!为更好消灭敌人,毛泽东和中共中央决定:主动放弃延安,实行机动灵活的战略转移。

3月18日晚8时左右,毛泽东与周恩来等人率领中共中央机关撤离延安,开始了转战陕北的精彩"活剧"。正如毛泽东所说的:"军事家活动的舞台建筑在客观物质条件的上面,然而军事家凭着这个舞台,却可以导演出许多有声有色威武雄壮的活剧来。"人民解放战争,就是毛泽东导演的又一场"有声有色威武雄壮的活剧"。

作为导演这场"活剧"的战略家和军事统帅,毛泽东早已成竹在胸。这时的人民解放军,已经不是当年撤离中央苏区进行长征的红军了。撤离延安之前,毛泽东接见了参加保卫延安的人民解放军部分领导干部,对他们说了这样一番充满哲理的话:

> "敌人要来了,我们准备给他打扫房子。我军打仗,不在一城一地的得失,而在于消灭敌人的有生力量。存人失地,人地皆存;存地失人,人地皆失。敌人进延安是握着拳头的,他到了延安,就要把指头伸开,这样就便于我们一个一个地切掉它。要告诉同志们:少则一年,多则二年,我们就要回来,我们要以一个延安换取全中国。"

"存人失地,人地皆存;存地失人,人地皆失。"毛泽东这里讲的,就是马克思主义的辩证法,就是集多年革命战争得出的经验,这个意思,其实就已经包含在"十大军事原则"中了。

转战陕北不到半年时间,蒋介石的重点进攻也遇到重大失败。到1947年9月,蒋介石号称的400万国民党军队,被人民解放军消灭掉了三分之一。过去有人说,"国民党打不垮共产党,共产党也打不垮国民党","谁也消灭不了谁"。而到了这个时候,中共中央明确地提出了"打倒蒋介石"的口号。正如随同毛泽东一道指挥人民解放战争的周恩来所说的:"去年一年的自卫战争,就证明了这个道理——蒋必败,我必胜!"

1947年9月23日,毛泽东、周恩来、任弼时率转战陕北的中共中央机关来到佳县神泉堡。28日,周恩来对中共中央直属单位的干部战士发表了一番讲话,分析了当时的时局和战争态势。

周恩来先说,蒋介石为什么会败?

从人数上说:

讲战略战术
"十大军事原则也要补充和发展"

> 去年一年自卫战争，蒋介石用三百万军队进攻人民解放军。一年作战，死伤和被俘一百一十多万，就是说被消灭了三分之一以上。这是从人数上说。

从建制上看：

> 蒋介石共有二百四十八个旅，被人民解放军消灭九十七个半旅，平均一个月八个旅，还多出一个半旅，也超过三分之一。蒋军建制被打垮这样多，把打垮的再补充起来，就没有战斗力。如胡宗南有几个旅就被消灭过两次，被人民解放军消灭一次以后，再来就容易打了。不少俘虏军官在放回去时说，再碰到我们一定举手缴枪。敌军的新兵是绑来的，像我们在《抓壮丁》那个戏中看到的一样，他们没有经过训练，战斗力弱，逃亡的比老兵更多。蒋军被我俘虏和击毙的将级军官就有二百多，新提拔上来的军官，战斗经验少。

他接着讲：

> 武器方面也是如此，美造装备有许多缴获到我们手里来了。
> 所以无论从人力上、战斗力上、装备上看，蒋介石都不行。
> 粮食也是如此，胡宗南军队打到解放区来，每天要用十架飞机运粮，才够他十万人吃。
> 蒋介石的种种困难，证明他是无法长期打下去的。蒋介石不能消灭我们是定了的。这一点甚至已成为蒋军军官相当普遍的看法。不仅被俘军官这样看，就是现在蒋介石下面的军官，见到蒋介石时腰挺得很硬，说一定消灭共产党，但一背过蒋介石就摇头。开始大打时，蒋军是一旅一旅地被消灭，后来成为一师一师地被消灭。蒋介石说我们专门打他们的司令部，所以，旅长、师长都被我活捉了。哪有这样的

> 事?！他们的司令部都是在自己队伍的紧紧围护中，部队全部被我歼灭了，旅长师长当然被我活捉。对这样的消灭，哪有不寒心不害怕的？
>
> 所以，一年自卫战争的结果，就是蒋介石的军队承认不能消灭我们，而且他们是要失败的。

周恩来形象地比喻说，蒋介石集团就如同一个人害了肺病，专门讲究如何防感冒，防咳嗽，防消化不良，防这防那，这样的人距死期也就不远了。

周恩来还分析了国民党军的三个弱点：兵力不足，后方空虚，人民反对。

讲到共产党领导的人民军队为什么会取得胜利，周恩来也分析了三条主要原因：

> 第一条：人民拥护我们作战，相信我们是为他们做事的。……土地问题解决得好，人民就拥护我们，仗就打得好。全国人口中有百分之八十是农民，其中得到土改利益的占百分之九十以上，这样大的力量，能不打胜仗吗？
>
> 第二条：我们的军队，是为人民的，是人民的子弟兵。他从诞生的时候起，就是为人民谋利的。他有坚强的骨干，坚持执行三大纪律八项注意，同人民有密切的联系，经过艰苦奋斗流血牺牲的锻炼，官兵一致，善于战斗。我们的军队有光荣传统，是战无不胜的。
>
> 第三条：党中央和毛泽东同志领导得好。

这样的国民党及其军队，岂能不败！

这样的共产党及其领导的人民军队，怎能不胜！

周恩来兴奋地对大家说：事实证明，中央撤离延安，第二年打出去的战略战术和决定是完全正确的！

事情的发展，正如毛泽东、周恩来所预料的："少则一年，多则二年。"胡宗南进攻延安9个月以后，战场的局面就发生了根本性的转变，战争的走势已经非常清晰明朗了。

★ 讲 战 略 战 术 ★
"十大军事原则也要补充和发展"

★ 1947年12月25日至28日，毛泽东在陕北米脂县杨家沟主持召开中共中央扩大会议，并作《目前形势和我们的任务》报告。这是《十二月会议》（油画）。

  这个时候的中国共产党及其领导的人民军队，又一次走到了全面总结战争经验和战争规律的时刻，包括人民军队取得胜利的军事原则是什么，也在总结之列。

  就在周恩来讲完这番话一个月后，他和毛泽东、任弼时等人转战来到陕北米脂县的杨家沟。

  1947年12月25日，毛泽东在米脂县杨家沟主持召开了中共中央扩大会议。参加会议的，除当时能够到会的中央委员和候补中央委员以外，还有陕甘宁边区和晋绥边区的负责人。毛泽东在这次会上再次判定了战争形势的根本性变化：

  "中国人民的革命战争，现在已经达到了一个转折点。这即是中国人民解放军已经打退了美国走狗蒋介石的数百万反动军队的进攻，并

> 使自己转入了进攻。还在一九四六年七月至一九四七年六月此次战争的第一个年头内，人民解放军即已在几个战场上打退了蒋介石的进攻，迫使蒋介石转入防御地位。而从战争第二年的第一季，即一九四七年七月至九月间，人民解放军即已转入了全国规模的进攻，破坏了蒋介石将战争继续引向解放区、企图彻底破坏解放区的反革命计划。现在，战争主要地已经不是在解放区内进行，而是在国民党统治区内进行了，人民解放军的主力已经打到国民党统治区域里去了。中国人民解放军已经在中国这一块土地上扭转了美国帝国主义及其走狗蒋介石匪帮的反革命车轮，使之走向覆灭的道路，推进了自己的革命车轮，使之走向胜利的道路。这是一个历史的转折点。这是蒋介石的二十年反革命统治由发展到消灭的转折点。这是一百多年以来帝国主义在中国的统治由发展到消灭的转折点。这是一个伟大的事变。这个事变所以带着伟大性，是因为这个事变发生在一个拥有四亿七千五百万人口的国家内，这个事变一经发生，它就将必然地走向全国的胜利。"

十大军事原则，就是毛泽东为"走向全国的胜利"的人民解放军提供的指导原则，在这次讲话中集中表述出来。

我们为什么能够取得战争的胜利，我们是靠什么打法取胜的？梳理完"十大军事原则"后，毛泽东清楚地告诉大家：

> "以上这些，就是人民解放军打败蒋介石的主要的方法。"

其实，这些方法蒋介石也懂。就像毛泽东说的：

> "蒋介石匪帮和美国帝国主义的在华军事人员，熟知我们的这些军事方法。蒋介石曾多次集训他的将校，将我们的军事书籍和从战争中获得的文件发给他们研究，企图寻找对付的方法。美国军事人员曾向

★ 讲战略战术 ★
"十大军事原则也要补充和发展"

> 蒋介石建议这样那样的消灭人民解放军的战略战术；并替蒋介石训练军队，接济军事装备。"

蒋介石也用这些方法集训自己的队伍，并从美国军事人员那里得到五花八门的战略战术。但是，"所有这些努力，都不能挽救蒋介石匪帮的失败"。恐怕蒋介石也不明白到底是什么原因，问题出在哪里。毛泽东一语道破其中道理：

> "这是因为我们的战略战术是建立在人民战争这个基础上的，任何反人民的军队都不能利用我们的战略战术。在人民战争的基础上，在军队和人民团结一致、指挥员和战斗员团结一致以及瓦解敌军等项原则的基础上，人民解放军建立了自己的强有力的革命的政治工作，这是我们战胜敌人的重大因素。"

杨家沟会议还根据毛泽东、周恩来等人的判断，作出了"关于目前国际形势的几点估计"，并决定：中国人民革命战争应该力争不间断地发展到完全胜利，应该不让敌人用缓兵之计（和谈）获得休整时间，然后再来打人民。这个意思，也包含在十大军事原则当中了。

★ "凡是打得好的仗都是依靠了这十条"

杨家沟会议以后，毛泽东的"十大军事原则"迅速传达给人民解放军的各位将领，并在战场上立竿见影。

以西北战场为例，半个月以后的1948年1月11日，周恩来为战斗在西北的高级干部作了一场形势报告，分析了西北战场10个月来的战争态势：西北野战军随党中央和毛主席坚持在陕北，大家负担的任务很重，面对的敌人比任何地方要多。要想把敌人消灭，并且能够到外线去消灭敌人，靠什么？这就要靠指挥正确、大家齐心协力，还要靠毛泽东的十大军事原则。

针对西北野战军中一些干部战士存在的打到外线去能否站住脚的疑问，周恩来劝告大家说:"西北野战军是最后打出外线的,其他部队都能在外线站住脚,我们西北野战军还会站不住?"他鼓励大家说:"我们不但要发展大西北,还要向西南发展,在这点上,我们西北野战军当仁不让,后来居上,因为我们参战最晚,而打出去又是最后。要在西北展开局面,克服困难,壮大自己。这一点西北野战军过去是有成绩的,从一支小部队很快发展成很能打仗的大部队。"打到外线去后怎么办?周恩来信心十足地说:"我们可以这样看,三五年消灭蒋介石,夺取全国胜利,我们要有这个信心。我们到外线去要打大仗,要掌握毛主席的十条军事原则,我们一定能在蒋管区取得胜利。"

再看中原战场的情况。率领晋冀鲁豫野战军(即后来的中原野战军、第二野战军)挺进大别山的刘伯承、邓小平,在部队中迅速传达了毛泽东的军事思想和军事原则。早在1947年6月,刘邓大军按照毛泽东的战略意图插入国民党军队的腹部大别山地区,揭开了中国人民解放军对国民党军全国性战略反攻的序幕。至1948年3月,在大别山"建立了继续向前跃进的战略基地,在大别山和中原地区背住了蒋介石在南线全部兵力一百六十多个旅中九十多个旅左右的兵

★ 1948年1月2日,为打破中原战场敌我双方拉锯的僵持状态,毛泽东为中共中央军委起草了给刘伯承、邓小平,陈毅、粟裕,陈赓、谢富治的电报,提出刘邓、陈粟、陈谢三军联合作战的计划。

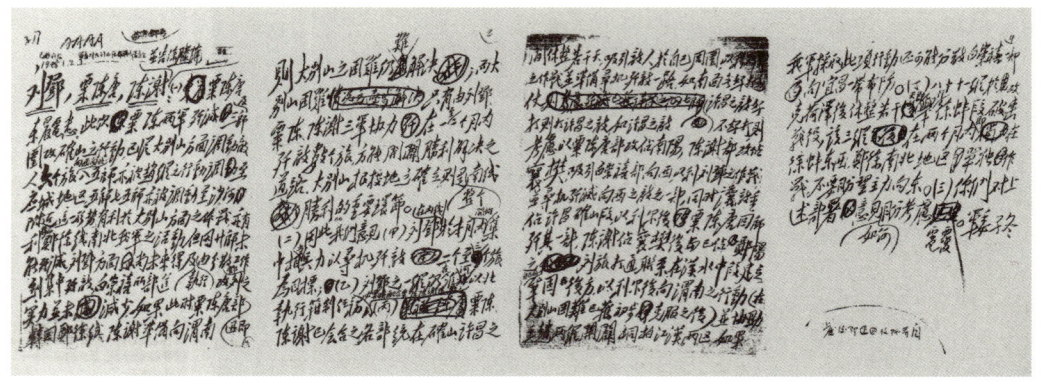

★ 讲战略战术 ★
"十大军事原则也要补充和发展"

力，减轻了其他地区的负担，使其他部队得到休整提高的机会"。刘邓大军挺进大别山后，让陕甘宁的部队得到了两个多月的休整期，"一出来就像老虎一样，一口吃掉敌人五个旅"。对这一点，刘邓大军很自豪，正如邓小平所说："目前整个阶段是我们走在前头，插进了敌人的心脏，威胁着南京、武汉。"

大仗在即，为了进一步提振大军的信心，刘伯承、邓小平于1948年3月6日在安徽临泉县韦寨召开晋冀鲁豫野战军直属部队干部会议。邓小平在会上讲到怎么才能打好仗。他自信地说：

> "要打仗，军事方针是什么？就是毛主席的十条军事原则。那是过去十年土地革命斗争、八年抗日战争和一年半爱国自卫战争经验的基本总结，也是今后革命战争的指导方向。凡是打得好的仗都是依靠了这十条，不依靠这十条，仗就一定不会打好。"

自毛泽东提出"十大军事原则"后，全军的军事学校也迅速把这些原则贯彻在军事教育当中。1948年6月，华北军政大学成立，迅速根据中央军委和华北局的指示，安排政治、军事、后勤等方面的工作。10月14日，兼任华北军政大学校长和政治委员的叶剑英，专门召集校委扩大会议，讲"办好华北军大的几点意见"。其中专门讲了"军事教育的基本内容"，就是毛泽东讲的十条："毛主席的十条军事原则，就是军大的军事教育基本内容。"叶剑英还用自己的话，概括了这十条军事原则。比如，他把第一条概括为"打敌人的方法"，第二条概括为"攻城的方法"，第三条概括为"作战目标"，第四条概括为"使用兵力"等。叶剑英也自信地说："我们的军事干部如果真正学通并掌握了这十条军事原则，就更有保证地完成自己的作战任务。"

就是靠着毛泽东提出的这"十大军事原则"，人民解放军各部以摧枯拉朽之势横扫千军，一路凯歌，国民党军此后再也没有还手之力，直到新中国建立。

"十大军事原则"为什么这样管用？毛泽东对它们有过深刻解读，作过准确定位。简而言之就是：

> 十大军事原则是马克思主义的,"是马克思列宁主义普遍真理同中国革命战争实践相结合的产物"。
>
> 十大军事原则是在我们党和军队长期的实践中总结出来的,"十大军事原则,也不是新的,仅仅把它概括出来是新的";"是根据十年内战、抗日战争、解放战争前期的经验,在解放战争进入反攻时期提出来的","这些方法,是人民解放军在和国内外敌人长期作战的锻炼中产生出来"。

后来毛泽东曾经在总结自己打仗的人生经历时说过这样的话:

> "过去我们都不会打仗,也没有准备上山打游击。我是搞工人、农民运动的,职业是小学教员。但是敌人要抓我们,杀我们,我们被迫上山打仗。不过如何打还是不会,从来没有学过。我们向蒋介石学,向敌人学,打了十年。后来日本人打进来,我们又跟日本人学打仗。我这一辈子就是在打仗中过的,一共打了二十二年。从没有打仗的决心到有了打仗的决心,从不会打仗到学会了打仗。"

从革命战争中走出来的中国共产党的杰出领导人中,个个都是从实际斗争中学会打仗、由不会打仗到会打仗的。毛泽东还说过:"我们打仗也全靠敌人,枪是从敌人那里来的,还俘虏了很多敌人补充到部队中去。敌人的兵,受过训练,会打仗。我们的兵没有受过训练,如果编入一些俘虏,就会打仗。根据地就是训练干部的学校。我们的许多领导人,如刘少奇、周恩来、邓小平和其他许多元帅、将军,起初都不会打仗,是在战争中学习起来的。"

在学习打仗的过程中,毛泽东总结的这十大军事原则,恰恰是上述领袖和元帅打胜仗的法宝,也是毛泽东对马克思列宁主义军事理论所作出的"极为杰出的贡献"。

★ 讲战略战术 ★
"十大军事原则也要补充和发展"

★ "十大军事原则也要加以补充和发展"

毛泽东提出"十大军事原则"的时候，新战争形态（主要是核战争）的威胁就已经存在，他非常清楚这一点，当时就说："蒋介石反动集团在1946年发动全国规模的反人民的国内战争的时候，他们之所以敢于冒险，不但依靠他们自己的优势的军事力量，而且主要地依靠他们认为是'异常强大'的、'举世无敌'的、手里拿着原子弹的美国帝国主义。"尽管这样，原子弹的威胁，并没有把共产党及其领导的人民军队吓着。那个时候，毛泽东也说过：十大军事原则是"完全适合我们目前的情况的"。

随着时代的不断变化和军队的发展要求，毛泽东也在不断地审视，并根据情况的变化不断地思考。

新中国成立后，中国共产党及其领导的人民军队面临的国内国际形势发生了根本性的变化，党由局部执政变成全国执政，人民军队肩负的历史重任也更加艰巨和复杂，战争的威胁也依然存在。在新的历史环境和现代战争条件下，十大军事原则还适用不适用？如何用？怎么用？这些，也是新生人民共和国的将士们思考的重大问题。

熟谙军事教学工作的叶剑英元帅对此深有体会。为适应现代战争的需要，由叶剑英牵头，中央军委在北京连续举办全军在职高级指挥员战役法集训活动，特别针对的就是核战争的威胁。参加集训的高级指挥员的学习内容，包括理论学习、听政治报告、相关专业作业、见学工程兵化学兵与模仿原子炸弹爆炸示范表演等。1955年五六月间，中央军委举办的第二次全军在职高级指挥员战役法集训，一共搞了20天。6月15日，在集训结业式上，叶剑英以国防委员会副主席、中国人民解放军武装力量监察部部长兼训练总监部代部长的身份，到会作了一个总结报告，从理论上讲了他有关现代战役法的几点思考。叶剑英在讲话中，几乎逐条结合毛泽东的十大军事原则、结合大家集训期间讨论的情况，作了详细的总结讲评。

讲到如何认识"原子武器的威力问题"时，叶剑英说：原子武器是有很大威力的突击兵器，它具有冲击波、光辐射、穿透辐射及放射性沾染四种性能，

对生动力量有很大的杀伤力,对技术兵器和工程物体有很大的破坏力,小型原子炸弹能使半径1600公尺内的人员受到伤害,一个营的兵力失掉战斗力,半径700公尺以内的技术兵器受到严重的损坏。但是,叶剑英提醒大家:"光靠原子武器,并不能决定战争胜负,原子武器的产生和使用,不但不能代替其他兵种、兵器的作用,恰恰相反,原子武器要有其他兵种兵器积极的密切的配合,才能发挥其作用。"

讲到"合围与歼灭敌人重兵集团及第二梯队的使用问题"时,叶剑英回应了在大家学习过程中的争论,其中涉及"合围与歼灭被围之敌,是一个过程或是两个过程?""合围与歼灭敌人是否可以使用原子武器?""合围与歼灭敌人时主力应指向何方?"叶剑英要求大家随时研究、关注新课题和新情况,并肯定地回答:"我军实施战役的基本样式,乃是合围与歼灭敌人的进攻战役。毛主席说:'每战集中绝对优势兵力,四面包围敌人,力求全歼,不使漏网。'在使用原子武器的条件下,在所有各种类型的战役中,都应该遵守合围并歼灭敌人这一原则。"

讲到"提高战役速度问题"时,叶剑英特别提醒大家,现代进攻战役,速度要求非常之快,对这一点有些同志不要有任何怀疑,提高战役速度是现代战役的重要条件。但是我们要了解,提高战役速度必须有一定的物质基础。当然,指挥高速度的进攻战役,仍然要遵循毛主席的十大军事原则,"要提高进攻速度必须加强政治工作,发扬勇敢战斗,不怕牺牲、不怕疲劳与连续作战的作风(毛主席十大军事原则第六条),不使敌人获得喘息的时间"。

概而言之,既要遵循过去,也要研究现代。

1956年9月18日,彭德怀元帅在中国共产党第八次全国代表大会上就军事工作发言,也结合朝鲜战争的实践经验,谈到毛泽东"十大军事原则"的指导作用。他特别强调:"我军在长期革命战争中形成起来的建军原则和战争指导原则,中国人民志愿军在朝鲜作战的经验,在今后还是极有用的。"当然,他也提出:一方面要深入实际,发现和亲自体会群众所创造的新事物和它的意义;另一方面也要把苏联和国际上一切先进军事经验学到手,并把这些经验与我军的历史经验和现代化建设中的实践经验结合起来,"逐步形成适合我国实际情况的现代军事科学"。

★ 讲战略战术 ★
"十大军事原则也要补充和发展"

将帅们的思考和体会，与毛泽东的思路是一致的。

1958年六七月间，经毛泽东提议，中共中央军委在北京召开扩大会议，其中一个主要议题，就是反对军事工作中存在的教条主义。会议期间，毛泽东多次在中南海游泳池住处召集参加扩大会议的主席团成员和各组组长到自己住处，议论一些重大问题。前来毛泽东住处开会的包括解放军各总部和兵种的一些高级将领、一些大军区领导、军事院校负责人等，经常参加会的有邓小平、彭德怀、黄克诚、谭政、邓华等20多人，有时候林彪、陈毅、贺龙等人也被请来参加。

6月23日，在中南海住处会议上，毛泽东对军队的将帅们讲了一番意味深长的话：

> 人民解放军有没有教条主义呢？我在成都会议上说过，搬是搬了一些，但建军的基本原则坚持下来了。教条主义究竟有多少，这次军委会议要实事求是地加以分析研究，不要夸大，也不要缩小，要坚持真理，修正错误。

毛泽东专门讲到，十大军事原则也要根据今后战争的实际情况加以补充和发展。言下之意，也不能当

★ 1958年6月，毛泽东在中央军委扩大会议上指出："十大军事原则也要根据今后战争的实际情况，加以补充和发展。"

作教条。他说：

> "十大军事原则，是根据十年内战、抗日战争、解放战争初期的经验，在解放战争进入反攻时期提出来的，是马克思列宁主义普遍真理同中国革命战争实践相结合的产物。运用十大原则，取得了解放战争、抗美援朝战争的胜利（当然还有其他原因）。十大原则目前还可以用，今后有许多地方还可以用。但马克思列宁主义不是停止的，是向前发展的，十大原则也要根据今后战争的实际情况，加以补充和发展，有的可能要修正。"

一周以后，在另一次会议上，他再次对中央军委扩大会议主席团成员和各组组长说了这样的话：

> "马列主义的普遍真理与中国革命的实践相结合。不能吃现成饭，吃现成饭是要打败仗的。"

毛泽东军事箴言

中共中央文献研究室第一编研部 编著

下

辽宁人民出版社

★ 讲 战 略 战 术 ★
"一切反动派都是纸老虎"

"一切反动派都是纸老虎"

"一切反动派都是纸老虎。"

——毛泽东：《和美国记者安娜·路易斯·斯特朗的谈话》（1946年8月6日）

1946年夏天，抗战的硝烟散去不久，解放战争的烽火已经燃起。美国记者安娜·路易斯·斯特朗第五次来到中国。8月6日，她乘卡车一路颠簸，前往延安杨家岭毛泽东的住处，要完成她上次访华未能实现的愿望——见到毛泽东。在这里，她第一次见到了毛泽东这个"身材魁梧""毫无拘束"的富有传奇色彩的中国革命领袖。

斯特朗问毛泽东："你觉得中国的问题，在不久的将来，有政治解决、和平解决的希望没有？"

毛泽东回答："这要看美国政府的态度。如果美国人民拖住了帮助蒋介石打内战的美国反动派的手的话，和平是有希望的。"

"如果美国人民问到共产党为什么作战，我该怎样回答呢？"

"因为蒋介石要屠杀中国人民，人民要生存就必

★ 1946年，美国记者安娜·路易斯·斯特朗在延安。

★ 图为1946年8月6日毛泽东和斯特朗谈话的地点。

须自卫。这是美国人民所能够理解的。"

接着，这位61岁的美国记者提出了一个尖锐的问题："如果美国使用原子炸弹呢？如果美国从冰岛、冲绳岛以及中国的基地轰炸苏联呢？"

毛泽东目光如炬，用坚定的口吻回答道：

"原子弹是美国反动派用来吓人的一只纸老虎，看样子可怕，实际上并不可怕。当然，原子弹是一种大规模屠杀的武器，但是决定战争胜败的是人民，而不是一两件新式武器。"

他接着说："一切反动派都是纸老虎。看起来，反动派的样子是可怕的，但是实际上并没有什么了不起的力量。从长远的观点看问题，真正强大的力量不是属于反动派，而是属于人民。"

这一番发生在中国西北黄土高原上的对话很快震动了全世界。毛泽东告诉全世界人民：只有人民的力量是不可战胜的，反动势力看起来强大，但那是暂时的，是纸老虎，它们必将失败。这句话鼓舞了全世界革命者为着民族自由解放事业而不懈斗争。

毛泽东为什么说一切反动派都是纸老虎？这还得从毛泽东革命经历中的认识判断说起。

★ 讲战略战术 ★
"一切反动派都是纸老虎"

★34岁的毛泽东得出结论：真正的力量在人民手中

1927年春，北伐战争正轰轰烈烈地开展起来，战线已经推进到上海和浙江宁波、富阳，安徽安庆一带。这时党内不少同志都对国共合作前景表示乐观，毛泽东却选择来到湖南农村考察农民运动。数十天的考察，毛泽东得出了一个结论：

"很短的时间内，将有几万万农民从中国中部、南部和北部各省起来……他们将冲决一切束缚他们的罗网，朝着解放的路上迅跑。"

在毛泽东看来，人类历史一直是在反动势力日趋没落、革命力量逐渐上升并最终取代反动势力的新旧交替中向前发展的，先进阶级取代落后阶级、民主势力战胜剥削压迫，这是不可抗拒的历史潮流。

考察过农民运动后，毛泽东坚信：孙中山先生40年的努力没有做到的事情，就是他在遗嘱中痛陈的"唤起民众"，农民群众在几个月内就做到了。一切反人民的帝国主义、军阀、贪官污吏、土豪劣绅，都将被人民的磅礴力量葬入坟墓。反动的势力必将灭亡，革命的人民必将胜利，因为真正的力量从来不在反动派手里，而永远在人民手中。这就是34岁的毛泽东得出的结论，它奠定了毛泽东革命生涯的基调。

毛泽东的考察报告发表之后不久，"四一二""七一五"反革命政变相继发生，大革命不可逆转地遭遇了失败，共产党被迫开始独立组织武装斗争。8月7日，中共中央在汉口召开会议，确定了土地革命和武装斗争的总方针。为了贯彻"八七会议"所定的方针，毛泽东于9月9日领导湘赣边界秋收起义。起初湖南省委决定首先破坏粤汉和株萍铁路，随后组织各县和省城长沙起义，然而起义的三路部队均遭受挫折。据当时参加战斗的彭公达回忆，共产党人当时还没能广泛发动群众支援配合，所以"人民没有起来"。

此时，毛泽东当即决定放弃攻打长沙的计划，南下向敌人统治力量薄弱的农村进发。10月底，疲困交加的起义部队来到湘赣边界罗霄山脉中段的井冈山，开展工农武装割据，这是共产党领导人民军队第一次在真正意义上和人民结合在一起，共产党人第一次获得了真正的力量。1928年，毛泽东满怀信心地

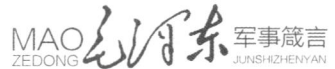

指出，一国之内，在白色政权的包围中有一小块或若干小块红色政权的区域长期存在，这是世界各国从来没有的事。红色政权存在的外部原因是帝国主义和一切反动派虽貌似强大，实际上内部早已四分五裂；而红色政权存在的更为根本的原因则在于党领导的武装力量第一次和蕴藏着无穷革命能量的民众紧密结合在一起：革命的武装力量不仅包括相当力量的正式红军，而且还有各县的赤卫队和乡的暴动队，军队不仅负责作战，而且积极做群众工作。

到农村去、到反动势力最薄弱的地方去，也就是到人民群众基础最好的地方去开展武装斗争。通过这样的斗争经历，毛泽东断言："边界的红旗子始终不倒，不但表示了共产党的力量，而且表示了统治阶级的破产"，即将到来的革命高潮则更是"站在海岸遥望海中已经看得见桅杆尖头了的一只航船"，是"立于高山之巅远看东方已见光芒四射喷薄欲出的一轮朝日"，是"躁动于母腹中的快要成熟了的一个婴儿"。

正是人民的无穷力量给了毛泽东无比的自信。

★ 发动非正义战争的帝国主义者必将最终失败

半殖民地半封建的中国，内无民主制度，外无民族独立，人民要谋得自由和民主没有和平道路可走，而只有进行战争。纵观古今中外的历史变迁，反人民的势力永远不会自行退出历史舞台，自由民主的必由之路就是人民组织起来反抗到底。这一条真理不仅在国内革命中一再得到证明，而且也适用于中华民族反对帝国主义、法西斯主义的正义战争。

1935年春季开始，已经在东北三省横行数年的日本侵略者一面在华北对中国领土鲸吞蚕食，策动华北五省"自治"，一面诱骗国民政府签订了一系列旨在侵吞华北、灭亡中国的秘密协定。民族危机日益深重，蒋介石却电令西北军加紧对红军发起进攻。这年12月，中共中央在陕北子长县瓦窑堡召开政治局扩大会议。毛泽东在会议上说：一切帝国主义的侵略战争都是非正义的，而只有被压迫的民族和被压迫的阶级的反抗战争才是正义战争；帝国主义"这个怪物"出现之后，全世界被压迫民族和被压迫阶级的正义的反抗战争已经连成一体，中国人民的反抗斗争不再是孤立的，正义的反抗战争必将取得胜利。

★ 讲 战 略 战 术 ★
"一切反动派都是纸老虎"

1937年夏，日军发动卢沟桥事变。7月底，日军猛攻北平南苑，北平、天津在三日内先后沦陷，蒋介石为了防止日军自华北长驱直下徐州、威胁南京，遂在上海组织反击，把日军由北向南的入侵方向改变为由东向西。尽管国民政府投入的兵力多于日本侵略者，但是由于各系军队缺乏协调、指挥不灵，加之武器装备远逊敌人，上海和浙江北部的抗战节节失利，大片国土沦陷敌手。与此同时，共产党领导的八路军则先后取得了平型关等战役的胜利，与华北、淞沪抗战国民党军的一再受挫形成了鲜明对比。

面对日寇的强大攻势和国内各界要求抗战的呼声，蒋介石不得不发表声明，要求"地无分南北，人无分老幼，无论何人，皆有守土抗战之责"，但却始终缺乏发动人民实行全民族抗战的具体行动。

这年9月29日，毛泽东在谈到国共合作成立之后的迫切任务时痛切地指出：单纯的政府和军队的抗战，是决然不能战胜日本帝国主义的，华北和江浙地区的失败就是血淋淋的证明！尽管统一战线名义上成立了，但是国民政府迟迟不敢发动群众，广大的工人、农民、兵士、城市小资产阶级及其他许多爱国同胞还没有被唤起，还没有组织起来和武装起来，这才是目前的最严重的问题！挽救危亡只有一个办法，这就是全民族抗战，中国抗战是反压迫反侵略的正义战争，所以政府不但不应惧怕人民，而且必须唤起人民积极地参加战争才能取得胜利。正是在这一时期毛泽东点明了这样一条原理："战争的性质决定政府和人民的关系"，发动非正义战争的帝国主义者必将遭到其国内外人民的反对并最终失败，而反压迫、反奴役的正义力量则会受到人民的拥护，是定将取得胜利的。

判断中国将会在抗击侵略的战争中取得胜利，毛泽东不是独此一家，当时有一种论调认为日军的机动力量将被大量牵制，无法再行进攻，短时间内中国军队就能够组织反攻并在短时间内战胜日本。与这种"速胜论"截然相反的则是认为中国必败的"亡国论"。

1937年秋天开始，短短几个月间，上海和南京相继沦陷。12月，日寇大肆虐杀中国军民，制造了震惊中外、惨绝人寰的"南京大屠杀"，罹难者达30余万。1938年5月，日军攻陷徐州，更直接威胁华中重镇武汉、长沙。当时的国内，一方面恐惧、悲观、失望的情绪弥漫全国；另一方面盲目乐观的"速胜论"也大有市场。毛泽东考察了敌我双方的形势后敏锐地指出,"亡国论"和"速胜论"都不可取,未来的形势是日本必败,中国则将会在艰苦持久的作战后取得胜利。他进而分析道,日本帝国主义虽然暂时强大,但它发动的侵略战争是退步的、野蛮的、反人民的,不仅将受到被压迫的中国军民的奋起反抗,而且会引起其国内的阶级矛盾,国际社会的绝大多数国家也会反对它;中国虽然军力、经济力和政治组织力各方面都不如敌人,但中国是有着极大战略纵深的大国,更重要的是,抗日战争是进步的正义战争,支持战争的人民则有着无穷的力量。1938年5月,毛泽东为了反驳"亡国论"和"速胜论"撰写了著名的《论持久战》。他形象地说:

> "战争的伟力之最深厚的根源,存在于民众之中。日本敢于欺负我们,主要的原因在于中国民众的无组织状态。克服了这一缺点,就把日本侵略者置于我们数万万站起来了的人民之前,使它像一匹野牛冲入火阵,我们一声唤也要把它吓一大跳,这匹野牛就非烧死不可。"

日本帝国主义的反人民、非正义和暂时强大,中国人民反抗侵略压迫的人民性、正义性和暂时弱小,两方面因素共同决定了抗日战争必然是一场日本必败、中国必胜的持久战。毛泽东这部著名的《论持久战》像伟大的灯塔一样照亮了中国人民抗战的光明前途!

对共产党人来说,"唤起民众"不是一句空话。毛泽东提出要组织人民自卫军和民兵,解放区所有的男女青年都要组织在抗日人民自卫军、民兵或者主力军队中,部队不仅可以随时担负作战任务,而且有能力深入敌后放手发动群众;要把武装斗争与工人、农民、青年、妇女等的斗争直接或间接地配合起来,与政权的斗争,经济战线、思想战线的斗争和锄奸斗争等直接或间接地配合起来。

貌似强大的帝国主义国家最终必将失败,这不仅是毛泽东审视中国战场的形势得出的结论,更是他对世界人民反法西斯战争的整体判断。1942年10月的欧洲战场,顽强的苏军在斯大林格勒战役中不仅顶住了纳粹的进攻,而且还毙俘德军数十万人,击毁上千辆坦克、2000多门火炮和1400余架飞机,扭转了不利局面。这时战役还没有取得最后的胜利，但毛泽东已经断言，尚未结束的斯大林格勒战役正是纳粹"灭亡的决定点"。这时，毛泽东撰写了《第二次世界大战的转折点》，文章指明：斯大林格勒战役就是欧洲战场的转折点，从现在开始，纳粹的罪恶势力将"只有死路一条好走了"。在人类历史上，凡属将要灭亡的反动势力，总是要向革命势力进行最后挣扎的，而有些革命的人们也往往在一个时期内被这种外强中干的现象所迷惑，看不出敌人快要消灭、自己快要胜利的实质。相应地，在亚洲、太平洋战场上，正在进行反人民战争的日本帝国主义也"将一天一天感到头痛，直至向它的墓门跨进"。

1945年4月末，在具有伟大历史意义的党的七大上，毛泽东向大会作了《论联合政府》的政治报告，他说："法西斯侵略势力是一定要被打倒的，人民民主势力是一定要胜利的。世界将走向进步，决不是走向反动。……人民，只有人民，才是创造世界历史的动力。"

"只有人民，才是创造世界历史的动力"，这句话振聋发聩，石破天惊！

★ "从战略上说，完全轻视它；从战术上说，重视它"

1945年6月，欧洲战场上的反法西斯战争已经结束，日本帝国主义正在做最后的垂死挣扎，毛泽东在中共七大上作了题为"愚公移山"的讲话，他坚定地说：

> "现在也有两座压在中国人民头上的大山，一座叫做帝国主义，一座叫做封建主义。中国共产党早就下了决心，要挖掉这两座山。我们一定要坚持下去，一定要不断地工作，我们也会感动上帝的。这个上帝不是别人，就是全中国的人民大众。全国人民大众一齐起来和我们一道挖这两座山，有什么挖不平呢？……美国政府的扶蒋反共政策，说明了美国反动派的猖狂。但是一切中外反动派的阻止中国人民胜利的企图，都是注定要失败的。"

没有人民挖不平的大山，一切看似猖獗的反动派在人民面前都注定失败。

可以说，毛泽东对战争结果的判断归结到底仍然是：谁站在人民一边，谁就将取得胜利。

艰苦卓绝的抗战是人民的胜利，但正当人民热切期盼即将到来的胜利之时，蒋介石集团却早已在策划夺取人民战争的胜利果实。日军投降之际，他一方面电令共产党指挥下的军队就地"驻防待命"，并设置了重庆谈判这场"鸿门宴"；另一方面宣判罪大恶极的侵华日军司令官冈村宁次"无罪"，并秘密请他充当反共内战的"军事顾问"。蒋介石对内镇压、对外卖国的丑恶嘴脸再次暴露无遗。日本侵略者宣布无条件投降之时，国民党统治下的土地和人口均超过全国总量的70%，国民党军总兵力约有430万人，正规军规模达86个整编师，其中22个为美械、半美械装备，此外还接收100万日军的装备，拥有军用飞机、坦克等大量武器。相比之下，人民解放军总兵力仅有127万人，用的是各路缴获的"万国牌"武器装备。据1946年7月统计，解放区每月仅能够生产步枪1030支，迫击炮2门，机枪15挺，步枪子弹不及30万发。解放军的力量处于明显的劣势中。这些都使得蒋介石集团有恃无恐，幸灾乐祸地扬言3～6个月之内先消灭关内的人民军队，再着手解决东北问题。

以毛泽东为代表的中国共产党人对蒋介石集团和美国等帝国主义势力的阴谋洞若观火。1947年12月，毛泽东说，蒋介石的方针就是镇压、逮捕和屠杀，他20年的统治是卖国独裁反人民的统治，他们的一切欺骗都已被他们自己的行为所揭穿，他们已经没有什么群众，已经完全孤立了。而与此同时，世界人民的民主力量超过世界反动力量，并且正在向前发展；在中国，共产党不但在解放区得到最广大人民群众的信任，而且在国民党统治区也得到了广大人民群众的拥护，党和人民不仅有身经百战的正规军，而且有广泛发动起来的游击队、民兵等人民武装。蒋介石和支持他打内战的美帝国主义等纵然不甘心自行退出历史舞台，但人民战争的小米加步枪注定将消灭他们的飞机加坦克。

也正是在这些考虑下，毛泽东对美国记者斯特朗说出了本篇开头那番话。

据说当时陪同美国记者斯特朗的，还有时任中宣部部长的陆定一和黎巴嫩裔的美国医生马海德。由于毛泽东第一次使用"纸老虎"这个词，陆定一不知如何翻译，就暂时翻译成"Straw-man（稻草人）"。

斯特朗问："是指Scare-crow（吓鸟的稻草人）吗？"

在华多年的马海德医生领会了二者的区别,纸老虎显然不是立在田里单纯依靠恐吓驱赶鸟儿的稻草人,他说:"不对,不是稻草人,是纸老虎,paper-tiger。"

从此,"纸老虎"这个词,无论中文还是英文,开始传遍大江南北、长城内外,也传遍了全世界。

毛泽东一句"一切反动派都是纸老虎"的论断,来自一种政治家的自信,也源于对历史大势的准确把握。历史一次又一次地证明,人心向背决定战争胜败。追求自由独立是全民族共同的心愿,一切强加给中华民族的压迫、奴役和战争都将会遭到失败。

在经历了100多年沉沦、屈辱的历史后,中华民族终于在1949年迎来了新中国的成立。

中国人民从此站起来了,但以美国为首的西方敌对势力为了维护其侵略利益,继续不断向中国施加武力威胁,甚至以核战争相威胁。尽管新中国"一穷二白",毛泽东还是多次一针见血地指出,帝国主义和一切反动派都是纸老虎,原因就在于它们是反人民的。

1956年7月14日,毛泽东在会见拉美客人时,进一步表达了对帝国主义强大势力威胁时的态度。他说:

> "一切会有变化。腐朽的大的力量要让位给新生的小的力量。力量小的要变成大的,因为大多数人要求变。美帝国主义力量大要变小,因为美国人民也不高兴本国的政府。"
>
> "我这一辈子就经历了这种变化。"

毛泽东再次运用了"纸老虎"说法:

> "现在美帝国主义很强,不是真的强。它政治上很弱,因为它脱离广大人民,大家都不喜欢它,美国人民也不喜欢它。外表很强,实际上不可怕,纸老虎。外表是个老虎,但是,是纸的,经不起风吹雨打。我看美国就是个纸老虎。"

怎么对待纸老虎？毛泽东分别从战略上和战术上提出了自己的考虑：

"我们说美帝国主义是纸老虎，是从战略上来说的。从整体上来说，要轻视它。从每一局部来说，要重视它。它有爪有牙。要解决它，就要一个一个地来。比如它有十个牙齿，第一次敲掉一个，它还有九个，再敲掉一个，它还有八个。牙齿敲完了，它还有爪子。一步一步地认真做，最后总能成功。

从战略上说，完全轻视它。从战术上说，重视它。跟它作斗争，一仗一仗的，一件一件的，要重视。现在美国强大，但从广大范围、从全体、从长远考虑，它不得人心，它的政策人家不喜欢，它压迫剥削人民。由于这一点，老虎一定要死。因此不可怕，可以轻视它。但是，美国现在还有力量，每年产一亿多吨钢，到处打人。因此还要跟它作斗争，要用力斗，一个阵地一个阵地地争夺。这就需要时间。"

什么纸老虎会被打破呢？毛泽东认为，当正义的力量、人民的力量一步步强大起来的时候，总有一天，纸老虎终究会经不起风雨。

"美洲国家、亚洲非洲国家只有一直同美国吵下去，吵到底，直到风吹雨打把纸老虎打破。"

他还说：

"总有一天，纸老虎会被消灭的。但是它不会自己消灭掉，需要风吹雨打。"

这些论断，突出地反映了毛泽东的"纸老虎理论"，再一次论证了最终决定战争胜败的是人心向背："力量小的，同人民联系的，强；力量大的，反人民的，弱。"

1957年11月，毛泽东在出访苏联期间，在莫斯科共产党和工人党代表会议上发言，还饶有兴味地回忆起11年前接受斯特朗采访时的谈话，他说：

★ 讲 战 略 战 术 ★
"一切反动派都是纸老虎"

"1946年蒋介石开始向我们进攻的时候,我们许多同志,全国人民,都很忧虑:战争是不是能够打赢?我本人也忧虑这件事。但是我们有一条信心。那时有一个美国记者到了延安,名字叫安娜·路易斯·斯特朗。我同她谈话的时候谈了许多问题,蒋介石、希特勒、日本、美国、原子弹等等。我说一切所有号称强大的反动派统统不过是纸老虎。原因是他们脱离人民。你看,希特勒是不是纸老虎?希特勒不是被打倒了吗?我也谈到沙皇是纸老虎,中国皇帝是纸老虎,日本帝国主义是纸老虎,你看,都倒了。美帝国主义没有倒,还有原子弹,我看也是要倒的,也是纸老虎。"

★ 1957年,毛泽东前往莫斯科参加十月革命40周年庆祝活动,并出席社会主义国家共产党和工人党代表会议。在这次会议上,毛泽东进一步论述了帝国主义是纸老虎的问题。

毛泽东清楚地告诉人们，得道多助，失道寡助，人民只要敢于起来斗争，敢于拿起武器，掌握自己国家的命运，就一定能够战胜帝国主义和其他一切反动势力的侵略。

这一时期，毛泽东不断对国内和国际上的人们讲解"纸老虎理论"。

1958年12月，毛泽东在武昌出席中共八届六中全会期间，专门写了一篇文章，题目就叫《关于帝国主义和一切反动派是不是真老虎的问题》。他在文章中明确作出回答：

> "回答帝国主义及一切反动派是不是真老虎的问题。我的回答是，既是真的，又是纸的，这是一个由真变纸的过程的问题。变即转化，真老虎转化为纸老虎，走向反面。一切事物都是如此，不独社会现象而已。我在几年前已经回答了这个问题，战略上藐视它，战术上重视它。"

毛泽东在向人们做解释工作的同时，深刻地阐述了事物的"两重性（即对立统一规律）"。

1973年，中美关系正常化的大门已经徐徐开启，美国国务卿兼总统国家安全事务助理亨利·基辛格博士第五次访华。2月17日晚上，基辛格在拜访毛泽东的时候，问起毛泽东学英语的事："主席现在正学英文吗？"

毛泽东否认道："我认识几个英文字母，但不懂文法。"

基辛格微笑着说："主席发明了一个英文单词。"对此毛泽东立即爽快地承认了："是的，我发明了一个'paper-tiger'。"

宾主相视大笑，在场的人忍俊不禁，无不为毛泽东的博大胸怀和机智幽默的谈吐所折服。

毛泽东的"一切反动派都是纸老虎"这个著名论断和"纸老虎"这个极为形象的政治术语，随着毛泽东的智慧和幽默，传遍了国内国际，早已融入正义的人民力量之中。

★ 讲战略战术 ★
"在战略上要藐视敌人，在战术上要重视敌人"

"在战略上要藐视敌人，在战术上要重视敌人"

"在战略上我们要藐视一切敌人，在战术上我们要重视一切敌人。"

——毛泽东：《在莫斯科共产党和工人党代表会议上的讲话》（1957年11月18日）

毛泽东的这句名言，与他的那句"一切反动派都是纸老虎"好比孪生兄弟，如影随形。这句话恰恰是对毛泽东关于纸老虎问题的具体解释，或者说是对纸老虎问题的对策措施。

1957年11月，毛泽东率中国代表团前往莫斯科参加庆祝十月革命40周年纪念活动，并参加随后召开的社会主义国家共产党和工人党代表会议。会上毛泽东对国际共产主义运动的前途做了乐观的判断，并号召国际社会爱好和平正义、反对侵略压迫的人民加强团结，打击帝国主义的侵略

★ 1957年，毛泽东在莫斯科。

企图。正是在这次会议上，毛泽东提出：

> "在战略上我们要蔑视一切敌人，在战术上我们要重视一切敌人。"

毛泽东这句话的思想内涵由来已久。这不仅是他在长期革命战争中总结出来的一条重要的方法论原则，也是他领导全国人民在各个历史时期反抗一切敌人的真实写照。

★ "战略是'以一当十'，战术是'以十当一'"

在战争问题上，毛泽东学会既从战略上蔑视敌人，又从战术上重视敌人，那是从大革命时期开始的。

1927年北伐战争失败后，中国共产党通过武装起义进入了创造红军进行革命战争的新时期。这一时期，红军装备很差，物资补给相当困难，并且一开始就处在敌人的虎视眈眈之中，不断遭到敌人的"进剿"和"会剿"。在这种严峻的形势下，采取什么样的战略战术就成为革命战争能否坚持、红军能否发展壮大的关键因素。

面对敌强我弱的基本情况，毛泽东逐渐在井冈山摸索出一条工农武装割据的革命道路。在红军的战略上，毛泽东提出：对力量比较强的敌人要采取守势，对力量相对较弱的敌人要采取攻势；在统治阶级政权破裂的时候可以比较地冒进，在统治阶级政权暂时稳定的时期则要相对谨慎。

在井冈山革命根据地初创之时，毛泽东就从战略上明确指出，统治阶级内部早已经是四分五裂，看似强大的敌人实际上困难重重、必然失败，"边界的红旗子始终不倒，不但表示了共产党的力量，而且表示了统治阶级的破产"；同时，他还从具体战术上做好充分的准备，强调，幼小的红军要尽量避免分散兵力"冒进"，要充分借助群众基础较好、熟悉地形等优势弥补我军在装备和训练上的劣势，集中优势兵力打运动战、歼灭战而不是阵地战、击溃战。在战术上，毛泽东在总结井冈山武装斗争经验的基础上，把红军游击战争的原则概括为"敌进我退，敌驻我扰，敌疲我打，敌退我追"，即著名的"十六字诀"。这

★ 讲战略战术 ★
"在战略上要藐视敌人，在战术上要重视敌人"

个战术原则说到底就是在充分重视敌人的实力的基础上避实击虚、趋利避害、灵活机动，尽量"使巧劲"，避免和敌人"硬碰硬"。

对敌我双方形势的清醒判断，对眼前形势和长远趋势的清醒认识，是毛泽东在战略上保持乐观、在战术上保持谨慎的出发点。正是由于坚持了正确的战略战术，到1930年初，红军在短短3年间从无到有，从若干小游击队发展到拥有10多个军、约7万人的部队，先后创建了井冈山、湘鄂西、赣南闽西等10多块革命根据地，星星之火终成燎原之势。

但是随着革命形势的发展变化，"左"倾错误逐渐在党的领导集体中蔓延开来，给革命斗争造成了损失。1930年夏，国民党新军阀间爆发了规模空前的中原大战，蒋介石"尽调湘鄂赣诸省驻军开赴津浦、陇海、平汉诸线"，与冯玉祥、阎锡山在中原战场上的总兵中超过100万人，在长达1000多公里的战线上鏖战不休，这个形势在客观上为红军的发展和根据地的扩大创造了有利条件。虽然革命形势有了较大的恢复和发展，红军和根据地也有相当的规模，但是敌强我弱的基本情况还远远没有改变。这时党内以李立三等为代表的"左"倾冒险主义在中央领导机关取得了统治地位。1930年6月11日，中央政治局通过了李立三起草的《新的革命高潮与一省或几省的首先胜利》决议案，认为"新的革命高潮已经逼近到我们面前"，全国范围内的"直接革命的形势"更是"有极大的可能转变成为全国革命的胜利"。决议案指责了毛泽东的农村包围城市的理论，要求红军"坚决打击敌人的主力"，重点就是直接在主要城市进行武装暴动，夺取政权，进而实现全国革命。

在"取南昌、攻九江""切断京汉路""会师武汉、饮马长江"的错误计划之下，各路红军开始向敌人盘踞的中心城市和重要交通线展开进攻。结果数次攻打长沙均未成功，夺取九江和南昌的计划也不得不推迟，皖西苏区几乎全部失陷敌手，转战桂湘鄂三省的红七军和蕲春、黄梅附近的红十五军，浙南的红十四军等都屡遭重大伤亡。反倒是毛泽东和朱德领导的红一军团没有贸然进攻大城市，不但避免了损失还获得了一定的发展。直至1930年9月，党的六届三中全会在上海召开，中央机关得到改组，李立三"左"倾错误才得到纠正。

血的教训一再提醒党和人民军队，敌强我弱的形势短时间内不会改变，尽管在长远上看、战略上看反动派进行的反人民、非正义的战争未来必将遭受失

★ 1930年10月，为避免李立三"左"倾冒险主义要红军进攻中心城市可能招致的损失，毛泽东等灵活处理了所属红军的作战行动，率部攻克江西吉安，扩大了赣西南苏区。图为吉安战场旧址。

败，但红军若在战术上不够重视敌人、轻敌、盲动、冒进，依然会在现阶段遭受重大损失，革命的任务就很难完成。这是已经被历史一再证明了的真理。

然而，提高党和人民军队在战略和战术问题上的认识，却不是一蹴而就的。自1931年春开始，党中央"左"的错误再次抬头。以王明为代表的"左"倾冒险主义看不到敌强我弱的大形势，再次主张夺取中心城市，面对敌人的进攻主张要"御敌于国门之外"，"不让敌人蹂躏一寸苏区"，企图以阵地战配合短促突击去赢得战斗的胜利。1932年，在"左"的错误影响之下，中革军委下达了攻取赣州的命令，决心以此争取革命在江西省首先胜利。毛泽东、周恩来等都表示反对过早地攻打中心城市，但他们的声音没有引起重视，毛泽东反而被不点名地批判为"右倾机会

★ 讲 战 略 战 术 ★
"在战略上要藐视敌人，在战术上要重视敌人"

主义"。在毛泽东向苏区中央局请病假休养后的一个月之中，中央红军在攻城战斗中伤亡达3000多人，赣州城久攻不克，红军处于腹背受敌的窘境，而且丧失了利用当时有利形势发动群众、扩大红军的宝贵机会。中革军委只好紧急电请毛泽东暂停休养，赶赴前线参加决策。

"左"倾错误所导致的失败与此前在毛泽东指挥下红一方面军先后获得胜利的三次反"围剿"形成鲜明对比。历史再次证明，毛泽东所主张的充分准备、诱敌深入、先打弱敌、各个击破的原则在敌强我弱的情况下能够变我军的劣势为优势，帮助红军取得战斗的胜利；相反，对形势估计过于乐观、战术上执行盲目的"进攻路线"、对敌人不够重视，就必然遭遇失败。由于毛泽东的正确战略方针在红军中有深刻的影响，在临时中央"左"的错误路线尚未完全渗透到红军中去以前，1933年春的第四次反"围剿"仍然取得了胜利，但随后的第五次反"围剿"就遭到了严重的失败，中央红军被迫开始长征。长征虽然锻炼了革命队伍，但是大量的红军官兵献出了宝贵的生命。

"长征胜利后的"1936年12月，毛泽东对战略和战术问题进行了精辟的分析和总结，他说：

> "'以一当十，以十当百'，是战略的说法，是对整个战争整个敌我对比而言的；在这个意义上，我们确实是如此。不是对战役和战术而言的；在这个意义上，我们决不应如此。无论在反攻或进攻，我们总是集结大力打敌一部。……我们的战略是'以一当十'，我们的战术是'以十当一'，这是我们制胜敌人的根本法则之一。"

战略上，我多助而敌寡助、我必胜而敌必败，因而我们应有"以一当十"的乐观精神和革命信心，坚持战略上以少胜多的持久战；但是战术上，我军又必须看到敌强我弱的形势，要有"以十当一"的充分准备和积极稳妥的斗争战术，坚持战役战术上以多胜少的速决战。这实际上已经揭示了战略上要藐视敌人、战术上要重视敌人的斗争原则，也是毛泽东在总结国内革命战争正反两个方面的经验教训之后对斗争策略作出的深刻总结。

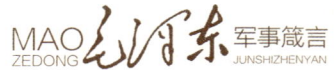

★ 战略加战术——真老虎变纸老虎

1946年8月，正值美国向日本投下原子弹一周年，这时的中国刚刚从抗日战争的兵燹中走出来，蒋介石集团又点燃了内战的战火。

面对中国的反动派和国外帝国主义的双重威胁，毛泽东从战略与战术意义上思考起了"纸老虎"与"真老虎"的问题。

8月6日，毛泽东在陕北与美国记者安娜·路易斯·斯特朗谈话，说出了那句影响世界的名言："一切反动派都是纸老虎。"他说：

> "一切反动派都是纸老虎。看起来，反动派的样子是可怕的，但是实际上并没有什么了不起的力量。从长远的观点看问题，真正强大的力量不是属于反动派，而是属于人民。"

在毛泽东看来，包括帝国主义在内的一切反动势力都是对立统一的整体，具有两重性：一方面，它们是反人民的，所以必定经不起历史潮流的风吹雨打，是"泥足巨人""纸老虎"；另一方面，它们暂时又具有相当强大的军事力量，会大量杀伤革命的军民，因而又是"铁老虎""真老虎"。

毛泽东在这里表达的正是在战略上藐视敌人、在战术上重视敌人的深刻思想。这既是经过历史检验了的高度抽象化的战争方法论原则，又包含着在战争中的许多具体的、生动的运用。

在毛泽东运用高超的战略战术领导人民军队进行革命斗争的历程中，1947年转战陕北堪称这方面的经典战例。这是一场把真老虎变成纸老虎的历史活剧。

1946年6月，蒋介石悍然撕毁和平协定，对解放区发动"全面进攻"。然而从这年7月开始的半年时间中，国民党军损失了惊人的71万余人，其中大部分是被解放军俘虏或者不愿打内战、打同胞而主动放下武器的。蒋介石后来回忆说："我们在后方和交通要点上，不但要处处设防，而且每一处设防必须布置一团以上的兵力，我们的兵力就都被分散，我们的军队都成呆兵，而匪军却时时可以集中主力……将我们各个破击"，结果就是"占地愈多，则兵力愈分"，处

★ 讲战略战术 ★
"在战略上要藐视敌人,在战术上要重视敌人"

处受到牵制,于是处处被动挨打。

从1947年3月起,蒋介石被迫放弃全面进攻,集中94个旅的兵力重点进攻陕北、山东两个解放区。陕北方面,蒋介石集结了34个旅25万人的兵力,企图一举占领党中央所在地延安。胡宗南在山西、陇海铁路沿线以及从西安到兰州的公路附近抽调了大多数部队,蒋介石本人也亲自飞到西安"督战",要求对陕北"犁庭扫穴,切实攻占"。

毛泽东早在数月之前就判断蒋介石必将进攻延安,并且意识到一旦蒋介石攻陷延安,全党全军和全国人民的士气将会受到很大影响。延安不能不保,但是又不能死保,因为陕北战场上我军只有不到3万人的兵力,且装备远逊于敌军,和敌人硬碰硬显然是不明智的。毛泽东和他的战友们经过研究,决定主动撤离延安,诱敌深入,利用陕北有利的地形条件和良好的群众基础和敌人做长期周旋。

撤离延安的决定传到解放区各界,很多人既失望又迷惑:放弃经营10年的红色首都,革命还怎么继续下去呢?毛泽东这时又从战略和战术两个方面耐心地说服党员干部和解放区军民:

> "在战略上看,蒋介石企图一举攻破延安,与解放军决战,这丝毫不表明国民党的强力,恰恰说明国民党在军事、政治、经济陷入困境中的'孤注一掷','带着慌乱精神';蒋介石的'阿Q'精神十足,以为占领延安就取得了胜利,而事实恰恰相反,占领延安他就失去了一切,不仅他背信弃义的面目昭然若揭,而且在战略上也会陷于被动,只是加速他的失败而已。
>
> 而在战术上看,我们又必须高度重视敌人强大的军事实力,主动放弃延安恰恰是为了保存有生力量打击敌人。"

毛泽东担心同志们不理解,又用通俗的语言解释道:

> "譬如有一个人,背个很重的包袱,包袱里尽是金银财宝,碰见了个拦路打劫的强盗,要抢他的财宝。这个人该怎么办呢?如果他舍不

> 得暂时扔下包袱,他的手脚很不灵便,跟强盗对打起来,就会打不赢,要是被强盗打死,金银财宝也就丢了。反过来,如果他把包袱一扔,轻装上阵,那就动作灵活,能使出全身武艺跟强盗对拼,不但能把强盗打退,还可能把强盗打死,最后也就保住了金银财宝。我们暂时放弃延安,就是把包袱让给敌人背上,使自己打起仗来更主动,更灵活,这样就能大量消灭敌人,到了一定的时机,再举行反攻,延安就会重新回到我们的手里。"

1947年3月13日,胡宗南发起进攻。为了加强攻势,国民党军从上海、徐州调集作战飞机70余架进行轰炸,第一天就投下了近60吨炸弹。彭德怀率领部队担负阻击敌人、掩护干部群众撤离的任务。3月19日,中共中央撤离延安,留给胡宗南的几乎是一座空城。

胡宗南占领延安,蒋介石集团大肆授奖庆功,此时他们不可能想到,毛泽东、周恩来等早已经为他们"量身定做"了一份大礼。3月21日,骄横的胡宗南部以5个旅的兵力由延安开始向安塞方向疾进,行军数日寻歼我军,殊不知正好撞进解放军在狭长险峻的青化砭地区设置的口袋形伏击圈。我军见时机成熟,立即收紧"口袋",仅仅用时1小时47分就快速结束战斗,全歼敌三十一旅旅部和九十二团近3000人,生擒旅长李纪云,取得了撤离延安之后的第一个胜利。

青化砭战斗失利,遭受当头一棒的胡宗南不甘心失败,继续寻找我军主力。而这时毛泽东却率领队伍钻入延安、子长、清涧、延川之间的山沟里,发挥隐蔽精干、灵活机动的特长,拖着十几万大军的胡宗南在陕北的高坡深沟之间大规模迂回、包抄。离敌人最近的时候,解放军与敌人竟只隔着一道山梁,真正是从敌人的"眼皮底下"灵活机动。国民党军困厄不堪之时,遭到我军在羊马河地区的痛击:我军以4个旅的优势兵力在8小时内全歼装备精良的国民党军第一三五旅4700余人,打了第二个集中兵力、"以十当一"的漂亮的歼灭战。羞愤不已的胡宗南也不得不承认,自己指挥的部队简直是在"游行",携带的给养也即将耗尽,士气颓败。气急败坏的蒋介石命令胡宗南继续北上歼敌。但当

★ 讲 战 略 战 术 ★
"在战略上要藐视敌人，在战术上要重视敌人"

他们行军半个月终于占领解放军"留给"他们的空城绥德之时，却陡然听说解放军已经声东击西，攻克了国民党军的补给重地蟠龙镇，并缴获大量武器和物资，取得了陕北战局的转折性胜利。待胡宗南紧急回防蟠龙之时，解放军早已迅速转入隐蔽休整。

转战陕北堪称解放军以弱胜强的战争佳话，毛泽东指挥人民军队用一个接一个谨慎周密的胜利把反动派这只"铁老虎"打回了"纸老虎"的原形。

毛泽东之所以暂时撤离延安，就是因为我军坚信必胜，有着"以一当十"藐视敌人的战略，而不钻牛角尖、不计较一城一地之得失；之所以始终灵活机动、集中优势兵力打歼灭战，又正是因为我军在战术上重视敌人，"以十当一"、扬长避短，善于把战略与战术巧妙地结合起来。

★战略和战术有机结合的辩证法

既"以一当十"又"以十当一"，战略上藐视和战术上重视，这是毛泽东教会人民解放军指战员的伟大的辩证法，它不仅指导着中国人民争取了国家独立和民族解放，而且在新中国成立之后仍然引领着中国人民反抗帝国主义的压迫，赢得国际社会的尊重。

1950年，以美军为首的所谓"联合国军"在朝鲜半岛掀起战事。这年10月上旬开始，美军向北越过三八线，其空军不顾我国警告袭扰我国边境城市，将战火烧到中国家门口。

美国是世界上最强大的国家，中国则刚刚从近百年的战乱中走出来。1950年，中国的工业产值居世界第26位，还不及西班牙、葡萄牙等西方小国；中国的国民生产总值、钢产量、发电量和原油产量等关键指标与美国差距之大令人咋舌，军事实力差距更是全方位的。毫不夸张地讲，最强大的国家在一个积贫积弱100余年的大国的家门口，用压倒性的军事力量打一场局部战争，这在世界军事史上也绝无仅有。

面对强敌压境，毛泽东冷静分析了国际形势和战场态势。他认为，如果一味妥协，则美国侵略者将更加猖獗，严重威胁我国安全，国际范围内的革命力量将遭受进一步损失；而参战后若能集中兵力消灭敌军的几个师、团，战场态

势就会发生对我方有利的变化。既然一场恶战难以避免，与其消极被动地被"拖"入战争，不如正面地应对它：

> "我们的愿望是不要打仗，但你一定要打，就只好让你打。你打你的，我打我的，你打原子弹，我打手榴弹，抓住你的弱点，跟着你打，最后打败你。"

毛泽东判断，"应当参战，必须参战，参战利益极大，不参战损失极大"。1950年10月初，毛泽东命令组成中国人民志愿军赴朝参战。他从战略的高度乐观地勉励战士们："目前总的国际形势和国内形势于我们有利，于侵略者不利，只要同志们坚决勇敢，善于团结当地人民，善于和侵略者作战，最后胜利就是我们的！"

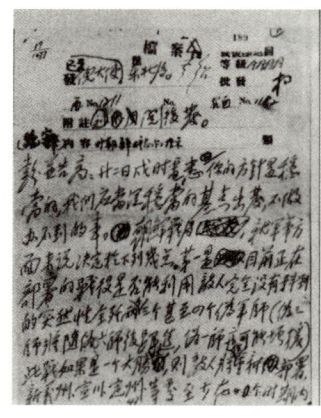
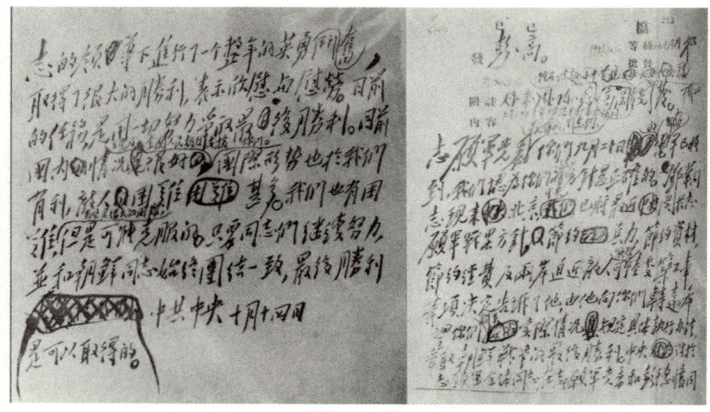

★ 1950年10月至1951年10月，毛泽东亲自起草签发了指导抗美援朝战争的电报上百件。图为其中的两件。

这个命令下达之后仅仅过了一个多星期，年轻的人民军队就雄赳赳、气昂昂地跨出国门，秘密投入了抗美援朝、保家卫国的正义战斗。志愿军全体指战员发出气壮山河的呼声：美国鬼子也不是什么三头六臂，纸老虎当真老虎打，打他个人仰马翻！

此时的美军仍然认为刚从战火中走出的中国不敢出兵，他们摸不清虚实，还在快速北进。根据这种情况，毛泽东作出了诱敌深入、打歼灭战的决策。1950

★ 讲战略战术 ★
"在战略上要藐视敌人，在战术上要重视敌人"

年10月23日，毛泽东在给前线指挥员彭德怀、邓华的电报中说："速令四十军主力即在温井地区隐蔽集结，以一部控制熙川，不要去云山、宁边与敌过早接触……诱敌深入，利于歼击。"次日，毛泽东又指示部队等待战机，待敌军进入山地，不便发挥其重装备优势时再予以坚决打击。

就这样，志愿军秘密地在朝鲜的云山地区一带完成了三面包围。北上的敌军先头部队是南朝鲜的3个师，战斗力相比美军稍弱。毛泽东指示志愿军先打弱敌，于是这3个师先后遭到志愿军的迎头痛击，他们仓皇撤退后告诫美军不要贸然进攻。但骄横的美军自恃装备精良、训练有素，派出了有百年历史、号称从未打过败仗的第一骑兵师，企图一举击溃志愿军，把战线推向中朝边境。

名叫"骑兵师"是因为这支高度机械化的部队建立之初曾是骑兵，部队标志上高昂的马头在美军中享有极高的知名度。谁知，赫赫有名的"美骑一师"派出先头部队第八骑兵团刚开始进军，就进入志愿军的打击范围。11月1日傍晚时分，志愿军对这个团发动了打击。被美军将领讽刺为"没有汽车就不会行军"的美国大兵面对志愿军猛烈的近战攻势措手不及，旋即溃败。据参加过这次战斗的美军人员事后回忆，中国军队发起冲锋的时候，"仿佛从天而降"，顿时漫山遍野都是中国人，仿佛感觉"整座山都在涌动"。赶来救援的第五骑兵团企图掩护友军撤退，结果与志愿军一交手就阵亡400余人，指挥官约翰逊上校也被志愿军的炮弹炸成重伤，不得不退出战斗。"美骑一师"的指挥官霍巴特·盖伊少将二战期间曾做过威震欧洲的巴顿将军的参谋长，在美军中也堪称虎将，这时却发现一切救援是徒劳的，不得不痛苦地放弃增兵。重重围困中的第八骑兵团多次试图突围均告失败，最终溃不成军，几乎全军覆没。

从未败绩的"美骑一师"在云山遭遇当头一棒，极大地震撼了美国国内乃至整个西方世界，而"云山大捷"的消息传回国内则引起举国振奋。应当说，战略上对敌人的藐视和对胜利前途的坚定信念，战术上的高度重视、周密部署和扬长避短是这次战斗胜利的根本保障。

纵观抗美援朝战争全貌，毛泽东有关战略上藐视敌人和战术上重视敌人的战略思想和作战原则，得到了充分的体现。"云山大捷"仅仅是以此取胜的一个小小的战例。志愿军入朝作战之后的一年多时间里，毛泽东为指导志愿军作战起草的电报、命令和其他文件多达近200件，有时甚至是一日之内数封电报。从

★ 中国人民志愿军赴朝作战首战告捷，和朝鲜人民军配合，在云山一带歼敌1.5万余人，解放了清川江以北大片土地，挫败了敌人在感恩节前占领全朝鲜的狂妄计划。图为云山战斗中被我俘虏的美军官兵。

这些电报中可以看出，大到进攻的大方向、政治工作的原则，小到某次具体战斗中的兵力配属乃至作战公报以什么名义发出，毛泽东都做过详尽的研究，与前线指挥员保持了密切的沟通。秘密入朝、出敌不意；先打弱敌、确保首战必胜；充分发挥我军轻装、快速的优势；先诱敌深入再集中兵力打歼灭战……终于把美军打回了三八线以南，打到了谈判桌前。

在本文开头提到的那次大会上，毛泽东发表讲话，不禁回忆起抗美援朝战争的峥嵘岁月。他说：

在开始的时候，美国一个师有八百门炮，中国志愿军三个师才有五十多门炮。但是一打就像赶鸭子一样，几个星期就把美国人赶了几

> 百公里，从鸭绿江赶到三八线以南去了。后来双方同意讲和，最早谈判地点在开城，结果美国人每天开会得打着白旗子来，开完会打着白旗子回去。后来，他们感到不好意思，双方改在板门店谈判。美国总是不甘心签字，拖到一九五三年，志愿军在三八线上突破了二十一公里的防线，美国人吓倒了，马上签字。那么厉害、有那么多钢的美国人，也只得如此。

这段谈话生动地描述了战略上藐视敌人、战术上重视敌人这个经典法则的强大威力。

战略上藐视敌人、战术上重视敌人，早已成为并始终是我们党和军队对付一切敌人的伟大思想武器。

毛泽东
MAO ZEDONG

讲对待俘虏

"优待俘虏兵,是对敌军宣传的极有效办法"

"优待俘虏兵,是对敌军宣传的极有效办法"

优待敌方俘虏兵,是对敌军宣传的极有效办法

——毛泽东:《中国共产党红军第九次代表大会决议案》(1929年12月)

以俘获敌人的全部武器和大部人员,补充自己。我军人力物力的来源,主要在前线。

——毛泽东:《目前形势和我们的任务》(1947年12月25日)

据记载,1960年5月,英国元帅蒙哥马利来华访问时,谈到了有关中国人民解放军的俘虏政策问题。他在参加周恩来总理设的晚宴上,与陈毅外长和原国民党将领杜聿明留下了一段关于淮海战役的对话。关于这次对话的内容,有一种版本说,杜聿明对蒙帅讲,在淮海线战役期间,我"送给"了陈毅元帅100万部队;有一种版本则说,杜聿明当时讲,我的部队是"自己跑到"了陈毅元帅那里去的。由于周恩来年谱、陈毅年谱等官方版本对此事均未作详细叙述,无法断言哪种版本更准确,但是有一点是可以肯定的,杜聿明作为亲历者讲出了一个发生在解放战争期间的真实历史奇迹,人民群众也对这一奇迹作了幽默的概括:"国民党抓兵是为共产党扩军。"

★ 讲对待俘虏 ★
"优待俘虏兵，是对敌军宣传的极有效办法"

据相关党史研究者考证，解放战争期间，被称作"解放战士"的国民党俘虏兵，成为人民解放军各大野战军的主要补充兵源。

先看中原野战军，邓小平1948年在谈到中原野战军前方部队的构成时曾说过，"大约百分之七十是解放战士"。延至1949年7月，中原野战军前委在向中央军委的报告中也反映了部队的构成情况："部队在去年淮海战役后，本来俘虏成分就普遍达百分之六十左右。现在则普遍的已达百分之八十左右。"

其他各大野战军的兵员构成，由国民党俘虏转化来的解放战士也同样占了很高比例。

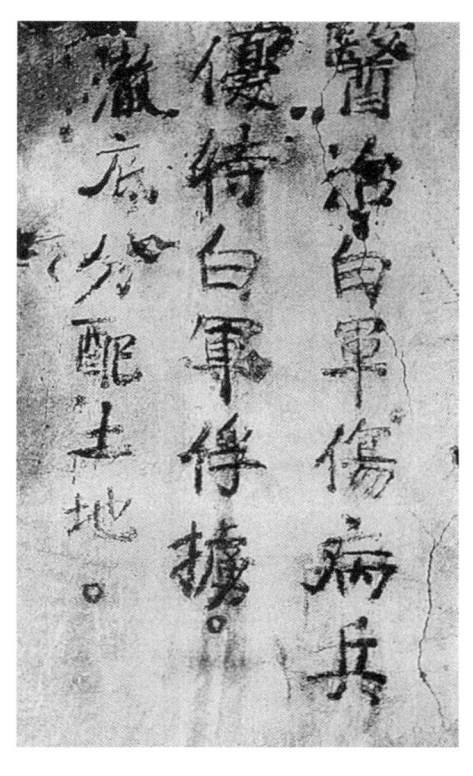

★ 红军写的优待俘虏的标语。

1948年初，陈毅在总结华东野战军的兵员补充情况时，认为"我们补兵员十分之三是翻身农民，十分之七是解放战士"。他还谈及西北野战军的情况："西北野战军一年多没有补充解放区参军的新兵，主要是吸收解放战士，现在部队中解放战士成分也占到百分之七十到八十。"

1948年，罗荣桓在谈到东北野战军的情况时，曾说过"争取解放战士不够，研究经验、方法不够"。到当年9月"俘虏成分一般已占百分之十"，为各野战军中最低。但是辽沈战役后，东北部队的兵员成分也发生巨变，以著名的"旋风部队"三纵为例，辽沈战役结束后，一般连队解放战士占54%左右，有的连队甚至高达60%。

这一堪称人类战争史上最辉煌之历史奇迹的创

造，源于我军对毛泽东优待俘虏政策的贯彻落实，而要准确客观地了解解放战士群体的来龙去脉，只能从红军时代说起。

★ "飞将军自重霄入"

1929年9月1日，陈毅在《关于朱毛军的历史及其状况的报告》中汇报了朱毛红军的俘虏政策：

> 欢送俘虏。在与敌人作战得许多俘虏兵，则公开征求同意，如他们愿在红军则马上补名字，如不愿在红军则开欢送会，每人发一二元旅费，由兵士代表致欢送词，希望他觉悟，归田去打土豪，不用再当兵，不要再来打工农和红军。敌人的伤兵，则上好药，发了钱，派人宣传，又请他带了大批传单，雇农友抬到敌人区域附近去，敌人得着大批俘虏伤兵回去，只有气得没有办法。因为这些人蒙红军不杀之恩，深深觉得红军是无产阶级的军队，他自己的军队，跑了回去必然要交头接耳谈红军如何如何好，反动军官诬蔑红军共产党的宣传不攻自破。这是一个兵运的好方法。

3个月后，毛泽东在为红军第四军第九次代表大会写的《决议案》中，明确提出：

> "优待敌方俘虏兵，是对敌军宣传的极有效办法。"

毛泽东提到的"优待俘虏兵的方法"主要有四种：

> 第一是不搜检他们身上的钱和一切物件，过去红军士兵搜检俘虏兵财物的行为要坚决地废掉。
> 第二是要以极大的热情欢迎俘虏兵，使他们感觉得精神上的欢乐，反对给俘虏兵以任何言语上的或行动上的侮辱。

★ 讲对待俘虏 ★
"优待俘虏兵，是对敌军宣传的极有效办法"

> 第三是给俘虏兵以和老兵一样的物质上的平等待遇。
> 第四是不愿留的，在经过宣传之后，发给路费放他们回去，使他们在白军中散布红军的影响，反对只贪兵多把不愿留的分子勉强地留下来。

毛泽东还说，以上各项，对于俘虏过来的官长，除特殊情况外，完全适用。不仅如此，对敌方的伤兵，毛泽东也提出了处理办法：

> 医治敌方伤兵，亦是对敌军宣传的极有效方法。对于敌方伤兵的医治和发钱要完全和红军的伤兵一样，并且要利用一切可能的条件，把上好了药发给了钱的伤兵送返敌军。对待敌方受伤官长亦然。

根据毛泽东和陈毅的叙述，我们可以清晰地看出：优待俘虏肇始于红军时期的优待俘虏政策，产生于斗争实践中的宣传和兵运工作。提出和践行这一政策，主要目的有二：一是尽量动员俘虏参加我军；二是利用俘虏宣传我党我军的各项政策主张，以达瓦解敌军之效。

实行优待俘虏政策所取得的宣传效果奇佳，瓦解敌军的效果更佳，这一点，毛泽东早在1928年11月给中央的报告中汇报"井冈山的斗争"时就谈到过：

> 新来的俘虏兵，他们感觉国民党军队和我们军队是两个世界。他们虽然感觉红军的物质生活不如白军，但是精神得到了解放。同样一个兵，昨天在敌军不勇敢，今天在红军很勇敢，就是民主主义的影响。红军像一个火炉，俘虏兵过来马上就熔化了。中国不但人民需要民主主义，军队也需要民主主义。军队内的民主主义制度，将是破坏封建雇佣军队的一个重要的武器。

"同样一个兵，昨天在敌军不勇敢，今天在红军很勇敢"，毛泽东这里讲

★ 根据俘虏政策和革命的人道主义，八路军医务人员给被俘敌军治疗战伤。

的，就是红军改造俘虏、转变俘虏的奇效，就是人民军队与旧军队的一个重要区别。

从土地革命战争时期开始，毛泽东关于"优待敌方俘虏兵，是对敌军宣传的极有效办法"的这一思想，始终在人民军队中得到贯彻。由于执行优待俘虏政策和军内民主生活制度，大批来自敌军的俘虏加入我军，并在革命军队这个大熔炉中实现脱胎换骨式的根本转变，他们中的大部分在战火中经历生死考验，成长为坚定的革命战士，很多人还为中国人民的解放事业献出了宝贵生命。

1930年12月，在第一次反"围剿"战斗中，王诤等10余名原国民党军的无线电报务、机务人员成了红军俘虏，并在我军政策的感召下自愿参加红军，帮助红军筹建无线电通信队。毛泽东亲自接见了王诤等人，任命他担任新成立的红军第一个无线电队的队长。王诤等不负厚望，不仅沟通了苏区与上海党中央的无线电通信联系，还为红军创办无线电训练班，培养了一批通信骨干。

1931年5月15日，王诤和通信队的同志用日夜不停轮流监听的办法，截获了敌二十八师公秉藩部发给该师驻吉安留守处的明码电报，及时掌握了国民党"围剿"军的动态。获得这一重要情报的毛泽东迅速

★ 讲对待俘虏 ★
"优待俘虏兵,是对敌军宣传的极有效办法"

作出决断,依据战场态势的变化指挥隐蔽多日的红军果断出击,在短短15天时间里,连续打了5个大胜仗,横扫700里,歼敌3万余人,缴枪2万支,取得了第二次反"围剿"的伟大胜利。此时,解放战士王诤参加红军的时间还不到半年。

指挥红军取得辉煌胜利的毛泽东挥毫赋词《渔家傲·反第二次大"围剿"》:

> 白云山头云欲立,白云山下呼声急,枯木朽株齐努力。枪林逼,飞将军自重霄入。
>
> 七百里驱十五日,赣水苍茫闽山碧,横扫千军如卷席。有人泣,为营步步嗟何及!

一句"飞将军自重霄入"颇值得玩味,很多研究者认为飞将军指的是黄公略,那么"重霄入"呢?我们可以推测作者此词中的部分深意,也许是在保守军事秘密的同时巧妙地表扬王诤和通信队的同志吧。这才有最后一句中嘲笑盲人瞎马的国民党军士兵:为营步步嗟何及。

第三次"围剿",蒋介石亲率30万大军铺天盖地而来。这次蒋介石吸取了教训,严令部下使用密码通讯,而且密码本必须一天一换。但是,国民党军就那么几本密码,前两次反"围剿"作战,红军已缴去不少,而且红军中已经有了俘虏过来的原国民党军译电员。

1931年7月23日下午4时,红三军报务员曹丹辉截获了一份敌台通信,当天即破译了出来,是何应钦电台发出的蒋介石给各路国民党军的"限10天扑灭共匪"命令。这命令很快经黄公略转送毛泽东、朱德。

蒋介石的德国军事顾问塞克特将军费尽心血制订出来的"分进合击"方案,就这样一览无余地暴露在毛泽东面前。

后来,有党史研究者考证出一个"三块银圆"趣闻:

> 第三次反"围剿"以三战三捷大获全胜后,毛泽东高兴地大喊:"胡公侠!胡公侠!(毛泽东身边的作战参谋)去把红三军的报务员曹丹辉同志请来,我要重重地奖赏他!"

> 曹丹辉来了，毛泽东拉住这位红军自己培养的无线电报务员激动地说："我毛泽东得好好地感谢你，你截获的那份何应钦的电报对这次战役的胜利很有帮助啊！"
>
> 临别，毛泽东写了个条子交给胡公侠说："你告诉副官处，奖3块钱给他买只鸡吃。"
>
> "蒋介石送了你毛总政委近10个团，你毛总政委才'重赏'3块钱，太小家子气了吧！"朱德在一旁打趣道。
>
> "不少哦，我一个月的生活费还没有这么多呢！"毛泽东说完便爽朗地大笑起来。

从此，"三块银圆"的故事便在无线电通信部队和无线电技术侦察部队中流传下来。

优待俘虏争取来王诤，王诤带出了曹丹辉等一批优秀无线电技术人才，他们在土地革命战争、抗日战争和解放战争中，都立下了不可磨灭的历史功勋。

★国民党军官兵弃暗投明的奥妙

到了中国人民解放战争时期，毛泽东在总结"十大军事原则"的时候，把人民军队的俘虏政策也写入其中，即第九条原则："以俘获敌人的全部武器和大部人员，补充自己。我军人力物力的来源，主要在前线。"

在这一政策的感召下，也就有了大批的"解放战士"，即"被人民解放军俘虏而从国民党反动军队中解放出来、经过教育、参加人民解放军的原国民党军士兵"。国民党军的官兵数以百千计地甚至成建制地弃暗投明，原因何在？

让我们看看东北战场的情况，就会明白其中的奥妙。

1946年5月，我东北民主联军在第二次四平作战时失利，被迫撤出大城市，转移到只有4座贫瘠县城的南满根据地，补给极为困难，条件极艰苦。这时，有极少数干部战士的革命信念发生了动摇。三纵某连的连长带枪当了逃兵，连队中的一些当过国民党兵的人乘机大肆活动，煽动"穷八路"不如"正

★ 讲对待俘虏 ★
"优待俘虏兵，是对敌军宣传的极有效办法"

牌军"的言论。

这个连的问题，主要出在对原国民党兵的思想改造没有跟上。为此，上级领导派了一个军政双优的干部赵绪珍同志来担任指导员。

这天，集合点名，赵指导员带大家唱了一首歌：

> 谁养活谁呀？大家来看一看。
> 没有咱劳动，粮食不会往外钻；
> 耕种锄割全是咱们下力干，
> 五更起，半夜眠，一粒粮食一粒汗。
> 地主不劳动。粮食堆成山。
> ……

唱歌的战士没觉出什么，在一旁听的老乡却觉出味了：这歌唱到咱心里去了。第二天政治学习，指导员赵绪珍把房东张大爷请到了台上，老人向大家讲述了自己在国民党统治时期遭受的种种悲惨经历，全连战士都哭了。

听完老人的诉苦，政治思想极反动且生活作风不检点还打骂副连长的王福民放声大哭：俺也是个穷小子啊，却盼蒋介石来，要干"正牌"，蒋介石来了还有穷人的好！过去瞎了眼，现在心里亮堂了，俺王福民生是共产党的人，死是共产党的鬼。

王福民后来先后5次负伤（两次重伤）不下火线，后在大北岔战斗中牺牲，牺牲前拉着赵绪珍的手要求入党，后来被追认为中共党员。

对诉苦教育感触最深的那些"解放战士"。他们被俘虏过来后，接受的第一课就是诉苦教育，让解放战士经过诉苦挖根，明确谁养活谁的道理，树立要为谁当兵、为谁打仗的思想。后来一些老百姓笑谈：国民党抓的兵，后来成了共产党的兵，这是在为共产党扩军。这个裂变，这个催化剂就是诉苦教育。

这个连的诉苦经验报至纵队，后来又汇报到南满分局书记兼军区政委陈云处，引起高度重视。

据陈云年谱记载：1947年6月，陈云在辽东军区师以上军政干部会议上听取了有关三纵诉苦经验的汇报，立即予以肯定。9月28日，东北民主联军总政

★ 1947年12月25日至28日，中共中央在陕西米脂县杨家沟召开会议。图为毛泽东与陆定一（左二）、徐特立(左九)、陈绍禹（右四）等在杨家沟。

治部向中央军委上报了这一经验，毛泽东对东北民主联军总政治部的报告作了修改后，批转全军推广，对部队建设起了巨大推进作用。

★ "发展的确出乎我们的意料之外"

辽沈战役期间，东北野战军在解放长春后火速将投诚过来的国民党王牌部队新一军新三十八师两个炮兵连调往锦州。炮是原炮，炮兵也是原先的国民党军炮兵，就是炮口掉转了方向。新一军本是国民党的天下第一军，新三十八师更是王牌中的王牌，却在短短

★ 讲对待俘虏 ★
"优待俘虏兵，是对敌军宣传的极有效办法"

几个小时的时间里就改变了立场，原因何在？那些解放战士回答：一场诉苦会下来，军装还没换，心就已经是共产党的了。

这样的转变，处处在进行。比如，部队行军路上没时间开诉苦会，就一起聊家常，你家在哪儿？村里有地主吗？地主吃什么？你家里吃什么？地主干活吗？半天行军下来，一个国民党军转过来的解放战士便基本上被感化，认为自己是人民军队中的一员了。

士兵来自人民，而且主要来自最苦最累的农民。农民出身的毛泽东，是广大农民群众的真正知心人，知道用什么办法能够打开农民群众的心扉。早在1934年1月的中央苏区时期，他就曾经讲过：

> 如果我们单单动员人民进行战争，一点别的工作也不做，能不能达到战胜敌人的目的呢？当然不能。我们要胜利，一定还要做很多的工作。领导农民的土地斗争，分土地给农民；提高农民的劳动热情，增加农业生产；保障工人的利益；建立合作社；发展对外贸易；解决群众的穿衣问题，吃饭问题，住房问题，柴米油盐问题，疾病卫生问题，婚姻问题。总之，一切群众的实际生活问题，都是我们应当注意的问题。假如我们对这些问题注意了，解决了，满足了群众的需要，我们就真正成了群众生活的组织者，群众就会真正围绕在我们的周围，热烈地拥护我们。同志们，那时候，我们号召群众参加革命战争，能够不能够呢？能够的，完全能够的。

这就是说，一切从群众实际出发，就是我们党和人民军队"应当注意的问题"。注意了这些问题，人民群众就选择了中国共产党，那些被国民党抓壮丁的群众，才义无反顾地选择掉转枪口炮口，创造了"国民党抓兵是为共产党扩军"的历史奇迹。

由于采取了毛泽东所提倡的古今中外少见的俘虏政策，人民军队的发展出乎人们的预料。

随着解放战争局势的迅速发展，人民解放军各部的兵源问题都提到重要议事日程，对此，毛泽东作了明确指示。1948年7月17日，他在致刘伯承、邓小平、陈毅等人并转各中央局的电报中说：

> 你们补兵补枪问题，当从太原夺取后通盘解决，主要是俘虏兵。
>
> 各区扩兵（包括东北在内）均已至饱和点。支前供应和后方可能性之间发生极大矛盾，此项矛盾如不解决，则不能支持长期战争。故今年后方原则上不应扩兵，明年是否扩一点兵，还要看情形才能决定。今后前线兵源全部依靠俘虏及某些地方部队之升格，你们及各军对此应有精神准备。
>
> 今后攻城野战所获俘虏可能大为增加，各区及各军应用大力组织俘虏训练工作，原则上一个不放，大部补充我军，一部参加后方生产，不使一人不得其用。我军战胜蒋介石的人力资源，主要依靠俘虏，此点应提起全党注意。

毛泽东指示除"主要依靠俘虏"外，各部要谨慎扩兵。正是俘虏政策的英明，使人民解放军壮大的速度出人意料。

1949年4月，周恩来与当时的南京国民党政府和谈代表张治中作了一次重要谈话，提到了解放战士这个光荣伟大的英雄群体。后来他又向前往北平参加即将召开的新政治协商会议的部分爱国民主人士、北平一些大学教授作报告，专门讲到了毛泽东最早提出的俘虏政策的威力：

> "我们的人民解放军壮大了。两年零九个月以前，人民解放军是一百二十万人，现在则发展到四百万人以上，并且大部分都美械化了。美帝国主义给了我们许多装备（当然，这是用不着打收条的），蒋介石做了很好的运输大队长。我们的战士有很大部分是俘虏过来的，称为解放战士，有的部队，解放战士竟占百分之八十，少的也占百分之五十至六十，平均约占百分之六十五至七十。"

讲到我们是怎么改造俘虏的，周恩来欣喜地说起毛泽东早在井冈山时期就提出的政策：

★ 讲对待俘虏 ★
"优待俘虏兵,是对敌军宣传的极有效办法"

> 对于俘虏,我们实行即俘、即查、即补、即训、即打的办法,就是说士兵一俘虏过来就补充到部队,经过诉苦教育,就参加作战。在打黄百韬时,情形竟发展到上午的俘虏下午就参加作战。当时的解放战士现在有许多已经做了排长、连长。这种情形是世界战史上所少有的,若没有高度的政治训练是不可能的。今天我们部队民主化程度之高,连我们指挥的人都没有想到。虽然毛泽东同志在井冈山时期就提出了在部队中建立民主集中制的制度,但今天的发展的确出乎我们的意料之外。

同样是一个兵,当他站在人民一边的时候,战斗力就迅速提高;同样是中国军队,只有站在人民一边的军队,才能创造人间奇迹。无论是中国的秦皇汉武,还是外国的拿破仑、克劳塞维茨,都不曾在军事文献中给后人留下这样的故事,更未能创造三年解放战争这样以敌军俘虏为主要依靠的人力资源的战争奇迹。毛泽东为何能创造出这样的战争奇迹?因为毛泽东和人民站在了一起,或者,更为确切的描述应该是人民和毛泽东站在了一起,人民选择了共产党及其领导的军队。

据称,一直到败退台湾前夕,蒋介石仍不服气:我不是被共产党打倒的,我是被国民党打倒的!

他其实是被人民打倒的。

MAO ZEDONG

★

讲反帝反霸反侵略

持久抗战"日本必败,中国必胜"

"抗美援朝战争是个大学校"

持久抗战"日本必败，中国必胜"

"日本必败，中国必胜。"
"抗日战争是持久战，最后胜利是中国的——这就是我们的结论。"
——毛泽东：《论持久战》（1938年5月）

1938年五六月间，毛泽东以"论持久战"为题，在延安抗日战争研究会作了历时九天的讲演。最后，他明确得出这样的结论，气势如虹，掷地有声：无论在什么条件下，只要坚持持久抗战，结果都是一样的，日本必败，中国必胜。

讲演围绕着"抗日战争为什么是持久战与最后胜利为什么是中国的？怎样进行持久战与怎样争取最后胜利？"共讲了21个问题。结束时，毛泽东郑重而谦虚地表示：

> "我的讲演至此为止。伟大的抗日战争正在开展，很多人希望总结经验，以便争取全部的胜利。我所说的，只是十个月经验中的一般的东西，也算一个总结吧。这个问题值得引起广大的注意和讨论，我所说的只是一个概论，希望诸位研究讨论，给以指正和补充。"

实际上，毛泽东对此已有长时间的思考和研究，特别是对全面抗战10个月以来战争形势的观察和思考。毛泽东"一贯估计中日战争是持久战"。早在1936

年7月至9月间，他同美国记者斯诺进行系列谈话时，就已提出坚持持久抗战的各项方针，并肯定地说：战争的结果，日本必败，中国必胜。

抗战初期，当中国军队连连失利时，毛泽东始终认为："最后胜负要在持久战中去解决。"1938年5月，毛泽东发表《抗日游击战争的战略问题》。在此期间，他又连续近10天，在延安窑洞里昼夜不息，写出了这篇长达5万多字的《论持久战》讲演稿。在民族危亡的关头，以毛泽东为代表的中国共产党人，一直在为抗战的前途而求索，为民族解放而谋划。

★ 面对"亡国论""速胜论"等民族之虑，亟待释疑

"百万倭奴压海陬，神州沉陆使人愁。"

叶剑英元帅在《重读毛主席〈论持久战〉》一诗中，曾对当时的形势如此描绘。

1937年7月7日，日本侵略者挑起卢沟桥事变，悍然发动全面侵华战争。日本政府企图采取速战速决的方针，准备3个月灭亡中国。面对日军的侵略行径，中国人民奋起抵抗，开始伟大的全国抗日战争。7月8日，即卢沟桥事变的第二天，中共中央即发表宣言通电全国，号召人民奋起抗战：

"平津危急！华北危急！中华民族危急！只有全民族实行抗战，才是我们的出路！我们要求立刻给进攻的日军以坚决的反攻，并立刻准备应付新的大事变。全国上下应该立刻放弃任何与日寇和平苟安的希望与估计。……"

同一天，毛泽东领衔的诸红军将领还致电蒋介石表示：

"红军将士，咸愿在委员长领导之下，为国效命，与敌周旋，以达保土卫国之目的。"

接着，中国共产党代表周恩来等前往庐山会见蒋介石，共商抗日救国大计。7月15日，中共代表团向蒋介石提交了《中共中央为公布国共合作宣言》，重申中国共产党和红军愿在争取中华民族的独立与解放、实行民主政治、改善人民生活等三项目标下，红军改编为国民革命军并待命出征。

在中国共产党的号召、组织和影响下，全国各民族、各界人民、抗日救国团体积极行动起来，抗日御侮。

卢沟桥事变发生后，蒋介石和国民政府也提出了"不屈服、不扩大"和"不求战，必抗战"的方针。一方面在军事上进行部署，准备应战；另一方面又急欲与日本政府直接交涉，"期事件之早日和平解决"。同时，还把希望寄予列强的干涉上。蒋介石和国民政府谋求和平的行动事与愿违。几次与日本政府直接交涉均遭拒绝，希望他国居中调停也均遭婉拒。在这种情况下，蒋介石才被迫宣布应战。7月17日，蒋介石在庐山发表谈话，确定了准备对日抗战的方针。23日，毛泽东在《反对日本进攻的方针、办法和前途》一文中，曾对此给予积极评价，认为这"为国民党多年以来在对外问题上的第一次正确的宣言，因此，受到了我们和全国同胞的欢迎"。并提出主张坚决抗日，反对妥协退让的方针。蒋介石的谈话虽然表明了国民政府抗战的态度，但其依赖外力、和平解决事变的幻想并未泯灭。

然而，日本为实现其速战速决的方针，迅速向华北增兵。7月底，北平、天津相继陷落。日军以主力向华北展开战略进攻的同时，又分兵一部进攻上海，直接威胁国民政府首都南京。在这种形势下，国共合作抗日的谈判才有了实质性进展。

7月底至8月初，中共中央和毛泽东等先后拟订了《确立全国抗战之战略计划及作战原则案》，提出对抗日的国防问题的意见。

在中共中央的提案中，正确分析了中日战争敌强我弱，敌非正义寡助，我正义多助等基本特点，系统地阐述了全国抗战所应采取的战略方针和作战原则。指出："我国抗战战略之基本方针是防御的、持久的战争，在长期艰苦英勇牺牲的战争中求得胜利，也必定能胜利。""在战役上应以速决战为原则。""作战的基本原则是运动战，应在决定的地点、适当的时机，应集中绝对优势兵力与兵器，实行决然的突击，避免持久的阵地的消耗战"。

8月1日，毛泽东收到蒋介石邀请中共派代表赴南京参加国防会议的电报，中共决定派周恩来、朱德、叶剑英出席。为了推动和促进全国抗战路线及战略方针的制定，4日，毛泽东与张闻天在延安商讨对国防问题的意见，并电告周恩来等人，明确提出：

> "总的战略方针暂时是攻势防御,应给进攻之敌以歼灭的反攻,决不能是单纯防御。"
>
> "正规战与游击战相配合,游击战以红军与其他适宜部队及人民武装担任之,在整个战略部署下给予独立自主的指挥权。"
>
> "发动人民的武装自卫战,是保证军队作战胜利的中心一环,对此方针游移是必败之道。"

8月11日,中共代表周恩来等在南京国防会议上,提出战略计划及作战原则方案,进一步阐述了中国共产党对全国抗战路线和战略方针的一贯主张。指出全国抗战在战略上要实行持久防御,在战术上应采取攻势,并强调只有动员全国军民方可取得最后胜利。中国共产党关于国防问题的意见和战略方针、作战原则案,对国民政府军事委员会制定全国抗战方略产生了积极的影响,南京国防会议确定实行"持久消耗战"战略。20日,国民政府以大本营的训令颁发了《战争指导方案》,正式确定"以达成'持久战'为作战基本主旨",消耗敌人力量的战略,并将沿海和临战地区划为5个战区。22日,国民政府军事委员会发布命令,将西北红军改编为国民革命军第八路军。但国民党持久战战略,主要是根据中国幅员广大,人口众多,可以支持长期战争。其争取持久战的目的,主要不是通过自己的积极作战,改变敌我力量总的对比,以达到最后战胜敌人,而是拖延时日,以待国际形势的有利变化,依靠国际力量形成对敌优势,最后取得胜利。

为推动全国抗战的顺利发展,中共中央于8月22日至25日在洛川召开政治局会议。毛泽东在会上作军事问题和国共两党关系问题的报告。他说,中国抗战存在着两种政策和两个前途,即我们的全面的全民族抗战的政策和国民党的单纯政府抗战的政策,坚持抗战到胜利的前途和大分裂、大叛变的前途。我们的任务是动员一切力量争取抗战胜利,最基本的方针是持久战。会议深入分析了中日战争敌强我弱的形势,明确指出抗日战争的艰苦性和持久性,正式确定了"全面全民族的抗战"路线和持久战的战略总方针。

随后,国共两党关于发表合作宣言的谈判取得进展。9月22日,国民党通

★ 1937年8月,红军改编为国民革命军第八路军(简称"八路军")后举行抗日誓师大会。

过中央通讯社发表《中共中央为公布国共合作宣言》。23日,蒋介石发表《对中国共产党宣言的谈话》,事实上承认了中国共产党在全国的合法地位。这标志着国共两党合作和抗日民族统一战线的正式形成。28日,蒋介石任命北伐名将叶挺为国民革命军陆军新编第四军军长。此后,国民政府军事委员会宣布南方八省红军游击队改编为新四军。在抗日民族统一战线的旗帜下,中华大地呈现出全民族抗战的热潮。国民党军在正面战场抗击日军,共产党领导的八路军、新四军开辟敌后战场,形成两个战场夹击日军的战略态势;各种形式的抗日救亡斗争在全国展开。

★ 讲反帝反霸反侵略 ★
持久抗战"日本必败，中国必胜"

抗战初期，面对日军的大举进攻，虽然正面战场的中国军队奋起抵抗，沉重打击了日军的嚣张气焰，但很快，太原、上海、南京等重要城市相继沦陷。特别是日军在南京疯狂屠城，在40多天的时间里屠杀我同胞30多万人。1938年5月19日，日军又攻占徐州。侵略者骄横不可一世，下一个目标直指武汉。

这时抗日战争已进行了整整10个月，饱受战争之苦的中国人民天天在渴望战争早日胜利。然而，战争的过程究竟会怎么样？中国能不能取得胜利？怎样才能取得胜利？对这些问题，许多人还没有找到正确的答案。"亡国论""速胜论"等错误观点仍在到处流传。种种困扰人们思想的问题需要回答，如久旱之望云霓。

全面抗战爆发前，国民党营垒内就一直有人说："中国武器不如人，战必败。"全面抗战开始后，又出现"再战必亡"的论调。身任国民党副总裁的亲日派汪精卫是他们中突出的代表。这种悲观情绪也影响到中间阶层和一部分劳动人民。毛泽东举了这样一个例子，说家乡的一个青年学生从湖南乡下写信给他，诉说心中的苦闷："在乡下一切都感到困难。单独一个人做宣传工作，只好随时随地找人谈话。对象都不是无知无识的愚民，他们多少也懂得一点，他们对我的谈话很有兴趣。可是碰了我那几位亲戚，他们总说：'中国打不胜，会亡。'讨厌极了。"

"速胜论"的观点也有相当市场。国民党中有一部分人幻想依靠外援来迅速取胜。淞沪会战时有人提出：只要打3个月，国际局势一定会发生变化，战争就可解决。台儿庄一战取胜后，《大公报》又鼓吹徐州战役是"准决战"。这种盲目乐观的轻敌思想也出现在共产党内，一些人把抗战的希望寄托在国民党的200万正规军上，急于打大仗，对战争的长期性和艰苦性缺乏精神准备。

这些问题如果不能得到解决，对坚持长期抗战是十分不利的。毛泽东认为，我们一向都说这些议论是不对的。可是我们说的，还没有为大多数人所了解。一半因为我们的宣传解释工作还不够，一半也因为客观事态的发展还没有暴露其固有的性质，使人们无从看出其整个的趋势和前途。

其实，这种答疑释惑的解释工作，毛泽东早就开始做了。前面提到的在与斯诺的谈话中，就有这么一段对话：

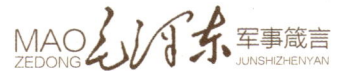

> 斯诺问：在什么条件下，中国能战胜并消灭日本帝国主义的实力呢？
>
> 毛泽东答：要有三个条件：第一是中国抗日统一战线的完成；第二是国际抗日统一战线的完成；第三是日本国内人民和日本殖民地人民的革命运动的兴起。就中国人民的立场来说，三个条件中，中国人民的大联合是主要的。
>
> 问：你想，这个战争要延长多久呢？
>
> 答：要看中国抗日统一战线的实力和中日两国其他许多决定的因素如何而定。即是说，除了主要地看中国自己的力量之外，国际间所给中国的援助和日本国内革命的援助也很有关系。如果中国抗日统一战线有力地发展起来，横的方面和纵的方面都有效地组织起来，如果认清日本帝国主义威胁他们自己利益的各国政府和各国人民能给中国以必要的援助，如果日本的革命起来得快，则这次战争将迅速结束，中国将迅速胜利。如果这些条件不能很快实现，战争就要延长。但结果还是一样，日本必败，中国必胜。只是牺牲会大，要经过一个很痛苦的时期。

这是对外国人的解释。对国内，毛泽东也深感有必要对全面抗战10个月的经验"做个总结性的解释"，特别是"有着重地研究持久战的必要"。

★看待战争的前景和结局，毛泽东用的是辩证法

"抗日战争为什么是持久战？最后的胜利为什么是中国的呢？根据在什么地方呢？"

毛泽东指出这是中日战争所处的时代使然：

> "中日战争不是任何别的战争，乃是半殖民地半封建的中国和帝国主义的日本之间在二十世纪三十年代进行的一个决死的战争。全部问题的根据就在这里。"

接着，毛泽东全面考察了中日双方相互矛盾的基本特点及其在战争中的演变趋势，他指出：日本是一个强大的帝国主义国家，但它的侵略战争是退步的、野蛮的；中国的国力虽然比较弱，但它的反侵略战争是进步的、正义的，又有了中国共产党及其领导下的军队这种进步因素的代表。日本战争力量虽强，但它是一个小国，军力、财力都感缺乏，经不起长期的战争；而中国是一个大国，地大人多，能够支持长期的战争。日本的侵略行为损害并威胁其他国家的利益，因此得不到国际的同情与援助；而中国的反侵略战争能获得世界上广泛的支持与同情。

>"这些特点，规定了和规定着双方一切政治上的政策和军事上的战略战术，规定了和规定着战争的持久性和最后胜利属于中国而不属于日本。战争就是这些特点的比赛。这些特点在战争过程中将各依其本性发生变化，一切东西就都从这里发生出来。"

毛泽东由此得出的结论是：

>"中国会亡吗？答复：不会亡，最后胜利是中国的。中国能够速胜吗？答复：不能速胜，抗日战争是持久战。"

因为"亡国论"者和对抗战前途持悲观态度的人，只看到敌强我弱的一面，没有看到日本根本的弱点和中国的优势；"速胜论"者不承认敌强我弱的特点，不了解日本的短处需要一个长时间才能充分暴露出来，而中国的长处也需要经过长时期的努力才能充分发挥出来，所以都是错误的。无论是"亡国论"还是"速胜论"，他们看问题的方法都是"主观的"和"片面的"。

毛泽东在客观全面地分析了中日战争的特殊规律后，科学地预见了这场持久战将经过三个阶段：

>"第一个阶段，是敌之战略进攻、我之战略防御的时期。
>第二个阶段，是敌之战略保守、我之准备反攻的时期。
>第三个阶段，是我之战略反攻、敌之战略退却的时期。"

他着重指出，第二阶段是整个战争的过渡阶段，"将是中国很痛苦的时期"，"我们要准备付给较长的时间，要熬得过这段艰难的路程"。然而，它又是敌强我弱形势"转变的枢纽"。他强调"此阶段中我之作战形式主要的是游击战，而以运动战辅助之"。"此阶段的战争是残酷的，地方将遇到严重的破坏。但是游击战争能够胜利"。毛泽东特别指出："客观现实的行程将是异常丰富和曲折变化的，谁也不能造出一本中日战争的'流年'来；然而给战争趋势描画一个轮廓，却为战争指导所必需。"

为了取得抗日战争胜利，毛泽东还完整地提出战争的战略战术指导原则。这就是：

在战略指导上，要充分发挥人的自觉能动性。武器是战争的重要因素，但不是决定因素，决定的因素是人不是物；"战争的胜负，固然决定于双方军事、政治、经济、地理、战争性质、国际援助诸条件，然而不仅仅决定于这些；仅有这些，还只是有了胜负的可能性，它本身没有分胜负。要分胜负，还须加上主观的努力，这就是指导战争和实行战争，这就是战争中的自觉的能动性。"要认识战争与政治的关系。"抗日战争是全民族的革命战争，它的胜利，离不开战争的政治目的"。要认识战争的军事目的。作为两军厮杀的战争，其自身的目的和本质是"保存自己，消灭敌人"。要认识"兵民是胜利之本"。"战争的伟力之最深厚的根源，存在于民众之中"。动员了全国的老百姓，就造成了陷敌于灭顶之灾的汪洋大海，就造成了弥补武器等缺陷的补救条件，造成了克服一切战争困难的前提。具体的战略方针是：在第一和第二阶段中主动地、灵活地、有计划地执行防御战中的进攻战，持久战中的速决战，内线作战中的外线作战；第三阶段中，应该是战略的反攻战。

毛泽东特别强调游击战争在中国抗日战争中的重大意义，他在《抗日游击战争的战略问题》一文中对它作了更全面、详尽的论述。

《论持久战》这部著作，处处充满了辩证法，充满了唯物主义。它始终坚持从实际出发，客观地、全面地考察了抗日战争发生的背景和近一年来的战争进程；始终着眼于战争的全局，对敌我双方存在着的相互矛盾着的各种因素以及它们的发展变化作了深入的分析，从而能科学地预见未来的前途。

毛泽东这些异常清晰而符合实际的判断，回答了人们最关心而一时又看不

★ 讲反帝反霸反侵略 ★
持久抗战"日本必败，中国必胜"

★ 毛泽东在延安窑洞写作《论持久战》。

清楚的问题，使人们对战争的发展过程和前途有了一个清楚的了解，大大提高了全国军民坚持抗战的信念。

★ 持久战论说蜚声中外，缘于它揭示了战争规律

《论持久战》首次发表于1938年7月1日延安《解放》周刊第43、44期合刊上。随后又发行了多种版本。这一重要的军事论著，是运用辩证唯物主义和历史唯物主义解决战争问题的典范，在国内外产生了重大影响。

这部著作，不仅对八路军和新四军在抗日战争中有着重要的指导意义，而且对国民党将领也产生不小

的影响。据程思远回忆：

> "毛泽东《论持久战》刚发表，周恩来就把它的基本精神向白崇禧作了介绍。白崇禧深为赞赏，认为这是克敌制胜的最高战略方针。后来白崇禧又把它向蒋介石转述，蒋也十分赞成。在蒋介石的支持下，白崇禧把《论持久战》的精神归纳成两句话：'积小胜为大胜，以空间换时间。'并取得了周公的同意，由军事委员会通令全国，作为抗日战争中的战略指导思想。"

★ 《抗日游击战争的战略问题》和《论持久战》早期版本。

《论持久战》发表，毛泽东的抗战思想和抗战策略得到了愈来愈多人的认同、钦佩与尊重。

在中国共产党内，一些领导人曾对此有过这样切身的感受和中肯的评价。

1941年10月8日，陈云在中央书记处工作会议上说：过去我认为毛泽东在军事上很行，因为长征中遵义会议后的行动方针是毛泽东出的主意。毛泽东写出《论持久战》后，我了解到毛泽东在政治上也是很行的。

1943年11月下旬，任弼时在中央高级学习组会上说：1931年到中央苏区后，认为毛泽东"有独特见解，有才干"，但在思想上是"存在狭隘经验论，没有马列主义理论"；1938年到莫斯科及回国后，阅读

★ 讲反帝反霸反侵略 ★
持久抗战"日本必败，中国必胜"

了毛泽东的《论持久战》《新民主主义论》……"认识到他一贯正确是由于坚定的立场和正确的思想方法"。

"延安五老"之一的吴玉章，后来曾经向中国人民大学的同事们回忆道：《论持久战》的发表，使毛泽东赢得了全党同志发自内心的、五体投地的赞许、佩服甚至崇拜，从而最终确立了在党内无可替代的领袖地位和崇高威望。他还说，虽然遵义会议从组织程序上确立了毛泽东在全党的领导地位，但并不十分巩固。许多老资格的革命家自觉不自觉地将毛泽东看作是革命的后来者、小字辈；喝过"洋墨水"的教条主义者们，认为毛泽东马克思主义理论修养不足，内心并不服气。《论持久战》的发表，毛泽东以他对马克思主义哲学的娴熟运用和对抗日战争的透彻分析，征服了全党同志特别是高级干部的心。全党感到：10多年曲折斗争的历史，终于锻造并筛选出自己的领袖。这种在感情上对毛泽东领袖地位的认同和拥戴，与一般的组织安排绝不可同日而语。

毛泽东的《论持久战》的发表，也曾感染了当时许多奔赴延安的热血青年。中国科学院院士、我国著名机械工程专家、曾任第一机械工业部副部长的沈鸿，在日本帝国主义发动全面侵华战争后，于1938年2月怀着满腔爱国救国热忱，毅然带领"利用五金厂"的7名工人和五金厂的全部机床西迁，辗转数千公里到达革命圣地延安，任陕甘宁边区机器厂总工程师兼总设计师。他后来回忆说：当时对抗战会取得胜利吗？为什么？……这一系列问题，开始我也是茫然的。《论持久战》，是我在延安读到的毛泽东的第一本著作。这本书的理论逻辑力极强，具有很大的说服力，读后使人对抗日战争的胜利更充满勇气和信心。

著名诗人卞之琳，1938年8月到达延安后，读了《论持久战》，曾以"《论持久战》的著者"为题，写诗赞颂毛泽东：

> 手在你用处真是无限。
> 如何摆星罗棋布的战局？
> 如何犬牙交错了拉锯？
> 包围反包围如何打眼？
>
> 下围棋的能手笔下生花，

> 不，植根在每一个人心中
> 三阶段：后退，相持，反攻——
> 人是顺从了，主宰了辩证法。
> 如今手也到了新阶段，
> 拿起锄头来捣翻棘刺，
> 号召了，你自己也实行生产。
>
> 最难忘你那"打出去"的手势
> 常用以指挥感情的洪流
> 协入一种必然的大节奏。

《论持久战》还被翻译成英文向海外发行。这是由周恩来交付给一位地下党员杨刚女士翻译的，1939年在上海出版。毛泽东很重视这件事，还专为英文本写了序言。

毛泽东在序言中是这样说的：

> "中国的抗战是世界性的抗战。孤立战争的观点历史已指明其不正确了。"
>
> "希望此书能在英语各国间唤起若干的同情，为了中国的利益，也为了世界利益。"

在海外，这本小册子同样得到高度评价。一位外国记者当时评论说："不管他们对于共产党的看法怎样，以及他们所代表的是谁，大部分的中国人现在都承认毛泽东正确地分析了国内和国际的因素，并且无误地描绘了未来的一般轮廓。"

毛泽东《论持久战》中的精辟论断，不仅是指导中国军民抗战的正确军事纲领，从思想上武装了中国共产党及其军队和中国人民。抗日战争的历史进程和最后胜利，证明毛泽东对抗日战争的论断和预测是完全正确的。

也就是在《论持久战》英文本的序言中，毛泽东再次揭示了中日之间战争较量的必然规律：

> "有些则是不明白中国抗战的必然规律，经过艰难路程日本必败中国必胜这个必然规律。"

毛泽东在战争问题上所阐明的一系列基本原理，包括中日之间较量的基本原理，至今仍具有指导意义。

"抗美援朝战争是个大学校"

"抗美援朝战争是个大学校，我们在那里实行大演习，这个演习比办军事学校好。"

——毛泽东：《边打边谈边稳》（1952年8月4日）

"抗美援朝战争是个大学校"是1952年8月4日毛泽东在中国人民政治协商会议第一届全国委员会常务委员会第三十八次会议上讲话时所说，也是毛泽东对抗美援朝战争做过的诸多评价之一。其实，对新生的共和国来说，抗美援朝战争不仅仅有"大学校""大演习"的意义，更是一场血与火的"大课题""大考验"。中国人民志愿军抗美援朝，打出了新中国的国威、军威，打破了美军不可战胜的神话，也为新中国的建设打出了几十年相对安全的和平环境。

★ "打得一拳开，免得百拳来！"

1950年6月，距离新中国成立还不满一年，全国人民正在按照毛泽东和党中央确立的关于恢复国民经济的方针和部署，有条不紊地、卓有成效地工作着。然而，一场发生在中国东北近邻的战争打断了新中国建设的既定进程。

1950年6月25日，朝鲜内战爆发。远在太平洋彼岸的美国政府，悍然决定对朝鲜进行武装干涉，并将干涉范围扩大到朝鲜半岛以外的亚洲地区。6月27

★ 讲反帝反霸反侵略 ★
"抗美援朝战争是个大学校"

日,美国总统杜鲁门发表声明宣布"台湾中立化",命令第七舰队进入台湾海峡,并对台湾实施军事占领。美国趁朝鲜战争之际,插手台湾问题,阻止中国人民完成祖国统一大业,是赤裸裸的帝国主义行径。

6月28日,针对杜鲁门的声明,新中国庄严宣告,指出美国的行为"是对于中国领土的武装侵略,对于联合国宪章的彻底破坏"。

★ 运筹帷幄之中,决胜千里之外。图为抗美援朝战争初期,毛泽东在中南海。

然而,美国对中国的警告置若罔闻,他们觉得新中国只是在"装样子",是不敢和美军在战场上交手的。7月7日,美国操纵联合国安理会通过决议,成立由美国指挥的"统一司令部",打着"联合国军"的旗号开赴朝鲜半岛。9月15日,美军从朝鲜仁川登陆,朝鲜战局急剧逆转。

1950年10月1日,新中国第一个国庆节。天安门广场举行了盛大的阅兵式和焰火晚会。就在这一天,美国支持下的南朝鲜军队越过了三八线,麦克阿瑟向朝鲜发出最后通牒,要求朝鲜人民军无条件"放下武器停止战斗"。

这天深夜,毛泽东得到消息,金日成紧急约见中国驻朝鲜大使倪志亮,向中国政府提出出兵援助朝鲜的请求。

10月2日下午,毛泽东在菊香书屋主持召开中央书记处会议，讨论朝鲜战局和中国出兵援朝问题。早在朝鲜战争爆发时，毛泽东便对事态发展做过各种可能的假设，对于美军的干涉，毛泽东心里有一个"底"，这个"底"就是美军是不是过三八线。这个底线，后来他明确表达过："美帝国主义如果干涉，不过三八线，我们不管，如果过三八线，我们一定要过去打。"

此时，美国已经公开表示将进军三八线以北，毛泽东认为出兵万分火急，但是，参加中央书记处会议的多数人不赞成出兵。毕竟，新中国刚刚成立，一穷二白，百废待兴，人民政权也没有完全巩固，人民军队的武器装备非常落后。入朝参战，就意味着新生的共和国要与世界上经济实力和军事实力最为雄厚的美国决一雌雄。

当时的新中国与美国，是实力相差巨大的两个国家。1950年美国GDP为2800亿美元，中国仅为100亿美元；美国的钢铁产量是8700万吨，而中国钢铁产量仅60万吨；美军有各种先进的陆海空军事装备还有原子弹，而解放军能够动用的只有装备极其落后的陆军。仅火炮一项，美军每个军配备7厘米至24厘米火炮1500门，而解放军每个军只有这样的火炮36门。出兵，将是一场完全不对称的战争。

有的同志提出"出而不战"的建议，就是派一部分军队过去，但是先不打，视情况再定，实质上也是不准备与美国开战。

到底出不出兵，中央书记处会议定不下来。

在朝鲜战场上，朝鲜人民军在以美国为首的"联合国军"的强大火力压力下，节节败退。10月3日，朝鲜内务相朴一禹抵达北京，向中国政府递交了朝鲜首相金日成、副首相朴宪永的亲笔信，再次请求中国政府出兵援助朝鲜。

10月4日和5日，毛泽东在中南海颐年堂主持召开中央政治局扩大会议，继续讨论出兵问题。在4日的会上，出现了一个新面孔，他就是刚从西北赶过来的彭德怀。因为事先不知道议题，他没有发言。这天晚上，彭德怀一夜无眠。第二天的会上，他发言了。他说：出兵朝鲜是必要的，等于解放战争晚胜利几年。如果美军摆在鸭绿江岸和台湾，它要发动侵略战争，随时都可以找到借口。这次会议，最终作出了"抗美援朝、保家卫国"的战略决策，决定由彭德怀率中国人民志愿军入朝作战。

★ 讲反帝反霸反侵略 ★
"抗美援朝战争是个大学校"

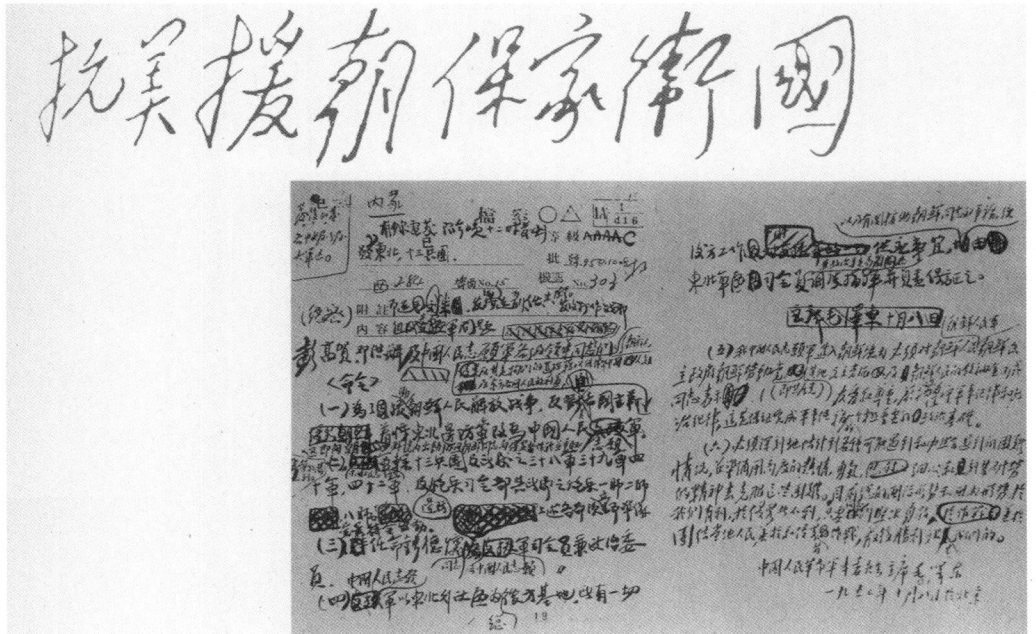

出兵的决策做出后，原本同意为中国出兵提供空军支持的苏联老大哥却告知：苏联空军无法进入朝鲜境内作战。这意味着中国人民志愿军将在缺乏空军火力支持的情况下独自作战。苏联方面的失诺，对中国出兵作战十分不利。经过慎重考虑，毛泽东最后还是毅然下定决心：出兵！

从10月1日晚金日成请求中国出兵，到19日晚中国人民志愿军跨过鸭绿江，仅仅只有18天，但对毛泽东来说，却似乎走过了一个漫长而又艰难的路程。在这个决策过程中，一个又一个困难接连摆到面前，毛泽东既要对世界大势作出正确的分析和判断，对敌我友三方的情况和战场的发展趋势进行全面的了解，还要在复杂多变的情况下，做到应付自如、迅速决断，更重要的是，要以充足的理由去耐心说服自己的战友和同志。

当第一批志愿军跨过鸭绿江之后，好几天睡不着

★ 1950年10月初，毛泽东主持中共中央政治局会议，作出"抗美援朝、保家卫国"的决策，并以中国人民革命军事委员会主席的名义发布组成志愿军的命令。

觉的毛泽东稍微松了口气,他在中南海会见了表兄王季范与老友周世钊。谈到抗美援朝,毛泽东对他们说了这样一番深刻的意味深长的话,解释了为什么出兵朝鲜:

> 如果要我写出和平建设的理由,可以写出百条千条,但这百条千条理由不能抵住六个大字,就是"不能置之不理"。如果置之不理,美国必然得寸进尺,走日本侵略中国的老路,甚至比日本搞得更凶。用三把尖刀插在中国的身上:从朝鲜一把刀插在头上,从台湾一把刀插在腰上,从越南一把刀插在脚下。天下有变,它就从三个方向向我们进攻。那我们就被动了。所以,打得一拳开,免得百拳来!抗美援朝,就是保家卫国!

多年以后,毛泽东对来访的金日成谈起这次决策的过程,还说过这样的话:

> "我们虽然摆了5个军在鸭绿江边,可是我们政治局总是定不了,这么一翻,那么一翻,这么一翻,那么一翻,嗯!最后还是决定了。"

★ **轮番作战,朝鲜战场成为我军的"大学校"**

从中国人民志愿军过江的那一刻起,毛泽东的精力便集中到了朝鲜战场上。在毛泽东的一生中,他曾经指挥过无数次大大小小的战役,在解放战争中,也曾统率过几百万大军同时在几个战场上与敌人作战,取得了辉煌的胜利。可以说,毛泽东有高人一筹的战略指挥能力和丰富的战争经验,但是,抗美援朝战场,对毛泽东和人民军队来说是一个新的课题。这是在一个新的战场上——国外战场上,同一个新的敌人——具有高度现代化装备的美国军队作战。

初战必胜,对出国作战的志愿军来说尤其重要。第一仗能不能打胜,将决定志愿军入朝后能不能站得住脚。1950年10月21日,毛泽东致电彭德怀下达第一次战役的作战部署。他看到麦克阿瑟在战略判断上犯了一个大错误,即"美

★讲反帝反霸反侵略★
"抗美援朝战争是个大学校"

★ 战斗在抗美援朝前线的中国人民志愿军,为适应战争的需要,武器装备不断改善,各军、兵种建设迅速发展。广大指战员利用战斗间隙,加强军事训练,苦练杀敌本领,不断提高战斗力。图为战士们互帮互学,纠正射击动作。

伪均未料到我志愿军会参战,故敢于分散为东西两路,放胆前进"。毛泽东断定,"此次是歼灭伪军三几个师争取出国第一个胜仗,开始转变朝鲜战局的极好机会"。10月25日,南朝鲜军的一个加强营被中国人民志愿军第四十军一个团以拦头、截尾、斩腰的战术歼灭,这一战揭开了抗美援朝战争的序幕,打响了震惊世界的中国人民志愿军抗美援朝战争的第一仗。11月1日至3日,志愿军首次与美军交战,重创美军王牌骑兵第一师,并在云山歼灭其第八团大部。云山战斗,志愿军首创了以劣势装备歼灭现代化装备之敌的先例,狠杀了一下所谓的"王牌军"的威风。

第一次战役,中国人民志愿军经过13个昼夜的艰苦作战,歼敌1.5万余人,自身伤亡1万余人,将"联合国军"部队从鸭绿江边打回到清川江一线以南,粉碎了麦克阿瑟于感恩节前占领全朝鲜的计划,初步稳定了战局。

直到此时，麦克阿瑟仍然认为中国军队只是象征性出兵，他在东京制定了圣诞节前结束战争的总攻势，以34万多人的兵力在正面展开进攻，同时命令空军倾巢出动，对鸭绿江上的所有桥梁和靠近鸭绿江的朝鲜边境地区进行狂轰滥炸。

11月23日，感恩节到了，美军士兵吃上了一顿颇为丰盛的火鸡大餐，喝到了香槟酒。就在这一天，他们接到命令，对中朝军队发起总攻，尽快结束战斗，回去过圣诞节。

面对来势汹汹的美军，毛泽东决定诱敌深入。11月25日，志愿军向被志愿军诱至预定战场的西线敌军突然发起猛攻，一举歼灭了德川、宁远地区的南朝鲜军2个师大部，打开了战役缺口。随即又以两个军对西线敌军部队侧后实施战役迂回，以正面四个军对当面之敌进行攻击。

担负战役迂回的三十八军一一三师，14小时前进70公里，于28日晨抢占了三所里地区，当晚又主动抢占三所里以西的龙源里，堵住美军另一条南撤通道。

北上接应与向南撤退的两支美军在飞机、坦克掩护下，轮番向志愿军一三三师三三七团阵地发起攻击，相距不到1000米的两支美军，始终不能再前进半步。经过数日血战，志愿军牢牢堵住了美军第九军的南撤退路。最后，美军不得不丢下大批辎重装备，从靠近西海岸的安州突围。

由于三十八军在战场上的杰出表现，彭德怀与邓华等志愿军首长给予三十八军通令嘉奖。在电文即将发出的时候，彭德怀从机要员手中要过电报稿，情不自禁地加上了两句话："中国人民志愿军万岁！""三十八军万岁！""万岁军"由此得名，而这样的英雄劲旅在朝鲜战场上还有很多很多。

经过第二次战役，除了东部沿海的襄阳外，"联合国军"全部被赶到三八线以南，志愿军和朝鲜人民军取得了由防御转入进攻的主动权。

为了不给敌人喘息的机会，打过三八线，以争取政治上的主动地位，中国人民志愿军又于1950年除夕之夜发起了第三次战役。1951年1月2日，"联合国军"全线撤退。中朝军队4日进占汉城，5日渡过汉江，8日收复仁川，"联合国军"被迫退守三七线。

在朝鲜战场上，中朝两国军队连续取得三次战役的胜利后，中国方面曾经作过这样一种估计，即在中朝大军的压迫下，或者由中朝军队打得美军无法再打下去的时候，迫使美军退出南朝鲜，根本解决朝鲜问题。这显然是一个乐观的估计。当然，毛泽东也估计到另外一种可能，即客观形势迫使中朝军队在2月间就可打一仗，打了以后再休整。

这后一种估计是对的。果不其然，从1951年1月25日起，"联合国军"乘志愿军和朝鲜人民军尚未得到充分休整之机，由西向东全线发起大规模进攻，中朝军队开始进行带有积极防御性质的第四次战役。

当时，中国人民志愿军已经连续进行了三次战役，打得十分疲劳，大量减员，要完成第四次战役积极防御的作战任务，困难甚大，亟待补充兵力。怎么办？根据毛泽东的意见，中央军委在1951年2月7日发布命令，作出实行轮番作战的决定，就是将过去从国内部队抽调老兵补充志愿军的办法，改为以军为单位成建制地由国内调往朝鲜战场，轮番作战。

轮番作战的实施，既解决了在朝作战部队的休整和保持充足作战力量的问题，也使更多的部队、指挥机关和指挥员得到了现代战争的锻炼，积累了现代条件下作战和指挥的经验。在某种意义上说，轮番作战是中国人民志愿军在抗美援朝战争中的一个新创造，朝鲜战场成为检验和提升中国人民解放军战斗力的"大学校"。

1951年3月7日，"联合国军"集中20多万兵力，在几百架飞机支援下，向中朝军队阵地发起全线进攻，中朝军队节节抗击。13日，中朝军队主动撤离汉城，到3月底，战线逐渐推移到三八线以北地区，但是，在中朝军队的顽强抵抗下，敌人再也难以前进，双方在三八线附近陷入相持的僵局。4月21日，第四次战役结束。

经过第一、二、三次战役的战略进攻，又经历了第四次战役的积极防御，在中朝军队同以美军为主的"联合国军"的反复较量中，毛泽东对朝鲜战争规律的认识逐步深化，准备长期作战的思想更加明确。他对抗美援朝战争总的指导方针，被概括为"战争准备长期，尽量争取短期"。

在第四次战役期间，美国策划在朝鲜半岛东西距离最短的蜂腰部建立新的防线，企图在中朝军队侧后登陆，配合它的正面部队，南北夹击，将中朝军队赶到蜂腰部以北。为了粉碎敌人这一计划，中朝军队于1951年4月22日发起第五次战役。

★ 由王海（前）率领的一个大队，在抗美援朝战争中，取得击落击伤敌机29架的战绩。

这时，中国人民志愿军第二番入朝部队第十九兵团和第三兵团共6个军已到达朝鲜战场，加上原在朝鲜作战的9个军，共有15个军约100万兵力。

第五次战役规模是很大的，双方兵力都在百万左右。但是，"联合国军"在武器装备方面占有优势，它不仅有技术精良的装甲兵、炮兵，而且有制空权，机动性很强，很多情况下，志愿军对美军一个团左右的兵力曾经多次进行合围，却始终不能消灭它，至多消灭一个营，这与国内战争特别是解放战争后期我军能够整师整旅成建制地消灭敌人的情况大不相同。

如何有效歼灭美军？这是毛泽东和志愿军在朝鲜战场上需要加以解答的新问题。问题引起了志愿军统帅部的注意，也引起毛泽东的注意。1951年5月26日，毛泽东给彭德怀发了一个电报，指示说："历次战役证明我军实行战略或战役性的大迂回，一次包围美军几个师，或一个整师，甚至一个整团，都难达到歼灭任务。这是因为美军在现时还有颇强的战斗意志和自信心。为了打落敌人的这种自信心以达最后大围歼的目的，似宜每次作战野心不要太大，只要求我军每一个军在一次作战中，歼灭美、英、土军一个整营，至多两个整营，也就够了。"毛泽东形象地把这一作战方针叫作"零敲牛皮糖"，问题有了解答。

第五次战役是6月10日结束的。这次战役共歼敌

8.2万余人，是5个战役中歼敌最多的一次，志愿军也付出了伤亡7.5万人的代价，双方的战线稳定在三八线附近地区。从此，朝鲜战争进入相持阶段。

在美国方面，由于朝鲜战场僵持的局面，短期内看不到好转的希望，而军队的大量伤亡，加上国内民众的反战示威，美国政府有些坐不住了。1951年5月，美国国家安全委员会向杜鲁门提出争取谈判解决朝鲜问题的建议，杜鲁门很快批准了这个建议。5月31日，美国国务院顾问、前驻苏联大使凯南非正式拜会苏联驻联合国代表马立克，表示美国政府准备与中国讨论结束朝鲜战争问题，愿意恢复战前状态。

面对美国主动伸过来的和平谈判橄榄枝，毛泽东敏锐地把握住这个机会，与朝鲜领导人金日成商谈即将到来的停战谈判的方针和方案，做好停战谈判的准备。

中朝军队的浴血奋战，将"联合国军"打回到战争最初开始的地方，也将不可一世的侵略者打到了谈判桌前。

对1951年这一年抗美援朝战争情况，毛泽东在1952年8月4日召开的中国人民政治协商会议第一届全国委员会常务委员会第三十八次会议上，作过这样的介绍：

> "去年这一年，我们是边打，边谈，边稳。
>
> "朝鲜战争的局势，去年七月以后定下来了，但是国内的财政经济状况，能不能稳下来，那时还没有把握。……现在'三反''五反'运动胜利结束，问题完全清楚了，天下大定。"

就是在这次讲话中，毛泽东谈起了抗美援朝战争对我军的锻炼作用：

> "现在我们的部队减少了，但是装备加强了。我们过去打了二十几年仗，从来没有空军，只有人家炸我们。现在空军也有了，高射炮、大炮、坦克都有了。抗美援朝战争是个大学校，我们在那里实行大演习，这个演习比办军事学校好。如果明年再打一年，全部陆军都可以轮流去训练一回。"

讲到我方面临的三个重大难题,毛泽东自信地说:

> 这次战争,我们本来存在三个问题:一、能不能打;二、能不能守;三、有没有东西吃。
>
> 能不能打,这个问题两三个月就解决了。敌人大炮比我们多,但士气低,是铁多气少。
>
> 能不能守,这个问题去年也解决了。办法是钻洞子。我们挖两层工事,敌人攻上来,我们就进地道。有时敌人占领了上面,但下面还是属于我们的。等敌人进入阵地,我们就反攻,给他极大的杀伤。我们就是用这种土办法捡洋炮。敌人对我们很没有办法。
>
> 吃的问题,也就是保证给养的问题,很久不能解决。当时就不晓得挖洞子,把粮食放在洞子里。现在晓得了。每个师都有三个月粮食,都有仓库,还有礼堂,生活很好。

毛泽东进一步给大家鼓劲说:

> "现在是方针明确,阵地巩固,供给有保证,每个战士都懂得要坚持到底。"

★ 在谈判桌和战场上来回较量

1951年6月下旬,朝鲜停战谈判开始前的各方接触,由非正式摸底进入公开倡议阶段。6月30日,接替被解职的麦克阿瑟继任"联合国军"总司令的李奇微发表声明,表示愿意同朝鲜人民军和中国人民志愿军举行停战谈判。7月1日,朝鲜人民军最高司令官金日成和中国人民志愿军司令员彭德怀联名复电李奇微,声明同意举行停战谈判,并建议以三八线以南的开城为谈判地点。

抗美援朝期间,在战场上,毛泽东有彭大将军这位得力干将,在谈判桌上,最主要、最得力的助手,自然是周恩来。朝中方面的声明一发表,毛泽东和周恩来便投入紧张的谈判准备工作。首先决定由邓华、解方作为彭德怀的代表出席谈判会议。同时决定，从国内派出由外交部副部长李克农率领包括乔冠华等在内的停战谈判工作组立即赴朝，协助指导谈判工作。

当时，美国方面对谈判的态度是，谈判不意味着立即休战，在停战协定签订以前，将不停止对抗行动。美国政府还授权李奇微，在停战谈判期间，可以进行陆地、两栖、空中、空降和海上作战，以支持谈判。

对美国的这一手，毛泽东做了充分准备。为了防止"联合国军"借停战谈判的机会举行反攻，他于7月2日致电彭德怀等，对中朝军队在三八线的防线及时作出重要部署：一方面加强正面防御阵地第一线的兵力，防止敌军大规模进攻；另一方面，加强侧后方的兵力，防止敌人从朝鲜半岛的蜂腰部东西两岸突然登陆。军事上的有力部署为谈判的进行作了必不可少的后备支持。

朝鲜停战谈判是一场旷日持久的马拉松式谈判。一开始，便在议程上发生分歧，卡在"从朝鲜撤退一切外国军队"这个问题上。中朝代表提出"在尽可能短的时间内从朝鲜撤退一切外国军队，以保证停战和朝鲜问题的和平解决"，但是美方拒绝把"从朝鲜撤退一切外国军队"列入谈判议程，摆出的理由是，停战谈判只应讨论朝鲜境内的军事问题，而从朝鲜撤出一切外国军队是政治问题，只能在停战实现以后由有关政府去讨论。

通过在撤兵问题上的多轮论争，中朝在向世界表明了爱好和平的诚意的同时，也揭露了敌方不愿意促进和平事业的阴谋，为了尽快结束关于议程问题的谈判，进入实质性谈判，朝中代表团在征得毛泽东的意见后，同意将撤军问题留待停战实现后的另一次会议去解决，但要在议程中列入"向双方有关各国政府建议事项"。

在清除了"撤军"问题这一谈判障碍后，1951年7月26日，双方通过了谈判议程，共有五项：（一）通过议程；（二）确定双方军事分界线，以建立非军事地区；（三）在朝鲜境内实现停火与休战的具体安排；（四）关于战俘的安排问题；（五）向双方有关各国政府建议事项。自此，停战谈判结束了程序性谈判阶段，进入实质性谈判阶段。

进入实质性谈判阶段后，在第二项议程，即确定军事分界线时，双方又僵住了。中朝方面提出以三八线为军事分界线，对方却拒绝这一主张，以所谓"补偿"其海、空军优势为借口，要求将军事分界线划在志愿军和朝鲜人民军阵地后方，企图不战而攫取 1.2 万平方公里的土地。在这一无耻要求遭到拒绝后，美方公然以武力相要挟，说："那就让炸弹、大炮和机关枪去辩论吧！"

果然，从 1951 年 8 月 18 日到 10 月 22 日，"联合国军"向中朝军队连续发起夏季攻势和秋季攻势，朝鲜谈判被迫暂时中断，双方又从谈判桌上的较量转到战场上的较量。中朝军队是在极其恶劣的气候和后勤给养严重困难的条件下，抗击"联合国军"的夏季攻势和秋季攻势的。特别是朝鲜北部暴发特大洪水灾害以后，农田被毁，道路冲断，许多工事和战备仓库被严重破坏，敌军又乘机向中朝军队后方实施大规模"绞杀战"，试图通过破坏后勤补给来动摇志愿军的战斗意志。英勇的志愿军没有被困难动摇，在反"绞杀战"的过程中，以抢修、抢运和防空斗争相结合，打造了一条"打不烂、炸不断的钢铁运输线"，扭转了战场上运输一直被动的局面。

在国内人民的支援下，经过中朝军队英勇顽强的抗击，敌方的夏季攻势和秋季攻势最终都被中朝军队所粉碎。美军在谈判桌上得不到的东西，在战场上同样也捞不到，这几仗，美军损失了 15.7 万余人，却只能向前推进 646 平方公里的土地，正如英国《星期日泰晤士报》的文章所说："美国谈判代表愈来愈明白，联军已真的不能再用继续作战的办法来获得进一步的利益了。"

在战场上碰了一鼻子灰，"联合国军"代表只好又回到了谈判桌上，没脸再提所谓海空优势了，11 月 27 日，第二项议程达成一致，规定以双方实际接触线为军事分界线，双方各向后撤两公里，以建立非军事区。随后，同时进行第三项议程（在朝鲜境内停火与休战的具体安排）、第四项议程（战俘遣返问题）的谈判。

在后续的谈判过程中，朝中方面的每一项提案，几乎都要遭到"联合国军"代表的反对，双方在谈判桌前的唇枪舌剑，其激烈程度不亚于战场上的刀光剑影，一旦谈不下去了，双方又会选择在战场上掰手腕。谈谈打打，打打谈谈，双方的较量在谈判桌和战场上来回切换。

毛泽东、周恩来等领导人在战场和谈判桌的交互斗争中运筹帷幄，始终抓住而又巧妙灵活地使用谈与打、政治斗争和军事斗争这两手，双管齐下，互相配合，针锋相对，毫不放松，稳操军事斗争和政治斗争的主动权。在"文斗"方面，我方有理。在"武斗"方面，我方亦有办法，依托坚固的阵地，用"零

★ 讲反帝反霸反侵略 ★
"抗美援朝战争是个大学校"

★ 守卫在上甘岭阵地上的志愿军部队,收听到停战的消息后热烈欢呼。

敲牛皮糖"的办法,一口一口地吃掉敌人,积少成多,合起来就是一个很大的数字。亦文亦武,紧密配合,在谈判桌和战场上一次又一次的反复较量中,迫使"联合国军"就范,达成协议。

1953年7月27日,朝鲜停战协定在板门店正式签字,全世界人民所渴望的朝鲜停战终于实现了。

当时代表"联合国军"方面签字的是美军中将马克·韦恩·克拉克,这位美国将军后来在其回忆录中写道:

"我成了历史上签订没有胜利的停战条约的第一位美国陆军司令官。我感到一种失望的痛苦,我想,我的前任,麦克阿瑟与李奇微两位将军一定具有同感。"

代表中国人民志愿军签字的是彭德怀。他后来谈起抗美援朝时讲了这么一句名言：

> "西方侵略者几百年来只要在东方一个海岸上架起几尊大炮就可以霸占一个国家的时代，一去不复返了。"

1953年9月12日，毛泽东在中央人民政府委员会第24次会议的讲话中，对抗美援朝作总结，也说过几句相似的话：

> "我们的经验是，依靠人民，再加上一个比较正确的领导，就可以用我们的劣势装备战胜优势装备的敌人。"
>
> "帝国主义侵略者应当懂得：现在中国人民已经组织起来了，是惹不得的。如果惹翻了，是不好办的。"

这些话，恰恰说明了一个深刻的道理：抗美援朝战争是个大学校，这个大学校既培养训练了新中国的军队，也教育了刚刚获得解放的中国人民，还教训了不可一世的侵略者，更告诫了那些亡我之心不死的帝国主义政客们！

MAO ZEDONG

★

讲战争准备

"准备好了敌人可能不来,准备不好敌人就可能来"

"深挖洞,广积粮,不称霸"

"备战、备荒、为人民"

"准备好了敌人可能不来，准备不好敌人就可能来"

"有人说怕敌人不来用不上，不是浪费吗？那不对，一定要搞，准备好了敌人可能不来，准备不好敌人就可能来，敌人来了总要打掉一些坛坛罐罐。"

"把一切都准备好，准备好了，敌人要来也好办，趁我们还在的时候再打它一仗，也好。"

——毛泽东：《准备好了敌人要来也好办》（1964年7月2日）

  这是1964年夏季毛泽东在听取周恩来等汇报战备工作时的谈话。在当时复杂严峻的安全形势下，毛泽东的这句话强调了战争准备和战略威慑的重要意义，反映了他关于战争与和平问题的辩证法思想。

  中华民族爱好和平，中国不会主动"走出去"挑起侵略战争，所以对新中国来说，战争只有一种可能，就是敌人"来"，把侵略战争强加给中国。上世纪50年代以来，中国周边爆发了大大小小多次战争，美国、苏联等大国一度施加了严重的战争威胁。可以说，在建立新中国之后很长的一段时间里，敌人不仅真的"来"过，而且更是随时可能"来"。毛泽东指出，敌人"来"和"不来"看似截然相反，实则对立统一；仗打与不打、若打打成什么局面，看似操之在

★ 讲 战 争 准 备 ★

"准备好了敌人可能不来，准备不好敌人就可能来"

人，实则操之在己。"准备好了敌人可能不来，准备不好敌人就可能来"，关键就在"准备"二字。

思考"准备"的事情，还要从新中国成立之初说起……

★ "提高斗志，随时准备打击侵略者"

1949年10月1日，当毛泽东在天安门城楼上庄严宣告新中国成立之时，人民解放军还在为全中国人民的彻底解放艰苦作战，祖国大地到处是多年兵燹带来的残垣颓圮。旧中国的苦难尚未褪去，新的战争威胁又接踵而至，得到美国支持的蒋介石集团则退守台湾，叫嚣反攻大陆。积贫积弱、百废待兴的中国在国际社会所能依靠的只有苏联及其他社会主义国家，只能采取"一边倒"的外交战略。1949年12月，毛泽东访问苏联，次年签订了《中苏友好同盟互助条约》，规定缔约双方加强友好合作，在双方中的任何一方受到日本及其盟国的侵袭而处于战争状态时，缔约国另一方即尽其全力给予军事及其他援助。这个条约于当年4月11日正式生效，其意义正如毛泽东所说：使中苏两大国家的友谊用法律形式固定下来，使得我们有了一个可靠的同盟国，这样就便利我们放手进行国内的建设工作和共同对付可能的帝国主义侵略，争取世界的和平。

新中国的发展建设正在逐渐步入正轨，国家安全

★ 1950年2月14日，毛泽东赴莫斯科出席《中苏友好同盟互助条约》签字仪式。左起：斯大林、周恩来、毛泽东。

又有了苏联的支持，毛泽东判断："目前的国际情况对于我们是有利的"，一方面是因为我们依靠苏联和社会主义阵营；另一方面是因为世界各国人民反对帝国主义的斗争正在日益壮大，只要全世界和平和民主的力量团结起来，新的世界大战是可以制止的。当时对我国的安全形势有一个形象的比喻，叫作"背靠沙发面朝东"，这里的"沙发"就是指苏联。在"一边倒"的外交战略下，我国大陆的西北、东北等广袤地区都是相对安全的战略大后方，战争威胁主要来自东部沿海的美国及其支持的蒋介石集团。

1950年朝鲜战争爆发，美军第七舰队进入台湾海峡巡弋，阻止解放军渡海解放台湾，地面部队则越过三八线。毛泽东密切关注战争态势，他下达了做好打仗准备的指示：

> "我们要有充分准备。"
>
> "我们要随时准备对付美帝国主义来侵略。我们所进行的军事、政治、经济、文化等各方面的建设事业，都要考虑到敌人就在面前这个情况来讨论和决定。"

中国派出志愿军参战，很快便取得了战场的主动权，沉重打击了美国的嚣张气焰。在这种情况下，美国及其所支持的蒋介石集团虽然在我国东南沿海不断地进行袭扰，但始终没有制造大的事端。所以这一时期毛泽东认为尽管存在军事对峙，但是大规模战争一时打不起来，对安全形势的判断总体上是相对乐观的。

即便是在有苏联的支持且安全形势判断相对乐观的情况下，毛泽东也十分重视战备工作，提出应当不断加强我国的军事力量，继续扩大我国的国际统一战线活动，从军事上和政治上制止或者推迟战争的爆发，保证万一爆发战争我军能够立即给予有力的还击。

做好战争准备，就要有具体措施。首先是抓紧和平机遇，利用好沿海地区相对良好的发展底子加强工业建设和防御工事的修建。毛泽东是这样说的：

★ **讲战争准备** ★
"准备好了敌人可能不来，准备不好敌人就可能来"

"说马上要打第三次世界大战，是吓唬人的，我们要争取十年工夫建设工业，打下强固的基础。"

"不说十年，就算五年，我们也应当在沿海好好地办四年的工业，等第五年打起来再搬家。"

"好好地利用和发展沿海的工业老底子，可以使我们更有力量来发展和支持内地工业。"

针对我国东西部工业发展不平衡的状况，毛泽东也从战备的角度加以考虑，要求新建的工业企业选址要向我国腹地、西部倾斜，这样"使工业布局逐步平衡，并且有利于备战"。为了防备美国和蒋介石集团的攻势，我国还在东南沿海地区修建了大规模、分层次的防御工事。

★ "仗打不起来，但要搞个保险系数"

朝鲜半岛的战事刚刚告一段落，国际形势又发生了新的变化。1954年法国殖民者撤离越南后，美国政府在越南扶植了亲美的傀儡政权，掀起对北越政权和越南共产党的新的战事。时隔一年，赫鲁晓夫在苏共二十大上的"秘密报告"引起了轩然大波，随后爆发的波匈事件更诱发了社会主义国家阵营的空前震荡。赫鲁晓夫一方面多次借"长波电台""联合舰队"等企图控制中国，1958年又指责解放军炮击金门是中国方面擅自行动，破坏了《中苏友好同盟互助条约》，还亲自加入中苏两党的论战，结果两党的分歧逐渐扩大为两国关系的疏远乃至恶化。此外，赫鲁晓夫还努力与美国缓和关系，进一步孤立中国。

在这种情况下，毛泽东对安全形势有了新的判断。他认为，虽然目前的国际条件对我们的社会主义建设事业总体是有利的，但是帝国主义势力还在包围着我们，这个事实并没有改变。我们仍然要在思想上保持高度戒备，随时准备应付可能的突然事变。毛泽东说：

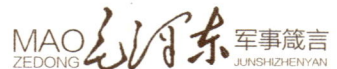

> "仗打不起来，但要搞个保险系数。"
>
> "不论任何工作，我们都要从最坏的可能性来想、来部署，我们都先准备好了就不怕了。"

毛泽东深知，"能战方能止战"，在战场上得不到的东西，在谈判桌上同样不可能得到。如果只做和平的打算就会吃亏，只有认真准备打仗才能有效地威慑敌人。

面对帝国主义的战争威胁怎么办？毛泽东认为，既然是战争是怕也打、不怕也打，倒不如不怕，毛泽东给大家鼓劲说：

> "每天总是怕，在干部人民里头不鼓起一点劲，这是很危险的。我看，还是横了一条心，要打就打，打了再建设。"

在毛泽东看来，要制止战争，只有做好准备、拿起武器。1959年3月他回答美国客人提问时说："到全世界没有一个人害怕战争的时候，世界上就不会有战争了。"

在这种判断下，毛泽东主张战争准备要和经济建设的形势相适应，一方面要大规模办好民兵师，让人民自己武装自己，以便在爆发战争时能够全民皆兵，让敌人陷入人民战争的汪洋大海，"寸步难行"；另一方面要精减部队员额，节省军费用来发展尖端武器技术。

他建议，解放军从300万裁减至200万，腾出军费来用于购置先进装备和研制中程导弹等武器。并号召全军和科研工作者下决心拿下尖端技术，要"抓两头"，一头抓科研试制，一头抓工业基础。

为了应对美国等国家的核威胁，毛泽东强调要自力更生研制原子弹、核潜艇等。他说："我们还要有原子弹，在今天的世界上，我们要不受人欺负，就不能没有这个东西"；"核潜艇，一万年也要搞出来"；激光"要组织一批人专门去研究它"。

在中苏关系破裂之后，毛泽东更表示："苏联不给我们尖端技术，极好。他

★ 讲战争准备 ★
"准备好了敌人可能不来，准备不好敌人就可能来"

要是给了，这个账是很难还的。"

在物质准备之外，毛泽东还多次强调要加强政治动员、人员训练和思想准备，他指示部队抓紧时间进行军事训练，在敌人"来"之前集中时间将需要学的军事科目抓紧学好，做到有备无患。不管敌人来不来、何时来，我国先做好准备，确保"当帝国主义不顾一切后果向我国发动侵略战争的时候"，我们能够"立即给予有力的还击"。

★ "要在物质上和精神上准备打仗"

进入上世纪60年代，中苏两党长期积累的分歧终于扩大为两国的对立，1960年7月，苏联单方面撤走援华专家，再一次严重破坏了两国关系，中国"一边倒"的外交战略难以为继。

从1960年开始，苏联在我国新疆挑拨民族矛盾，多次挑起武装冲突，酿成1962年的伊犁、塔城事件，中苏边境局势紧张。而在中国南部边境，美国政府在肯尼迪就任总统后，将越南战争从扶植傀儡政权升级为直接派兵参战的"特种战争"，严重威胁我国边境安全。

在这种"黑云压城"的严峻形势下，1961年8月，毛泽东会见拉美客人时说了这样一些话："可能不打，但也可能打"，"按照社会主义阵营的意见，按照各国共产党的意见和各国劳动人民的意见，是不要打的"，"但如果按照帝国主义以及它在各国的走狗的意见，那就要打"。在这种情况下要做最坏的准备，因为"这么做了准备，也许可以不打"。

毛泽东的意思很明确，能战方能止战，战争在表面上看操之于人，但更深层来看打与不打在实际上也操之在己，战争准备足够充分就可能威慑敌人，避免

★ 1962年10月20日，中印边界西段的印军向中国边防部队发起全面进攻。图为中国边防部队被迫进行自卫反击。

战争。反之，敌人就会乘虚而入。

毛泽东的这番话，很快得到了历史的检验。1962年，印度无视我国争取和平解决领土争端的努力一再挑衅，解放军被迫还击，中印边境自卫反击战爆发。当年10月下旬，解放军利用来犯印军战线较长、据点分散的弱点，集中兵力进行大规模迂回、包抄，打歼灭战，并拔除了印军的不少据点，很快取得了战场的主动权。10月24日，中国政府主动向印方提出边界停战、军队后撤的和平建议，建议双方军队停火并各自后撤20公里。然而，印度政府悍然拒绝了和平建议，并大肆增兵。11月中旬起，解放军对来犯印军予以坚决反击并再次取得胜利。21日，中国军队宣布单方面停火并后撤20公里，接连失利的印军才终于有所收敛。

战胜方能促和，只有充分准备，有把握打胜仗才能遏止战争升级，把敌人逼回谈判桌。

1963年，在听取中印边界东段自卫反击作战情况汇报时，毛泽东对与会人员强调：

> "你们总要准备打仗，不要以为天下太平、四方无事。"
>
> "只搞文，不搞武，那个危险。"
>
> "各大区的同志，省委的同志，中央的同志，你们要准备打仗。"

正是在毛泽东的"准备打仗"的思想指导下，我军作了周密的战备部署，并配合主动有力的政治、外交斗争，才使得印军不敢再次来犯。

"准备好了敌人要来也好办"，中印边界冲突为这句话做了极好的注脚。

严峻的安全局势一时间并未因为我们暂时的军事、政治胜利而出现根本的缓和，反而一再证明了毛泽东"准备打仗"这句话沉甸甸的分量。

中印边境停火之后，战争危险并未完全解除，蒋介石集团对大陆的袭扰也始终没有停止。1963年，美国在通过各种渠道猜测中国将于次年试爆第一颗原子弹，甚至制订了多种向中国施压乃至直接采用技术手段打击中国核设施的作战计划。这样一来，我国北方边境面临着苏联的巨大压力，南方边境面临美国的虎视眈眈，西部中印战争的硝烟刚刚散去，东南沿海蒋介石集团挑起小规模

★ 讲战争准备 ★
"准备好了敌人可能不来,准备不好敌人就可能来"

冲突不断。毫不夸张地讲,当时的中国可以说处于敌对势力的"四面包围"中,面临空前严重的战争威胁。

眼看敌人"来"的可能性越来越大,"山雨欲来风满楼"的紧张气氛已经迫近,毛泽东敏锐地察觉到了战争的威胁。但是当时中国原子弹、核潜艇还没有研制成功,海军和空军的建设也是刚刚起步。我们对战争形势的考虑仍然是立足于将敌人"放进来"再"关门打狗",依靠全民皆兵将敌人一步步消灭掉。对国防力量还十分薄弱的中国来说,打仗只能采取这种办法,这就需要比较大的战略纵深,需要保存实力打持久战。1964年春,国家计委根据中央指示,制定了《第三个五年计划(1966—1970年)的初步设想》,提出"三五"计划将国民经济的首要任务由原来的以发展重工业为基础改为大力发展农业,基本解决人民生活"吃穿用"方面的困难。

但是,不容乐观的安全形势迫使毛泽东重新思考备战和经济调整二者的优先级问题。这年4月25日,一份来自解放军总参谋部作战部的报告说,当时我国的基础设施建设状况和人口、工业的地域分布等十分不利于国防,全国14个百万人口以上的大城市集中了超过一半的机械、化学和国防工业以及大量密集的人口,一旦爆发战争,铁路、公路、桥梁和内河航运尚不足以及时疏散这些人口和设施,战时防空压力巨大;同时,主要大型水库的紧急泄水能力不足,如面对突如其来的军事破坏将酿成严重灾难。

这个报告引起了毛泽东的高度重视,他批示组织专门小组研究解决方案。从这年5月起,毛泽东就开始在不同场合反复强调备战的问题:帝国主义的战争威胁不断加强,要准备打仗,我们准备好了没有?

1964年5月10日,毛泽东听取"三五"计划设想的汇报,不时插话,他提出,农业和国防工业是"两个拳头",而基础工业则是"一个屁股",这就强调了大规模加强基础工业建设的重要性。

不久,毛泽东在中央工作会议上再一次强调,在核战争条件下一定要建设大后方。也正是在这次会议上,毛泽东从备战的角度出发,第一次将全国划分为一、二、三线地区。这次会议吹响了新中国延续10余年的国防战备"三线建设"的号角,整个中国的经济格局从此开始发生深刻的转变。

按照毛泽东的设想,一、二、三线是按我国地理区域划分的,大体上东部沿海地区和边疆省份为第一线；中部为第二线；西南、西北和中部省区的腹地为第三线。就这样，战备建设被提到了新中国成立以来从未有过的高度。在这年的7月2日毛泽东说了这句名言：

> "准备好了敌人可能不来，准备不好敌人就可能来……把一切都准备好，准备好了，敌人要来也好办。"

★ 三线建设工地。

毛泽东号召开展三线建设就是这句名言的直接背景。

尽管耗费巨资的大规模战备建设在一定程度上影响了国家正常的经济调整和人民生活的改善，后来也有学者对此提出过质疑，但是，战备的必要性和紧迫性，只有看清当时历史大背景的人，才能得出客观的结论。当然，历史也很快给出了答案。

1964年8月初，美国悍然挑起了"北部湾事件"，派遣军舰和战机对越南北部展开军事打击，大批作战人员和军事装备随即抵达北部湾，美国时隔10余年再一次将战火烧到中国家门口。中国政府发表声明，指出"美国对越南民主共和国的侵犯，就是对中国的侵犯，中国人民绝不会坐视不救"。毛泽东本来计划沿黄河考察工作，这时临时取消了这个计划，在声明稿上重重地写下了这样的批示：

> "要打仗了，我的行动得重新考虑。"

★ 讲战争准备 ★
"准备好了敌人可能不来，准备不好敌人就可能来"

这样严阵以待的姿态无疑对美国侵略者起到了威慑作用，毛泽东十分敏锐地察觉到了这一点。

8月13日，毛泽东在北戴河会见越南领导人黎笋时说：

> "美国人'很焦虑''不想打'，朝鲜战争的时候美国人以为中国没有准备，结果中国就'打了一个它没有料到的仗'，而现在中国则有所准备，因而美国侵略者'来'和'不来'更会再三掂量，不至贸然扩大战事。"

紧接着，毛泽东着眼具体形势，一方面指出远离东南沿海和北部中苏边境的西南腹地作为三线建设的重点，是为"大三线"；另一方面他还强调要"以大区或省为单位搞点军事工业"，沿海、沿边和各省要搞兵工厂，一旦打起仗来各地不能仅仅指望其他地区的物资调运，"武装起来，做到人自为战，做到有准备就不怕"，是为"小三线"。

1964年8月17日起，中央书记处召开会议，会议根据毛泽东的讲话精神，研究决定在人力物力财力上对三线建设给予充分保证：一方面新建项目要放在三线地区；另一方面要着手将一线地区的项目有计划、有步骤地搬迁到三线地区，一、二线的企业要有重点地开展技术改革。

这样，我国经济建设的重点从原先重点解决"吃穿用"全面转到战备建设上来。

这年11月，毛泽东在听取西南三线建设工作汇报时要求大家在战备方面吸取斯大林和蒋介石的教训，他说"斯大林一不做工事，二不搬厂，三不准备打游击战，只是仓促撤退"，蒋介石则是"没有搬，搬得很少，他是靠外国生活的，靠我们在敌后牵制住敌人，才保住重庆"。

毛泽东还说，战备工作就是在同敌人抢时间，攀枝花的钢铁工业若搞不起来，"我睡不着觉"，"你们不搞，我就骑着毛驴去那里开会"；"现在不为，后悔无及"。

形势所迫。毛泽东这时的焦急不难想见。

战争从来就有打与不打两种可能，准备好了敌人不来怎么办，岂不造成极

大的浪费？毛泽东着力回答了这个问题：

> "你天天说打仗，他不来打怎么办？那不变成了周幽王起烽火？这是我叫起来的，你不叫，打来了怎么办？战争不准备不行，有备无患。"

在毛泽东看来，后方建设起来当然是为了预备敌人来，而敌人如果不来也没有什么浪费，"粮食储存一些有好处，反正要吃的。棉布存一点也有好处，反正要穿的"。

毛泽东还强调，战备建设不能以牺牲老百姓的生活水平为代价：

> "第一是老百姓，不能丧失民心；第二是打仗；第三是灾荒。计划要考虑这三个因素。脱离老百姓，毫无出路。"

著名的"备战，备荒，为人民"的口号，就是根据毛泽东的这个讲话精神提出的。

三线建设主要强化的是我国的战略后方，侧重在物质上的准备。1964年10月勃列日涅夫担任苏共中央总书记后继续敌视中国，随着中苏边境压力的逐渐增大，毛泽东也反复强调在思想上准备打仗的重要性。他的话，句句苦口婆心：

> "我们要准备，不但准备帝国主义整我们，还要准备帝国主义和修正主义合伙整我们。"
>
> "军队过去是三大任务：打仗、筹款、做群众工作……我们还是要恢复过去的三大传统，要准备打仗，要生产，还要做群众工作。"
>
> "设想如果出现了像日本占领时候的情况，到处被占领了，你没有两手怎么成？"
>
> "准备打，也许打不起来，不准备打，打起来就措手不及了，这点在人民中间要进行宣传。"

★ 讲战争准备 ★
"准备好了敌人可能不来，准备不好敌人就可能来"

1969年3月，苏联在中苏边境大肆增兵，军队多次在珍宝岛制造战端，解放军被迫反击。在听取战斗情况汇报时毛泽东说："苏联现在在乌苏里江的挑衅，还不能联系到大战，这不过是一个开端就是了。但我们看了这样一个行动，就可以看到前途，看到它的社会帝国主义的野心。它甚至想首先消灭中国的原子基地。"

毛泽东进一步强调，应对战争威胁的办法，就是加紧战争准备，他说：

> "南方各省都要准备两手，东北、华北、西北要准备打仗。东北、华北、西北要准备苏联来，南方各省要准备美国来。他们没有来，我们做好了准备，他们真的来了，我们也不吃亏。没有准备就要吃亏。"

一个多月后，毛泽东在九届一中全会上讲话，再一次指出，要在物质和精神上准备打仗：

> "过去讲过的，就是要准备打仗。无论哪一年，我们要准备打仗。人家就问了，他不来怎么办呢？不管它来不来，我们应该准备。不要连造手榴弹都要中央配发材料。手榴弹到处可以造，各省都可以造。什么步枪、轻武器，每省都可以造。这是讲物质上的准备，而主要的是要有精神上的准备。精神上的准备，就是要有准备打仗的精神。不仅是我们中央委员会，要使全体人民中间的大多数有这个精神准备。"
>
> "我赞成这样的口号，叫做'一不怕苦，二不怕死'。"

"准备好了敌人可能不来，准备不好敌人就可能来"，这句名言在五年后再一次被历史证明。中苏珍宝岛冲突，以苏军失利而告终。勃列日涅夫等苏联高层领导人大为震怒。据美国媒体报道，苏联计划用导弹对中国进行"外科手术式的核打击"。在毛泽东的号召下，我国许多企业转向军工生产，国民经济处于临战状态，大批工厂转向交通闭塞的山区，北京等大城市开挖地下工事，最初即因备战而生的三线建设再次掀起了高潮。苏联最终没有对中国实施核打击，这其中当然也有苏联自身国际战略的权衡，但更重要的因素还是中国早已有所准备。美国前总统尼克松曾评价说，若不是中国严阵以待，苏联有能力在30分钟内对中国的战略力量进行突然而致命的打击。没有充分的战争准备，后果不堪设想。

历史的演进充分说明，能战方能止战，要想消灭战争，必须拿起武器。战或不战，看似操之于人，实则操之在己。

★ 讲战争准备 ★

"深挖洞，广积粮，不称霸"

"深挖洞，广积粮，不称霸"

"毛主席说：我们要'深挖洞，广积粮，不称霸'。"

——《中共中央转发〈国务院关于粮食问题的报告〉的批语》（1972年12月10日）

毛主席提出了一个口号，叫作"深挖洞，广积粮，不称霸"，这里就有个粮食问题。"广积粮"有两个作用：一是备荒，一是备战。"深挖洞"就是备战。"不称霸"，中国不仅现在不称霸，就是将来现代化了，我们也不称霸。

——邓小平会见日本青年团协议会访华团的谈话（1973年11月24日）

"深挖洞，广积粮，不称霸"，在20世纪70年代是影响深远的一句战略名言，出自毛泽东之口。但是，毛泽东最早是什么时候说出这句名言的，目前还没有准确的说法。中央文献研究室编的《建国以来毛泽东军事文稿》和《毛泽东年谱》等权威文献中，只是在注释里或采用引述的办法提到，"深挖洞，广积粮，不称霸"一语出自毛泽东1972年12月10日对《国务院关于粮食问题的报告》的批语，但未明确说明是否为第一次提出。曾在林彪身边工作过的李根清曾撰写过回忆文章，说毛泽东是在1969年中苏关系高度紧张的背景下发出的"要准备打仗"的号召和"深挖洞，广积粮，不称霸"的指示，一些研究文章也指出全国各地大挖防空洞的时间是1969年，但缺乏权威的文献依据。

关于毛泽东第一次发出"深挖洞，广积粮，不称霸"指示的具体时间，目前只能说有待考证。研究者比较普遍的看法，都认为毛泽东发出这一号召，是在读到元末儒士朱升向朱元璋提出的"高筑墙，广积粮，缓称王"谏议后，因面临上世纪60年代末70年代初中苏中美关系巨变的种种波折，有感而发。

朱升给朱元璋的谏议，短短9字却蕴含了丰富的政治智慧与斗争经验，比如"高筑墙"，若仅从字面上简单理解，就是城墙修得越高越好，而实际上朱升提出"高筑墙"主张，是建议朱元璋发展壮大武装力量。

同样道理，对于毛泽东提出的"深挖洞，广积粮，不称霸"号召，也不能简单地从字面上作肤浅解释，必须结合历史与时代背景，准确把握其科学内涵，完整梳理其理论体系，并在此基础上提炼出对今天的现实工作仍有指导意义的宝贵思想财富。

★ "广积粮"有两个作用：备战、备荒

邓小平对毛泽东的这句名言体会颇深，他说过，毛主席提出的"广积粮"有两个作用：一是备荒，一是备战。

毛泽东的备战备荒思想，发轫于延安时期的大生产运动。

皖南事变后，国民党彻底停发了八路军和新四军的军饷，并对陕甘宁边区进行全面经济封锁。华北华中地区，日伪军也对各敌后根据地展开了疯狂扫荡。中国共产党领导的敌后抗日根据地因此遭遇了极严重的困难。各抗日根据地普遍遭遇粮食、医药、棉布、子弹、食盐以及其他日常用品严重短缺的状况，陕甘宁边区甚至出现没有衣穿、没有油吃、没有纸用、没有菜吃、没有鞋袜穿、冬天没有被子盖的严峻态势。

这对于本来就缺衣少食的共产党及其领导的人民军队和解放区人民来说，无疑是雪上加霜。早在1939年2月2日，为了克服严重的经济困难，中共中央就在延安召开生产动员大会，毛泽东在会上发出了"自己动手"的号召。人们纷纷在驻地周围的山坡、路旁、河滩等空地开荒种菜，还有人养鸡、养鸭、养兔，但是由于规模小以及经营分散等原因，收效非常有限。

★ 讲战争准备 ★
"深挖洞,广积粮,不称霸"

1940年5月,朱德回到延安,发现这时的延安城与3年前相比,人多了,机关多了,东西却少了。昔日红火热闹的延安市场如今虽然还天天有集,但却冷清了许多,卖瓜果、蔬菜、肉蛋、蒸馍的少了,倒多了一些卖破旧家什、农具、牲畜的人。赶集人的脸色在黧黑之中带着些许忧郁。

为了扭转边区经济衰落的颓势,朱德、董必武和徐特立作了深入细致的调查研究,提出了利用边区盐多和羊多的两大优势发展贸易搞活经济的建议,毛泽东对此给予了全力支持。但是,当时最迫切的问题是粮食,在国民党全面封锁边区的情况下,仅仅依靠盐和羊无法从根本上解决粮食问题。在这种情况下,朱德提出"屯田军垦"的主张,得到毛泽东和党中央的赞同。

1941年春,朱德带领几名工作人员和农业技术人员到南泥湾实地勘探。曾经流传这样一个故事:

> 一天,为部队屯垦地点的朱德与警卫员在一片荒芜之地发现了炊烟,朱德说:"有人家!走,访访去!"
>
> 好不容易赶到一间破茅屋前,屋前是一位身材瘦小的老汉,朱德问他:"老哥,你好呵?这地方是啥位置?"老汉木讷地说:"南泥湾。"
>
> 朱德又问:"老乡哥。请问这里能打粮吗?"老汉说:"怎么不能?!这里我很熟悉,地肥得很哟!只是这里没一户人家……"
>
> 随后,朱德请这位姓唐的老汉当向导,一起勘察南泥湾的山林野谷、沟壑腐潭。大概是因为土地太肥沃,野蒿居然长到一人多高。还发现一片较开阔的谷地,土很松软,拔野蒿带起一大坨泥土,黑油油的。朱德抓了一把土,凑到鼻前闻了闻,又攥在手里捏了捏,立刻兴奋地说:"好土!好土!开荒种粮完全可以!"

这里面讲的就是南泥湾开荒和大生产运动的起源。后来,这位唐老汉在开发南泥湾过程中成了开垦部队的编外"顾问"。

不久,三五九旅在旅长王震带领下开进南泥湾,很快成为生产战线上的一面旗帜。经过几年艰苦奋斗,南泥湾面貌发生深刻变化,成为陕北的好江南。

★ 八路军在南泥湾新开垦的土地上插秧。

★ 中国"深挖洞",就是以我之有备待敌之不敢攻

邓小平在解读毛泽东的讲话时还说过:"深挖洞"就是备战。

在当时的历史条件下,毛泽东提出"深挖洞"的备战方针,主要是防备可能发生的中苏大战。此外,正如朱升提出"高筑墙"不是简单地强调修城墙而是建议朱元璋发展武装力量那样,毛泽东提倡"深挖洞",也不是简单地号召全国挖防空洞,"挖洞"的目的是备战,"深挖洞",是倡导把能够采取的备战措施作好,作深入,作细致,以我之有备待敌之不敢攻。

★ 讲战争准备 ★
"深挖洞，广积粮，不称霸"

1969年3月2日，中苏边防部队在珍宝岛发生武装冲突，战斗进行了30多分钟，中国边防军连续打退苏军三次冲锋。接着，3月15日、17日双方边防军又发生两次战斗，苏军进攻均被打退，此后苏军未再登岛进攻。据苏方统计，苏军在这3次战斗中阵亡58人，伤94人。有研究者认为：珍宝岛事件具有双重意义，它既是中苏已临战争边缘，两国关系无可挽回的标志；同时，它又为中美关系的恢复提供了契机。当时，中美苏三国正处在大三角关系中，大国之间关系的细小变化都将相互影响。就在中苏之间剑拔弩张的情况下，中美之间的关系开始缓和，从而从政治上改变了当时的中苏力量对比。

★ 1960年2月，毛泽东接见在广州召开的中央军委扩大会议全体代表。会议研究了人民解放军的战略方针和国防建设等问题。右起：邓小平、毛泽东、彭真、罗瑞卿、周恩来、贺龙、林彪、聂荣臻。

珍宝岛冲突发生在1969年3月，尼克松访华时间是1972年2月，这中间整整3年时间，中美关系至少在表面上仍处于严重对立状态，中苏大战却没有发生。因此，有人把珍宝岛小打后中苏未大打的原因简单归结为"毛泽东拉了美国作帮手"，确实很难让关心这段历史的今人信服。事实上，珍宝岛小打未演变为中苏大打，关键要素是中国的备战工作做得好，而做好备战工作的前提，是我们对苏联领导层的战略动态作了准确的分析与把握。

1969年3月1日至16日，根据毛泽东的指示，叶剑英、陈毅、徐向前、聂荣臻4位老帅先后4次座谈国防形势问题。他们一致认为，苏联搞个珍宝岛事件，是为了巩固东欧。对我们搞点紧张是可能的，但要在中国大搞，这不可能。搞一个东欧国家动员了四五十万军队，苏联如在中国大搞至少要300万兵力，这谈何容易。所以我们不要失去警惕，同时又不要迷失方向，被现象所迷惑。

3月29日，叶剑英整理了一份《从世界的森林看一棵珍宝岛树》的报告，与陈毅、徐向前、聂荣臻共同署名上报毛泽东。

事实证明，老帅们对苏联领导层的分析是准确的，当然，还有一个变数是无法预测的，那就是苏联军界高层中"鹰派"的暗流。

1978年叛逃到美国的苏联驻联合国副秘书长阿·舍甫琴柯后来回忆说，当时，苏联国防部长安德烈·格列奇科积极主张推行无限制地使用核武器"一劳永逸地消除中国威胁"的计划，而另外一些人则主张对中国用有限数量的核武器进行一种"外科手术式的攻击"，摧毁其核设施。其实这两种主张并无本质区别，都赞成对中国使用核武器，不同之处仅仅是使用核武器的数量而已。

不过，赞成这两种手段的人并不多，即使后一种手段，第一副总参谋长尼古拉·奥加尔科夫也表示反对，他认为太过冒险，因为中国幅员辽阔、人口众多，有丰富的游击战知识和经验，一两颗原子弹难以奏效，反而会使苏联陷入一场如美国在越南那样的没完没了的战争。因此在是否轰炸中国的问题上，苏共政治局分歧严重并陷入僵局，有好几个月不能就此作出决定。只好一边让反对对华开战的柯西金联系中国协商缓和，一边听由元帅和将军们继续讨论对华开战的策略与方案。

在这决定历史走向的关键时刻，在毛泽东领导下，中国方面采取了一系列

★ 讲战争准备 ★
"深挖洞，广积粮，不称霸"

有力措施，最终有效避免、制止了中苏大战的发生。1969年9月23日，中国进行了首次地下核试验；9月29日，又在西部地区成功爆炸了一颗氢弹；同时还增加了我国东北、西北地区的中程导弹数量。

美国外交界一直坚持一种说法，称当时苏联曾与美国联系，询问如果对中国发动核打击，美国会采取何种态度。由于美国表示坚决反对，苏方才未敢发动对华战争。

事实上，中苏最终没有大打，主要由于以下三点原因。

第一，部分苏联军事将领认为"一两颗原子弹难以奏效，反而会使苏联陷入一场如美国在越南那样的没完没了的战争"，因此，在苏联决策层中赞成对华使用核武器的人"并不多"。

第二，苏联如在中国大搞至少要300万兵力，这谈何容易。

第三，中国方面备战措施有力，不仅做好了应对核战争的准备，还及时研制出能够把近25厘米厚的钢板打穿的新式破甲弹、穿甲弹，为在可能发生的常规战争中战胜苏军装甲部队做好了必要准备。以上举措，在苏方决策层徘徊于两种战略抉择间举棋不定的历史关键时刻，给了对手震撼性的心理威慑，从而有效消弭了中苏两国爆发大战的危险。

★ 中国"现在不称霸，将来也不称霸"

邓小平在解读毛泽东的"不称霸"时，这样明确地说过："中国不仅现在不称霸，就是将来现代化了，我们也不称霸。"邓小平的解读，既反映了毛泽东的思想内涵，也反映了中国人的哲学和中华民族的精神。

在国际交往中处理国与国关系、称霸与不称霸的主要区别，在于交往各方彼此是否真诚平等相待。冷战时代，美国作为资本主义阵营的领头羊，和自己的盟友关系非常僵，美法、美日关系都曾发生龃龉。苏联作为社会主义阵营的老大哥，大肆推行沙文主义，出兵匈牙利、捷克斯洛伐克，结果为日后华约的解散与苏联的解体埋下了祸根。与美苏形成鲜明对比的是中国，中国倡导和平外交，主张国家无论大小强弱一律平等，相互尊重，和平共处。这一点，在中国与非洲国家的交往中，表现得尤其明显。

20世纪60到70年代，非洲国家相继开展反对殖民主义争取主权独立的民族解放斗争，毛泽东等我国老一辈领导人对此给予坚定支持，毛泽东说："所有亚洲、非洲、拉丁美洲国家的共同历史任务，就是争取民族独立，发展民族经济和发展民族文化。"他向非洲朋友表示，我们不仅要帮助非洲国家赢得独立，还要帮助你们建设国家。在非洲人民争取国家独立的斗争中，中国和非洲人民、中国领导人和非洲各国领导人之间，结下了牢不可破的深厚友谊。

有史学家以加纳总统恩克鲁玛为例，记述了中非之间的关系：

> 恩克鲁玛是非洲民族解放运动的先驱，泛非主义和泛非运动著名倡导人之一，深受非洲人民尊敬。他于1961年9月访华，由周恩来总理亲自陪同赴杭州会见毛泽东主席。当时，恩克鲁玛邀请周恩来访问加纳，周总理欣然允诺，计划1964年1月11日至16日前往。但是，就在周恩来访加前9天，发生了谋刺恩克鲁玛未遂事件，得知上述消息后，周恩来与陈毅、黄镇、乔冠华一起商议，提出了自己的意见：按原计划仍赴加纳访问。他说，我们不能因为人家遇到暂时的困难就取消访问，这是不尊重人家，不支持人家。这个时候去才能体现我们是真正的友好，真正患难的友情。至于外交仪式，我们可以打破通常的礼宾惯例。他指派副外长黄镇先去加纳，向恩克鲁玛转达他的慰问，并告之他将如期访加以及中方的具体想法：考虑到总统的安全，礼宾安排方面可以从简，在周恩来抵离加纳时请总统不必赴机场迎送，也不必来中国代表团下榻的宾馆，国宴、会谈都可以安排在总统的住处进行。恩克鲁玛听了中方的意见后，甚为感动，连连道谢。中国总理这种大无畏精神和处处为他人着想的崇高品格，很快在非洲国家间广泛传开。加纳报纸称赞说，中国是加纳在反帝反殖斗争中最可靠的朋友。

中国人民的真诚相待，换来了非洲人民的真正友谊，在后来的第26届联大上，热情的非洲朋友极力主张恢复中华人民共和国在联合国的合法地位，驱逐

★ 讲战争准备 ★
"深挖洞，广积粮，不称霸"

蒋介石集团的代表。

1971年8月2日，美国国务卿罗杰斯发表声明称："美国将在今年秋天的联合国大会中，支持要求中华人民共和国入会的行动。同时美国将反对任何排除中华民国剥夺它在联合国代表权的行动。"这是一种典型的"两面派"做法。随后，美国、日本等国提出了保留台湾联合国席位的"双重代表权案"。8月20日，中国政府外交部发表声明，严正驳斥了美国国务院这一荒唐主张。

有人记录了联合国表决时非洲朋友真心支持新中国政府的场景：

★ 1959年5月15日，毛泽东和亚洲、非洲、拉丁美洲的朋友们在一起。

> 1971年10月25日晚，第26届联大关于"中国代表权问题"的辩论结束，会议进入表决阶段。大会先对美、日等国的议案进行表决，结果以59票反对、55票赞成、15票弃权被否决。当大厅电子计票器显示出这一结果时，灯火通明的会议大厅顿时沸腾起来，爆发出长时间的热烈掌声。阿尔及利亚、博茨瓦纳、布隆迪、喀麦隆、埃及、赤道几内亚、加纳、几内亚、肯尼亚、马里、毛里塔尼亚、摩洛哥、尼日利亚、卢旺达、多哥、乌干达、坦桑尼亚等17个非洲国家常驻代表情不自禁地从代表席上站立起来，高声欢呼胜利，坦桑尼亚常驻代表则离开代表席位尽情地跳起舞来，出现联合国从1945年创立以来少见的欢乐场面。

> 接着,大会表决阿尔及利亚等非洲23国提案。在表决之前,美国常驻联合国代表布什要求发言。他快步走上主席台,对着全体成员国代表说,美国代表团要求从阿尔及利亚等23国提案中删掉关于立即驱逐蒋介石集团代表出联合国的内容。他话声一落,从非洲等许多代表团的席位上发出一片又一片反对声,"No!""No!"声响彻大厅。经大会主席、印度尼西亚外长马立克裁决,布什的提议不被接纳。随即表决阿尔及利亚等非洲23国提案,最后大会以76票赞成、35票反对、17票弃权予以通过。联合国历史上有名的第2758号决议从此诞生。
>
> 大会主席高声宣布:由于阿尔及利亚等23国提案获得通过,美国、日本等19国的"双重代表权"提案成为一项废案,被大会自动否决。这一庄重的宣布刚一结束,会议大厅再次出现长时间热烈欢呼和鼓掌的场面。吴丹秘书长当即表示:"恢复了世界上人口最多的中华人民共和国的席位,联合国才能说真正开始了工作。"

当晚,美国全国广播公司(NBC)、哥伦比亚广播公司(CBS)和美国广播公司(ABC)以特大重要新闻插播方式,在三大电视台上广播了这一消息,称"红色中国获准进入了联合国,一个新的历史时期即将到来"。

恢复中华人民共和国在联合国合法席位的过程,恰恰从一个侧面反映了中国"不称霸"的主张得到世界人民认可的结果。

单纯从字面简单理解,"深挖洞,广积粮,不称霸"就是挖防空洞,多打粮食,不追求霸权地位。但是,如果结合历史与时代的发展脉络对这句话作全面综合的学习与研究就会发现,这看似简单平常的一句话,蕴藏着极深邃的思想内涵。"广积粮"是如何实现的,相信群众、依靠群众,深入群众作调查研究。"深挖洞"作为一项备战措施,绝非深挖防空洞那样简单,一个"深"字代表的是把备战措施真正做到位的备战深度。备战到位,首先要知彼,知道对方的优势与劣势,还要知己,了解自己的短板,还要知晓利用自己手中的人才与战略资源,可以采取哪些办法补短板。"不称霸",不仅是一个口号,更是一项国际

★ **讲战争准备** ★
"深挖洞,广积粮,不称霸"

斗争策略。古往今来,大国多凭借实力建立霸权,再通过推行霸权谋求利益。中国则坚决不称霸,在国际交往中以诚待人,结果在赢得真诚友谊的同时,也维护了国家权益。

极简单的一句"深挖洞,广积粮,不称霸",反映了毛泽东对战争、外交、经济等多领域复杂问题的科学认知,这一认知体系的形成是长期斗争与建设实践的必然产物,是以毛泽东为核心的党的第一代领导集体共同的心血和智慧的结晶。

"备战、备荒、为人民"

"此事应与备战、备荒、为人民联系起来，否则地方有条件也不会热心去做。第一是备战，人民和军队总得先有饭吃有衣穿，才能打仗，否则虽有枪炮，无所用之。第二是备荒，遇了荒年，地方无粮棉油等储蓄，仰赖外省接济，总不是长久之计。一遇战争，困难更大。而局部地区的荒年，无论哪一个省内常常是不可避免的。几个省合起来来看，就更加不可避免。第三是国家积累不可太多，要为一部分人民至今口粮还不够吃、衣被甚少着想；再则要为全体人民分散储备以为备战备荒之用着想；三则更加要为地方积累资金用之于扩大再生产着想。"

"现在虽然提出了备战、备荒、为人民（这是最好地同时为国家的办法，还是'百姓足，君孰与不足'的老话）的口号，究竟能否持久地认真地实行，我看还是一个问题，要待将来才能看得出是否能够解决。"

——毛泽东：《关于农业机械化问题的一封信》（1966年3月12日）

"备战、备荒、为人民"，是20世纪60年代毛泽东和党中央推动三线建设大战略时提出的响亮口号。"备战、备荒、为人民"这个口号，在当时的中国可谓家喻户晓，在人民解放军中更是人人皆知并以此为己任。无论是在大喇叭广播里，还是在遍布城乡的标语里，到处都能听到或看到这7个大字。这7个字的口号，在当时是人们引用最多、叫得最响的毛泽东话语中的一句。那么，这句口号是何时提出的,它的背后又有着怎样一段轰轰烈烈的历史经过呢?

★毛泽东"备战、备荒、为人民"口号被周恩来概括出来

"备战、备荒、为人民"这个口号的提出,和1965年前后党中央主持编制新中国第三个五年计划一事有着密切的关系。

进入1964年后,毛泽东对国民经济发展方针有了一些新的考虑。当时,中国周边战争形势日趋严峻,他大大加强了对备战问题的考虑和重视,强调要加强三线建设。

根据毛泽东的指示,"三五"计划对投资项目和主要生产指标进行了调整,从准备应付帝国主义早打、大打出发,把国防建设放在第一位,抢时间把三线建设成具有一定规模的战略大后方。

一年后的1965年6月16日,毛泽东在杭州汪庄听取余秋里关于编制"三五"计划的汇报。当余汇报到"三五"计划的投资规模时,毛泽东指出,必须把老百姓放在第一位考虑。他说:

> 我看五年搞一千零八十亿元的建设规模是大了,留的余地太少了。少搞些项目就能打歼灭战,大了歼灭不了。不要搞一千个亿,搞个八百亿、九百亿。一九七〇年那些指标不要搞那么多,粮食四千八百亿斤能达到吗?要考虑来个大灾或者大打起来怎么办;钢一千六百万吨就行了。你这个数字压不下来,就压不下那些冒进分子的瞎指挥。我看大家想多搞,你们也想多搞,向老百姓征税征粮,多了会闹翻,不行的。这是个原则问题。要根据客观可能办事,绝不能超过客观可能,按客观可能还要留有余地。留有余地要大,不要太小。要留有余地在老百姓那里,对老百姓不能搞得太紧。总而言之,第一是老百姓,不能丧失民心;第二是打仗;第三是灾荒。

随后8月23日,周恩来在国务院第158次全体会议上说:

> 主席提出要我们注意三句话，注意战争，注意灾荒，注意一切为人民。这三句话，我想合在一起顺嘴点，就是备战、备荒、为人民。计划要考虑这三个因素，脱离老百姓毫无出路，搞那么多就会脱离老百姓。

周恩来把毛泽东思考的三个重点，用一句简明的话表达了出来，这就是"备战、备荒、为人民"口号最初的由来。

周恩来的概括，得到了毛泽东的认可。从现有文献中看，1966年3月12日，毛泽东就有关农业机械化问题给刘少奇的回信中，正式提到了这个口号。毛泽东说：农业机械化问题，"应与备战、备荒、为人民联系起来，否则地方有条件也不会热心去做。第一是备战，人民和军队总得先有饭吃有衣穿，才能打仗，否则虽有枪炮，无所用之。第二是备荒，遇了荒年，地方无粮棉油等储蓄，仰赖外省接济，总不是长久之计。一遇战争，困难更大。而局部地区的荒年，无论哪一个省内常常是不可避免的。几个省合起来来看，就更加不可避免。第三是国家积累不可太多，要为一部分人民至今口粮还不够吃、衣被甚少着想；再则要为全体人民分散储备以为备战备荒之用着想；三则更加要为地方积累资金用之于扩大再生产着想"。

毛泽东还特别提到了"提出了备战、备荒、为人民的口号"这件事，意在提醒中央和地方的同志要"持久地认真地实行"。

1967年4月，"备战、备荒、为人民"口号作为"毛主席语录"在《人民日报》上正式公开发表，很快就在中国大地上广为流传。这个口号后来多与"深挖洞，广积粮，不称霸"连在一起使用，成为一段时间内中国国际战略防御构思一个总的概括。

★紧张备战的原因：上个世纪60年代中国周边战争疑云密布

毛泽东在第一位考虑老百姓的前提下，为何要把备战摆在如此突出的位置，大力推动三线建设战略的实施？那是因为当时中国周边战争已然疑云密

★ 讲战争准备 ★
"备战、备荒、为人民"

布，毛泽东和党中央不得不对此形势作出战略选择。然而，那段剑拔弩张、千钧一发的历史经过却又鲜为人知。

上个世纪60年代初，中国当时刚刚经历过三年困难时期，正处在国民经济恢复时期，此时急需一个稳定的外部环境，以配合国内调整。然而，周边安全形势不仅没有稳定下来，反而越发跌宕起伏、杀机四伏。未雨绸缪的毛泽东等中共领导人，时刻关注着这些外部挑战，思索着诸多问题背后的关联、本质和走向，思索着应对的措施，为中国的发展和安全日夜操劳着。三线建设的决策就是在这样的历史大背景下作出的。

这一系列外部挑战，可以从1962年中印边界爆发的那场短暂冲突谈起。这一年的10月17日，2万多名印度军人在中印边界东西两段同时发动大规模进攻。当天，毛泽东召集中共中央会议，果断决定进行中印边境自卫反击作战。中央军委随即下达《歼灭入侵印军的作战命令》。10月20日，中国边防部队在中印边界东西两段开始进行自卫反击。

这场自卫反击战历时一个月，前后包括两个阶段：1962年10月20日至29日是第一阶段，11月16日至21日是第二阶段。自卫反击战开始后，中国边防军在东西两线的作战都迅速取得重大进展。在中国边防军的英勇反击下，印军随后发起的进攻遭到了毁灭性的打击。

通过两个阶段的反击作战，中国边防部队在东线全部收复了"麦克马洪线"以南的领土，在西线全部肃清了印军的入侵据点，全线推进到中印传统习惯边界中国一侧距边界20公里处，取得了中印边境自卫反击作战的彻底胜利。

然而，即使在军事上取得了重大胜利，但为了维护中印关系大局，保持外交斗争的主动，11月20日，毛泽东和刘少奇、周恩来等研究决定：中国边防部队全线主动停火、主动后撤。到1963年2月28日，中国全部完成边防部队后撤计划和建立民政检查站的部署。此举向世界表明了"谁爱好和平，谁要战争"，赢得了世界人民的尊重和战略上的主动权。这一反击作战，挫败了一些扩张主义者的反华阴谋。

对印自卫反击作战，是在中方长期忍让却又忍无可忍的情况下才作出的有力回应。自1959年开始，印度方面便不断挑起边界争端，其背后有着很深的国际背景，同国外反华势力一直以来图谋插手中国西藏内政有着千丝万缕的联系,印度右翼势力对华政策采取咄咄逼人的进攻策略。中国军队胜利后主动撤退,此事却余波未平。美苏两个超级大国均极度歪曲事实经过,指责中国政府。中印之间发生的这场军事冲突随后产生了一系列深远的影响。

中印边界冲突之后,中美中苏之间的关系也发生了极为复杂的变化。不久,中苏论战也拉开了序幕。

中苏关系恶化导致中国周边安全形势发生了重大变化。而愈加频繁的中苏边境事件,则更加引发了中方的担忧,进而恶化了中国周边的安全形势。

在新疆,自1960年起,苏联方面就不断在边境挑起事端。从1960年8月苏联在中国新疆博孜艾格尔山口附近挑起第一次边界事件起,中苏边境地区便不安宁了。据有关数字统计,从这时起到1964年10月,共发生1000余起边境纠纷。1962年3月至5月间,在新疆伊宁、霍城、塔城等地区出现了6万多居民在苏方策动下越境前往苏联的情况。1962年中印发生的边界战争,令本已风雨飘摇的中苏关系更加雪上加霜。

中苏矛盾的不断激化,特别是边境纠纷的愈演愈烈,使中共中央逐步认识到一旦在其他战略方向发生战争,苏联已经不能作为中国稳固的战略后方了。1964年4月9日,时任军委秘书长、总参谋长的罗瑞卿向毛泽东报送了在新疆防范苏联军队进攻的备战方案,正是这一深层忧虑的体现。中国当时面临着多面受敌的险恶处境。于是,毛泽东开始思索调整战略部署、加强战略后方这一更深层次问题,就显得十分必要了。可以说,中印、中苏关系的恶化成为随后中国重新调整战略后方部署、推动三线建设、加紧备战的重要原因。

可是,纵然当时的中苏、中印关系已经陷入很困难的境地,甚至在边境发生了局部军事冲突,然而毛泽东等中共领导人却始终有一个清醒的判断,认为中国的主要战略对手仍然是美国。特别是越南战争的扩大化,引起毛泽东的高度警惕,直接促使他和其他中共领导人下决心全面开展三线建设。

1964年"北部湾事件"发生以前,美国曾经不断增兵进驻南越,这已经引起毛泽东的担忧,但美方一度把不越过北纬17度线作为避免与中国直接发生军事冲突的红线来遵守。然而1964年8月5日"北部湾事件"发生以后,事情发生了根本的改变,美国直接越过北纬17度线对北越实行大规模轰炸,越南战事严重升级。1965年3月,美国派遣海军陆战队在岘港登陆,随时准备进犯北越,美国军用飞机不断入侵中国海南岛、云南、广西上空，投掷炸弹、发射导弹、打死打伤边防战士，露骨地对中国进行战争威胁。"北部湾事件"是越南战争的重大分水岭。

美国国会于1964年8月7日通过北部湾决议案，授权总统以他的判断动用包含武装力量在内的一切行为来应付此事件。这事实上给予了美国总统林登·约翰逊在不经宣战的情况下发动战争的权力，于是美国在越南战争中的参与程度无可避免地不断攀升。

美方不断挑战中方战略底线以及美国国内政治局势发生的变化，使毛泽东等中共领导人不得不对有可能爆发的战争进行准备。

1964年5月15日至6月17日，中共中央工作会议在北京举行。在这次会议期间，毛泽东正式提出了三线建设的战略任务。5月27日，毛泽东在中南海菊香书屋主持召开中共中央政治局常委会议，主要提出两个问题：一个是对三线建设注意不够，一个是对基础工业注意不够。毛泽东说：

> "第一线是沿海，包钢到兰州这一条线是第二线，西南是第三线。攀枝花铁矿下决心要搞，把我们的薪水都拿去搞。在原子弹时期，没有后方不行的。要准备上山，上山总还要有个地方。"

在毛泽东的直接推动下，新中国历史上轰轰烈烈的三线建设由此拉开大幕。

★ 轰轰烈烈的三线建设："以有可能挨打为出发点来部署"

三线地区包括基本属于内地的四川、贵州、云南、陕西、甘肃、宁夏、青海7个省区及山西、河北、河南、湖南、湖北、广西等省区靠内地的一部分，共涉及13个省区。西南、西北地区（川、贵、云和陕、甘、宁、青）俗称"大三线"，各省份自己靠近内地的腹地俗称"小三线"。"大三线"又是其中的重中之重。

为了全面推进三线建设，国务院进行了明确分工：三线建设新扩建工厂，由国家计委负责；一、二线向三线地区迁移的重要工厂，由国家建委负责；为三线建设提供原料、设备，由国家经委负责。在此基础上，1964年9月，国务

★ 毛泽东说：攀枝花铁矿下决心要搞。在原子弹时期，没有后方不行的。1965年，根据毛泽东的指示，中共中央总书记邓小平、国务院副总理兼国家计委主任李富春等到西南三线考察。

院成立了三线建设支援和检查小组，负责从总体上组织、统筹、督促、检查三线建设项目进展情况。

1965年3月、1966年1月、1966年3月，中共中央又相继批准成立了西南、西北、中南三线建设委员会，分别由中共西南局第一书记李井泉、西北局第一书记刘澜涛、中南局第二书记王任重担任委员会主任。

在各大局三线建设委员会之下，各省、自治区也成立了相应的三线建设领导小组，负责人均为当地主要领导同志。这样从中央到地方，形成了一个完整有力、分工明确的三线领导机构，对于有效调动各方资源，全力推动三线建设开展，发挥重要保障作用。

随着调研、勘探、选址工作的进一步深入，三线建设的重点不断突出。分别包括：建设攀枝花、六盘水、酒泉三个钢铁工业基地；建设以重庆为中心的常规兵器工业基地；重点建设成昆、贵昆、川黔三条铁路线；三线动力系统建设等。

★ **讲战争准备** ★
"备战、备荒、为人民"

★ 今攀枝花市。

从1964年启动到1965年，短短两年时间不到，三线建设在全国范围内就取得了一系列重要成果。在西北、西南三线部署的新建、扩建、续建的大中型项目达到300多项。

1966年4月17日，余秋里在向中央的汇报提纲里，详细介绍了三线建设开展头两年各方面工作取得的重要进展。其中说：

> "经过一年多的实践证明，原设想的第三个五年计划，有可能提前两年实现。就建设来说，大小三线的许多重大项目，现在看，可以提前一年或两年建成。
>
> 攀枝花铁矿，1968年可以基本建成年产650万吨矿石的生产能力。甘肃酒泉镜铁山铁矿，1968年可以建成年产350万吨矿石的生产能力。
>
> 贵州六枝、盘县、水城三大煤矿区，原计划在1970年达到770万吨的生产能力，1968年可能达到这个水平。
>
> 冶金工业在大三线配合国防工业的项目，除遵义薄板厂以外，1968年都可以建成或者基本建成。
>
> 刘家峡水电站，原定在1970年安装的第一台22.5万千瓦的机组，1968年就可以安装起来。"
>
> ……

报告令人振奋地汇报了进度:"就生产来说,1970年的主要生产指标,大部分在1968年可以完成,有些明年就可以完成。"其中,钢、棉纱、石油、棉花,1967年就可以达到或超过1970年的计划指标;煤炭、发电量、有色金属、机床、化肥、粮食等1968年可以完成1970年的计划指标。

报告肯定地说:

> 从现在的情况看,三年的时间完成原定五年计划的主要指标,是完全可能的。

三线建设在头两年就取得了令人瞩目的巨大成就,第三个五年计划在三年内完成,这还是新中国成立以来的首次,充分显现了社会主义制度下集中力量办大事的优越性。

轰轰烈烈的三线建设,在新中国的历史上影响深远。累计2000多亿元的投资,上千万的劳动大军,波及13个省份,长达16年三个五年计划的时间跨度,总计建起了1100多个大中型工矿企业、科研单位和大专院校。特别是三线建设强调对工业体系的投资,为后来西部地区的发展,乃至西部大开发战略的实施都打下了坚实基础。

让我们看看其中的一些成绩:

三线建设过程中,建成川黔、贵昆、成昆、湘黔、襄渝、阳安、太焦、焦枝和青藏铁路西宁至格尔木段等10条干线,以及一些支线和专用线,共新增铁路8046公里;

建成贵州六盘水,四川宝鼎、芙蓉,陕西韩城、铜川,河南平顶山等50多个煤矿区,新增原煤开采能力达11211万吨;

建成葛洲坝等大中型水、火电站68座;

新建攀枝花等钢铁工业企业984个,有色金属工业企业945个;

等等,不胜枚举。

西昌、攀枝花属于大凉山彝族地区,费孝通1991年到那里考察后,感慨地说:三线建设使西南荒塞地区整整进步了50年。

通过三线建设,我国在中西部地区初步建成了相当规模、门类齐全、产研结合的国防科技工业体系，这样一个巩固的战略大后方，为国家长远的安全提供了重要保障。对中华民族的长久繁荣发展而言，这是一项功在当代、利在千秋的伟大壮举。

三线建设还留给后人一笔宝贵的精神财富。艰苦的建设环境所培育出的吃苦奋斗、人定胜天的"三线精神"是无论哪个时代都需要的。千千万万的三线建设者，他们的感人事迹汇流成河，印证了中华民族不懈奋斗的顽强精神，值得一代又一代中国人去缅怀和继承。广大三线建设职工发扬了爱国主义精神，把三线建设看作是神圣的事业，不管有多大困难都全力以赴。只要一声令下，家可以撇下，背上背包，立即奔向党所指定的地方。行动之快，不亚于军队接受战斗命令。在任何艰苦的条件下，都不退缩、不逃避，迎着困难上，充分表现出一种大无畏的献身精神。

三线建设的决策，是毛泽东等老一辈无产阶级革命家在上世纪六七十年代新中国面临严峻外部挑战的背景下作出的战略决策。

毛泽东是伟大的战略家。自美国1961年派兵进驻南越开始，他就已经在密切关注对手的动向了。事实证明，毛泽东当时作出的很多预见是极其准确到位的。例如，1963年8月29日，他就指出："吴庭艳是美帝国主义的一条忠实的走狗。但是，如果一条走狗已经丧失了它的作用，甚至成为美帝国主义推行侵略政策的累赘，美帝国主义是不惜换用另一条走狗的。"仅他作出预言两个月后，即1963年10月初，肯尼迪决定了推翻吴庭艳政权的政变。11月初，吴庭艳兄弟二人在政变中被杀。再比如，毛泽东最早在中央决策层面强调三线重要性的时间点是1964年5月，而越战的转折点——北部湾事件是当年8月。这3个月的提前量，为备战争取了极为宝贵的时间，同时充分证明毛泽东的预见是极其准确的，他当时已经准确估计到了美国的战略意图，并着手进行战争准备了。没有这样的战略判断以及随后备战的努力，其后果不堪设想。

可以看出，毛泽东和中共中央作出加强备战、推动三线建设的决策，不是一时之举，而是有着充分的历史与事实根据的。人们不能简单地用事后战争并没有发生这一结果，来责备前人作出的决策。

历史的吊诡之处，正在于其往往事与愿违，在某种程度上，准备打恰恰是为了不打，只有做好了最坏的准备，才能争取最好的结果。

关于这个道理，1963年9月，毛泽东在有关部门送审的《关于工业发展问题》（初稿）上加写了一段话，其中说道：

> "我国从十九世纪四十年代起，到二十世纪四十年代中期，共计一百零五年时间，全世界几乎一切大中小帝国主义国家都侵略过我国，都打过我们，除了最后一次，即抗日战争，由于国内外各种原因以日本帝国主义投降告终以外，没有一次战争不是以我国失败、签订丧权辱国条约而告终。
>
> 这里存在着战争可以避免和战争不可避免这样两种可能性。但是我们应当以有可能挨打为出发点来部署我们的工作。
>
> 否则我们就要犯错误。"

1965年6月，毛泽东还说过：

> "一件事情，不能看得那么容易。有人想三线建设好了再打仗，我看美帝国主义不会等你的。它是不以我们的意志为转移的，它等你建设起来才打？也可能建设不起来就打，也可能建设起来又不打，要有两手准备。"

反观之，如果我们在那种紧张环境下不去积极备战，而是坐等局势好转，恐怕谁都不能保证当时已然密布重重的战争疑云真的会烟消云散。

正像"备战、备荒、为人民"口号所要表达的那样，备战从根本上还是为了人民群众的安康福祉。作为中国这样一个大国的决策者，在对待战争的问题上，决不能存在侥幸心理，必须具备底线思维，从最坏处着手做准备。即使后来战争并没有发生，但这种充分的准备无疑是必须作出的选择和努力。这是三线建设决策留给后人的一条宝贵经验。

MAO ZEDONG

讲辩证战争观

"战争与和平是互相转化的"

"战争一刻也离不了政治"

对待战争"第一条反对,第二条不怕"

"战争与和平是互相转化的"

"战争与和平是互相转化的。战争转化为和平,例如第一次世界大战转化为战后的和平,中国的内战现在也停止了,出现了国内的和平。和平转化为战争,例如一九二七年的国共合作转化为战争,现在的世界和平局面也可能转化为第二次世界大战。为什么是这样?因为在阶级社会中战争与和平这样矛盾着的事物,在一定条件下具备着同一性。"

——毛泽东:《矛盾论》(1937年8月)

"战争与和平既互相排斥,又互相联结,并在一定条件下互相转化。"

——毛泽东1957年1月在省市自治区党委书记会议上的讲话

战争与和平之间可以相互转化,是毛泽东早在1937年写作《矛盾论》时通过分析中外战争史得出的结论。毛泽东在这里从哲学的高度,剖析了战争与和平的辩证关系。战争可以转化为和平,和平也可以转化为战争,但都需要具备一定的条件。这一结论,并不是单纯思辨的结果,而是对中国革命战争经验和世界战争经验的深刻总结。

★讲辩证战争观★
"战争与和平是互相转化的"

★和平时期要警惕战争危险

从和平到战争并不是突然的，总有一个过程，总是有迹可循。一方面，引起战争原因的矛盾的累积激化有一个过程；另一方面，战争的酝酿和准备也有个过程。

1924年开始的第一次国共合作，开启了国民大革命的新局面。1926年11月，北伐军在江西战场取得决定性胜利之后，蒋介石的反共活动就已经开始日益公开化了。1927年3月6日，他指使国民革命军驻赣新编第一师诱杀赣州总工会委员长、江西省总工会副委员长、共产党员陈赞贤；3月中旬，他指使青洪帮流氓捣毁左派占优势的国民党九江市党部和九江总工会；3月下旬又指使暴徒在安庆捣毁国民党左派领导的安徽省党部和总工会、农民协会。在这种情况下，党内一些有识之士已经认识到，以蒋介石为首的新军阀背叛革命只是时间问题了，警告人们对右派的分裂活动要有足够的思想准备和实际工作中的准备。时任国民革命军总政治部副主任的郭沫若也在4月9日发表长文《请看今日之蒋介石》，其中写道："蒋介石已经不是我们国民革命军的总司令，蒋介石是流氓地痞、土豪劣绅、贪官污吏、卖国军阀、所有一切反动派——反革命势力的中心力量了。"但是，当时以陈独秀为首的党中央却认为这一看法是根本错误的，在实际工作中采取了右倾的错误方针，压制正在蓬勃高涨的工农运动的发展；甚至在1927年3月底还提出"要缓和反蒋"。这使全党放松了警惕，误以为局势不会发生突变。结果，4月12日，蒋介石突然发动反革命政变。随后，江苏、浙江、安徽、福建、广东、广西等省也相继以"清党"为名，大肆捕杀共产党员和革命群众，大革命遭受严重挫折。

在蒋介石发动"四一二"反革命政变后，共产国际和中共中央又把汪精卫看成国民党左派，对其无原则退让。结果汪精卫也很快倒向

★ 1937年的毛泽东。

反革命阵营，以"分共"名义正式同共产党决裂，大肆屠杀共产党人。轰轰烈烈的国民大革命宣告失败。共产党也正如后来毛泽东所说的"被人家一巴掌打在地上"，摔得很惨。

这一次跌跤给了中国共产党人深刻的教训。在统一战线中不能很好地把握合作与斗争的矛盾关系，也反映出我们对和平与战争的关系问题缺乏深刻的认识。我们是真诚合作并爱好和平的，但是有时候斗争的复杂性或战争的潜在性并不以人的意志为转移。我们不能被暂时和平的假象所迷惑，不能把暂时的和平当作永久的和平，不能对斗争性缺乏认识，更不能对可能发生的战争丧失应有的警惕。

对战争丧失应有的警惕，还有一个典型例子，就是20世纪30年代初，美英法等国对法西斯主义采取的"绥靖政策"。

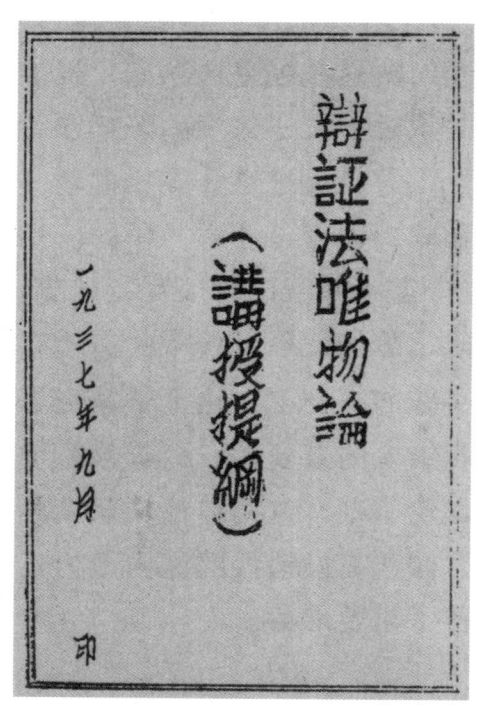

★ 毛泽东著《辩证法唯物论讲授提纲》1937年版本（《实践论》《矛盾论》是其中的两节）。

20世纪30年代初，资本主义世界在经历了空前经济危机袭击后，相互间争夺加剧，在欧洲和亚洲分别出现了德、日两个战争策源地。但是，面对不断挑战一战后国际秩序的日本和德国法西斯，美、英、法等西方大国出于本国利益，一味姑息、纵容，奉行"绥靖政策"，缺乏应有的警惕性，最终引火烧身。1931年九一八事变之后，中国将日本侵略行径诉诸国际联盟，国联并没有对日本采取任何有效的制裁措施，进一步助长了日本在中国扩大侵略战火的野心。1935年意大利侵略埃塞俄比亚，1936年德意武装干涉西班牙，1938年德国吞并奥地利，对这一连串的侵略扩张罪行，英、法、美等国仍袖手旁观。1938年9月29日，英、法、德、意四国首脑甚至在德国慕尼黑举行会谈，背着

★ 讲辩证战争观 ★
"战争与和平是互相转化的"

捷克斯洛伐克签订出卖捷克斯洛伐克的"慕尼黑协定",将绥靖政策发展到顶点。时任英国首相张伯伦是"慕尼黑阴谋"的积极策划者,他在协定签订后,自称带回了一代人的和平。但不到一年的时间,1939年9月1日,德国闪电袭击波兰,第二次世界大战爆发。在大战爆发后,英、法对德虽已宣战,但仍然怀着希特勒不会进攻西线的幻想。结果,1940年,希特勒又在西线发动闪击攻势,英国溃败,法国投降,英、法搬起石头砸了自己的脚。

第二次世界大战是在1939年爆发的,可是毛泽东在1937年写作《矛盾论》时就已经指出:

> "现在的世界和平局面也可能转化为第二次世界大战"。

毛泽东为什么能够作出这样的预见？原因即在于,毛泽东看出,和平与战争相互转化的背后,是矛盾的对立统一运动。第一次世界大战使得帝国主义之间的矛盾,表面上得到缓和,暂时获得统一,于是有了暂时的和平；但帝国主义之间的矛盾在一战中并没有得到根本解决,在20世纪30年代初的经济危机后,又进一步得到了激化,于是第二次世界大战不可避免。

毛泽东还有一次关于战争的预见,至今仍为人们所津津乐道,那就是对中日战争的预见。早在1916年7月,他在给友人萧子升的信中就分析认为,日本是中国的劲敌,中日之间"二十年内,非一战不足以图存"。他提出:"欲完自身以保子孙,止有磨砺以待日本。"从1916年到1937年全面抗战爆发,其间正好相隔20年。

毛泽东之所以能屡屡作出这样和平转化为战争的"神预见",这并不是偶然的。根源即在于,他不只是从表面看待事物,而是看其本质,看内在矛盾的运动发展。战争并不是一夜之间来临的,在战争之前的所谓和平时期,表面上是和平,但在和平的背后是暗流涌动,是磨刀霍霍,是相互试探,是壮大实力。正是这些背后的因素,使得和平一步步走向战争。也正如毛泽东自己1957年1月在省市自治区党委书记会议上所说的:"战争与和平既互相排斥,又互相联结,并在一定条件下互相转化。和平时期不酝酿战争,为什么突然来一个战争？"毛泽东这一问,意在提醒各级领导干部:对战争与和平问题,要有辩证思

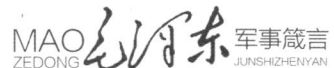

维，要时刻关注矛盾双方的转化，尤其在和平时期，对潜在的战争因素要有高度的警惕性。

★ 争取和平需要敢战善战

当战争或战争挑衅已经发生时，如何对待战争呢？毛泽东的回答是，必须以战止战，"不要枪杆子必须拿起枪杆子"。

1938年底之后，抗日战争进入战略相持阶段。这时的国民党，一方面仍然留在抗日阵营内，另一方面又不愿坐视共产党军队的一步步壮大，于是提出防共、限共、融共的主张，并且不断挑起与八路军、新四军的摩擦斗争。对此，毛泽东提出要坚持"人不犯我，我不犯人，人若犯我，我必犯人"和"有理、有利、有节"的原则，对以蒋介石集团为代表的国民党顽固派进行针锋相对的斗争，以斗争促团结。在此原则指导下，从1939年冬至1943年春，中共中央及其领导的八路军、新四军先后打退国民党顽固派的三次反共高潮。特别是在1943年春国民党顽固派发动第三次反共高潮期间，中共中央一方面在军事上积极部署，做好一切自卫反击准备；另一方面又在政治上进行强力反击，公开揭露国民党的阴谋，使得第三次反共高潮在尚未发展成大规模武装进攻时便被制止。

打退三次反共高潮的实践，充分说明了毛泽东关于以战止战思想的正确性。对于顽固派投降的危险、分裂的危险、倒退的危险，我们一方面要高举团结抗战之大旗，强调巩固抗日民族统一战线；另一方面又要以革命的两手对付反革命的两手，进行坚决的反抗。这表面上是一种"不和"，实际上是为了更好地"和"，是为了更好地团结绝大多数人共同抗日。如果一味退让，反而会使反动势力日趋嚣张，和平更加无望。

在对待日本侵略者的问题上，毛泽东领导下的人民军队也高超地运用过战争与和平的辩证法。1945年8月，日本宣布投降，中国人民的抗日战争取得全面性胜利。但是，看似和平的背后，依然有一些负隅顽抗的日本军国主义者，勾结国民党方面的反动势力在向我军新防区发动攻击。抗战胜利后，敌我关系、国共两党关系以及国际关系极为复杂。毛泽东曾说过：抗战胜利后形势复杂，"我们的军队不去打，敌伪就不缴枪"。在新四军防区，就有这样的事。据《新华日报》报道：盘踞高邮的有千余日军，对我解放区威胁尤大，"敌寇投降迄今，国民党反动派不但不收缴该地区之敌伪武装，反而三令五申地饬所驻敌伪除加筑工事外，并不断向我淮南苏中等解放区骚扰，其声势有甚于往昔"。

根据毛泽东和中央军委的批示精神，1945年12月19日至1946年1月初，新四军华中野战军第七、第八纵队以及苏中军区等部队在粟裕指挥下，向盘踞在江苏高邮一带的日军和伪军发动进攻，一举歼灭日军1200余人、伪军1万余人，以完全胜利结束了对日军的最后一次战役。高邮战役的胜利，再一次诠释了战争与和平的辩证法。

在新中国成立后的抗美援朝战争期间，毛泽东关于"和"与"战"的辩证关系的战略思想，更是得到了淋漓尽致的充分运用。

1951年6月，朝鲜战争已经进行了整整一年，美军接连遭受中朝军队的打击，伤亡惨重，已经看不到胜利的希望。在国内国际舆论的强大压力下，美方不得不接受中国关于停战谈判的建议。但是，美国并不是真心想谈判，他们从谈判一开始就采取拖延和破坏的政策。在讨论确定双方军事分界线、建立非军事地区时，美方以他们占有的海空优势应该在陆上取得补偿为由，要求在双方目前战线以北18公里至50公里处另划一条新的军事分界线；在无理要求遭到拒绝后，美方又接连制造事端：在板门店地区射击中朝徒手人员；武装侵入中立区，袭击中朝方面军事警察；甚至轰炸我方代表团住所。这些使得停战谈判无法继续而陷于中断。俗话说，战场上得不到的，谈判桌上也不会得到。为了推动谈判继续进行，我方对于美方不断升级的挑衅和破坏活动，立即给以坚决、果断的回击。美方被迫于1951年10月重回谈判桌。经过半年多的激烈争论，双方终于在确定军事分界线、实现停火和监督停战等问题上达成初步协议。但在战俘遣返问题上，由于美方坚持无理要求，谈判再次陷入僵局。

1952年10月，美方又玩起单方面宣布中止谈判的把戏；甚至还向上甘岭发动了大规模攻势。为了给予敌人有效打击，反击他们的无理要求，打消他们的幻想，中国人民志愿军在40多天内，打退敌人900多次冲击，歼敌2.5万多人。战场上的失败，迫使美国不得不又一次回到谈判桌上来。

1953年4月，停战谈判再次复会。为了加速战争的结束，1953年5月到7月

★ 1957年4月,毛泽东接见解放军通讯兵首届技术竞赛大会代表。右起:邓小平、陈叔通、李济深、毛泽东、彭德怀、王诤、黄炎培、朱明。

间,朝中人民军队又连续发动三次夏季攻势,将战线南移,使美国感到战争拖延下去,只会给自己带来更大的损失。这样,在形势更加不利的情况下,美国侵略者不得不在7月在板门店同朝中方面正式签订军事停战协定。

朝鲜战争中这种和平与战争的局面转化,正如毛泽东在1958年所总结的:"和平是战争的反面,没有打仗哪会有'和平'二字。三八线一打仗是战争,一停战又是和平。"可以说,没有我们针锋相对的斗争,没有我们以打促谈的方针,停战协定是不会最后达成的,和平也不会来临。

★ 讲辩证战争观 ★
"战争与和平是互相转化的"

★维护和平离不开军事斗争准备

在和平年代，如何正确处理和平与战争的辩证关系？这是新中国成立后，毛泽东所反复思考的问题。他强调，我们希望和平，但是也要做好战争的准备，要有备无患，不能丧失警惕。

毛泽东对战争的基本态度是：第一条，反对；第二条，不怕。新中国成立后，他从战争与和平的辩证关系出发，多次表达过自己的态度。

1955年1月28日，芬兰首任驻华大使孙士敦向毛泽东递交国书。在谈到国际形势和战争危险时，毛泽东说：

> "我们有两条：第一，我们不要战争；第二，如果有人来侵略我们，我们就予以坚决回击。我们对共产党员和全国人民就是这样进行教育的。"

1956年1月，毛泽东在审阅政府工作报告时，将其中的一句话修改为：

> "我们要求和平，但是如果国际侵略集团把战争强加在我们头上的话，我们也并不惧怕战争。"

1959年3月13日，毛泽东会见美国记者安娜·路易斯·斯特朗，当被问到为什么中国人不害怕战争时，毛泽东回答说：

> "如果帝国主义一定要发动战争，你害怕有什么用呢？你怕也好，不怕也好，战争反正要到来，你越是害怕，战争也许还会来得早一些。因此，我们有两条：第一条，坚决反对战争；第二条，如果帝国主义一定要打仗，我们就同它打。把问题这样想透了，就不害怕了。"

反对战争、不怕战争，这是毛泽东的一贯观点，也反映他对战争与和平辩

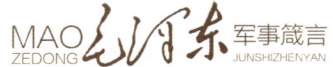

证关系的深刻认识和准确把握。

正因为如此,毛泽东强调在和平时期要有"两手准备",既要争取和平,同时要进行战争准备。毛泽东认为,战争有爆发与不爆发两种可能性,我们反对战争,不希望爆发战争;但是,如果我们就此对战争丧失警惕,那是非常危险的。特别是到了20世纪60年代前期,国际形势出现新的动荡,美国对越南北方的战争逐步扩大,我国周边形势逐渐紧张。在此情况下,毛泽东强调要把备战摆到重要议事日程上来。有些同志提出,天天讲战争,最后战争又没有打起来,那岂不变成了周幽王起烽火?对此,毛泽东提醒人们,做好准备,最后是有可能战争并没有来;但是如果战争真的来了,而我们却没有做准备,那就"后悔无及"了。我们争取不打,但是应该设想最坏的情况,立足于打来做准备,而不是立足于打不起来,那样才能有备无患、争取主动。

为了备战,毛泽东提出要搞三线建设。他认为,三线建设是备战的一个重要举措,搞好大三线、小三线建设,面对战争危险就会比较主动。毛泽东是那种决定了的事就紧抓不放的人。对三线建设,他也抓得很紧,大会小会反复讲。1964年5月27日,他在中央政治局常委会议上突出强调三线建设问题,他说:第一线是沿海,包钢到兰州这一条线是第二线,西南是第三线。攀枝花铁矿下决心要搞,把我们的薪水都拿去搞。6月8日,他在中共中央政治局常委扩大会议上还风趣地说:你们不搞攀枝花,我就骑着毛驴子去那里开会;没有钱,拿我的稿费去搞。毛泽东之所以这样强调三线建设问题,就是因为他一贯主张的,要从最坏处做准备。我们不希望战争,但我们不是帝国主义的参谋长,他们是否和什么时候发动战争,并不由我们决定。做好了战争准备,敌人反而不敢轻易发动战争。即使敌人发动战争,我们也不怕。纵使北京出了危险,我们还有攀枝花等"三线"作为后方基地。

1965年4月,毛泽东在听取贺龙等汇报军事工作时,这样告诫大家:

> "世界的事情总是那样,你准备不好,敌人就来了;准备好了,敌人反而不敢来。"

在人民军队的成长壮大过程中,毛泽东关于战争与和平互相转化的辩证法思想，始终在提醒和教育着这支部队。这一思想，在今天仍然具有重要的启示意义。

和平犹如阳光和空气，弥足珍贵；求和平、谋发展、促合作也已成为不可阻挡的时代潮流。但是，在帝国主义和反人民的敌对势力仍然存在的条件下，铸剑为犁只能是人们的美好愿望。中国人民热爱和平，但是对于一切反动势力挑起的战争威胁，我们也不怕。正如习近平所说：

> "我们要坚持走和平发展道路，但决不能放弃我们的正当权益，决不能牺牲国家核心利益。任何外国不要指望我们会拿自己的核心利益做交易，不要指望我们会吞下损害我国主权、安全、发展利益的苦果。"

和平不会自动而来，而是需要努力争取和精心维护的。维护和平，除了要树立合作共赢和人类命运共同体的理念之外，还要有另外一手，就是要抓好军事斗争准备。军事斗争准备是维护和平、遏制危机、打赢战争的重要保证。在新形势下，我们要牢固树立底线思维，树立随时准备打仗的思想。身处和平要居安思危，不能丧失警惕。宁可备而不战，不可无备而战。正如习近平所说：

> "能战方能止战，准备打才可能不必打，越不能打越可能挨打，这就是战争与和平的辩证法。"

"战争一刻也离不了政治"

"'战争是政治的继续',在这点上说,战争就是政治,战争本身就是政治性质的行动,从古以来没有不带政治性的战争。"

"战争一刻也离不了政治。"

——毛泽东:《论持久战》(1938年5月)

1938年5月,毛泽东在延安抗日战争研究会所作的《论持久战》的著名演讲中,曾以"战争和政治"为题,深刻阐述了战争与政治的关系。其中提出的"战争一刻也离不了政治""政治是不流血的战争,战争是流血的政治"等论点,成为毛泽东战争观的重要名言。

★辩证认识战争与政治关系的精彩篇章

战争,一直是人类关注的一个社会现象。在阶级社会中,当战争——这个"人类互相残杀的怪物"一出现时,更加引起了人们的关注,从而产生了各个阶级对战争的不同看法和认识,形成了不同的战争观。以毛泽东为代表的中国共产党人,在运用辩证唯物主义和历史唯物主义认识、指导中国革命战争的实践中,形成了具有中国特色的战争观理论,即毛泽东军事思想中的战争观理论。

★ 讲辩证战争观 ★

"战争一刻也离不了政治"

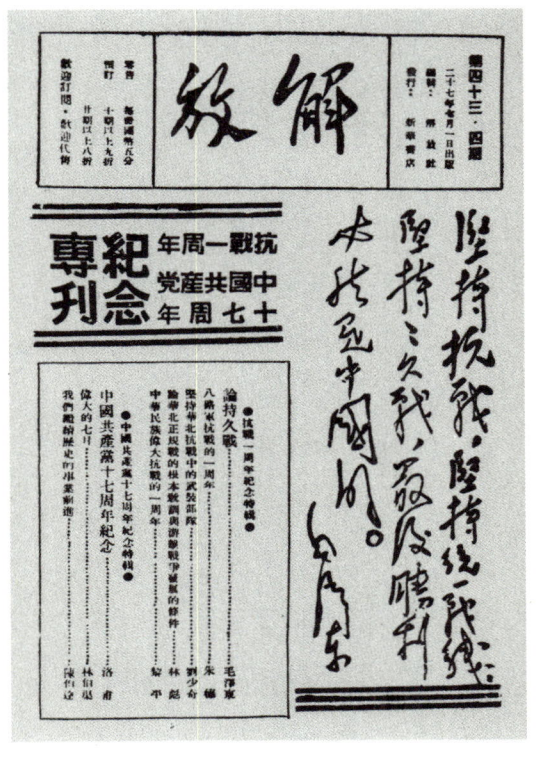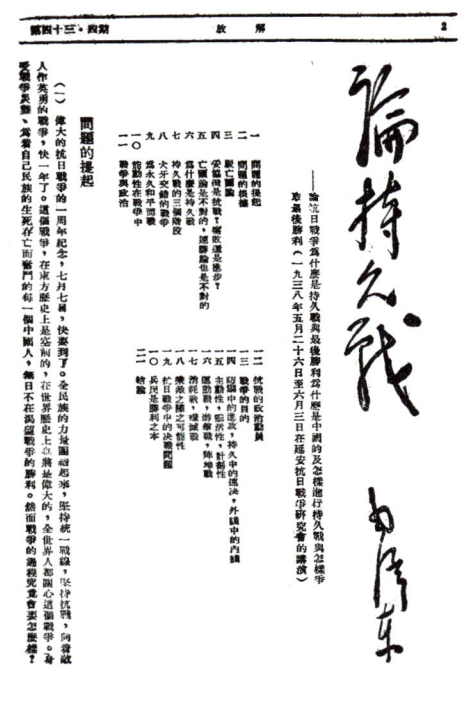

★ 最早发表在《解放》周刊上的《论持久战》一文。

战争是什么？是个古老而长期争论不休的话题。此前，在中国共产党1936年12月总结第二次国内革命战争的经验时，毛泽东曾给出了这样一个科学而明确的定义：

> "战争——从有私有财产和有阶级以来就开始了的、用以解决阶级和阶级、民族和民族、国家和国家、政治集团和政治集团之间、在一定发展阶段上的矛盾的一种最高的斗争形式。"

毛泽东揭示了战争与私有财产及阶级之间的内在联系、战争与政治斗争的相互关系。从而说明了战争并不是人类社会的一种永恒现象，而是一种历史现象。在《论持久战》中，毛泽东不仅对这些观点作了进一步的阐述，并指明战争将随着阶级的消亡而消亡，而且运用马克思主义关于矛盾的普遍性和特殊性辩证统一的哲学原理，深化了对战争与政治关系的认识，为马克思主义战争观理论留下了浓墨重彩的一笔。

"战争一刻也离不了政治"，这是毛泽东通过考察战争与政治的普遍性，对战争与政治的一致性的认识。他说：

> ""'战争是政治的继续'，在这点上说，战争就是政治，战争本身就是政治性质的行动，从古以来没有不带政治性的战争。抗日战争是全民族的革命战争，它的胜利，离不开战争的政治目的——驱逐日本帝国主义、建立自由平等的新中国，离不开坚持抗战和坚持统一战线的总方针，离不开全国人民的动员，离不开官兵一致、军民一致和瓦解敌军等项政治原则，离不开统一战线政策的良好执行，离不开文化的动员，离不开争取国际力量和敌国人民援助的努力。一句话，战争一刻也离不了政治。抗日军人中，如有轻视政治的倾向，把战争孤立起来，变为战争绝对主义者，那是错误的，应加纠正。"

这就是说，在战争与政治这个矛盾的对立统一体中，政治属于普遍性的范畴，战争属于特殊性的范畴。要深刻认识作为特殊性的战争，必须从战争与其他各种社会现象的联系中考察和研究战争。战争作为一种社会现象，同社会的经济、文化、科技等诸多因素有着广泛的联系，但其中最本质的联系是政治；战争绝不是单纯的军事行为，而是由一定时期内种种复杂的社会政治关系引起的，是带有政治性质的行为。

"战争是流血的政治。"这是毛泽东通过考察战争与政治的特殊性，对战争与政治的差别性的认识。他说：

> "战争有其特殊性，在这点上说，战争不即等于一般的政治。'战争是政治的特殊手段的继续'。政治发展到一定的阶段，再也不能照旧前进，于是爆发了战争，用以扫除政治道路上的障碍。例如中国的半

独立地位，是日本帝国主义政治发展的障碍，日本要扫除它，所以发动了侵略战争。中国呢？帝国主义压迫，早就是中国资产阶级民主革命的障碍，所以有了很多次的解放战争，企图扫除这个障碍。日本现在用战争来压迫，要完全断绝中国革命的进路，所以不得不举行抗日战争，决心要扫除这个障碍。障碍既除，政治的目的达到，战争结束。障碍没有扫除得干净，战争仍须继续进行，以求贯彻。例如抗日的任务未完，有想求妥协的，必不成功；因为即使因某种缘故妥协了，但是战争仍要起来，广大人民必定不服，必要继续战争，贯彻战争的政治目的。因此可以说，政治是不流血的战争，战争是流血的政治。"

这就是说，战争与政治之间既相一致，又相区别，即战争与政治相比，有其特殊性。在这里，毛泽东把"流血"与"不流血"作为战争与政治的根本区别。这表明，战争不同于一般的政治斗争，而是一定阶级用以解决某种政治矛盾和达到某种政治目的的手段。在阶级斗争以非暴力的斗争形式和手段，不能解决阶级矛盾或难以实现其政治目的时，便诉诸武力，导致战争。据此毛泽东认为：

"基于战争的特殊性，就有战争的一套特殊组织，一套特殊方法，一种特殊过程。这组织，就是军队及其附随的一切东西。这方法，就是指导战争的战略战术。这过程，就是敌对的军队互相使用有利于己不利于敌的战略战术从事攻击或防御的一种特殊的社会活动形态。因此，战争的经验是特殊的。一切参加战争的人们，必须脱出寻常习惯，而习惯于战争，方能争取战争的胜利。"

毛泽东关于战争与政治关系的论述，丰富了马克思主义战争观的理论宝库。

★ 军事理论升华源自兼收并蓄

毛泽东之所以能够在理论上作出超越前人的创新，这是源于他在实践中对理论的追求和探索。他说：

> "一切带原则性的军事规律，或军事理论，都是前人或今人做的关于过去战争经验的总结。这些过去的战争所留给我们的血的教训，应该着重地学习它。这是一件事。然而还有一件事，即是从自己的经验中考证这些结论，吸收那些用得着的东西，拒绝那些用不着的东西，增加那些自己所特有的东西。这后一件事是十分重要的，不这样做，我们就不能指导战争。"

毛泽东是这样说的，也是这样做的。1935年10月，中央红军长征到达陕北后，中国共产党为了肃清"左"倾机会主义的政治路线、军事路线错误，毛泽东不仅领导全党系统总结了第二次国内革命战争时期的经验教训，而且自己为此发愤读书，除大量研读马列主义的哲学著作外，还下功夫研读了古今中外的军事论著。正是通过刻苦学习和深入研究，使丰富的革命实践经验得以升华为理论概括。毛泽东后来多次谈到他所经历的这一情况。

1959年4月5日，毛泽东在上海召开的中共八届七中全会上说：

> "左"倾教条主义者说我照《孙子兵法》打仗的那些话，"倒激发我把《孙子兵法》看了，还看了克劳塞维茨的，还看了日本的《战斗纲要》，看了刘伯承同志译的《联合兵种》，看了'战斗条例'，还看了一些资产阶级的。总之，激发我来研究一下军事"。

1960年12月25日，毛泽东在同部分亲属和身边工作人员谈话时又说道：

讲辩证战争观
"战争一刻也离不了政治"

> "后来到陕北,我看了八本书,看了孙子兵法,克劳塞维茨的书看了,日本人写的军事操典也看了,还看了苏联人写的论战略、几种兵种配合作战的书等。那时看这些,是为了写《中国革命战争的战略问题》,是为了总结革命战争的经验。"

此外,在现存面世的文献中,还发现有毛泽东在写作《论持久战》前的读书日记。日记记录了他从1938年2月1日至4月1日的读书情况。在此期间,他先后读了李达的《社会学大纲》、克劳塞维茨的《战争论》和潘梓年的《逻辑与逻辑学》。此前他还读了苏联和中国哲学家的著作,并留下很多读书摘录和批注。

从毛泽东关于战争和政治的论述中,我们可以看到他对马克思主义哲学的运用,对19世纪德国军事理论家克劳塞维茨的《战争论》的汲取,以及对列宁思想的深化。

在世界军事思想发展史上,克劳塞维茨在马克思主义诞生前,最早较全面而深刻地阐述战争与政治的关系。他在《战争论》一书中,运用德国古典唯心主义辩证法,系统总结了历次战争特别是拿破仑战争的经验,第一次明确提出"战争无非是政治通过另一种手段的继续"的经典命题。他提出"战争是政治的工具","政治还是孕育战争的母体";"如果说战争有特殊的地方,那只是它的手段特殊而已",它"不是写外交文书的政治,而是打仗的政治","政治在这里以剑代笔"等著名观点。

列宁在1915年研究哲学和战争问题时,曾认真地阅读过《战争论》,而且还作了万余字的《克劳塞维茨〈战争论〉一书摘录和批注》的读书笔记。列宁在笔记中,极为重视克劳塞维茨关于战争与政治关系的论述,并在"战争是政治的工具"的第八篇第六章上批注:"最重要的一章。"其后,列宁在他的文章中高度评价并多次引用克劳塞维茨的重要观点。列宁在《第二国际的破产》一文中说:"'战争无非是政治通过另一种手段(即暴力)的继续'。这是军事史问题的伟大作家之一克劳塞维茨所下的定义,他的思想受胎于黑格尔。这正是马克思和恩格斯一直坚持的观点,他们把每次战争都看作是当时各有关国家(及

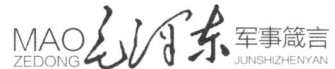

其内部各阶级）的政治的继续。"他在《社会主义与战争》一文中又指出："'战争无非是政治通过另一种手段（即暴力）的继续'。这是造诣极高的军事问题著作家克劳塞维茨说过的一句至理名言。马克思主义者始终把这一原理公正地看作考察每一战争的意义的理论基础。马克思和恩格斯一向就是从这个观点出发来考察各种战争的。"1916年，列宁在《论对马克思主义的歪曲和"帝国主义经济主义"》一文中，又进一步作了这样的概括："怎样找出战争的'真正实质'，怎样确定它呢？战争是政治的继续。"

毛泽东在"战争和政治"的论述中，没有直接引用克劳塞维茨的话，而是引用列宁著作中"战争是政治的继续""战争无非是政治通过另一种手段的继续"的观点，并对后一论点特别加注说明：参见列宁《第二国际的破产》和《社会主义与战争》。可见，毛泽东主要是通过列宁的有关论述，全面而深刻地把握克劳塞维茨对这一问题所阐述理论的丰富内涵。毛泽东之所以未直接引用克劳塞维茨的观点，应是因为克劳塞维茨未能科学地揭示这一命题中对政治范畴的认识，即把政治解释成"是整个社会的一切利益的代表"，认为战争只不过是对外政策的继续的国家间的关系。列宁对克劳塞维茨这个命题中的政治范畴作了批判的改造，明确指出："政治是经济的集中表现"，在阶级社会中，"政治就是各阶级之间的斗争"。毛泽东认识到列宁与克劳塞维茨在这一命题上的本质区别，依据马列主义的阶级政治观和辩证唯物主义，在明确作出战争的定义后，又提出"战争一刻也离不了政治""政治是不流血的战争，战争是流血的政治"的著名论断，进一步阐明了政治与战争的辩证关系。

★对克劳塞维茨的《战争论》一直记忆犹新

毛泽东在《论持久战》中关于"战争和政治"的论述中，虽然未提到克劳塞维茨和直接引用《战争论》中的文字，但《战争论》这部军事理论著作还是给了毛泽东以深刻的影响和诸多的启迪。在他的《论持久战》中，不仅在关于"战争和政治"的关系，而且在战争的目的、战争的"盖然性"等方面，都汲取与发展了《战争论》中的思想。

关于这部著名的军事理论著作，还曾留下了毛泽东请人找寻和自己学习及组织研究的故事。

1937年年底，为编写《抗日战争丛书》，研究抗日战争的战略问题，毛泽东曾让在身边工作的郭化若去找《战争论》等书。12月28日，他写信给郭化若说：

> "你写战略，应找些必要的书看看，如黄埔的战略讲义，日本人的论内外线作战（在莫主任处），德国克老斯伟资（后译为克劳塞维茨——引者注）的战争论，鲁登道夫的全体性战争论，蒋百里的国防论，苏联的野战条令等，其它可能找到的战略书，报纸上发表的抗战以来论战争的文章通讯亦须搜集研究。先就延安城有的搜集（商借）来看。……"

毛泽东自己读《战争论》，是1938年3月18日开始的。他在读书日记中记载了逐日阅读情况，至31日读到第167页。4月1日从168页看起，但之后日记便中断了。可能是因《论持久战》的写作紧张，使他中断了记日记。

据有关当事人的回忆，在撰写《论持久战》之后，毛泽东还曾在延安专门组织过"克劳塞维茨《战争论》研究会"，继续研究这部军事名著。

郭化若回忆说：

> 1938年9月间，毛泽东约了十来个人，在他自己的窑洞里开哲学座谈会，每周一次，参加的有许光达、陈伯钧、郭化若，后来又有萧劲光、萧克等将军，文化人有何思敬、艾思奇、任白戈、徐懋庸等。在这期间的座谈会上，专门请何思敬讲克劳塞维茨的"战略学"内容。

徐懋庸也回忆说：

> 当时专门请何思敬讲克劳塞维茨的"战略学"内容时，由于何思敬照着德文原著随译随讲，讲得实在不太高明。每次讲完出来时，将军们既不满意，我们也觉得索然无味。然而，毛泽东却听得很认真，还拿着一支红铅笔，在一个本子上不时地记录。我们对这种态度和精

1937年12月28日，毛泽东给郭化若的信。

★ 讲辩证战争观 ★
"战争一刻也离不了政治"

神非常惊奇,因为不管何思敬讲得如何不好,毛泽东都能从何思敬传达的原著的话里,吸收到我们所不能理解的意义。

参加这个小组学习的莫文骅回忆:

《战争论》的学习讨论采用边读边议的方法。当时只有一本书,是国民党陆军大学出版的文言文译本,译文又很粗劣,读起来很不好懂。后来由何思敬同志直接从德文原版译出来,译一章,介绍研究一章,并发了讲义。记得当时讨论得最多最热烈的是集中兵力问题。毛泽东同志说:克劳塞维茨的作战指挥实践不多,但集中兵力问题讲得好。

★ 1960年5月,毛泽东会见英国蒙哥马利元帅。

新中国成立后,毛泽东在会见外宾和讲话中,多次谈到克劳塞维茨的《战争论》时,对其中的名言仍是记忆犹新。如1960年5月27日,他在会见英国元帅蒙哥马利时,蒙哥马利说:"我读过你关于军事的著作,写得很好。"毛泽东谦逊地答道:"我不觉得有什么好。我是从你们那里学来的。你学过克劳塞维茨,我也学过。他说战争是政治的另一种形式的继续。"

直到1975年10月30日,毛泽东在会见当时的联邦德国总理施密特时,还提到克劳塞维茨曾讲过很有道理的话。

毛泽东关于战争与政治关系的这些论述和他的思想脉络,对我们认识战争的根源和本质,把握战争自身的特殊规律,正确指导战争,有着重要的启发。

2013年7月15日,习近平在军队一次重要会议上谈到关于战争的指导问题时,依然强调了毛泽东等马克思主义者的基本观点:

"战争是政治的继续,这是马克思主义战争理论的一个基本观点。筹划和指导战争,必须深刻认识战争的政治属性,坚持军事服从政治、战略服从政略,从政治高度思考战争问题。"

★ 讲辩证战争观 ★
对待战争"第一条反对,第二条不怕"

对待战争"第一条反对,第二条不怕"

"用战争反对战争,用革命战争反对反革命战争,用民族革命战争反对民族反革命战争,用阶级革命战争反对阶级反革命战争。"

——毛泽东:《中国革命战争的战略问题》(1936年12月)

"我们是坚持和平反对战争的。但是,如果帝国主义一定要发动战争,我们也不要害怕。我们对待这个问题的态度,同对待一切'乱子'的态度一样,第一条,反对;第二条,不怕。"

——毛泽东:《关于正确处理人民内部矛盾的问题》(1957年2月27日)

用战争反对战争,用革命战争反对反革命战争;对待战争的态度,一反对二不怕。这些,是毛泽东对待非正义战争的基本态度。这个态度,来自对战争规律的深刻把握,来自中国人民反抗压迫、反抗侵略的长期艰苦斗争实践。它形成于上个世纪三四十年代反抗国民党反动派和日本帝国主义侵略者发动的非正义战争时期。毛泽东在1936年12月撰写的《中国革命战争的战略问题》和1957年撰写的《关于正确处理人民内部矛盾的问题》等重要著作中,都有完整的表述。

★ "我们是战争消灭论者,我们是不要战争的"

自古知兵非好战。热爱和平,保卫和平,是中华民族的天性。但是,为了持久和平,就必须通过战争来消灭战争,用革命战争反对反革命战争。近代以来,由于饱受列强欺凌,反对帝国主义侵略战争,争取国家独立和人民解放,成为中国无产阶级及其政党必须解决的两大历史任务。

中国共产党领导的人民军队,是在国民党反动派屠杀和围追堵截中成长起来的。在日本帝国主义入侵中国后,人民军队又肩负起北上抗日、拯救民族危亡的历史重任。面对中国这个半殖民地半封建国度所遭受的苦难,面对中华民族积贫积弱的现实,毛泽东在战争中学习战争,深入研究战争规律。1936年12月,他在《中国革命战争的战略问题》这篇文章中开宗明义地提出要研究战争规律,提醒"指导战争的人":"我们不但要研究一般战争的规律,还要研究特殊的革命战争的规律,还要研究更加特殊的中国革命战争的规律"。研究的目的,是为了消灭战争。他说:

> "战争——这个人类互相残杀的怪物,人类社会的发展终久要把它消灭的,而且就在不远的将来会要把它消灭的。但是消灭它的方法只有一个,就是用战争反对战争,用革命战争反对反革命战争,用民族革命战争反对民族反革命战争,用阶级革命战争反对阶级反革命战争。历史上的战争,只有正义的和非正义的两类。我们是拥护正义战争反对非正义战争的。一切反革命战争都是非正义的,一切革命战争都是正义的。"

全面抗战爆发后,面对日本帝国主义对中国发起的侵略战争,毛泽东集中精力研究战争问题。在《矛盾论》《战争和战略问题》等一系列军事理论著作中,他进一步深刻阐述了"战争的目的在于消灭战争"的基本认识。在《战争和战略问题》这篇战争论中,他用简明生动的语言,清晰地告诉人们共产党人的态度:

★ 讲辩证战争观 ★
对待战争"第一条反对，第二条不怕"

> "帝国主义时代的阶级斗争的经验告诉我们：工人阶级和劳动群众，只有用枪杆子的力量才能战胜武装的资产阶级和地主；在这个意义上，我们可以说，整个世界只有用枪杆子才可能改造。我们是战争消灭论者，我们是不要战争的；但是只能经过战争去消灭战争，不要枪杆子必须拿起枪杆子。"

"我们是战争消灭论者，我们是不要战争的；但是只能经过战争去消灭战争"。这就是我们的辩证法。

战争是帝国主义强加给我们的。正是为了和平，中国人民才被迫拿起武器，走向血与火的战场。

反对战争，不要战争，是毛泽东一贯的思想取向。这可以从毛泽东的个人志向中反映出来。终其一生，他都希望做一名教员，从事教书育人的工作。1936年，美国记者斯诺来到延安。在接受采访时，毛泽东第一次公开讲述了自己的人生经历。他说，在长沙求学期间，自己开始认真地考虑前途问题，结果决定"最适合于教书"。新中国成立后，在与外国客人的谈话中，他又多次讲，"我是一个知识分子，当一个小学教员"，"没有想到打仗"，"我历来是当教员的，现在还是当教员"。后来，"中国受帝国主义、封建主义和官僚资本主义的压迫，开始还有军阀的压迫"，不得已走上革命道路，"这不以我们这些人的意志为转移"。

正因为有了这样的战争观与和平观，新中国成立前夕，在中国人民政治协商会议第一届全体会议上，毛泽东就向全世界庄严宣告："我们的民族将从此列入爱好和平自由的世界各民族的大家庭，以勇敢而勤劳的姿态工作着，创造自己的文明和幸福，同时也促进世界的和平和自由。"

百废待兴的新中国需要和平的国际环境，为国内经济建设创造有利的外部条件。但是，这个和平环境不是靠妥协退让得来的，而是以毛泽东为代表的中国共产党人带领人民经过坚持不懈的斗争争取来的。

1950年6月，朝鲜战争爆发。10月1日深夜，金日成向中国政府提出出兵支援的请求。成立仅仅一年的人民共和国再次面临着战争局面，而这次的对手美国，是世界头号帝国主义强国。为了国内的持久和平，毛泽东斟酌再三，作出了他一生中最难作出的决策之一——出兵朝鲜。在实力悬殊的情况下打仗，国内自然会出现各种担心、忧虑。美国插手朝鲜是否会引发新的世界大战，就是其中之一。这种担心和忧虑，没有改变毛泽东争取和平的既定目标。1952年8月4日，他在分析朝鲜战场局势时说，朝鲜战争究竟打到哪一年为止，谈判要谈到什么时候为止，没有确切时间，但是，最终结果一定是和，"谈还是要谈，打还是要打，和还是要和"。说马上要打第三次世界大战"是吓唬人的"，"我们要争取十年工夫建设工业，打下强固的基础"。有了这个基本判断，我们高举"要和平，不要战争"的旗帜，坚持谈打结合、以打促谈的斗争策略，最终取得了朝鲜战争的胜利。

战后召开的日内瓦会议，是决定朝鲜半岛和印度支那能否实现真正和平，是走向和平还是再陷战争的历史性会议。毛泽东提出，会议要争取缓和国际紧张局势、打破美国对中国的孤立封锁政策。在主持讨论修改宪法草案、处理高饶事件的同时，他多次亲自主持召开中央政治局会议，讨论审定周恩来为参加日内瓦会议准备的5个重要文件，并多次约周恩来商谈有关问题。代表团启程的前一天晚上，他又召集刘少奇、周恩来、陈云、彭德怀、邓小平等人开会，进一步研究相关问题，做到充分准备，仔细斟酌，力求万无一失，谋定而后动。由于紧紧抓住了各国都希望和平、不愿再打起来这个共同点，中国代表团在会议中所做的大量团结工作取得很大成绩，使好战的美国陷于相当孤立的境地。

对于中国代表团取得的初步成果，毛泽东是有把握的。他在1954年7月政治局扩大会议上说，我们的成功，就在于"抓住了和平这个口号"，"而美国人就不抓这个东西，它就是要打，这样，它就很说不过去了，没有道理了。现在和的人多了，我们要跟一切愿意和平的人合作，来孤立那些好战分子"。他进而提出，不同制度的国家可以和平相处，我们要对许多国家，比如英国、法国、加拿大这一类国家，比如印度、缅甸这一类国家，凡是有可能的，都要进行工作。总之，"只要在和平这个问题上能够团结的，就和他们拉关系，来保卫我们的国家，保卫社会主义，为建设一个伟大的社会主义国家而奋斗"。

根据毛泽东的指示，在日内瓦会议期间和会议结束后，中国政府抓住机

★ 讲 辩 证 战 争 观 ★
对待战争"第一条反对，第二条不怕"

遇，迅速调整外交政策，把会议成果进一步扩大、巩固下来。中英、中法、中美关系都出现了新的进展与突破，中国与亚洲近邻的关系更取得长足进展。

1955年4月，周恩来率团出席在万隆召开的亚非会议，提出了在和平共处五项原则基础上的和平宣言议案，受到与会各国的高度赞赏。会议的成功，预示着和平共处五项原则为基础的国际新秩序将逐步建立。从此，我们在全世界树立起了热爱和平、维护和平的良好形象，以美国为首的西方敌对国家在国际社会诬蔑中国"好战"的论调没有了市场，于我有利的国际环境逐步形成。在这个大前提下，新中国各项建设事业有声有色、轰轰烈烈地开展起来。

★ "如果有人来侵略我们，
我们就予以坚决回击"

不要战争，持久和平，是我们的良好愿望。但是，只要帝国主义存在，就无法改变其侵略别国、互相争霸的本性，战争也就不可避免。毛泽东认为，我们的努力，只能做到在一个时期，或是一个相当时期避免战争。既然世界上还存在战争，我们就得正确应对。怕战争，以妥协退让来避免战争，是无用的。

不怕鬼、不信邪，是毛泽东最鲜明的性格特点之一。早在1919年《湘江评论》的创刊宣言中，他就向世人宣称过"六不怕"精神：

★ 1957年2月27日，毛泽东在最高国务会议第十一次（扩大）会议上作《关于正确处理人民内部矛盾的问题》讲话。

> "什么不要怕？天不要怕，鬼不要怕，死人不要怕，官僚不要怕，军阀不要怕，资本家不要怕。"

这"六不怕"，概括起来就是一句话：任何看起来强大的力量都不要怕。这种大无畏的革命精神，在毛泽东的战争观上有深刻反映。

正是有了这"六不怕"的精神，加上后来有了与日本帝国主义和美国帝国主义艰苦卓绝的战争较量，毛泽东辩证的战争观越来越清晰和坚定。1955年1月28日，毛泽东会见芬兰首任驻华大使孙士敦，在谈到世界战争的危险时，作了明确的表述：

> "我们有两条：第一，我们不要战争；第二，如果有人来侵略我们，我们就予以坚决回击。"

几年以后，他又表达了同样的明确态度。

1959年3月，美国著名黑人学者、世界和平理事会理事杜波伊斯博士和夫人以及作家斯特朗访问中国，受到毛泽东的热情接待。谈话间，客人问：为什么中国人不那么害怕战争？

毛泽东回答说：

> "如果帝国主义一定要发动战争，你害怕有什么用呢？你怕也好，不怕也好，战争反正要到来，你越是害怕，战争也许还会来得早一些。因此，我们有两条：第一条，坚决反对战争；第二条，如果帝国主义一定要打仗，我们就同它打。把问题这样想透了，就不害怕了。"

毛泽东的所谓"想透了"，其实就是我们中国人对掌握客观规律的一种通俗说法。

毛泽东从研究历次世界大战的结果中得出结论，弱小但是进步的战胜强大但是落后的，是世界历史发展的客观规律。所以，帝国主义不可怕。

★ 讲辩证战争观 ★

对待战争"第一条反对,第二条不怕"

毛泽东的这种"不害怕"的精神,体现在中国人民面临战争威胁的各个时期。1935年12月,他在《论反对日本帝国主义的策略》的报告中明确指出:"我们中华民族有同自己的敌人血战到底的气概,有在自力更生的基础上光复旧物的决心,有自立于世界民族之林的能力。"全面抗战开始不久,战场局势不明,"亡国论"大行其道时,毛泽东就豪迈地宣称,我们的军队是人民的军队,是无敌于天下的。在这样的军队面前,"个把日本帝国主义是不够打的!"

★ 1959年3月,毛泽东与美国著名学者杜波伊斯愉快交谈。

这些话,不仅仅是简单的语言上的豪迈。

抗战胜利后,面对蒋介石的内战图谋,毛泽东一针见血地指出:

> "就我们自己的愿望说,我们连一天也不愿意打。但是如果形势迫使我们不得不打的话,我们是能够一直打到底的。"

新中国成立后,面对帝国主义的包围,他仍乐观地作出预计,帝国主义那套东西就怕打,打的结果,一定是社会主义阵营获胜。"第一次世界大战以后,出了一个苏联,两亿人口。第二次世界大战以后,出了一个社会主义阵营，一共九亿人口。如果帝国主义者一定要发动第三次世界大战，可以断定，其结果必定又要有多少亿人口转到社会主义方面，帝国主义剩下的地盘就不多了，也有可能整个帝国主义制度全部崩溃"。"如果发生了第三次世界大战，资本主义世界就要完结。如果有疯子要发动战争，也没有什么了不起，灭亡的是帝国主义。"

在毛泽东看来，有了这种对世界大势的清醒认识和斗争的必胜信心，暂时强大的帝国主义又有什么可怕的呢?!

二战以来，新的世界战争打不打，怎么打，核心的考量因素是美国。我们讲"怕"或"不怕"的对象，主要也是指美国。在世界上许多人都惧怕美国强大的军事力量时，毛泽东却明确提出：

> "我认为目前形势的特点是东风压倒西风，也就是说，社会主义的力量对于帝国主义的力量占了压倒的优势。"

这就清楚地告诉人们：美国并不可怕。

1955年4月，毛泽东风趣地对远道而来的英国共产党主席波立特说，我们对美国的看法，可以说是可怕，但又不可怕。它的力量强，有原子弹，所以我们要搞和平运动。但是从根本上看，其实它不可怕。"美帝国主义真的要打，我们也不怕"。为什么不怕？因为我们有力量，在欧、亚、非广大的中间地带，美国是孤立的，"如果打起来，三个洲都会变成一个腔调"。这样，我们五分天下有其三，"资本主义制度就会早些完蛋"。所以，我们要努力阻止战争的爆发。但万一战争无法阻止，就要"准备打他几年，把战争从三个洲的土地上扫出去"。

上世纪五六十年代，人们对世界大战的担忧，很大程度上来源于对原子弹这个新式武器的恐惧。对这些幻想和忧虑，毛泽东有他自己的看法。他认为，原子弹的威力固然可怕，但是，"决定战争胜败的是人民，而不是一两件新式武器"，原子弹威力再大，也终究逃不脱这一客观规律。由此，他提出了"帝国主义和一切反动派都是纸老虎"的著名论断。除了对"人与武器"的辩证关系有深刻认识外，毛泽东还从"极而言之"的最坏基点上作出设想：即使爆发原子战争，也不会像有些人想的那样"人会死绝"，而是至多损失一半人，"人类是

★ 讲辩证战争观 ★
对待战争"第一条反对，第二条不怕"

消灭不了的"。

极力避免最坏的情况，积极争取最好的结果。正是有了这种底线思维，毛泽东多次强调：

> "美国的原子讹诈，吓不倒中国人民。"

毛泽东主张不怕美国，不怕原子弹，是从思想方法上给中国人民传递一种"不怕"的精神。他把战争的辩证法用通俗易懂的方式表达出来，主要目的是引导人们看清方向，把握趋势，克服恐惧，树立必胜的信念。

不怕，并不等于没有准备。对于长久以来积贫积弱、饱受帝国主义欺凌的中国人民来说，这一点至关重要。毛泽东深知掌握战争主动权的极端重要性。因此，在提出战略上"不怕"原子弹的同时，他在战术上又高度重视发展尖端科技，主张新中国要拥有核武器，要求用10年工夫搞出原子弹、氢弹。

他的话，一针见血：

> "在今天的世界上，我们要不受人家欺负，就不能没有这个东西。"

有了核武器，中国才可能在慑止核战争、维护世界和平方面，作出更大的贡献。

按照毛泽东的要求，我国于1964年成功爆炸第一颗原子弹，打破了西方大国的核讹诈。

对待战争"不怕"，展现了中国人民不怕牺牲、斗争到底的革命英雄主义精神。正是有了这种精神，中国共产党才能从无到有、由弱到强，用小米加步枪打跑了日本侵略者，推翻了蒋家王朝，建立起人民当家做主的社会主义新中国。新中国成立后，毛泽东再提"不怕"的认识，是为了鼓舞全国人民乃至全世界被压迫人民，敢于斗争、敢于坚持，争取更大的胜利。新生的人民共和国敢于和世界头号强国美国侵略者在朝鲜较量，而且坚持把战争"进行到美国政府愿意和平解决的时候为止"，"美帝国主义愿意打多少年，我们也就准备跟它打多少年"。这些，都是对"不怕"精神的极好诠释。

★ "世界大战打不起来，真打起来也不怕"

战争与和平是辩证统一的，"怕"与"不怕"也是对立统一的。毛泽东所谓"不怕"，是建立在对"怕"作客观分析与充分准备基础上的。他说过：

> "一点不怕，无忧无虑，真正单纯的乐神，从来没有。"

他还说过：

> "世界上的事情总是那样，你准备不好，敌人就来了；准备好了，敌人反而不敢来。"

他就是想告诉人们，在战争与和平问题上，做最坏的打算，就是做好战争准备，有备无患。

在战争根源尚未消除，美、苏对立造成的现实威胁依然存在的情况下，从总体而言，战争与和平的决定权，并不掌握在我们手中。因而，毛泽东反复强调，战争的危险客观存在，我们必须充分估计到这种可能性，要准备打仗，向敌对势力展现我们准备打仗的决心和人民战争的威势，使敌人望而生畏，从而放弃侵略企图。

朝鲜战争爆发后，毛泽东就提出过，"我们要随时准备对付美帝国主义来侵略。我们所进行的军事、政治、经济、文化等各方面的建设事业，都要考虑到敌人就在面前这个情况来讨论和决定"。

朝鲜战争结束后，我国逐步转入全面建设时期。此时，两大阵营的对立依然存在，美国反共反华势头仍然十足。因而，毛泽东再次告诫全党，虽然目前国际形势对我国社会主义建设有利，但帝国主义势力还包围着我们，他们是什么都可能干出来的，我们必须准备应付可能的突然事变。

他告诫人们：

讲辩证战争观
对待战争"第一条反对,第二条不怕"

> "今后帝国主义如果发动战争,很可能像第二次世界大战时期那样,进行突然的袭击。因此,我们在精神上和物质上都要有所准备,当突然事变发生的时候,才不至于措手不及。"

战争准备越充分,遏止战争的可能性就越大。上世纪60年代,中苏两国关系日趋紧张,苏联在中苏边境陈兵百万,中国面临的战争危险也逐渐加重了。因而,"备战"成为我国国防建设的重要内容。1961年8月,毛泽东在会见巴西共产党干部参观团和干部学习团时说,世界大战可能不打,但也可能打,就这么两条。按照社会主义阵营的意见,按照各国共产党的意见和各国劳动人民的意见,是不要打的;但如果按照帝国主义以及它在各国的走狗的意见,那就要打。所以要警惕。"就是说做坏的方面的准备,这么做了准备,也许可以不打。帝国主义反对我们,如果我们都睡觉,那是很危险的。"

正是因为从精神上和物质上做好了随时准备打仗的充分准备,积极应对了世界战略格局的重大变化,我国才有效遏止了可能的大规模战争,消除了外部隐患,保证了国家的安全和经济建设的顺利进行。

作为伟大的战略家,毛泽东考虑问题从来不局限于一时一事,而是着眼长远,抓住根本,从大本大原上解决问题。他认为,要想从根本上遏止战争,就必须大力发展经济技术,强大到让敌人不敢来侵略我们。让我们回顾一下1963年9月他在修改《关于工业发展问题(初稿)》时加写的一大段话:

> "我国从十九世纪四十年代起,到二十世纪四十年代中期,共计一百零五年时间,全世界几乎一切大中小帝国主义国家都侵略过我国,都打过我们,除了最后一次,即抗日战争,由于国内外各种原因以日本帝国主义投降告终以外,没有一次战争不是以我国失败、签订丧权辱国条约而告终。"

为什么会这样?毛泽东作了"挨打"的社会根源剖析。他说:

> "其原因:一是社会制度腐败,二是经济技术落后。现在,我国社

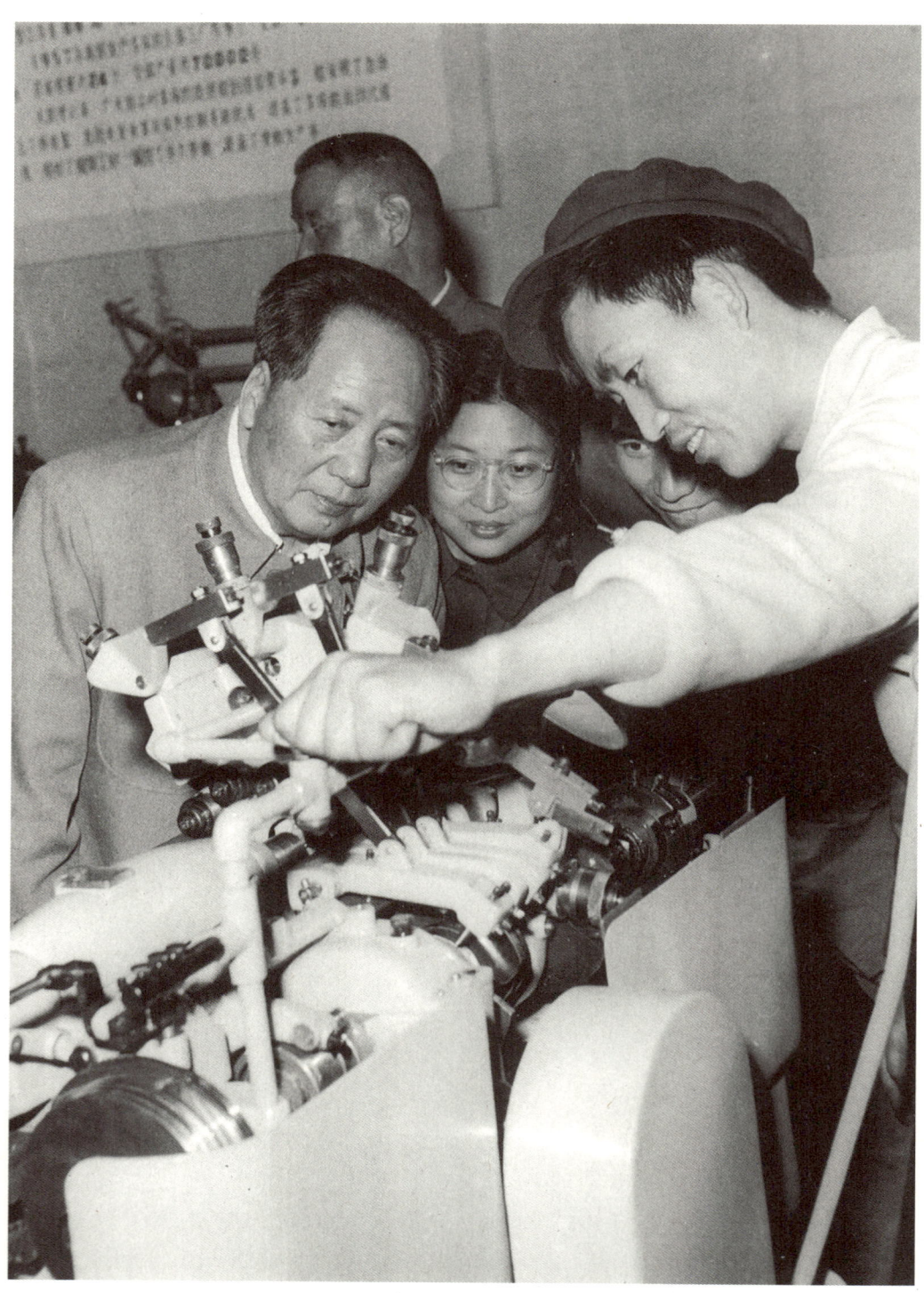

★ 1960年4月,毛泽东在中南海参观工业展览。

会制度变了，第一个原因基本解决了；但还没有彻底解决，社会还存在着阶级斗争。第二个原因也已开始有了一些改变，但要彻底改变，至少还需要几十年时间。如果不在今后几十年内，争取彻底改变我国经济和技术远远落后于帝国主义国家的状态，挨打是不可避免的。"

剖析原因是为了找到努力的方向和选择的目标，毛泽东接着说：

"当然，帝国主义现在是处在衰落时代，我国，社会主义阵营，全世界被压迫人民和被压迫民族的革命斗争，都是处于上升的时代，世界性的战争有可能避免。这里存在着战争可以避免和战争不可避免这样两种可能性。但是我们应当以有可能挨打为出发点来部署我们的工作，力求在一个不太长久的时间内改变我国社会经济、技术方面的落后状态，否则我们就要犯错误。"

这一大段论述，体现了毛泽东对遏制霸权、防止战争的进一步思考。"以有可能挨打为出发点来部署我们的工作"，体现了他深刻的底线思维、战略眼光和哲学智慧。

历史行进到了改革开放的新时期，毛泽东的战争与和平思想进一步被发扬光大。1989年9月，邓小平在同几位中央负责同志谈话时，语重心长地说：

"国际形势有一个战争问题。……世界上希望我们好起来的人很多，想整我们的人也有的是。我们自己要保持警惕，放松不得。要维护我们独立自主、不信邪、不怕鬼的形象。我们绝不能示弱。你越怕，越示弱，人家劲头就越大。并不因为你软了人家就对你好一些，反倒是你软了人家看不起你。我们怕什么？战争我们并不怕。我们分析世界大战打不起来，真打起来也不怕。……我们的基础好，是几十年打出来的，这个威势一直要传到后代，保持下去，这是本钱。"

MAO ZEDONG

讲人与武器的关系

"人是第一,武器是第二"

"搞一点原子弹、氢弹、洲际导弹"

"人是第一,武器是第二"

> "有人说,武器是第一,人是第二。我们反过来说,人是第一,武器是第二。"
>
> ——毛泽东:《从历史来看亚非拉人民斗争的前途》(1964年7月9日)

　　这是毛泽东1964年7月同在朝鲜平壤参加完第二次亚洲经济讨论会后访华的亚洲、非洲、大洋洲一些国家和地区的代表谈话时说过的一句名言。这句话既是对人和武器这两个决定战争胜负成败的关键因素之间相互关系的深刻思考,又是对中国共产党领导下的人民军队长期以来高度发挥人的主观能动性,克服武器劣势,以少胜多,以弱敌强的光荣历史和作战经验的高度总结。无论这些外国朋友是否理解这句话的深刻内涵,却都从里面听出了一些味道:既有政治家的军事谋略,也有军事家的战略思考。毛泽东的这种认识,是从丰富的实践经验中得来的。

★ "我们这块小石头,要打破蒋介石那口大水缸"

　　毛泽东领导的人民军队,是从"小米加步枪"起家的。
　　1927年,面对国民党反动派背叛革命、疯狂屠杀共产党员的严峻形势,中国共产党人开始走上了独立领导武装斗争、夺取中国革命胜利的道路。1927年9

★ 讲人与武器的关系 ★
"人是第一,武器是第二"

月9日,毛泽东在湖南领导了著名的秋收起义。在攻打长沙受挫后,面对敌强我弱的不利形势,毛泽东毫不畏惧,他坚信虽然红军当时和国民党反动派相比还很弱小,没有地盘,更没有先进的武器装备,但决定战争成败的最终是人。

秋收起义后,9月20日早上,毛泽东站在湖南里仁学校操场上,是这样鼓励工农革命军第一师的全体官兵的:

> "万事开头难,干革命就不要怕困难。我们有千千万万的工人和农民群众的支持,只要我们团结一致,继续勇敢战斗,胜利是一定属于我们的。我们现在力量很小,好比是一块小石头,蒋介石好比是一口大水缸,总有一天,我们这块小石头,要打破蒋介石那口大水缸。"

随后,毛泽东率部转战湘赣边界,开始了井冈山的艰苦斗争岁月。

土地革命时期的红军,装备是简陋的,生活也是非常艰苦的。由于没有自己的兵工厂,红军的武器来源几乎都是靠从敌军缴获,近代以来,没有武器来源的军队极少见。要单论武器装备而言,红军和国民党军相比,真如毛泽东那句话所言,是"乞丐和龙王爷比宝",然而,就是在这样艰难的条件下,在中国共产党的领导下,根据地军民一心,红军官兵斗志昂扬,创造了一个又一个以弱胜强的奇迹。

1928年的6月,蒋介石组织湘赣敌军近10个团兵力,对井冈山进行围攻。敌人自恃人多枪多,来势汹汹,赣军以第九师师长杨池生部为主力,杨如轩为前线总指挥,以5个团占领永新。湘军吴尚部也出动3个团向酃县(今炎陵县)、茶陵逼近,配合赣军的进攻,妄图一举围歼红军。红军在毛泽东和朱德领导下,红四军采取先打弱敌、再打强敌、各个击破的战略方针,以小部钳制战斗力较强的湘军,利用新、老七溪岭的有利地形,集中力量歼灭来犯之赣敌。战斗于1928年6月23日拂晓打起,一直打到天黑。在宁冈、永新等根据地群众的支持下,红军战士个个奋勇当先,当打到中午的时候,据守老七溪岭的红二十八团首先把敌人压下去,以少胜多,打垮了敌人担任主攻的3个团,残敌向永新城窜逃。就在这时,据守新七溪岭的红二十九团和三十一团一营也发起反击,把敌人打垮。敌人企图经龙源口逃窜,被红二十八团包抄到龙源口,截断了敌之退路，敌人大部被歼。这一仗红军取得了歼灭赣军一个团、击溃两个团、缴枪千余支的胜利，击破了敌军对井冈山的第四次"进剿"，真可谓"不费红军三分力，打败江西两只羊（杨）"。此役，史称"龙源口大捷"，这只是当年红军以少胜多、以劣势装备战胜优势装备的国民党军的诸多战例中的一个精彩片段而已。可见，战略得当，战术有方，组织有力，再加上人心齐、士气旺，其结果应验了"人是第一，武器是第二"的道理。

1931年4月，蒋介石调集18个师另3个旅共20万人的兵力，以军政部长何应钦为陆海空军总司令南昌行营主任，采取"稳扎稳打、步步为营"的作战方针，以优势兵力分四路向中央革命根据地大举进攻，进行第二次"围剿"。4月18日，中共苏区中央局召集扩大会议，讨论第二次反"围剿"战争的方针策略，考虑到敌我力量悬殊，中央代表团曾传达了中央指示，即在强敌进攻的情况下，如果不能粉碎新"围剿"则可考虑转移。但毛泽东认为虽然敌军有兵力和武器的优势，但红军官兵团结，士气旺盛，只要指挥得当，红军完全可以以弱胜强，他在会上说：敌军虽多，但其之间矛盾重重，指挥不统一，地形不熟悉。而红军则士气旺盛，官兵一致，准备充分，地形熟悉。根据地群众仇恨敌人，拥护红军，能积极配合红军消灭敌军。因此，红军打破敌军"围剿"的把握很大。毛泽东关于留在中央苏区打的意见，得到多数与会者的赞同。经过讨论，会议采纳了毛泽东关于"先打弱敌"的作战方针，从1931年5月中旬开始，毛泽东和朱德等指挥红军采用伏击、奔袭等战略战术，在15天内，横扫700里，连打5个胜仗，共歼国民党军3万余人，缴枪2万余支，打破了敌人的第二次"围剿"。

得胜的毛泽东，在是年夏天满怀豪情地写下《渔家傲·反第二次大"围剿"》一词：

> 白云山头云欲立，白云山下呼声急，枯木朽株齐努力。枪林逼，飞将军自重霄入。
>
> 七百里驱十五日，赣水苍茫闽山碧，横扫千军如卷席。有人泣，为营步步嗟何及！

其实，让蒋介石"嗟何及"何止是这一回，在中央苏区的数次反"围剿"

作战中，武器简陋的红军，将人的因素发挥到极致，创造出一幕幕以弱胜强的威武雄壮的活剧来，蒋介石徒拥全国之力，"围剿"10年，最终也是徒唤奈何。

★ "中国武器诚不如人，但武器是可以用人的努力增强的"

再来看抗日战争时期。

1937年，日本帝国主义发动了蓄谋已久的全面侵华战争。战争初期，日军凭借其先进的武器装备接连击败国民党军，攻占了大量的中国城市。一时间，"亡国论"甚嚣尘上。其中就有这样一些论调：中国武器不如人，战必亡！中国必会做阿比西尼亚（今埃塞俄比亚）。

对此，毛泽东不以为然，坚决反对这种唯武器论，他说：

> "中国武器诚不如人，但武器是可以用人的努力增强的，战争胜负主要决定于人而不决定于物。持久抗战的结果，依据于全民族的努力，中国必能逐渐克服自己的弱点，增加自己的力量，化被动为主动，化劣势为优势；同时敌人方面的困难必逐渐增加，国际方面对我之援助必逐渐增大。综合这些因素，最后必能战胜日本帝国主义。"

全面抗战爆发后不久，平型关大捷就为毛泽东这一论断作了有力的注解。

1937年9月，林彪、聂荣臻率领八路军一一五师开赴山西抗战前线，经过仔细勘察地形，决定在平型关一带待机伏击日军。9月25日，骄横的日军排着三路纵队，端着闪闪发亮的刺刀，拉着大炮和辎重走进了一一五师的伏击圈，一一五师抓住战机，所有的兵器一齐开火。日军瞬间被打蒙了，但很快又凭借其武器射程长、火力猛的优势各自寻找据点顽抗。我们的武器差、射程短，战士们就勇敢地冲入敌群，展开肉搏。这时，日军还派出飞机进行火力掩护，可是，双方的肉搏战使飞机也派不上用场。经过几个小时的激战，八路军一一五师击毙日军号称精锐部队的板垣师团第二十一旅团1000余人，缴获日军汽车60余辆，击毁汽车数十辆，缴获步枪300余支、机枪20余挺及大批军用物资。

这次战役，不仅是八路军抗击日寇的首次大捷，也是中国抗日战争以来包

★ 八路军在平型关战役中缴获的日军先进武器。

括国民党部队在内的中国军队的第一个大胜利,打破了日军不可战胜的神话,也宣告了唯武器论的破产。

抗战进入相持阶段后,在毛泽东的"基本的是游击战,但不放松有利条件下的运动战"和"广泛建立敌后抗日根据地"的战略方针指导下,中国共产党领导中国军民建立了华北、华中和华南大小十数个抗日根据地,牵制和消灭了大量日伪军。尤其在武汉失守,特别是百团大战之后,敌人深知我八路军、新四军为"心腹之患",乃放松正面战场,以全力"扫荡"我敌后抗日根据地。在5年半的长时期里,抗击64%的在华敌军和90%以上的伪军的任务,完全压在我八路军、新四军和敌后人民的肩上。在敌伪军数量和装备都占绝对优势,而我又孤悬敌后,毫无粮饷弹药接济的情况下,在敌人1.1万多公里长的封锁沟墙、1万多据点和3万多个碉堡围困的"囚笼"里,在敌人厉行"扫荡"、"蚕食"、"清乡"、杀光抢光烧光的"三光"政策下,八路军、新四军和广大抗日民众,团结一心,以顽强的斗志和灵活的战术,发明出"地道战""地雷战""麻雀战""破袭战"等战法,使日军的优势装备难以发挥优势,打得日军晕头转向,叫苦不迭。在长达八年

★ 讲人与武器的关系 ★
"人是第一，武器是第二"

的全面抗战中，不仅在敌后立住了脚跟，抵住了敌人，而且时常反守为攻，争取主动，战胜与消灭敌人，以至于后来日军竟然异想天开地准备学习八路军的游击战术以对付美军可能的登陆作战。

中国抗战，中国共产党领导的八路军、新四军等抗日武装和日军相比，武器装备始终差距极大，但八路军、新四军等通过充分发动群众，采用正确的战略战术，党领导抗日武装共对敌大小作战12.5万次，消灭日伪军171万余人，其中日军52.7万余人，收复沦陷敌手的广大失地，解放遭敌奴役的8000万同胞，组织了几千万民众和200万手执武器的民兵队伍，使全世界人士深知中国人民是不可征服的伟大力量。

一场抗日战争，充分证明了毛泽东所说的：人，而不是武器，才是决定战争成败的主要因素。

★ "这小米加步枪比蒋介石的飞机加坦克还要强些"

抗战胜利后，国民党蒋介石集团不顾全国人民要求和平的热切期盼，悍然挑起内战，妄图凭借其几百万军队和先进的美械装备消灭中国共产党及其领导的人民军队。战争初期，如果单看国共双方的军事实力对比，情况确实不乐观。国民党不仅占据了全国绝大多数的大中城市和主要交通线，还获得了大量的美式装备，无论是其军队的人数还是武器装备水平都大大强于中国人民解放军。可以说，敌人已经有了飞机坦克加大炮，而我们尽管力量也强大了，但仍然大体上还是处于"小米加步枪"的状态，基本没有什么先进装备。因此，当国民党挑起内战的时候，国内很多人士是不看好中国共产党的，而国民党反动派更是狂妄地叫嚣要"三个月解决中共"。

然而，毛泽东却不这么看，他说：

> "决定战争胜败的是人民，而不是一两件新式武器。"
> "一切反动派都是纸老虎。看起来，反动派的样子是可怕的，但是实际上并没有什么了不起的力量。从长远的观点看问题，真正强大的力量不是属于反动派，而是属于人民。""拿中国的情形来说，我们所

★ 在孟良崮战役中我军缴获的美式山炮。

> 依靠的不过是小米加步枪,但是历史最后将证明,这小米加步枪比蒋介石的飞机加坦克还要强些。"

随后的历史,很快反复验证了毛泽东的这些话。

1947年5月,面对仅有"小米加步枪"的中国人民解放军,蒋介石就迎来了他"最可痛心、最可惋惜的一件事"。这年5月13日的孟良崮,随着震天的枪声,国民党军第七十四师怎么也没有想到自己会在这里走向全军覆灭的境地。

解放战争中的国民党军第七十四师,曾受过美国军事顾问团的特种训练,全部美式装备,全师3.7万余

★ 讲人与武器的关系 ★
"人是第一，武器是第二"

人，是蒋介石的"御林军"，号称国民党王牌军队中的"王牌军"，是国民党军队五大主力之一，也是蒋介石打内战的主要资本。该师自1946年8月作为进犯华东解放区的主力调出南京后，屡次为蒋介石所传令"嘉奖"，神气十足、骄傲无比。自吹："有七十四师，就有国民党。"陈诚说"有十个七十四师就可以解决中国的问题"。

就是这样一支自恃武器先进、装备精良的"王牌军"，万万想不到，人民解放军会敢于以"百万军中取上将首级"的气魄，把七十四师从密集的敌重兵集团中央分割出来，一口吃掉。华东野战军将敌七十四师包围在孟良崮，以5个纵队围歼七十四师，以4个纵队担任打援。总攻发起以后，敌七十四师毕竟是反动王牌，它居高临下，用各类火炮、轻重机枪、美制冲锋枪组成了一道火墙，几十具火焰喷射器喷出一条条火龙，排子手榴弹雨点般往下扔，天黑后又发射成串的照明弹挂在空中，照得大地通明。我军每向上攻一段都要经反复冲杀，刺刀见红。虽然敌军占据地形和武器上的优势，但华野将士士气高昂，勇猛冲锋，一步汗水一步血。广大解放区群众更是奋勇支前。经过3天激战，华野全歼敌七十四师，嚣张一时的敌七十四师师长张灵甫被击毙。

敌七十四师被歼灭后，极大地打击了国民党军士气，也宣告了蒋介石重点进攻山东解放区战略的破产。这一仗，华东野战军对国民党王牌军，武器装备上的差距自不用说，但华东野战军通过高超的战役指挥，凭借着官兵高昂的士气和广大群众的支援，硬是虎口拔牙，吃掉了敌人的这支王牌军。这一点，使敌人都感到佩服。敌七十四师少将参谋长魏振钺被俘后，跟着华野部队走了两天，说："贵军战略高超必胜无疑。两天来看到你们行军作战那样的辛苦，但贵军一路是士气高极了，钦佩、钦佩！"在得悉七十四师被歼后，蒋介石痛心疾首，自认孟良崮的失败是其"剿共"以来最可痛心、最可惋惜的一件事！

历史证明，失掉了人民的支持，失掉了内部的团结，失掉了人这个最可宝贵的因素，即使是先进的美式装备也无法拯救蒋介石集团的覆灭。孟良崮战役一年后，在人民解放军三大战役的隆隆炮声中，国民党反动集团土崩瓦解，黯然逃往台湾。回顾这段历史，毛泽东是这样说的：

> "世间一切事物中，人是第一个可宝贵的。在共产党领导下，只要有了人，什么人间奇迹也可以造出来。"

★ "美国在军事上只有一个长处,就是铁多"

1950年6月,朝鲜战争爆发,刚刚成立的中华人民共和国便迎来了最严峻的考验。因为美国的参战,朝鲜人民军节节败退,战火很快就烧到了中国边境。面对美军咄咄逼人的攻势,中国怎么办?敢不敢打?能不能打赢?成了当时摆在毛泽东面前最紧要的问题。

二战结束后,当其他所有的参战国都被战火破坏得满目疮痍的时候,本土没有遭受战火的美国已毫无争议地成为世界第一大国。当时的美国既拥有世界上最强大的经济和科技实力,也拥有世界上最庞大的军事力量和大规模的毁灭性武器原子弹。美军不仅拥有当时世界最庞大的海空军,就其陆军而言,其火力配备和机动性均为当时世界之最,当时美国一个军(两个步兵师及一个机械化师)包括坦克炮及高射炮在内,共有7厘米至24厘米口径的各种炮1500门,而我们的一个军(3个师)只有这样的炮36门,而且多数还是在抗日战争和解放战争中缴获的旧式火炮,枪支则更是由不同年代、不同型号的步枪组成,五花八门。枪炮尚如此,坦克就更无从谈起了。更何况,人民解放军还没有正规的空军,也极少有防空武器。毫无疑问,中美之间在武器装备上的差距是巨大的。因此,当美军在朝鲜跨过三八线往鸭绿江推进时,尽管中国政府多次警告,但美军根本不相信新中国会真的敢出兵朝鲜。

事实证明,美国在这个问题上犯了历史性的判断错误。美军只看到自己有着巨大的武器装备和后勤补给优势,他们不知道,决定战争的并不仅仅是先进武器。

对这场力量的较量,毛泽东有过精彩的分析,他说:

> "美帝国主义在今天是有许多困难的,内部争吵,外部也不一致。它在军事上只有一个长处,就是铁多,另外却有三个弱点,合起来是一长三短。三个弱点是:第一,战线太长,从德国柏林到朝鲜;第二,运输路线太远,隔着两个大洋,大西洋和太平洋;第三,战斗力太弱。"

★ 讲人与武器的关系 ★
"人是第一，武器是第二"

面对美帝国主义的威胁，毛泽东还说过：

> "我们的愿望是不要打仗，但你一定要打，就只好让你打。你打你的，我打我的，你打原子弹，我打手榴弹，抓住你的弱点，跟着你打，最后打败你。"

1950年10月19日晚，中国人民志愿军跨过鸭绿江，开始了抗美援朝、保家卫国的伟大征程。刚一入朝，志愿军即发动了第一次战役，经过13个昼夜艰苦作战，歼敌1.5万余人，把敌人从鸭绿江边赶到清川江，初步稳定了朝鲜战局。在这次战役中，号称"王牌军"的美军第一骑兵师在云山遭到重创，使美第八集团军司令沃克为之震惊，不得不在飞机、大炮和坦克的掩护下全线撤退。其中美军第一骑兵师一个团，冒进北渡清川江到达云山，被志愿军部队围歼大部。同时，志愿军部队又在云山以南击溃该师的另一个团，击毙该团团长。云山战斗，志愿军首创以劣势装备歼灭现代化装备之敌的先例，狠杀了一下美军的威风。之后，中国人民志愿军同朝鲜人民军一起并肩战斗，连续发动5次战役，共歼灭以美国为首的"联合国军"23万余人，将其从鸭绿江边赶回三八线，并将战线稳定在三八线附近地区，迫使美国不得不考虑和中朝双方坐到谈判桌前。

然而，美国并不甘心，更不服气，他们怎么都不愿意相信自己会被武器装备落后自己如此之多的中国军队所阻止不前。1952年10月，为了对我军施加军事压力，造成在谈判席上的有利地位，并改善其在金化地区的防御态势，以美国为首的"联合国军"向我军发动了一年来规模最大的军事攻势，即所谓的"摊牌"行动。攻势瞄准的是志愿军中部战线战略要点、战线中部地区的最高峰五圣山的前沿阵地上甘岭一带。没人能够料到，这个小村庄将因为这场战事而被中美双方所永远铭记，中国人民从中记住了志愿军伟大的英雄主义，而美国人也从此真正明白了他们的武器优势并不能主宰一切。

"摊牌"行动的策划者是"联合国军"地面部队指挥官、美第八集团军司令官范佛里特。他是美军中最不吝惜炮弹的将军，他治下的美第八集团军，炮兵的弹药配发基数远远超过美国陆军的规定，以至于美军用他的名字造了个名

★ 在上甘岭战役中，坚守坑道14个昼夜的某部八连指战员。

词——"范佛里特炮击量"。

"摊牌"行动一开始，范佛里特就对志愿军上甘岭阵地进行了人类历史上空前规模的炮轰。1952年10月14日清晨，"联合国军"的300余门大炮、27辆坦克、40余架飞机疯狂地向五圣山南的两个小山头倾泻着弹药。上甘岭之战打响。在这片3.7平方公里的狭小区域内，产生了人类战争史上单位面积火力密度的最高纪录！据《第十五军军史》记载，仅14日当天，美军就向上甘岭倾泻了30余万发炮弹。最密集时，平均每秒落弹6发。而这一天志愿军反击的炮火，只打了3000多发炮弹，不及敌人的1%。从10月14日至11月25日，中国人民志愿军与以美国为首的"联合国军"，在上甘岭一带展开43个昼夜的争夺战，在3.7平方公里的地区，共发射炮弹超过190万余发，山头都被炮火削低了两米，但是这里的志愿军战士们，没有被敌人的武器优势所征服，他们舍生忘

★ 讲人与武器的关系 ★
"人是第一，武器是第二"

死，甚至用血肉之躯扛住敌人的炮火，打退了敌人一次又一次的进攻，产生了无数像黄继光一样的战斗英雄！许多连队都是战斗到最后一个人。据报道，这次战役的亲历者曾回忆驻守上甘岭的第四十五师作战科长向军里报告伤亡情况时，痛哭失声：一三三团一、三、九连只剩16人；一三四团一营共剩30人，二营四连剩19人，五连无兵，七连无兵，八连11人……

历经43天，美国人在动用了人类历史上最大的炮火密度，付出两万多人伤亡的代价后，依然没能攻下这两座山头，连美国新闻舆论说："金化攻势（上甘岭战役的美国命名）已经成了一个无底洞，它所吞食的联合国军军事资源要比任何一次中国军队的总攻势所吞食的都更多。"美军在战后复盘，后来还曾用电脑推演，他们想寻找答案：为什么拥有绝对的武器装备优势，又打了那么多炮弹，还死伤了那么多士兵，却始终拿不下上甘岭？在第十五军编撰的《抗美援朝战争战史》中有这样一句话也许就是答案——"上甘岭战役中，危急时刻拉响手雷、手榴弹、爆破筒、炸药包与敌人同归于尽，舍身炸敌地堡、堵敌枪眼等，成为普遍现象。"世界上有哪支军队能像第十五军这样自豪地宣称这些壮举是"普遍现象"？

马克思曾经说过："战争是政治的继续。"只有真正代表了人民的利益，代表了人类历史进步的武装才是真正战无不胜的力量，武器从根本上说终究要靠人来掌握和使用。站在新世纪的今天，回顾过往的战争风云，我们一方面要依靠科技进步，不断提高部队装备水平，但我们更要时刻牢记的是毛泽东当年的话——战争胜负主要决定于人而不决定于物。原因就在于：从长远的观点看问题，真正强大的力量不是属于反动派，而是属于人民。

"搞一点原子弹、氢弹、洲际导弹"

"搞一点原子弹、氢弹、洲际导弹,我看有十年功夫是完全可能的。"

——毛泽东:《在中共中央军委扩大会议上讲话》(1958年6月)

1958年6月,当毛泽东在中共中央军委扩大会议上坚定地提出"搞一点原子弹、氢弹、洲际导弹"时,还清晰地预判了搞成这件事的时间表:"我看有十年功夫完全可能。"这些掷地有声的话,不单单是一种口号,它既表达了毛泽东对中国发展原子弹、氢弹和洲际导弹等尖端武器的决心,也反映了中国人民对发展国防力量的信心。在毛泽东的领导下,中国的科技工作者从新中国成立不久开始,就在那个艰苦的年代里忘我奋斗,独立自主地完成了"两弹一星"等尖端国防技术的突破,极大地增强了我国的国防实力,奠定了中国作为一个有世界影响力的大国的重要基础。

★ "没有那个东西,人家就说你不算数"

1955年1月15日,一块神秘的石头摆在了中南海丰泽园召开的中共中央书记处扩大会议的桌子上——这就是制造原子弹的原料铀矿石。参加这次会议的不仅有毛泽东、刘少奇、周恩来等党和国家领导人,还有钱三强和李四光两位科学家。毛泽东说,这是一个小学生向老师讨教的会议。他们仔细听取了两位

★ 讲人与武器的关系 ★
"搞一点原子弹、氢弹、洲际导弹"

科学家对铀矿石和原子能的介绍,会议从下午3点多一直开到晚上,气氛时而轻松,时而凝重。在会议结束后的晚宴上,一向不喝酒的毛泽东破例举起了酒杯,此时的他显得很兴奋,因为在刚刚结束的这次会议上,他拍板作出了一个后来证明足以改变中国命运和世界格局的决定,那就是研制我们中国自己的原子弹。

毛泽东说:

> 过去几年,其他事情很多,还来不及抓这件事。这件事总是要抓的。现在到时候了,该抓了只要排上日程,认真抓一下,一定可以搞起来。

其实,对于发展中国自己的原子能事业,早在新中国成立前夕,毛泽东就有所关注了。1949年春,经毛泽东同意、周恩来批准,中央曾计划拿出5万美元的外汇,让准备去巴黎参加保卫世界和平大会的钱三强等设法购买一批用于原子能研究的先进器材、书籍资料和实验药品。新中国成立后,1949年12月,毛泽东对苏联进行了首次访问,在这期间,苏联方面专门为他放映了一部电影,那是苏联在1949年8月29日爆炸第一颗原子弹的纪录影片,这部影片给毛泽东留下了深刻的印象。

而且毛泽东肯定也不会忘记,新中国成立后美国那咄咄逼人的核威胁。从朝鲜战争到此后人民解放军解放一江山岛和大陈岛的作战中,美国不仅将原子弹运到了停泊在朝鲜半岛附近的航空母舰上,进行针对中国的核模拟袭击,还将装有原子弹的导弹运到日本的冲绳岛,扬言要使用包括原子弹在内的所有武器对中国进行全面打击。

面对美国不断挥舞的核大棒,毛泽东清楚,美国人之所以敢如此威胁中国,就是因为中国人手里没有那枚"小小的东西"——原子弹。从那时起,毛泽东就下定决心,新中国一定要发展原子能事业,研制原子弹。

毛泽东坚定地说:

> 在今天的世界上,我们要不受人家欺负,就不能没有这个东西。

1950年5月19日，经毛泽东批准，在北京成立了中国科学院近代物理研究所，也就是后来的中国原子能科学研究院，钱三强任所长，王淦昌、彭桓武任副所长。此后，大批怀有报国理想的科学家从海外陆续回国，中国的原子能事业开始起步。

为了加强领导，1955年7月，中央决定由陈云、聂荣臻、薄一波组成三人小组，负责指导中国原子能事业发展工作。不久，具体负责全国核工业的设计和发展的第三机械工业部成立，后来改称第二机械工业部，简称"二机部"。

1956年，毛泽东还亲自领导了《1956—1967年科学技术发展远景规划纲要》的编制工作，确立了"重点发展，迎头赶上"的科技发展战略，其中原子能的和平利用被列为第一重点任务，以此带动科技事业的全面发展。

对于新中国即将起步的原子能事业，1958年6月21日，毛泽东在中共中央军委扩大会议上是这样说的：

> "还有那个原子弹，听说就这么大一个东西，没有那个东西，人家就说你不算数。那么好，我们就搞一点。搞一点原子弹、氢弹、洲际导弹，我看有十年功夫是完全可能的。"

毛泽东的坚定，表达了中国共产党、中国人民解放军和全体中国人民的信心。对抓原子弹、氢弹、洲际导弹这件事，毛泽东还特别强调说：

> "一年不是抓一次，也不是抓两次，也不是抓四次，而是抓它七八次。"

★ "我们可以自己试一试，这对我们也是个锻炼"

虽然毛泽东很早就下定了研制原子弹的决心，然而研制原子弹是当时世界上最浩大的尖端工程，以当年中国的科学和工业水平，要想研制原子弹几乎和登天一样难。

★ 讲人与武器的关系 ★
"搞一点原子弹、氢弹、洲际导弹"

早在1954年国庆，毛泽东曾对来访的苏联领导人赫鲁晓夫说："现在我们对原子能、核武器有点兴趣……我们也打算搞这项工业。"当翻译把毛泽东这番话译过去时，赫鲁晓夫一愣，本能地回答道："搞原子武器，中国现在的条件恐怕困难，那个东西太费钱了……如果现在中国要搞核武器，就是把全国的电力全部集中起来都难以保证……社会主义大家庭，有一把核保护伞就可以了，不需要大家都搞。"

赫鲁晓夫的这番话也不是完全没有道理，此前美国为研制原子弹而实施的"曼哈顿工程"，在3年多的时间里，组织了上千名科研人员，顶峰时曾起用了53.9万余人，累计投入资金25亿美元，如此大的人力物力投入，对当时的新中国来说无疑是极为困难的。

但向困难低头不是毛泽东的性格。他还是说服了赫鲁晓夫，同意在中国将来的原子能研究中给予一些基本的帮助。同时，毛泽东还鼓励中国的科学家说，我们有了人，有了资源，什么奇迹都可以创造出来，并亲自确定了以"自力更生为主，争取外援为辅"的原子能研制方针。在毛泽东的大力推动下，中国的原子弹研制工程开始迅速开展起来。

从1958年开始，在党中央的组织号召下，全国各地的建设者和研究者从天南海北会集到位于今天青海省海北藏族自治州海晏县的这片当年荒无人烟、与世隔绝的草原上，开始了中国第一颗原子弹的实际研发工程。而此时在北京的毛泽东，也时刻关心着基地的建设和研制工作。在科研人员对原子弹研制流程有所争论时，毛泽东他明确指出，在原子能研究上"要先学楷书，后写草书"。正是这一指示确保了我国原子弹研究工作一直按照科学步骤向前推进，避免走弯路。

然而，就在各项工作紧锣密鼓进行的时候，一场突如其来的国际风波使研究工作遭遇了空前的困难。1958年，因为苏联领导人赫鲁晓夫提出要在中国建立长波电台和共同舰队的建议被中国拒绝了，中苏关系开始出现裂缝。

1959年6月20日，苏共中央致电中共中央，借口苏联与美国正在日内瓦谈判关于禁止核试验的协定，打算中断向中国提供有关原子弹研制的一切技术资料。1959年10月1日，赫鲁晓夫到北京参加中华人民共和国成立十周年庆典，有人曾经记载了这期间他和毛泽东的这样一段对话：

赫鲁晓夫说，关于原子弹生产，我们是不是把专家撤回去？

毛泽东从容回答：我们可以自己试一试，这对我们也是个锻炼。

当然，中苏关系的曲折，绝不像这段对话描述得那么简单。

不久，赫鲁晓夫下令单方面撤走了全部援华专家，终止了苏联与中国的一切经济和技术合作协定。

苏联的毁约，给中国核工业建设造成了严重的损失和巨大的困难。当时的中国，没有一个人搞过原子弹，自力更生，远没有说起来那么容易。但是困难吓不倒毛泽东和中国尖端科技工作者。

1960年7月18日，在北戴河召开的中央有关会议上，毛泽东说过这样的话：要下决心，搞尖端技术。赫鲁晓夫不给我们尖端技术，极好！如果给了，这个账很难还的。

就在原子弹研制最需要加大投入的关口，新中国却遭遇了新中国成立以来罕见的三年自然灾害。此时，对于原子弹是继续上、是缓、还是下？在国防科技系统，甚至在最高决策层也引起了争论。

1961年夏天，在北戴河召开的国防工业委员会工作会议上，关于原子弹研制是否继续的争论还在升温。会上有人认为研制原子弹花钱太多，会影响常规武器的研制和国民经济的调整恢复，因而主张暂时下马，等国民经济好转后再上。而主张原子弹继续上马的则以陈毅、聂荣臻、贺龙等几个元帅为代表。据说陈毅甚至说了这样的话："就是把裤子当了，也要搞原子弹。"

毛泽东对这个会议非常关心，他充分注意到了各个方面的意见。在这次会议之前，当时主管国防科研工作的聂荣臻元帅曾将一份日本军事工业发展情况的资料报送他。几天后，毛泽东作出批示：中国的工业、技术水平，比日本差得很远，我们应取什么方针，值得好好研究一下。

根据毛泽东的批示精神，经过研究，国防尖端技术发展方针被确定为收缩战线，集中力量抓两头，一头抓科研试制，一头抓工业基础。

聂荣臻事后说：毛泽东的这一指示，成为解决这一争论的契机。

为了掌握实际情况，解决争论，经毛泽东批准，中央还委派时任人民解放军副总参谋长的张爱萍将军对原子弹研制工作进行实地调研，一个点一个点地摸情况。历经数月艰苦调查，张爱萍向中央递交了调查报告，认为我国的核工

★ 讲人与武器的关系 ★
"搞一点原子弹、氢弹、洲际导弹"

业已经有了相当的基础,只要加强组织协同力量,各项保障跟上去,1964年或1965年成功试爆原子弹是有可能的。

最后,毛泽东一锤定音,决定对尖端武器的研究试制工作,仍应抓紧进行,不能下马,并且决定在1964年试爆中国第一颗原子弹。

新中国的原子弹研制工作,再次挺过了难关。

★ "要大力协同做好这件工作"

当时间进入1962年,原子弹的研制工作进入了最紧张的阶段。当年10月30日,时任人民解放军总参谋长的罗瑞卿向毛泽东和党中央递交了一份报告,提出实现原子弹爆炸必须取得全国在人力和物力上的大力支援,建议成立一个专门委员会,以加强对原子能工业的领导。

1962年11月3日,毛泽东在这份关于成立专门委员会加强对原子能工业领导的报告上,重重地写下了这样一份批示:

★ 1962年11月3日,毛泽东批准二机部关于争取两年内实现爆炸我国第一颗原子弹的规划,并决定成立以周恩来为主任的中央专门委员会,加强对这项工作的统一领导。图为毛泽东批示手迹。

> "很好,照办,要大力协同做好这件工作。"

不要小看这短短15个字的批语。在研制原子弹这项异常复杂浩大的工程中,任何一个环节都是需要多部门甚至举国协同。仅是提取制造原子弹的核心材料铀235,其整个工艺流程就要跨越大半个中国,经过数万人的劳动。许多参与这项工作的人都说过,如果没有毛泽东的"要大力协同"的批示,在当时经济上、技术上举步维艰的中国,要取得原子能工业的突破,是难以想象的。正是有了这个批示,全国20多个省市自治区、26个相关部委、900多家工厂高校和研究机构,为了原子弹研制紧密协调、通力合作。

根据毛泽东的指示,中央成立了以周恩来为主任的中央专门委员会,简称中央专委,以领导原子能工业建设。这个由15人组成的中央专门委员会非同小可,除了周总理直接牵头以外,里面仅副总理就有7个,其他7位都是政府部长。名单如下:

> 主任:周恩来。
> 委员:贺龙、李富春、李先念、薄一波、陆定一、聂荣臻、罗瑞卿、赵尔陆、张爱萍、王鹤寿、刘杰、孙志远、段君毅、高扬。

如此强有力的领导阵容,显示了专委会极大的重要性和权威性。专委会的主要任务是加强我国原子能工业建设和加速核武器研制、试验工作以及核科学技术工作的领导。

中央专委的成立,大大加强了对原子弹研制工作的领导,在全国上下协同配合下,新中国的原子弹事业向着成功越走越近了。

1964年秋,中国的第一颗原子弹如期装配完成,但是在当时的国际环境下进行试验,那是要冒很大风险的。美国扬言,中国若要进行核爆炸,他们就要摧毁中国的核设施。中苏之间也正在激烈论战,相互敌对。因此,中央专委做了两套方案:一发展技术暂不试验,二不怕风险尽早试验。

方案报到毛泽东那里,最后由毛泽东拍板,决定尽早试验。毛泽东说了这样一句话:

> 原子弹是吓人的,不一定用,既然是吓人的,就让它早响。

1964年10月间,在人迹罕至的新疆罗布泊的戈壁滩上空传出一声震惊世界的巨响,从地平线上升腾而起,喷射出耀眼光芒的蘑菇云让人永远地记住了这

★ 讲人与武器的关系 ★
"搞一点原子弹、氢弹、洲际导弹"

个时刻:

1964年10月16日15时,中华人民共和国第一颗原子弹爆炸成功!喜讯传到北京,当周恩来向毛泽东报告这一喜讯的时候,毛泽东沉稳地说,一定要搞清楚是不是核爆炸,要让外国人相信。

当确定是原子弹爆炸成功后,周恩来陪同毛泽东在人民大会堂观看了大型歌舞《东方红》的演出时,当场宣布了这个令人振奋的消息,会场上响起久久不息的掌声。当晚,新华社向全世界公布了这个消息。

★ 1964年10月,我国第一颗原子弹爆炸成功。

这一刻,距离毛泽东在北戴河提出要下定决心,自力更生搞尖端技术的时间仅仅4年,中国就迈入了核大国行列。

这一声巨响,中国向世界展示了自己不屈不挠的骨气和自力更生的精神,也向世界展示了新中国的实力。当年的法国《民族报》曾这样报道说:"中国的原子弹把中国加入联合国以及它作为一个大国登上国际舞台的问题提上了日程。"而在1964年10月21日联邦德国出版的《明镜》周刊上,有文章则认为:"中国的核爆炸……从长期来看,将改变世界力量对比。"

★ **我们不能走技术发展的老路,"必须打破常规"**

中国第一颗原子弹的成功爆炸极大地振奋了全国

人民的自信心，然而毛泽东并没有就此满足，他始终注视着国际上尖端科学的最前沿。就在原子弹爆炸试验成功后的10月19日，周恩来在全国计划会议上提出：原子弹的爆炸，会引起我们思索一些问题，会推动生产力的发展。我们要迎头赶上，要搞新技术，不要走老路。周恩来的这一想法，与毛泽东不谋而合。在1964年底召开的三届人大一次会议上，毛泽东也说，我们不能走世界各国技术发展的老路，我们必须打破常规。

随后，他审时度势地作出了"原子弹要有，氢弹也要快"的指示。广大科研工作者在第一颗原子弹成功爆炸的鼓舞下，奋力拼搏，于1967年6月17日在西部地区上空成功地爆炸了第一颗氢弹。从原子弹到氢弹，美国用了7年零4个月，苏联用了4年，而中国仅用了两年零8个月。

在当时世界，除了原子弹和氢弹以外，以运载火箭技术为基础的洲际导弹和人造卫星也是最重要的尖端科技。1957年10月4日，苏联把人类第一颗人造地球卫星送上了太空。毛泽东对此很重视，认为这是社会主义阵营的胜利。而时任中国科学院副院长的竺可桢、力学所所长钱学森、地球物理所所长赵九章等也及时向中央

★ 在1964年首都新年联欢晚会上，毛泽东与军队高级将领亲切交谈。

★ 讲人与武器的关系 ★
"搞一点原子弹、氢弹、洲际导弹"

上书，建议开展中国的运载火箭和卫星研究工作。

1958年5月17日，毛泽东在八大二次会议上正式提出："我们也要搞人造卫星。"

此后，中国科学院制订了分三步走的卫星研制规划：即第一步发射探空火箭，第二步发射小卫星，第三步发射大卫星。

发射洲际导弹和人造卫星的基础是运载火箭，早在1956年我国就已经开始了运载火箭的研究工作。1960年5月28日，毛泽东到上海科学技术成果展览会尖端技术展览室参观了T-7M火箭。当汇报这是没有苏联专家、没有资料，依靠自己的专家设计研制而成时，毛泽东连声称好，并询问火箭可飞多高，回答能飞8公里，毛泽东说："8公里那也了不起！""应该是8公里、20公里、200公里，搞上去！"

在毛泽东的关心和推动下，中国的运载火箭技术和弹道导弹技术迅速突破。上世纪60年代，我国便成功研制出第一代弹道导弹，培养了一批导弹专家。

到上世纪70年代，中国独立研究出东方系列弹道导弹，射程覆盖全球范围，其制导精确性也大大提高，并可以携带多个分导弹头，成为我国武库中战略威慑的又一重器。

就在我国洲际导弹技术取得突破的同时，值得一提的是，在毛泽东的重视下，我国的第一颗人造卫星也成功上天，这就是中国第一颗人造地球卫星——东

★ 1967年6月17日，我国第一颗氢弹爆炸成功。

★ 1971年9月10日，我国第一枚洲际导弹发射成功。

方红1号，它的直径约1米，重173公斤，超过了苏、美、法、日四国首颗卫星重量的总和。

中国第一颗人造卫星的研制成功，广大科技专家和参加工作的人员经过了4年多的艰苦努力。1970年4月24日晚21点35分，西昌卫星发射中心，长征一号火箭带着卫星直冲云霄，13分钟后成功进入轨道。这是一颗不但看得见而且听得着的卫星，它以20兆赫的频率向全世界播放着歌曲《东方红》。1970年5月1日晚上，毛泽东在天安门城楼上接见了参加发射我国第一颗人造卫星的工作人员代表，并且和现场群众一起观看了通过广场上空的卫星。

我国由此成为第五个能用自制运载火箭发射洲际导弹和国产人造卫星的国家。

可以说，毛泽东打破常规搞原子弹、氢弹和洲际导弹的决策，使中国较早地跨进了核大国和航天大国的门槛，从而拥有了自己的核保护伞和安全天空，这对摆脱那些超级大国对我国的核讹诈和核威胁，维护我国的独立自主和国家安全至关重要。

有人说，毛泽东时代是中国科技事业全力追赶世界先进国家、尖端科技跨越发展的年代。从那个时代过来的人们，对此有着切身的体会。当年的外交部长陈毅元帅曾说过一句话："没有原子弹，我这个外交部长的腰杆就不硬。"有史家评论，"两弹一星"挺起的不只是一个外交部长的脊梁，更是一个世界大国的脊梁。

1988年10月24日，邓小平在谈到"中国必须在世界高科技领域占有一席之地"的问题时，深刻地说过这样一句话：

> "如果六十年代以来中国没有原子弹、氢弹，没有发射卫星，中国就不能叫有重要影响的大国，就没有现在这样的国际地位。这些东西反映一个民族的能力，也是一个民族、一个国家兴旺发达的标志。"

中国科学家在回望我们民族和国家获得这种能力的过程、欣慰这种兴旺发达的标志时，耳边始终回荡着毛泽东的这样一句话：

> "科学技术这一仗，一定要打，而且必须打好。"

毛泽东
MAO ZEDONG

讲军队现代化

"要有强大的陆、海、空军"

"只有经济建设发展得更快了，国防建设才能够有更大的进步"

"要有强大的陆、海、空军"

"中国是个大国,要有强大的陆、海、空军"

——毛泽东:《在国防委员会第一次会议上的讲话》(1954年10月18日)

"建设强大的国防军","要有强大的陆、海、空军",这是新中国成立之初毛泽东等党和国家领导人的共同追求。

1949年10月1日,开国大典。毛泽东在天安门城楼上,向全世界宣告:"中华人民共和国中央人民政府今天成立了。"在此之前,1949年9月21日,毛泽东在中国人民政治协商会议第一届全体会议上,早已郑重宣告:"中国人民从此站起来了。"

开国大典之后,举行了新中国的第一次阅兵式。一支支英雄劲旅在天安门广场前走过,30万军民难以抑制住内心的激动和喜悦,阵阵海啸般的欢呼声在广场上空飘荡。

作为新生人民共和国的最高领导人,当毛泽东久久地挥手向广大军民致敬、与人民共同欢呼民族解放和人民胜利的时候,凝视着这支英雄无比却多以缴获敌人的"万国牌"武器为装备的军队,他自然比身边欢呼的人们想得更多、更远。

★ 讲军队现代化 ★
"要有强大的陆、海、空军"

★ "为建设强大的国防军而奋斗"

近代中国遭受百年屈辱，被帝国主义的坚船利炮打开大门后，被迫割地赔款，一步步滑向半殖民地半封建的深渊。为挽救国家危亡、实现民族振兴，"强军"梦想成为近代中国无数志士仁人的不懈追求。

镜鉴历史，方可登高望远。在1954年国防委员会成立后的第一次会议上，毛泽东曾经提到：近代中国的强军之路，可以分作三个历史阶段。第一代是清朝末年搞的新军。新军和孙中山建立的革命党，在人民拥护的基础上，推翻了清王朝，但后来腐化了，军阀割据，相互混战，被人民唾弃。第二代是黄埔军。通过北伐，打倒了各地军阀，实现了中国形式上的统一，后来，也脱离了人民，成为蒋介石政府控制下的反动武装。第三代就是红军，也就是现在的中国人民解放军。

毛泽东提到的这支人民军队，由南昌起义开始，在中国共产党的领导下，由小到大、由弱变强，硬是凭借"一不怕苦，二不怕死"的精神，发展壮大，其间打跑了日本侵略者，打败了美帝国主义支持下的国民党军队，建立了新中国。

从历史上看，新中国建设一支强大的革命军队，是近代中国百年"强军梦"的延续，也是人民的希望和所需要的方向。

驻足现实，形势依旧严峻。新中国成立了，革命战争就此基本结束。一方面，这为人民解放军的建设提供了更加有利的客观环境和条件，因为不再像战争时期那样只能主要依靠解放区的基础和力量进行建设，从现在起，有了可以依靠全国的基础和力量进行军队建设的可能性；另一方面，新政权面对的敌人依然强大，蒋介石集团盘踞在台湾，伺机反攻大陆，以美国为首的帝国主义的侵略和外部敌对势力的威胁仍在，保卫人民政权和维护国家安全的重担在肩，不能卸下。

正因为如此，新中国成立后，毛泽东一再呼吁要建成一支强大的人民军队，把"强军"作为新中国的两件大事之一来抓，并写进了规划新中国发展蓝图的《共同纲领》和五四宪法，将"加强现代化的陆军，并建设空军和海军，以巩固国防"作为一项重要任务以法律形式作了明确规定。

从建立新中国前夕到1954年，在一系列大大小小的会议上，毛泽东经常提到新中国的强军使命，通过凝聚全国人民共识，使"强军"成为大家为之奋斗的共同目标。在中国人民政治协商会议第一届全体会议、全国战斗英雄代表会议和全国工农兵劳动模范代表会议，以及国防委员会第一次会议等多个场合，毛泽东明确提出：

> "我们将不但有一个强大的陆军，而且有一个强大的空军和强大的海军。"
>
> "为建设强大的国防军而奋斗。"
>
> "中国是个大国，要有强大的陆、海、空军。"

同毛泽东的迫切心情一样，对于新中国建设强大的陆、海、空军，周恩来、朱德等第一代领导集体的其他成员也多次表达了同样强烈的愿望。1950年9月30日，周恩来总理在《为巩固和发展人民的胜利而奋斗》中说道："我们必须建立强大的人民空军和人民海军，才能够击退从空中和海上袭来的武装盗匪，保护我们的领空领海不受侵犯。我们的人民陆军必须继续加以强化，使它足以战胜任何侵略者。"作为中国人民解放军总司令，朱德在1950年9月25日的全国战斗英雄代表会议和全国工农兵劳动模范代表会议上明确提出："必须建设一支十分强大的、足以击退任何侵略者进攻的现代化的国防军"。党和军队的领导人为建设一支强大的国防军队，都付出了巨大的心血。

在中国这样一个一穷二白的国家，建成强大三军不是一件容易的事情，既要创造客观条件，又要付出千百倍的主观努力。毛泽东对此充满了信心，正如他1952年7月10日对军事学院第一期毕业学员的训词中所说：自从中国人民获得全国范围的胜利之后，我们现在已经进到了建军的高级阶段，也就是进到掌握现代技术的阶段，客观条件已经完全具备了这种可能，只需加上不疲倦的主观努力，就一定可以实现。

就在这一天的毕业典礼上，刘伯承院长宣读了中央军委主席毛泽东发来的这份训词，最后一段是这样写的：

★讲军队现代化★
"要有强大的陆、海、空军"

> "军事学院全体的指挥员、政治工作人员、后勤工作人员、教员、第一期毕业的学员和正在学习的学员同志们：军委希望你们在建设正规化、现代化的国防部队的光荣事业上，继续努力；并希望通过你们的努力，把建设正规化、现代化的国防部队的精神，贯彻到所有部队中去。"

在训词中，毛泽东提到了一个重要的强军命题：新中国进入建军的高级阶段，也就是进到掌握现代技术的阶段，目标就是要建设正规化、现代化的国防部队。

新生人民政权的最高领导者坚信：中国是一个大国。在人民拥护的基础上，加上各方面的努力，新中国是一定能够建设一支现代化的革命军队的。

★由单一陆军向诸军兵种合成部队转变

新中国成立时，人民解放军只有单一的陆军，海军和空军尚在筹建之中。1949年4月，人民海军初创，从陆军转到海军的同志中，不少人连大海都没见过，海军的业务技术更无从谈起，刚缴获来的敌船，大都有船无燃料，有炮无弹药，可谓白手起家。空军的情况也好不到哪里去，开国大典的阅兵式上，因为能够起飞的飞机数目太少，周恩来特意让参加受阅的17架飞机的头9架又重新飞了一圈。

毛泽东深知：虽然打了几十年仗，中国有了一支还算是强大的陆军，但是，只凭单一的陆军，无论其战斗力多么强大，也很难适应现代化战争的需要，因此，新中国军队建设的当务之急是创建海军和空军，建立起以三军为主体的军队体系。于是，在新中国成立后不久的一段时间内，除1927年八一诞生的陆军外，其他军兵种领导机关也陆续成立了：1949年11月11日，空军领导机关成立；1950年4月14日，海军领导机关成立；1950年8月1日，炮兵领导机关成立；1950年9月1日，防空兵领导机关成立；1950年12月25日，工程兵领导机关成立……

但是，新中国一穷二白，千疮百孔，百业待兴，国力有限，军队建设必须要适应和服从国家经济恢复的需要，不可能倾尽举国之力，一夜之间建成强大的三军，一步就跨入世界军事强国之列。鉴于此，毛泽东根据不同时期的国内外形势和相应的军事需要，采取了有步骤、有阶段、有重点的发展策略，通过适时调整军队建设重点，加快了人民解放军由单一陆军向诸军兵种合成部队转变的步伐。

新中国成立之初，人民解放军的主要任务是解放沿海岛屿、台湾以及东南沿海的反封锁、反袭扰作战，海军的地位和作用愈显重要，所以，人民解放军最早建设的重点是海军。

1950年1月12日，毛泽东签发命令，任命萧劲光为中国人民解放军海军司令员，负责组建海军领导机构。同年8月，海军领导机构在北京召开海军建军会议，专门研究海军建设的形势、任务和发展方向问题，制定了海军建设的方针、原则和三年建设计划，提出了"从长期建设着眼，由当前情况出发，建设一支现代化的、富有攻防能力的、近海的、轻型的海上战斗力量"的海军发展目标。

新中国海军的建设，一方面是通过修复、改装从国民党海军中接收过来的旧舰艇和利用有限的造船工业开始自行设计制造机帆船、小型巡逻艇等小型舰船，尽快建成一支基础力量；另一方面是寻求苏联的技术指导和从苏联购进所需要的大型舰船装备，提升海军的战斗力。

透过一份1950年中国向苏联购买装备的订货清单，人们可以了解到，海军在新中国最初的国防规划蓝图中的重要地位。1950年2月，在苏联向中国贷款3亿美元的贸易协定中，有1.5亿美元是中国用于购买海军装备的。同年10月下旬，毛泽东致电斯大林，请求帮助解决技术指导和舰艇、飞机、火炮等装备问题。在这份电报的订货清单中，除了1950年已经确定的订货外，3年内计划订购的主要装备还有：驱逐舰12艘、护航驱逐舰18艘、小型潜艇2艘、猎潜舰42艘、猎潜艇28艘、扫雷艇30艘、远航鱼雷快艇100艘、装甲艇56艘、水鱼雷飞机108架和9个海岸炮兵团的火炮等。

尽管朝鲜战争爆发以后新中国军队建设重点有所转移，海军建设规模被暂时压缩，只能先从造小艇入手积累经验，但是，经过海军将士的努力，在较短的时间内，海军的建设还是取得了一定的成绩。到1955年年底，人民海军已经拥有战斗舰艇519艘、辅助船只341艘，共计860艘。此外，北起辽东半岛、南

★ 讲军队现代化 ★
"要有强大的陆、海、空军"

至海南岛的沿海重点地区建成了各种口径的海岸炮阵地。

人民海军领导机关和部队的组建，标志着人民解放军增加了一个新的军种。从此，人民海军担负起保卫中国海防、捍卫国家领海主权的使命，结束了中国近代长期有海无防的屈辱历史。

唇亡齿寒。在美军越过三八线后，中国人民志愿军抗美援朝。在毛泽东的领导下，中央军委及时调整了军队建设重点，由重点建设海军转为重点加强空军、炮兵和装甲兵的建设，迅速扩编空军和陆军技术兵种部队，加快现代化建设步伐，并确定将原计划用于购买海军装备的苏联贷款大部分改为购买空军飞机和陆军武器装备，以保证部队在朝鲜战场上的作战需要。

对于新中国的空军建设，毛泽东倾注了心血。从1949年11月空军司令部成立到1953年朝鲜战争停战，毛泽东亲自批阅空军请示报告数十份，并向苏联领导人发出许多封信件、电报，不仅确定了空军建设的方针、原则，还直接出面解决购买装备等问题。

值得一提的是，战争期间，国内人民积极开展捐献飞机大炮运动，仅1951年6月到1952年5月，所捐献的全部价款，就可以购买3710架苏制米格-9战斗机，人民群众的捐献运动对新中国空军的发展壮大作出了重要的贡献。

成立不久的人民空军在抗美援朝的战火洗礼中得到成长。志愿军入朝时，空军仅有新组建的2个歼击航空兵师、1个轰炸机团、1个强击机团，共有各型作战飞机不足200架。到1953年朝鲜停战时，不到4年的时间，共发展到28个师70个团，其中歼击机18个师、轰炸机5个师另1个独立团、强击机4个师、运输机1个师另1个独立团、侦察机3个独立团，拥有各型飞机3000余架，建成了一支由各种航空兵种组成的有战斗力的空中力量，并在抗美援朝战争后期发挥了巨大威力。在抗美援朝战争期间，志愿军空军总共起飞2457批26491架次，共击落美机330架，击伤美机95架，而志愿军空军被击落231架，被击伤151架，美国空军参谋长范登堡在战争期间惊呼："共产党中国几乎在一夜之间变成了世界主要空军强国之一。"

在战火中诞生，又在战火中成长。在完成解放全国大陆和部分沿海岛屿、以志愿军名义取得抗美援朝战争胜利的过程中，到1953年年底，新中国的军队完成了从战争时期向和平时期军队建设的过渡，基本上完成了由单一陆军体制

★ 1953年毛泽东视察海军某部。

★ 讲军队现代化 ★
"要有强大的陆、海、空军"

向诸军兵种合成军队体制的转变，并初步实行了统一的指挥、统一的制度、统一的编制、统一的纪律和统一的训练，为建设一支强大的人民军队奠定了坚实基础。

在新中国军队的建设过程中，尽管国务繁忙，毛泽东还是多次抽出时间，深入部队一线，与三军将士们密切交流，鼓励大家为建成强大陆、海、空军而奋斗。

1950年4月15日，毛泽东为《人民空军》杂志创刊题词中指出：创造强大的人民空军，歼灭残敌，巩固国防。

1952年3月24日，毛泽东在周恩来、刘少奇等领导人的陪同下，接见了不久前参加三八妇女节飞行表演的新中国第一批女飞行员。毛泽东问在场的空军司令刘亚楼：她们都成器了吗？刘亚楼回答说：都成器了，能够独立执行任务了。毛泽东听了非常高兴，并风趣地说：细妹子不简单，飞得好高哇！

1952年10月28日，毛泽东视察华东军区装甲兵部队，详细询问了部队装备情况，当听到部队里有美式、日式坦克，还有苏联援助的T-34型坦克时，他打趣说，看来你们的家当还不少哟。在同战士们的交谈中，毛泽东鼓励战士们努力学习文化技术，把坦克兵种搞好。为了不打扰部队的正常训练和工作，他晚上就住在专列上，视察完毕后，叮嘱部队领导不要前来送行，一定要把部队带好。

1953年2月19日，毛泽东结束了对南京的视察后，对海军舰艇部队进行视察。毛泽东登上军舰，和水兵一起航行了四天三夜。毛泽东在军舰上，走遍了每个战位、舱室，对水兵们的工作、学习、生活，给予了无微不至的关怀，教导官兵要爱舰、爱岛、爱海洋，要努力学习军事技术，要争气，一定要建设强大的海军。毛泽东用了近两个小时的时间，分8批同海军战士合影。照相的时候，毛泽东不时拉拉身边的战士，又指指站在驾驶台上的水兵，问能不能都照上。当记者回答都能照上时，毛泽东才放了心。在这次视察中，毛泽东先后5次为"长江""洛阳""南昌""黄河""广州"五舰，挥笔写下了同样内容："为了反对帝国主义的侵略，我们一定要建立强大的海军"。

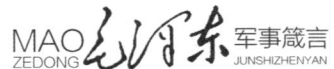

★实现武器装备的"中国造"

在完成海军和空军的创建工作后,另一个重要的命题任务又摆在了毛泽东和人民解放军的面前,就是实现军队武器装备的"国产化"。

新中国成立初期,出于尽早打赢朝鲜战争的需要,在努力加强自身国防工业建设的同时,选择了一条从苏联购买武器装备的捷径。但是,中国是一个大国,不可能长期靠购买武器来支撑国防。要真正建成强大的国防,就不能受制于人,唯一的出路是在充分吸收他人成果的基础上,走自己研制、生产之路。

新中国成立后,经过3年的努力,人民民主政权

★ 1954年10月,毛泽东在中南海参观解放军通信装备展览。

★ 讲军队现代化 ★
"要有强大的陆、海、空军"

日益巩固，国民经济得到恢复，朝鲜战争达成停战协议，毛泽东和中共中央决定1953年开始实施发展国民经济的第一个五年计划，由此，新中国进入了有计划的社会主义经济建设时期。国力的恢复，战争的结束，经济建设的开展，为中国发展军事工业、实现武器装备国产化提供了良好的契机。旨在实现武器装备"中国造"的国防工业"一五"建设计划应运而生。在1952年制订的《一九五三年至一九五七年军事建设计划纲要》中兵工生产规划的基础上，1953年8月，毛泽东和中共中央审查批准了由政务院和中央军委共同制订的国防工业"一五"建设计划。

★ 1955年，毛泽东为空军英雄模范功臣代表大会的题词。

国防工业"一五"建设计划的基本任务是集中力量按国家规定的项目和进度，在苏联援助下完成国防工业企业的新建和改建任务，完成制式武器的试制和生产任务，完成飞机、坦克、舰艇的修理及部分制造任务，初步改变国防工业的落后面貌，增强国防力量，其间计划新建航空、无线电、兵器、造船等大型骨干工程共44项，改建扩建老厂的大中型工程共51项。

在1953年和1954年前期建设准备的基础上，从1955年开始，国防工业建设工程大规模展开。由于新建项目多、工程量和投资额巨大，要完成如此大规模建设工程，难度相当大，根据国家国防建设的总体部署和军队现代化建设的重点，国防工业建设采取集中

★ 1963年11月1日,毛泽东在杭州观看被我空军某部击落的美制蒋军U-2飞机残骸照片。

力量打歼灭战的办法,以坦克和航空配套项目为重点,集中人力、物力、财力,分批进行建设。

在1954年,毛泽东曾经多次发出著名的"中国能造什么"之问:中国能造桌子椅子,能造茶碗茶壶,能种粮食,还能磨成面粉,还能造纸,但是,一辆汽车、一架飞机、一辆坦克、一辆拖拉机都不能造。那个时候,毛泽东急切地想知道:什么时候,中国可以造出汽车、飞机、坦克和拖拉机?

经过"一五"国防工业建设计划的实施,当时间来到1959年,毛泽东的问题全都有了明确的答案。1954年7月3日,在南昌,中国第一架仿制教练机——初教-5飞机试飞成功,揭开了中国飞机制造史上的第一页。1956年7月13日,在长春,新中国第一辆汽车"解放牌"载重汽车下线。1956年7月19日,在沈阳,新中国第一架喷气式战斗机试飞成功。1957年10月,在上海,新中国第一艘鱼雷潜艇建造成功。1958年7月20日,在洛阳,新中国第一台"东方红"拖拉机诞生。1958年12月,在包头,新中国第一辆国产坦克试制成功。

新中国的第一辆国产坦克的诞生地是坐落在塞外包头的内蒙古第一机械制造厂。1955年年底,35岁的青年厂长郭韫接到上级命令,要在1959年国庆节

★ 讲军队现代化 ★
"要有强大的陆、海、空军"

前生产32辆T-54A中型坦克,编队参加国庆检阅。接到这一光荣而又神圣的任务,郭韫和工友们反复分析研究,提出了边基建、边安装、边试制的"三边"建厂方针和"平行、立体、交叉、流水作业"的施工方法。大家披着夜色上班,顶着星星下班,如饥似渴地边学边干,经过3年苦干,赶在1958年12月25日试制成功了第一辆全部整件都由中国自己生产的坦克。1958年12月30日,一机厂以全厂职工的名义给国家主席毛泽东发去捷报:"明年10月1日——建国十周年的伟大时刻,将以成批的最新型的国产坦克和重型牵引车经过天安门,接受您的检阅。"

★ 1964年6月,毛泽东接见连续击落美制无人驾驶高空侦察机的人民空军某部。

筚路蓝缕,艰苦创业。在"军民结合、平战结合"的国防工业建设方针指导下,到1959年年底,新中国全面改造了老企业,新建了一批骨干企业,建成了沈阳、北京、太原、西安、成都、重庆、兰州等国防工业企业比较集中的生产基地,初步形成了研究、设计、生产相配套的国防工业体系,不仅具备了仿制和生产常规武器装备的能力,而且在仿制的基础上开始了自行设计的尝试。有了国防工业体系的有力支撑,由此,新中国的海军和空军的装备初具规模,陆军各技术兵种的装备得到了迅速发展,三军基本上实现了常规武器装备制式化和国产化。

时光荏苒,开国大典的印迹依然清晰。1959年10月1日,新中国的第十个国庆日,天安门前又一次

★ 2015年9月3日,中国人民抗日战争暨世界反法西斯战争胜利70周年纪念大会在北京隆重举行。图为三军仪仗队方队接受检阅。

走过了参加阅兵式的人民军队。这一天,成百上千辆坦克、装甲车、火炮组成的机甲方队隆隆驶过的同时,上百架作战飞机掠过广场上空。这一次,三军将士的武器装备不再是"万国牌",而是近乎百分百的"中国造"。

今天,当人们慢慢翻开人民共和国成立后每一个阶段的历史,再翻开人民解放军成立90周年的历史时,人民军队逐步强大的步伐耀现史册,毛泽东那一代人追求的"强大的国防军""强大的陆、海、空军"的梦想,终于变成了现实。

★ 讲军队现代化 ★
"只有经济建设发展得更快了，国防建设才能够有更大的进步"

"只有经济建设发展得更快了，国防建设才能够有更大的进步"

"只有经济建设发展得更快了，国防建设才能够有更大的进步。……你对原子弹是真正想要、十分想要，还是只有几分想，没有十分想呢？你是真正想要、十分想要，你就降低军政费用的比重，多搞经济建设。你不是真正想要、十分想要，你就还是按老章程办事。……我们一定要加强国防，因此，一定要首先加强经济建设。"

——毛泽东：《论十大关系》（1956年4月25日）

　　经济建设是国防建设的基础，只有经济建设发展得好，国防建设才能有充分的保障，这是毛泽东处理经济建设与国防建设关系的基本原则。这一原则，充分体现了中国共产党人对革命和建设规律，对建设国家、保卫国家两大历史任务辩证关系的科学认识。民主革命时期，随着人民军队的发展壮大，毛泽东已经开始深入思考这个问题。新中国成立以后，结合社会主义建设的客观实际，他又作出了新的阐发。1956年《论十大关系》的讲话发表，标志着毛泽东这一思想的成熟。

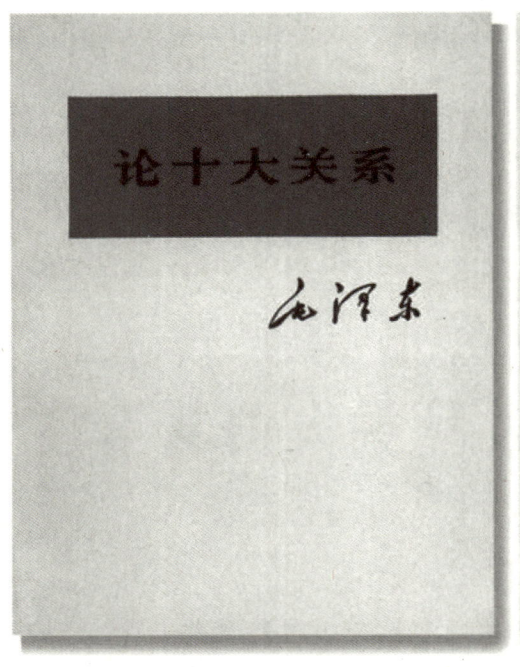

★ 毛泽东《论十大关系》单行本。

★"一个极其重要的政策"：
精兵简政——发展经济

1941年，延安，陕甘宁边区经济最困难时期。物资极度匮乏，缺衣少粮，内外交困。毛泽东曾经这样描述当时的困难程度：

> "我们曾经弄到几乎没有衣穿，没有油吃，没有纸，没有菜，战士没有鞋袜，工作人员在冬天没有被盖。国民党用停发经费和经济封锁来对待我们，企图把我们困死，我们的困难真是大极了。"

这时，发生了两件事情。

第一件事情是，1941年6月3日，边区政府召开县长联席会议，讨论征粮问题。突然，会议室被雷电击中，延川县代县长李彩云不幸身亡。事后，一个农

★ 讲军队现代化 ★
"只有经济建设发展得更快了,国防建设才能够有更大的进步"

民愤愤不平地说:"老天爷不睁眼,咋不打死毛泽东呢?"

第二件事情是,1941年11月,在边区二届一次参议会上,边区民主人士李鼎铭根据边区的困难情况,提出了有关财政问题的提案。提案的核心内容是:

> "政府应彻底计划经济,实行精兵简政主义,避免入不敷出经济紊乱之现象。"

这两件事情,反映了边区经济困难、人民负担过重的实际,同时也向毛泽东提出了一个尖锐的问题:人民军队要发展,要壮大,群众生活要维持,要改善。现在财力严重不足,怎么办?

经济建设创造物质财富,军队建设消耗物质财富,这是一对客观存在的矛盾。认识这个矛盾,解决这个矛盾,是人民军队生存和发展的重大问题。

★ 1941年11月21日,毛泽东在陕甘宁边区第二届参议会上讲话。这次会议通过了"精兵简政"的决议。

毛泽东总是善于从困难中抓住转机,化被动为主动。他一面制止有关部门处理骂他的农民,一面开展深入调查研究,对党的经济政策作了"反省"。他把李鼎铭的提案整个抄到自己的本子上反复阅读,重要的地方用红笔圈起来,并加了一段批语:"这个办法很好,恰恰是改造我们的机关主义、官僚主义、形式主义的对症药。""反省"之后,他作出了两个重要的决定:一是号召积极开展以农业为中心的大生产运动;二是接受李鼎铭先生的建议,实行精兵简政这个"极其重要的政策"。

毛泽东认为，只有实行精兵简政，边区农民富裕起来了，才能有力地支持抗战。然而，党内有人担心，这样做会使边区在遭到敌军进攻时没有足够的武装保卫力量。针对这种担心，毛泽东从维护抗战大局的角度作了说明：

> "敌后的严重的必然趋势就是缩小。敌后变化是突然的，在事变后再干就被动，故要主动和定出办法"；
>
> "在目前，战争的机构和战争的情况之间已经发生了矛盾，我们必须克服这个矛盾。敌人的方针是扩大我们这个矛盾，这就是他的'三光'政策。假若我们还要维持庞大的机构，那就会正中敌人的奸计。假若我们缩小自己的机构，使兵精政简，我们的战争机构虽然小了，仍然是有力量的；而因克服了鱼大水小的矛盾，使我们的战争的机构适合战争的情况，我们就将显得越发有力量，我们就不会被敌人战胜，而要最后地战胜敌人"。

当年12月，中共中央发出精兵简政的指示，要求切实整顿党、政、军各级组织机构，精简机关，充实连队，加强基层，提高效能，节约人力物力。

为保证这项举措不折不扣地落实下去，毛泽东亲自为陕甘宁边区等抗日根据地的精兵简政工作制定出具体原则和办法。边区先后进行三次精简，取得很大成效。同时，他又多次致电华北、华中各抗日根据地，反复强调根据地缩小必然到来，要求他们下大决心实行精兵简政，准备面对"愈来愈厉害"的物质困难。他说：这一次精兵简政，必须是严格的、彻底的、普遍的，而不是敷衍的、不痛不痒的、局部的。否则，"如使根据地民力财力迅速枯竭，弄到民困军愁，便有坐毙危险"。

经过轰轰烈烈的大生产运动和精兵简政，边区经济困难得到很大缓解，军队基本实现了"自己动手，丰衣足食"的目标。单单1941年和1942年两年中，军队和机关学校靠自己动手而获得解决的部分，占了整个需要的大部分。有些部队还实现了全部自给，且有富余，可以上交一部分粮食、生猪、羊毛等。毛泽东说："这是中国历史上从来未有的奇迹，这是我们不可征服的物质基础。"

★ 讲军队现代化 ★
"只有经济建设发展得更快了,国防建设才能够有更大的进步"

经济建设发展了,反过来又促进了军队战斗力的提高,人民军队与根据地群众的鱼水关系也得到进一步加强,各种效果显而易见:

看农民:获得实际好处后,更加把自己的命运同党和人民军队紧紧地联在一起;

看干部:一批能打仗又能搞组织工作、建设工作的干部迅速成长起来;

看部队:人民军队自力更生、艰苦奋斗的"南泥湾精神"培育形成,人民军队的战斗力更加强大;等等。

这些,都是不能拿数字来计算的无价之宝。正是有了这些无价之宝,在最困难的时候,党领导下的主力部队人数虽然由50万压缩到30余万,但是,与主力部队密切配合的地方武装和民兵自卫队却得到了快速发展。到1945年,解放区的抗日军队已经达到了91万余人,为彻底打败日本侵略者,解放全中国,完成旧民主主义革命的历史任务,打下了重要基础。我们不仅避免了"民困军愁,坐以待毙"的危险,而且实现了人民军队的大步发展。

应当说,使党和人民军队渡过严重困难,绝处逢生的关键,就是毛泽东所提倡的"一个极其重要的政策"——精兵简政。1942年12月,毛泽东对经济建设和军队发展的关系作了进一步思考,把这段历史的基本经验概括为"发展经济,保障供给"。新中国成立后,这一认识所体现的人民军队建设规律和辩证思维得到进一步发展。

★ "中国必须建立强大的国防军,必须建立强大的经济力量"

1950年9月,朝鲜战争已经打了近三个月。密切关注战场局势的毛泽东,收到中国人民解放军东北军区司令部的一封电报。电报说,在上古龙村发现了美机活动。事实上,不仅在东北,在上海、山东沿海等地,均陆续发现美机或美舰侵袭的情况。美军对我的侦察、试探是肆无忌惮的。这些情况,引起了毛泽东的警觉。但是,我们的空军、海军都还处于起步阶段,没有能力对此作出军事回应。对此,毛泽东于9月16日作出批示说,对这些侵袭置之不理是不妥的,但是,"若每次抗议则不胜其烦,似宜每隔10天或半月汇集多案抗议一次,请酌办"。透过这些话,可以看到毛泽东在字里行间所表露出来的无奈。

这个时候，新中国成立已经近一年。一穷二白、百废待兴的国家，需要解决的问题千头万绪，怎样抓住主要矛盾、打开局面？毛泽东根据我国经济社会发展落后、国防建设迫在眉睫的现实，明确指出，"中国必须建立强大的国防军，必须建立强大的经济力量，这是两件大事"。

这两件大事，哪一件都举足轻重。但是，随之而来的更为严酷的战争，使国防现代化的历史任务更加尖锐地提了出来。

中国人民志愿军赴朝参战后，虽然作战勇敢，战果辉煌，但武器装备落后、后勤补给线不畅，部队损耗也很严重。中共中央和毛泽东不得不向苏联寻求更多的装备援助。毛泽东在给斯大林的电报中说，"我军在朝鲜作战八个月来，深感敌我装备的悬殊和急于改善我军装备的必要"。给在苏联承担谈判任务的徐向前发电时，他更直接地点明："没有现代的装备，要战胜帝国主义的军队是不可能的。"

不仅如此，我们在拥有尖端武器方面，还是空白！这对于仍然处于战争威胁下的新中国而言，是椎心之痛。抗美援朝中，美国数次以"使用核武器"相威胁。1953年，他们甚至秘密将战术核武器运到了冲绳岛。美国总统艾森豪威尔后来在回忆录中曾经一厢情愿地认为：中国在朝鲜之所以作出最后的让步，乃是美国的核威胁起到了"抑制的作用"。

核讹诈就像一把悬在新中国头上的剑，时时刻刻牵制着我们的手脚，影响着我们的战略决策。一直到我国即将开始核爆的前一刻，这把剑还在晃动。有人说，这是一种比刚刚推翻的三座大山更沉重更现实的压力。

这种压力，增强了毛泽东独立自主加快发展国防工业、加强武器装备建设的紧迫感。1953年1月22日，他主持召开中央会议，讨论第一个五年计划的制定。在会议总结时，毛泽东指出：

> "无论抗美援朝战争的结果如何，都要搞国防工业的建设与军工生产。朝鲜战争证明，已不能靠夺取敌人的装备来武装自己了。"

★ 讲军队现代化 ★
"只有经济建设发展得更快了,国防建设才能够有更大的进步"

1955年,他在党的全国代表会议上发出号召:

> "我们进入了这样一个时期,就是我们现在所从事的、所思考的、所钻研的,是钻社会主义工业化,钻社会主义改造,钻现代化的国防,并且开始要钻原子能这样的历史的新时期。"

这些认识,为"建立强大的国防"提出了明确的方向,即建立在国防科技技术基础上的武器装备现代化。

蓝图已经绘就,但要把它变为现实,又何谈容易!

旧中国的经济条件和工业基础都十分薄弱。新中国成立时,中国还有90%左右的分散的个体的农业经济和手工业经济,这是和古代没有多大区别的,我们还有90%左右的经济生活停留在古代。

1956年2月,受周恩来委托,归国不久的钱学森起草了《建立我国国防航空工业意见书》。《意见书》写道:

> "我国现在航空工业是十分薄弱的,我们在最近才从飞机修理阶段转入飞机生产阶段,有了飞机工厂和喷射式推进机厂。但是这两个工厂现在完全依靠苏联供给的图纸,自己还不能够设计新型飞机,更不能作出为设计用的工程及科学资料。至于飞弹火箭,我们是完全没有。
>
> 说到航空用的材料,我们的情况也是一样薄弱。现在只有一个年产20000吨的铝厂。我们所必需的航空特殊金属还是要由国外进口。电子器材厂也是正在开始,还不能完全生产各种类型的零件。
>
> 至于航空研究,我们只有些主要地为教学用的风洞及其他实验设备。我们还没有专为研究用的设备,更没有大型为设计研究用的设备。所以可以说,我们完全没有航空研究可言。
>
> 人力呢?我们也是很薄弱。以整个力学来说,估计全国有180人从事力学教学;力学研究的高级干部,中间最有能力的,能做领导工作的只30人左右。航空人才只是力学人才中的一部分,人是更少了。"

由此可见，我们的物质基础、人才储备，与国防现代化所需要的条件相比，实际上是一种"代差"。要搞原子弹，抓尖端科技，就必须在短时期内迅速增强经济实力、提高科技水平，克服这个"代差"。

但是，在当时的条件下，两者齐头并进，存在巨大的困难。打基础与抓要害，到底哪一个更重要？历史以更为急迫的方式，再次把这个难题摆在了中国共产党人面前。

★ "国大，军就会大。国不大，军就不能大"

在回答上述难题的同时，毛泽东还要同时面对另一个历史性课题——社会主义建设。1956年，我国的社会主义改造顺利完成，大规模的社会主义建设即将开始。这样，统筹好经济建设与国防建设，就与社会主义建设的大背景直接联系起来。

1956年1月，中共中央召开关于知识分子问题的会议。20日，在会议最后一天，毛泽东发表讲话。他号召全党努力学习科学知识，同党外知识分子团结一致，为迅速赶上世界科学先进水平而奋斗。他说：

★ 1956年1月20日，毛泽东在关于知识分子问题会议上发表讲话。他号召全党努力学习科学知识，同党外知识分子团结一致，为迅速赶上世界科学先进水平而奋斗。

"现在是打什么仗呢？现在是要飞机飞上一万八千米的高空，飞的速度是超音速。那个东西，没有他们不行的，而且我们自己也要变成他们。"

会后，全国兴起了"向科学进军"的热潮。10月，中共中央、国务院正式批准《一九五六年——一

★ 讲军队现代化 ★
"只有经济建设发展得更快了，国防建设才能够有更大的进步"

九六七年科学技术发展远景规划纲要》。《纲要》列出了12个科技发展重点，推动社会主义工业化，部署发展原子弹和导弹研制所需要的喷气与火箭技术、半导体技术、电子计算机技术、自动控制技术等。到1967年，《纲要》确定的目标基本完成，实现了某些重要的和急需的部门"接近或赶上世界先进水平"，我国建设中许多复杂的科学和技术问题能够逐步地"依靠自己的力量加以解决"，以"更好更快地进行社会主义建设"的目标。

1956年2月起，毛泽东花了一个多月的时间，集中听取了全国34个部门的工作汇报。他边听边思考，边思考边归纳，最后形成了《论十大关系》的著名讲话。在这个讲话中，他提出，经济建设与国防建设的关系，是我国社会主义建设必须统筹解决的重要矛盾之一。

在讲话中，毛泽东开宗明义地提出：

> "提出这十个问题，都是围绕着一个基本方针，就是要把国内外一切积极因素调动起来，为社会主义事业服务。过去为了结束帝国主义、封建主义和官僚资本主义的统治，为了人民民主革命的胜利，我们就实行了调动一切积极因素的方针。现在为了进行社会主义革命，建设社会主义国家，同样也实行这个方针。"

可见，"建设社会主义国家"是基本前提，是总的目标。由这个大局出发来看经济建设与国防建设，无疑应当是以经济建设为中心，国防建设服从并服务于这个中心。但是，两者又不是此消彼长的对立关系，而是相辅相成、对立统一的辩证关系。

毛泽东提出，经济建设是国防建设的物质基础，没有强大的经济实力，不可能建设强大的国防力量。国防建设又是经济建设的重要保障，没有巩固的国防，经济建设不可能正常进行。因而，要服从经济建设大局，节省军费开支，腾出财力人力支援国家建设。同时，在国力可能的条件下，加速国防现代化。处理好两者关系，就可以做到共同发展、相互促进。"可靠的办法就是把军政费用降到一个适当的比例，增加经济建设费用。只有经济建设发展得更快了，国防建设才能够有更大的进步。"

那么，怎么理解这里的"适当"二字？怎样正确把握国防建设在经济建设中的比重？毛泽东认为，一个基本的原则就是"严格控制"。

早在1953年，毛泽东就提出，国防工业要成为"一五"建设的重点，但军政两项经费不得超过全部国家预算的30%，要把钱省下来用于国家经济建设。国防工业打下一定基础后，他又进一步提出，30%的比例太大，"第二个五年计划期间，要使它降到20%左右，以便抽出更多的资金，多开些工厂，多造些机器"。

也就是说，只要有了现代化工业，现代化国防就好办了。

在1956年4月召开的中央政治局扩大会议上，毛泽东曾经反问过与会的同志这样一个问题：

> "你对原子弹是真正想要、十分想要，还是只有几分想，没有十分想呢？"

毛泽东以一种特殊的方式作了肯定的回答：

> "你是真正想要、十分想要，你就降低军政费用的比重，多搞经济建设。你不是真正想要、十分想要，你就还是按老章程办事。这是战略方针的问题，希望军委讨论一下。"

降低军政费用的比重，多搞经济建设，从此成为贯穿于社会主义建设过程的战略方针，并得到新的概括和发展。

1958年6月21日，毛泽东在主持中央军委扩大会议时，明确提出：

> "我还是希望搞一点海军，空军搞得强一点。"
> "搞一点原子弹、氢弹、洲际导弹。"

他号召全党全军团结起来，为建设一个强大的国和强大的军而奋斗。为了鼓励大家"为这个目标而奋斗"，毛泽东给大家讲了这样一个道理：

★ 讲军队现代化 ★

"只有经济建设发展得更快了，国防建设才能够有更大的进步"

> "国大，军就会大。国不大，军就不能大。你就没有钢嘛。一无粮，二无钢，三无机器。"

道理很明显，只有国家强大了，军队和军事力量才能真正强大起来。

1964年5月，毛泽东在听取关于第三个"五年计划"的汇报时强调：两个拳头——农业、国防工业，一个屁股——基础工业，要摆好。要使拳头有劲，屁股就要坐稳，屁股就是基础工业。这个形象的比喻，同样说明了经济建设，尤其是重工业在国民经济建设和国防建设中的极端重要性。

上世纪五六十年代，也有人提出，既然经济建设极端重要，就可以暂缓甚至停止国防建设，以集中精力搞经济建设。毛泽东认为这不对。国防不可不有。"把兵统统裁掉"不好，"因为还有敌人，我们还受敌人欺负和包围嘛！"如果超越国力可能，对国防工业投入过多，会影响基础工业及其他民用工业的建设，最终必然制约国防工业的发展。但必要的国防建设不仅必要，而且可能。比如，有不少军事工业，在平时就是机器制造业，增加军事工业的基本建设，就是增加机器制造业的力量。国防现代化可以推动国民经济不断发展，是加快国家现代化建设的积极因素。

这些认识，也是基于我们党和军队实行"精兵简政"以来历史经验的科学总结。

新中国成立以后，为了服务经济建设大局，党中央和毛泽东多次作出裁军决定。1956年以前，共裁军三次，人民军队总数由550万压缩到320万，减少了40%；1956年，党的八大再次决定裁军四分之一，全军总人数降为240万。这些数字的减缩，代表着人民军队为国家经济建设所作出的巨大贡献，同时也代表着人民军队在质量、装备上阔步前进的步伐。

遵循毛泽东有关"国大，军就会大。国不大，军就不能大"的思路，我们不仅解决了当时迫切需要解决的一对矛盾，而且逐步把握了中国社会主义建设的一些重要原则。因为，在整个社会主义阶段，无论经济发展到什么水平，国防建设与经济建设的矛盾都始终存在。从此，国防建设要以经济建设为基础，与经济建设协调发展，成为我国处理此类矛盾的核心原则。

当然，国防建设必须以经济建设为基础，绝不意味着我们要等到经济基础改善一些，工业现代化有了必要前提，航空工业所必需的条件基本具备以后，再来搞核武器。

毛泽东不赞成消极等待、无所作为的观点。先抓原子弹，发展国防尖端科技，迅速摆脱受制于人的困境，成为以毛泽东为核心的第一代中央领导集体的共识。

由于毛泽东狠抓不放，加之全国军民的艰苦奋斗，到20世纪60年代中期，我国已初步建成比较完整的国防工业体系。1964年10月16日，罗布泊上空爆炸成功的巨大火球和蘑菇云，把中国一举带入原子核时代。紧接着，1967年6月17日，我国第一颗氢弹空爆试验成功；1970年4月24日，我国第一颗人造卫星发射成功。这些成果，不仅标志着我国一跃进入世界军事强国行列，而且向全世界宣告：悬在我们头上的那把"核讹诈"之剑，再也没有用武之地了！

探索规律、发现规律，按客观规律办事；同时又认识规律、利用规律，充分发挥人的主观能动性，实现更快更好的发展目标。这就是毛泽东对国防建设与经济建设协调发展的完整回答。这个回答，既体现了马克思主义的基本认识，又体现了中国在十分落后的情况下建设社会主义、建设现代化事业的鲜明个性。

MAO ZEDONG

讲军队宗旨和军民关系

"全心全意为人民服务是人民军队的唯一宗旨"

"官兵一致，军民一致"

"没有一个人民的军队，便没有人民的一切"

"全心全意为人民服务是人民军队的唯一宗旨"

"红军士兵大部分是由雇佣军队来的，但一到红军即变了性质。首先是红军废除了雇佣制，使士兵感觉不是为他人打仗，而是为自己为人民打仗。"

——毛泽东：《井冈山的斗争》（1928年11月25日）

"我们的共产党和共产党所领导的八路军、新四军，是革命的队伍。我们这个队伍完全是为着解放人民的，是彻底地为人民的利益工作的。"

——毛泽东：《为人民服务》（1944年9月8日）

"这个军队之所以有力量，是因为所有参加这个军队的人，都具有自觉的纪律；他们不是为着少数人的或狭隘集团的私利，而是为着广大人民群众的利益，为着全民族的利益，而结合，而战斗的。紧紧地和中国人民站在一起，全心全意地为中国人民服务，就是这个军队的唯一的宗旨。"

——毛泽东：《论联合政府》（1945年4月24日）

★ 讲军队宗旨和军民关系 ★
"全心全意为人民服务是人民军队的唯一宗旨"

> "共产党就是要奋斗,就是要全心全意为人民服务,不要半心半意或者三分之二的心三分之二的意为人民服务。"
>
> ——毛泽东:《坚持艰苦奋斗,密切联系群众》(1957年3月18日)

1936年,红军三大主力结束长征到达陕北时只剩下几万人,很多人看不起这支军队,认为它没有前途。可是,在随后的抗日战争中,特别是在战略相持阶段,共产党领导的人民军队抗击了60%的日军和90%的伪军,成为抗日战争的主力军。到抗日战争结束时,人民军队已发展到120余万人。人们不禁要问,共产党领导的人民军队为什么会这么有战斗力?人民军队之所以有力量的奥秘何在?

翻开毛泽东在各个历史时期的论述,这些问题的答案非常明确:这支军队与其他军队的根本区别,就在于它把全心全意地为人民服务作为自己的唯一宗旨,它的力量来自人民。

★为人民服务的军队才能真正实现官兵一致、军民一致

毛泽东最早回答这个问题,是在井冈山斗争时期。1928年11月,毛泽东在向党中央汇报《井冈山的斗争》时,分析了"工农武装割据的存在和发展"的原因,第一条就是这里"有很好的群众"。也就是说,有了人民群众,党领导的军队就能够生存;真心实意地为人民,军队就有了战斗力。这个道理,军阀不懂,旧军队官兵不懂。但是,那些被红军俘虏了的雇佣军到了红军队伍里后,一下子就明白了。毛泽东向中央报告了这个道理:

> "红军士兵大部分是由雇佣军队来的,但一到红军即变了性质。首先是红军废除了雇佣制,使士兵感觉不是为他人打仗,而是为自己为人民打仗。"

从人民军队创建那一天起,视人民为父母兄妹,做人民的子弟兵,"为人民打仗"就是这支军队"全心全意为人民服务"的开端。

★ 毛泽东的亲笔题词。

到了抗日战争期间,毛泽东对这个问题回答得更加明确和深刻。

1945年4月24日,毛泽东在中共七大上所作的《论联合政府》的政治报告中,站在党、军队和国家视野上进一步给出了答案。他说:

> "这个军队之所以有力量,是因为所有参加这个军队的人,都具有自觉的纪律;他们不是为着少数人的或狭隘集团的私利,而是为着广大人民群众的利益,为着全民族的利益,而结合,而战斗的。紧紧地和中国人民站在一起,全心全意地为中国人民服务,就是这个军队的唯一的宗旨。"

毛泽东清晰地告诉人们,全心全意为人民服务,这是人民军队的唯一宗旨。这一根本宗旨和立场,是人民军队真正有力量的深厚源泉和不竭动力。全心全意为人民服务,这个根本的和唯一的宗旨,决定了人民军队具有一切旧军队所没有的本质属性、精神力量和独特优势。从这个基本点出发,就有了这样一些结论:只有人民军队才能真正实现官兵一致、军民一致,真正实现内部团结和外部团结;只有人民军队才具有一往无前的奋斗精神,具有批评和自我批评的优良作风;只有人民军队才能够真正与群众打成一片,实行人民战争的一系列战略战术,等等。

★ 讲军队宗旨和军民关系 ★
"全心全意为人民服务是人民军队的唯一宗旨"

就在阐述这个答案之前，毛泽东用一次实际行动，诠释了人民军队的宗旨。

1944年9月8日，毛泽东出席了一个普通士兵的追悼会。这个普通士兵就是张思德，中共中央警备团的一名普通战士。1944年9月5日，张思德在陕北安塞县山中烧炭，因炭窑崩塌而牺牲。毛泽东听说后，亲自出席中央警备团举行的追悼张思德的会。一个最高统帅为什么要参加一个普通战士的追悼会？正如毛泽东自己在讲演中所说："我们都是来自五湖四海，为了一个共同的革命目标，走到一起来了。"这个共同目标就是全心全意为人民服务。

讲演中，毛泽东还特别强调：

> "我们的共产党和共产党所领导的八路军、新四军，是革命的队伍。我们这个队伍完全是为着解放人民的，是彻底地为人民的利益工作的。张思德同志就是我们这个队伍中的一个同志。"

在这里，毛泽东把"为人民服务"的重要性，提到了前所未有的高度：

> "为人民利益而死，就比泰山还重；替法西斯卖力，替剥削人民和压迫人民的人去死，就比鸿毛还轻。张思德同志是为人民利益而死的，他的死是比泰山还要重的。"
>
> "只要我们为人民的利益坚持好的，为人民的利益改正错的，我们这个队伍就一定会兴旺起来。"

在"为人民服务"和"为人民利益而死"这个根本目标之下，革命队伍里没有高低贵贱之分，只有工作分工不同。从这个角度说，毛泽东出席张思德的追悼会就不难理解了。毛泽东在这个追悼会上的讲演，就是后来被称为著名的"老三篇"之一的《为人民服务》，收入《毛泽东选集》第三卷。毛泽东在讲演中提出："今后我们的队伍里，不管死了谁，不管是炊事员，是战士，只要他是做过一些有益的工作的，我们都要给他送葬，开追悼会。"这既体现了为人民服务者的崇高荣誉，也很好地体现了官兵一致的原则。

真正为人民服务的军队，在内部关系上奉行的是"官兵一致"的原则。而

★ 1944年9月5日，中共中央警卫团战士张思德在陕北安塞县山中烧炭时，因炭窑崩塌而牺牲。毛泽东在追悼会上以为人民服务为主题发表讲话，表示悼念。图为正在和战友烧炭的张思德（左）。

在旧军队，长官和士兵之间是不平等的、等级森严，长官对士兵随意辱骂甚至施以肉刑。这表面上是一个工作方法上的不同，其实是人民军队与一切旧军队的本质区别。一切旧军队的剥削阶级属性和雇佣性质，决定了它在内部不可能真正实现官兵一致，也不可能真正实现内部团结。而我们的人民军队是全心全意为人民服务的，这一根本宗旨，决定了人民军队能够在内部实行官兵一致。在人民军队内部，不管是军长师长，还是普通士兵，都是为人民服务的，都是革命队伍中的平等一员，都应该互相帮助、互相关心、互相爱护；特别是上级要与下级同甘共苦。有了这样的思想基础，人民军队内部才能真正实现官兵一致和内部团结。

不光是在内部关系上，在处理外部关系方面，由于人民军队是全心全意为人民服务的，因而能够很好地处理军政关系、军民关系等，真正实现军政一致、军民一致，军政团结、军民团结。

这些关系，其实早在井冈山时期就已经初步确立了。早在1927年9月底，毛泽东率领工农革命军进驻永新县三湾村时，当地一些群众一开始由于不了解工农革命军，大都躲进山里。毛泽东要求各单位立即分头上山喊话，向群众做宣传，群众陆续回村。在红军长征期间也多次出现过这样的情况：红军每到一地，一开始时，人民群众对我们的部队不是很了解，认为

★讲军队宗旨和军民关系★
"全心全意为人民服务是人民军队的唯一宗旨"

跟旧军队一样,见了就躲;但后来慢慢从实际行动中逐渐认识到我们是为穷苦大众服务的,于是开始将红军和后来的八路军、新四军视为自己的队伍,形成了军民一家亲的生动局面。

可以说,全心全意为人民服务的唯一宗旨,决定了共产党领导的人民军队从根本性质上有别于国民党军队等一切旧军队,而成为一支官兵一致、军民一致的新型人民军队。

★为人民服务的军队才能真正具有优良品格和作风

我们的人民军队具有很多优秀的精神品格,比如说顽强的意志,比如说一往无前的精神、艰苦奋斗的精神,比如说遵守纪律、自我批评等优良品格,等等。这些精神和品格的具备,从根本上说是由人民军队的性质和宗旨决定的。只有这样全心全意为人民服务的新型人民军队才会具备这样的品质。

★ 1945年,毛泽东在中共七大上致开幕词并作《论联合政府》的政治报告。

解放战争期间,参加辽沈战役的人民解放军在长途跋涉又饥又渴的情况下,在锦州不但不吃老百姓家里的苹果,经过结满苹果的园林时,还静静地绕过果园,连一个"落地果"也不拾。毛泽东听到这个故事后,很感动。新中国成立后,他还多次提到这个故事。他说:"我们的纪律就建筑在这个自觉性上边。"确实,旧军队也都有一定的纪律,但是一切旧军队的纪律对士兵来说都是一种外在强制,而只有我们人民军队的纪律能够为广大官兵所自觉遵守。为什么?就是因为我们是全心全意为人民服务的军队，这样的觉悟，这样的宗旨，使得我们能够自觉遵守纪律。因此，人民军队每到一处，能够做到纪律严明、秋毫无犯，这是一切旧军队所不具备的。

1949年5月，人民解放军进驻上海时，宁可露宿街头，也坚持不入民宅，绝不扰民；在随后的接管工作中，大公无私、有条不紊，把从敌人手里夺回来的人民财产，原封不动地还给人民。人民军队的纪律严明，与几年前抗日战争胜利时国民党接管上海时的情形迥然不同。国民党的接管不是"接管"而是"劫管"，许多人民的财产进了接管人员的私人腰包。正如歌谣里所唱："望中央，盼中央，中央来了遭了殃！"而这次人民解放军进驻上海，与国民党完全不同。留在上海的资本家荣毅仁一开始对共产党和人民军队完全不了解，甚至存有疑虑和畏惧。人民解放军进驻上海时的情形深深打动了他。他后来回忆说："这是我第一次接触解放军，对照国民党军队真是完全不一样。"对此留下深刻印象的，当然不止荣毅仁一个人。广大人民从解放军的纪律严明中看出，人民军队与国民党军队和一切旧军队不同，是真正为人民服务的军队。

新中国成立后，有人主张，革命胜利了，军队要增加薪水。持这种主张的人举例说，资本家吃饭五个碗，解放军吃饭是盐水加一点酸菜，这不行。很多同志赞成这种意见。但毛泽东就反对。他说：这恰恰是好事。你是五个碗，我们吃酸菜。这个酸菜里面就出政治，就出模范。解放军得人心就是这个酸菜。艰苦奋斗是人民军队的政治本色。

1955年实行军衔制时，毛泽东主动要求自己不评大元帅，周恩来、刘少奇、邓小平等人也主动提出不评军衔，其他还有许多高级将领也主动要求低评。但是也有个别将领，觉得自己的军衔评低了，有委屈，闹情绪，甚至还有三天不吃饭的。这反映了部队中部分存在的一种不良情绪，即一部分同志革命意志有些衰退，革命热情有些不足，全心全意为人民服务的精神少了。对此，毛泽东多次强调，要保持革命战争年代的革命热情。1957年3月18日，毛泽东在一次讲话中着重提醒党和军队的同志，要坚持艰苦奋斗，密切联系群众。他说：

"共产党就是要奋斗，就是要全心全意为人民服务，不要半心半意或者三分之二的心三分之二的意为人民服务。

★讲军队宗旨和军民关系★
"全心全意为人民服务是人民军队的唯一宗旨"

在毛泽东看来，只有始终保持为人民服务的政治立场和根本宗旨，只有全心全意而不是半心半意地为人民服务，人民军队才能真正做到不忘本色，才能始终保持优良传统和作风。

★为人民服务的军队才能真正实行人民战争的战略战术

在土地革命战争时期，面对国民党的严酷封锁，毛泽东特别提醒我们党和军队的同志们，要"关心群众生活，注意工作方法"。尽管国民党多次"围剿"，人民军队之所以能生存发展，毛泽东认为，其关键就在于有人民的支持。正如毛泽东所总结的：

> "真正的铜墙铁壁是什么？是群众，是千百万真心实意地拥护革命的群众。这是真正的铜墙铁壁，什么力量也打不破的，完全打不破的。"

人民群众为什么拥护人民军队？因为这支军队是全心全意为人民服务的，是真心实意为人民谋福利的。因此，人民支持这样的军队。正是因为有了人民的支持，人民军队才能聚以歼敌、分以隐蔽，出其不意、攻其不备，诱敌深入、分割包围，以少胜多、以弱胜强。如果没有人民的支持这一条，人民军队如同鱼儿离开了水，在敌强我弱形势下，根本就不能生存，更谈不上发展壮大了。

在抗日战争时期也是如此。敌人一次次进行残酷的扫荡，但是我们的抗日根据地却不断扩大。其中的奥秘何在？奥秘即在于，我们的军队得到了广大群众的支持和拥护。在很多敌后抗日根据地，男女老幼都是八路军、新四军的"耳目"，甚至连儿童团都被组织起来为八路军、新四军传递"鸡毛信"等紧急信件，敌人一来，我们很快就能知道。而与之相反，敌人虽然人数众多，但是变成了"瞎子"和"聋子"，连我军在哪里都不知道，更谈不上打了。可以说，没有人民群众的支持，敌后抗日游击战争根本就不可能坚持下去。而这只有我们这样以全心全意为人民服务为唯一宗旨的人民军队，才能做到。

★ 1939年毛泽东在延安和农民交谈。

　　1938年10月，广州、武汉失守后，蒋介石也认识到抗日游击战争的战略重要性。他也提出要搞游击战、建立根据地，还在湖南衡山举办了训练班，邀请叶剑英等中共将领到训练班上讲课。从1939年2月到1940年3月，我党共派出叶剑英等30余名工作人员，帮助国民党举办了3期游击干部训练班，培训抗日游击干部3000多人。但是，共产党的抗日游击战争的战略战术，国民党军队却根本学不来。为什么？根本原因是这一战略战术要依赖于官兵一致、军民一致等原则的施行，而这恰恰是共产党和人民军队的宗旨、性质的重要体现，国民党军队根本无法施行。因此，虽然国民党军队也曾在敌后地区留置数十万兵力，但他们无法承受日军进攻和艰苦环境的煎熬，到1943年，除少量部队继续坚持外，基本上烟消云散。反观中国共产党领导的军民，除陕甘宁边区外，在广阔的敌占区开辟出18块根据地，创造出敌后战场与正面

讲军队宗旨和军民关系
"全心全意为人民服务是人民军队的唯一宗旨"

战场同时并存、内线外线支撑配合的战略新格局。

观察国共两党军队的发展的不同态势的差别，表面上看是战略战术的差别，实质上是根本宗旨和性质上的差别。为人民服务的唯一宗旨，由此带来的与人民群众的紧密联系和鱼水深情，实在是人民军队的独特优势，是人民军队能够实行人民战争的一系列战略战术的根本前提。国民党军队和一切旧军队没有这样的政治前提，因而就不可能实现人民战争的战略战术。

今天，战争的硝烟仿佛离我们已经远去，时代发生了很大变化，人民军队建设所面临的形势和任务也发生了很大变化。但是，走得再远都不能忘记初心，不能忘记当初为什么出发。不管国防和军队建设发展到哪一步，毛泽东为人民军队规定的全心全意为人民服务的唯一宗旨不能忘，密切联系群众的独特优势不能丢，这是人民军队战胜一切敌人的根本法宝，也是我们这支人民军队生存和发展的根本基石。

"官兵一致，军民一致"

"改造军队的政治工作，使官兵一致，军民一致。"

——毛泽东：《反对日本进攻的方针、办法和前途》（1937年7月23日）

1937年7月全面抗战爆发后，在国共合作的大背景下，毛泽东不断强调改造中国军队的重要性。军队如何改造？毛泽东推荐给全国军队借鉴的一个根本性原则就是：实行官兵一致、军民一致。后来又加了一个瓦解敌军和宽待俘虏的原则。1937年10月25日，毛泽东在《和英国记者贝特兰的谈话》中，对人民军队政治工作基本原则，正式概括为三条。政治工作的三大原则，是人民军队在革命战争和建设的实践中形成的，是毛泽东建军思想的重要内容，尤其是"官兵一致，军民一致"成为共产党领导下的人民军队的一个根本特征。

★没有官兵一致、军民一致，"战争的胜利是无从说起的"

1937年七七卢沟桥事变爆发，日本发动全面的侵华战争。在中华民族生死存亡的危难时刻，中国共产党积极推动国共合作抗日，作出取消红军番号，将红军改编为国民革命军等重大决策。8月22日，国民政府军事委员会宣布红军主力改编为国民革命军第八路军。9月22日，国民党中央通讯社公开发表《中共中央为公布国共合作宣言》。9月23日蒋介石为此发表谈话，事实上承认了中

★ 讲军队宗旨和军民关系 ★

"官兵一致,军民一致"

★ 图为抗敌剧社绘制的军民公约连环画,挂在村头展出。

国共产党在全国的合法地位。以国共合作为基础的抗日民族统一战线正式形成。

为了推动抗日民族解放战争的发展,在国共合作成立后,中国共产党积极提出自己的抗日主张,宣传党的抗日军事路线和战略方针,宣传党领导的人民军队,以影响和保证抗日民族统一战线健康地发展,提高中国人民夺取抗战胜利的信心。为此,毛泽东更是作出了积极的努力。毛泽东关于人民军队政治工作三大原则的概括,就是在这一背景下产生的。

1937年9月29日,毛泽东发表《国共合作成立后的迫切任务》一文,回顾了中国共产党为达成第二次国共合作所作的努力,总结了第一次国共合作的经验和教训,提出今后的迫切任务。其中指出:

"现在国民党军队的制度还是老制度,要用这种制度的军队去战胜日本帝国主义是不可能的。"

为什么这样说呢？因为它"不适宜于执行彻底战胜日寇的任务，不适宜于顺利地执行三民主义和革命纲领，必须加以改变，这在三个月来的抗战教训中已经证明了"。

改变的原则就是实行官兵一致、军民一致。现在国民党军队的制度是基本上违反这两个原则的。模范的先例，就是在北伐战争时代的国民革命军，那是大体上官兵一致、军民一致的军队，恢复那时的精神是完全必要的。

毛泽东强调说：

> "中国共产党领导的红军，在今天，对于整个抗日战争，还只能起先锋队的作用，还不能在全国范围内起决定的作用，但是它的一些政治上、军事上、组织上的优点是足供全国友军采择的。这个军队也不是一开始就像现在的情形，它也曾经过许多的改造工作，主要地是肃清了军队内部的封建主义，实行了官兵一致和军民一致的原则。"

1937年10月25日，毛泽东和英国记者贝特兰谈话又对全国抗战以来政治、军事方面的问题发表了自己的看法。分析了几个月来抗战暴露的弱点和"许多土地的丧失，许多军队的失利"的主要的原因。据他观察：

> "首先表现在政治方面。这次参战的地域虽然是全国性的，参战的成分却不是全国性的。广大的人民群众依然如过去一样被政府限制着不许起来参战，因此现在的战争还不是群众性的战争。反对日本帝国主义侵略的战争而不带群众性，是决然不能胜利的。"

最根本的一条，他认为是：

> "至于政府和人民之间，军队和人民之间，军官和士兵之间，关系依然十分恶劣，这里有的是隔离而不是团结。这是一个最基本的问题。这个问题不解决，战争的胜利是无从说起的。"

★ 讲军队宗旨和军民关系 ★
"官兵一致，军民一致"

言下之意，没有官兵一致、军民一致，就不会有抗战的胜利。他特别指出：

> "八路军更有一种极其重要和极其显著的东西，这就是它的政治工作。八路军的政治工作的基本原则有三个，即：
>
> 第一，官兵一致的原则，这就是在军队中肃清封建主义，废除打骂制度，建立自觉纪律，实行同甘共苦的生活，因此全军是团结一致的。
>
> 第二，军民一致的原则，这就是秋毫无犯的民众纪律，宣传、组织和武装民众，减轻民众的经济负担，打击危害军民的汉奸卖国贼，因此军民团结一致，到处得到人民的欢迎。
>
> 第三，瓦解敌军和宽待俘虏的原则。我们的胜利不但是依靠我军的作战，而且依靠敌军的瓦解。"

这是毛泽东第一次明确提出我军政治工作三大基本原则。

6天后，即1937年11月1日，毛泽东在延安陕北公学开学典礼上强调：

> "全国一定要学习八路军的样子，真正地做到军民一致，官兵一致，用改造军队精神、加强军队中的政治工作去达到目的，只有这样，才能挽回目前严重的局势。"

在这次讲话中，毛泽东重申了我军政治工作的基本原则，特别是军民一致、官兵一致，指出国民党军队因为违背这两条原则，从而导致战争初期的失败。毛泽东强调军民一致、官兵一致，并号召全国军队都这样做，目的是为了夺取全国抗战的胜利。

如何才能有效实行军队政治工作的三大原则？1938年5月，毛泽东在《论持久战》中进一步作了这样的阐述：

> "很多人对于官兵关系、军民关系弄不好，以为是方法不对，我总告诉他们是根本态度（或根本宗旨）问题，这态度就是尊重士兵和尊

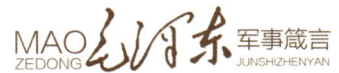

> 重人民。从这态度出发,于是有各种的政策、方法、方式。离了这态度,政策、方法、方式也一定是错的,官兵之间、军民之间的关系便决然弄不好。"

毛泽东认为,要想真正改变官兵关系和军民关系,就要有个根本的态度,"从尊重士兵、尊重人民和尊重已经放下武器的敌军俘虏的人格这种根本态度出发"。一旦有了这种态度,有了这种出发点,就会有各种的政策、方法、方式。军队的根本态度就是其根本宗旨。毛泽东非常清楚,这样的根本态度和根本宗旨,是国民党军队学不来的,只有共产党的军队才真正具备。

★官兵一致:军队战斗力极其重要的政治基础

官兵一致的原则,就是我军所有官兵在政治上一律平等,人格上互相尊重,生活上互相关心。毛泽东在人民军队创建和发展的各个时期,都特别强调官兵一致的重要性。

在我军创建初期,毛泽东针对旧军队中官长压迫士兵,官兵严重对立以及当时我军内部存在的旧的军阀主义作风,提出了"中国不但人民需要民主主义,军队也需要民主主义。军队内的民主主义制度,将是破坏封建雇佣军队的一个重要的武器"。他明确规定军队内部严格实行"官长不打士兵,官兵待遇平等,士兵有开会说话的自由,废除烦琐的礼节,经济公开"等制度,从而奠定了我军新型官兵关系的基础。实践证明,坚持官兵一致的原则,就能形成官兵平等、上下一致、同甘共苦、互相友爱的新型内部关系,就能有效地增强军队的凝聚力和战斗力。

在毛泽东的倡导下,人民军队各级干部都形成了尊重人、关心人、爱护人的传统,以人为本的理念植根于人民军队建设的始终。这是我军一直有强大战斗力的重要原因,也是做到官兵一致的重要前提。

1936年12月,毛泽东在《中国革命战争的战略问题》中强调,我军官兵在政治上是一致的,都是为人民利益而战斗。他说:

★ 讲军队宗旨和军民关系 ★

"官兵一致，军民一致"

> "红军虽小却有强大的战斗力，因为在共产党领导下的红军人员是从土地革命中产生，为着自己的利益而战斗的，而且指挥员和战斗员之间在政治上是一致的。"

1944年9月8日，毛泽东在中央警备团追悼张思德的会上说：

> "我们的干部要关心每一个战士，一切革命队伍的人都要互相关心，互相爱护，互相帮助。"

在抗战进入战略反攻前夕的关键时刻，毛泽东更加强调官兵一致的重要性，并把它提到军队战斗力的极其重要的政治基础。这折射出一个伟大战略家的历史眼光。

1944年12月15日，毛泽东在《一九四五年的任

★ 朱德（托球者）与抗大学员一起打排球。

务》中指出：

> "军队内部的团结，非常之重要。我们八路军、新四军，历来依靠官兵一致，获得了光荣的胜利。"
>
> "一九四五年，应该进行广大的工作，将军队官兵关系中的一切不良现象，例如打人，骂人，不关心士兵的给养、疾病及其他困难，对于士兵的错误缺点不耐心教育说服、轻易处罚，以及侮辱或枪毙逃兵等等恶劣习惯及错误方针，从根本上去掉。许多部队，现在还未重视这一工作，由于不明白这一工作是军队战斗力的极其重要的政治基础。"
>
> "整训开始时，还应着重政治方面，着重于改善官兵关系，增强内部团结，发动干部与战士群众的高度积极性，军事整训才易于实施与更有效果。这一工作的实行，应在每一部队内部举行拥干爱兵运动，号召干部爱护士兵，同时号召士兵拥护干部，彼此的缺点错误，公开讲明，迅速纠正，这样就能达到很好地团结内部之目的。"

抗战胜利后不久，毛泽东反复强调官长一定要对战士好，要像朋友、同志、兄弟一样地对待战士。

1945年10月25日，毛泽东在抗大七分校讲话时说：

> "官长一定要注意自己的态度，要像朋友、同志、兄弟一样地对待战士们。"
>
> "不要学国民党军队官长对弟兄们不好。因为我们都是站在一条线上为人民服务，都准备牺牲性命为全国人民谋利益，为什么要对战士不好呢？一定要好。"

毛泽东是这样倡导和这样做的，中国共产党及其军队的其他领导人也是这样倡导和这样做的。对这一根本问题，他们有着高度的共识。

1948年3月23日，邓小平在晋冀鲁豫野战军第一纵队干部会上作报告。在

★ 讲军队宗旨和军民关系 ★
"官兵一致，军民一致"

谈到官兵一致时，邓小平说：

> "因为我们的军队是建筑在阶级本质上的，所有的人都是为着一个政治任务，都是自觉地来革命的，利害都是一致的，所以在人格上、政治地位上都是平等的。尽管工作上有上下级的区别，但另一方面又都是同志关系，同样的光荣。所以反对把我们的战士降低到一个单纯的人，降低到军阀部队的一个兵的地位，单纯地使用他，当成驱使的对象。我们确实有些同志不去关心战士，打呀，骂呀，侮辱他们。这样便模糊了战士对自己是人民军队主人翁的观念，模糊了自己对人民军队也要负责的观念，战士便不会发挥高度的积极性，高度的政治责任心和提高觉悟性。有些人认为干部只要有本事就可能解决问题，就可管军队，这是不对的，事实上是解决不了问题的。我们要做好官兵一致，首先要人人思想上认清以上几点，特别是干部，不但自己要执行，同时还要启发战士去发挥积极性，大胆对军队负责，启发他们的阶级觉悟，来当军队的主人。只要战士真正明白了这一点，并认真执行起来，就会成为不可战胜的力量。"
>
> "要做好官兵一致，必须走群众路线，也就是要实行三大民主，即政治民主、军事民主、经济民主。"

邓小平特别强调，在这三大民主中，"政治民主，就是政治上官兵一律平等"。

邓小平告诉大家，这三大民主，就是毛主席为我们部队规定的。他说：

> "三大民主必须执行，全军都要做，毛主席已经规定了，思想上要打通，组织上要做。"

在抓官兵一致和军队民主的过程中，毛泽东特别注意基层民主。他指出："军队的基础在士兵。"正如徐向前元帅所说："每个干部必须懂得，有了士兵才要干部，不是有了干部才要士兵。"正是靠着官兵一致这个原则，我军战斗力奠定了重要的政治基础，在中国革命斗争历史进程中，我军不断成长壮大，终于取得了抗日战争、解放战争的伟大胜利。

新中国成立后，毛泽东同样多次强调官兵一致的重要性。1956年11月15日，毛泽东在中共八届二中全会上回顾长征时官兵一致的情景，他深情地说道：

> "我们长征路上过草地，根本没有房子，就那么睡，朱总司令走了四十天草地，也是那么睡，都过来了。我们的部队，没有粮食，就吃树皮、树叶。同人民有福共享，有祸同当，这是我们过去干过的，为什么现在不能干呢？只要我们这样干了，就不会脱离群众。"

朱德是红军的总司令，也是中国人民解放军的总司令，在人民军队中德高望重。毛泽东在会议上借朱德的故事，实际上再次向全党全军强调官兵一致的极端重要性，强调干部要发挥模范作用。

1957年3月20日，毛泽东在南京党员干部会议上说：

> "在战时，要密切联系群众，要官兵打成一片，军民打成一片。"
>
> "现在实行了军衔制度和其他一些制度，但是，上级跟下级还是要打成一片，干部跟士兵还是要打成一片，还是要准许下级批评上级，士兵批评干部。"
>
> "军队里头的这种民主，我们曾经搞过，结果是有益的。不要因为有了军衔制度和其他一些制度，而使上下级、官兵、军民、军队同地方的密切关系受到损害。毫无疑义，上下级的关系应当密切，应当是一种同志的关系。干部跟战士的关系应当密切，应当打成一片。军队跟人民、跟地方党政组织的关系，也应当是密切的。"

进入改革开放新时期，毛泽东、朱德等人规定的官兵一致的原则，仍然被我军遵从。正如1978年5月29日叶剑英在全军政治工作会议上所说的：

> "红军的官兵关系很亲密，就像长兄幼弟，军民也很团结，就像鱼水相依。干部的模范作用很好，就连我们的毛主席和朱总司令也和大家一起挑粮背米。那时生活很艰苦，战斗很频繁，敌军围困万千重，我自岿然不动，就是靠党的领导，靠政治工作。"

★军民一致：人民军队无敌于天下的奥秘

军民一致的原则，是由我军全心全意为人民服务的宗旨所决定的。

毛泽东一贯强调，人民是军队的根，是军队的本，军队必须与人民打成一片才不会离开根本。毛泽东认为，革命战争是群众的战争，军队只有与人民打成一片，才能无敌于天下。只要军民团结一致，那就是任何力量都打不破的铜墙铁壁。

在抗战时期，毛泽东尤其强调军民一致的重要性。认为只有这样，才能取得抗战的彻底胜利。

1938年5月，毛泽东在《论持久战》中说：

> "军队须和民众打成一片，使军队在民众眼睛中看成是自己的军队，这个军队便无敌于天下，个把日本帝国主义是不够打的。"

1940年1月16日，毛泽东在陕甘宁边区第二届农工展览会开幕典礼上说道：

> "八路军也就是老百姓，故军队不要忘本，本就是工农。"
>
> "八路军有两条规矩，一条就是官兵合作，一条就是军民合作，大家亲亲密密团结起来，日本一定打倒的。"

1943年7月，在中国共产党诞生22周年之际，毛泽东起草了《中共中央为抗战六周年纪念宣言》。在宣言中，毛泽东说：

> "共产党员应该紧紧地和民众在一起,保卫人民,犹如保卫你们自己的眼睛一样,依靠人民,犹如依靠自己的父母兄弟姊妹一样。认真地实行精兵简政、拥政爱民与拥护军队的政策,彻底地达到官兵一致,军民一致,军政一致的目的。"

之所以能够做到军民一致,毛泽东认为是由共产党员的特性决定的,他说:

> "共产党员是一种特别的人,他们完全不谋私利,而只为民族与人民求福利。他们生根于人民之中,他们是人民的儿子,又是人民的教师,他们每时每刻地总是警戒着不要脱离群众,他们不论遇着何事,总是以群众的利益为考虑问题的出发点,因此他们就能获得广大人民群众的衷心拥护,这就是他们的事业必然获得胜利的根据。"

对于这一点,邓小平也表述过。1944年12月6日,邓小平在杀敌英雄劳动英雄大会上是这样说的:

> "军队的困难就是人民的困难,人民的困难就是军队的困难。军民一体,正是我们能够坚持敌后抗战,巩固并发展根据地,克服一切困难的力量。"

1945年,毛泽东在七大政治报告中,全面审视我军成长壮大的历史过程,集中而深刻地论述了我军的根本宗旨。他一语道破了我们这支军队的特性,这个军队"不是为着少数人的或狭隘集团的私利,而是为着广大人民群众的利益,为着全民族的利益,而结合,而战斗的"。

毛泽东的一句话,植根在人民军队的血脉之中:

> "紧紧地和中国人民站在一起,全心全意地为中国人民服务,就是这个军队的唯一的宗旨。"

★ 讲军队宗旨和军民关系 ★
"官兵一致，军民一致"

毛泽东所建立的"官兵一致，军民一致"的原则，始终被我军所遵循和坚守。这些原则也成为我军克服一切困难和取得胜利的法宝。

解放战争时期的1948年3月23日，邓小平在晋冀鲁豫野战军第一纵队干部会上作报告。在谈到建军原则时，邓小平说过这样的话：

> "第一个是军内关系，就是官兵一致；第二是军外关系，就是军民一致。这是每个人必须做到的两条。"
>
> "只要认真执行了以上两条，我们的力量就会大得无比。有了任何困难，依靠官兵一致、军民一致都是会逐渐解决的。"

新中国成立后的1954年1月26日，朱德在全国军事系统党的高级干部会议闭幕式上发表讲话。他也说过这样的话：

> "应该发扬军民一致、军政一致、上下一致、官兵一致的优良传统，防止和克服任何有害于团结的错误倾向。只有这样，才能把全党全军团结起来，实现党在过渡时期的总路线和总任务，实现我军现代化、正规化的任务。"

这些所表达的，正是人民军队的根本宗旨和根本原则，是人民军队发展壮大的根基。正因为如此，党的十八大以后，2013年7月8日，习近平在中央军委专题民主生活会上，才作了这样深情的概括和回顾：

> "我们党提出军民一致、军政一致、官兵一致的原则，在部队实行政治民主、经济民主、军事民主，兴起拥政爱民活动，概括了我军全心全意为人民服务的根本宗旨。"

"没有一个人民的军队，便没有人民的一切"

"没有一个人民的军队，便没有人民的一切。"

——毛泽东：《论联合政府》（1945年4月24日）

1945年4月23日至6月11日，中国共产党第七次全国代表大会在延安举行。正如毛泽东所言，这次大会是"一个胜利的大会，一个团结的大会"。会议开幕后的第二天，毛泽东向大会提交了《论联合政府》的书面政治报告，在谈到中国共产党的具体纲领时，旗帜鲜明地认为：

> "中国人民要自由，要统一，要联合政府，要彻底地打倒日本侵略者和建设新中国，没有一支站在人民立场上的军队，那是不行的。"

毛泽东将其概括为：

> "没有一个人民的军队，便没有人民的一切。"

这是对人民军队性质、宗旨的凝练概括，将人民军队为什么成立，风风雨雨几十年为什么奋斗，一下子就说透了。这支人民军队同中国历史上所有的军

★讲军队宗旨和军民关系★
"没有一个人民的军队,便没有人民的一切"

队都不一样。

★成长:人民军队在谋人民利益和为人民服务中发展壮大

在我国历史上,军队作为执行政治任务的武装集团,在封建社会时为皇帝所私有,在"普天之下,莫非王土,率土之滨,莫非王臣"的时代,军队的最高统帅权牢牢地掌握在皇帝手中。这样的军队只知效忠皇帝,不知在普天之下还有苍生黎民。相反,有些军纪涣散的军队甚至为祸乡里,给普通百姓的生活带来灾难。这样的例子举不胜举,我们的历史上也留下了"兵荒马乱""兵连祸结""兵燹不断"这样的成语,来形容军队给百姓带来的苦难。

近代以后,由于晚清政府和北洋政府对地方的控制力十分有限,各地方势力坐大,成为一方军阀,军队也成为军阀的私人武装。这些军阀大多想的只是扩张势力、升官发财,对老百姓的生活则不闻不问。比如,1920年至1924年,仅仅4年间,为了争夺对中央政府的控制权,各大军阀之间就先后进行了直皖战争、第一次直奉战争和第二次直奉战争,三次大的军阀混战致使生灵涂炭、民不聊生。北伐之后,国民党虽然在形式上完成了对中国的统一,但是,实质上的军阀割据现象并没有得到改善,反倒有愈演愈烈之

★ 1944年11月,毛泽东在给南下的三五九旅指战员讲话时说:"你们要以最大的毅力去克服各种困难,上下一心,团结一致,要像'王者之师'那样,遵守三大纪律八项注意,真正做到纪律严明,秋毫无犯。要同群众打成一片,忠实地为人民服务。"

势。1929年和1930年先后爆发的蒋桂战争和中原大战，让无数人民流离失所。

1927年，一支新型的人民军队诞生了！它从诞生之日起就与众不同。

这支军队由人民的子弟组成，他们在进入军队后不仅接受军事训练，更接受政治训练，彻底摒弃了"当兵吃粮"的旧思想，明白了为什么当兵，为什么人当兵。他们有着严格的纪律，有着"不拿群众一针一线"的光荣传统。这支人民军队初创时期，毛泽东就要求军队对待人民群众要说话和气，买卖公平，不拉夫、不打人、不骂人等，产生了"三大纪律八项注意"的雏形。

人民军队建立以后，在为人民服务中不断成长壮大。毛泽东在张思德的追悼会上曾语重心长地说过：

> "我们的共产党和共产党所领导的八路军、新四军，是革命的队伍。我们这个队伍完全是为着解放人民的，是彻底地为人民的利益工作的。"

这段话，虽然是毛泽东的即兴演讲，但毛泽东对此却是作过长期的深入思考的。据说，《为人民服务》这篇演讲是这样来的：

1944年，张思德积极参加延安大生产运动，被选为农场副队长。因他懂得烧炭技术，同年7月被组织抽调去陕北安塞石硖峪山里烧木炭。1944年9月5日，张思德等人烧好了一窑炭之后，又参加突击队，帮助别的战友开挖另一孔新窑。中午时分，由于土质松软，加上雨水渗透，即将挖成的窑洞有些变形，张思德自告奋勇下去修理。谁也没有想到，他这一下去就再也没有上来。就在张思德下去不久，支撑炭窑的墙体突然崩塌下来，将张思德压在窑内。

张思德不幸牺牲的噩耗传到中央警备团，内卫班的战友们都悲痛不已。考虑到张思德是毛泽东内卫班的警卫员，警卫队队长古远兴决定把这消息直接报告给毛泽东。古远兴走进毛泽东的办公室，见日理万机的毛泽东正在聚精会神地批阅文件，几次张口又止，最后才不得不小声地说："主席，张思德牺牲了。"

毛泽东一听，吃惊地放下笔，详细地问询了张思德牺牲的经过。听完古远兴的汇报，毛泽东的表情凝重，默然良久后才对古远兴说："张思德是好战士，站岗放哨，还陪我外出过，很熟悉。前线打仗是免不了要死人的，但后方搞生

★ 讲军队宗旨和军民关系 ★
"没有一个人民的军队，便没有人民的一切"

产出事故死人是不应该的。"

毛泽东走到窗前，朝张思德牺牲的安塞方向望去，问："张思德现在安放在什么地方？"古远兴答道："接到电话时还被压在炭窑里，正在组织人往外挖。"毛泽东严肃地对古远兴说："要尽快挖出来。放哨看好。山里狼多，要是被狼吃了，你这个队长就不要当了。"

随后，毛泽东给古远兴下了三条指示："第一，给张思德身上洗干净，换上新衣服；第二，买一副好棺材，入殓后运回延安；第三，要给他开个追悼会，我要参加还要讲话。"

遵照毛泽东的指示，战友们把张思德遗体抬到安塞当地的村子里，毛泽东专门派一辆汽车将遗体拉到了枣园。3天后，即9月8日下午，张思德追悼大会在延安凤凰山脚下的枣园后院河沟广场上举行。

会场的土台中央悬挂着张思德的遗像，旁边挂着毛泽东亲笔题写的"向为人民利益而牺牲的张思德同志致敬"的挽幛。

下午2时许，毛泽东从枣园的住所出来，直接走向会场。走进会场后，毛泽东抬起上面有他题字的花圈，亲手放到张思德遗像前，默哀后缓步登台。当中央警备团政治处主任张廷祯介绍完张思德生平事迹后，毛泽东即兴作了《为人民服务》的著名演讲。毛泽东边讲，边打着手势。当讲到"张思德同志是为人民利益而死的，他的死是比泰山还要重"时，毛泽东两手往下用力一压；当讲到"替法西斯卖力，替剥削人民和压迫人民的人去死，就比鸿毛还轻"时，他把手掌卷成一个喇叭筒状，放在嘴边一吹……

张思德的死是偶然的，但毛泽东把"为人民服务"的思想倡导推广到全党全军和各抗日根据地人民中去却是必然的。从此"为人民服务"的精神传遍了延安，传遍了陕甘宁边区，传遍了全国各解放区。

人民军队在全心全意地为人民服务，人民也全心全意地在背后支持这支军队打仗。人民军队和人民群众逐渐成为"你中有我、我中有你"关系。

伴随着这种关系，人民解放军走过了各个历史时期和战斗岁月，也出现了许许多多感天动地的典范事例。

淮海战役中人民群众积极支援前线便是广为传颂的光辉典范。

陈毅在总结胜利经验时曾感叹：淮海战役的胜利，是人民群众用小车推出来的！事实也正如陈毅元帅所言。

在淮海战役中，为补充主力部队的兵员，解放区人民积极行动起来，掀起轰轰烈烈的参军热潮，涌现出许多父送子、妻送郎、母亲送儿上前方的动人画面。战役开始时，华东野战军有42万人，到战役结束时，兵力不减反增，发展到46万人，不得不说是战争史上的一个奇迹。不仅如此，在战役中，担负战争勤务的民工共计有543万人，与指战员的比例近9∶1！参加服务的不仅有壮年、青年，也有老人和儿童；有农民、工人，也有商人、学生、医生等社会各阶层人士。除了由男子组成的数百万民工在前方为解放军铺路架桥、运送粮草、抢抬伤员外，还有数以千万计的妇女在后方为解放军碾米磨面，缝制军衣、军鞋，许多儿童站岗放哨、传递情报等等。在整个战役期间，人民群众用小车向前线运了300多万吨弹药物资、5.7亿斤粮食。这简直是天文数字。

难怪陈毅元帅赞叹：

> 几十万，民工走不通。
> 骏马高车送粮食，
> 随军旋转逐西东，
> 前线争立功。
>
> 担架队，几夜不曾睡，
> 稳步轻行问伤病：
> 同志带花最高贵，
> 疼痛可减退？

人民军队就是在这样的军民鱼水情中慢慢发展壮大了起来。

★考验：在各个时期坚持军队的人民性不动摇

在坚持军队的人民性上，我们这支军队也曾遇到过不小的外部考验。

对于共产党拥有一支强大的人民军队，蒋介石向来十分忌惮，一直以来都

★ 讲军队宗旨和军民关系 ★
"没有一个人民的军队,便没有人民的一切"

想将其彻底消灭而后快。还在两党密切合作的大革命时期,蒋介石就发动了"中山舰事件":蒋借口中山舰舰长李之龙(李为共产党员)未得命令调动中山舰,宣布广州戒严,断绝广州内外交通,扣留中山舰及其他舰只,包围省港罢工委员会,包围广州的苏联顾问住所,并在其后提出《整理党务案》,排挤共产党员。

★ 1945年8月28日,为争取国内和平,毛泽东和周恩来、王若飞在赫尔利、张治中陪同下离开延安赴重庆谈判。

土地革命战争时期就更不用多说了,此时蒋介石已公开叛变革命,他举起手中的屠刀,大肆屠杀共产党员和人民军队。1928年7月至1929年2月,蒋介石先后任命国民党的江西省主席朱培德和湖南省主席何键为总指挥,对井冈山进行了三次"会剿"。其后,在1930年底至1934年10月,蒋介石又对中央苏区进行了五次"围剿",而且每次都比前一次用兵要多、方法要狠。

即使在两党合作抗击民族敌人的抗日战争时期,蒋介石也没有放弃消灭人民军队的念头,先后掀起三次反共高潮,尤其在第二次反共高潮中,更制造了震惊中外的"皖南事变",在安徽泾县茂林地区突然袭击奉命北移的新四军军部及其所属部队9000余人。新四军部队奋战七昼夜,除2000多人突围到皖北、苏北外,大部牺牲或被俘。军长叶挺在同国民党军谈判时被扣,副军长项英在突围时被叛徒杀害。只是由于共产党对国民党顽固派在政治上进行了猛烈反击，再加上国际上的普遍反对，蒋介石才不得不在国民参政会二届一次会议上宣布："以后亦决无'剿共'之军事，这是本人可负责声明而向贵会保证的。"皖南事变也使更多共产党人对国民党的面目有了更加清醒的认识。

在抗战胜利之后，由于国际因素影响，人民向往和平，共产党的力量也今非昔比，对蒋介石而言，军事消灭共产党领导的人民军队的办法看来是行不通了。这时，他又提出"军队国家化"的主张。

所谓"军队国家化"，国民党的说法是：

> "一、所有中共部队应交给政府听候整理。
>
> "二、即日起所有中共部队对国军及地方团队停止敌对行为，就地听候命令。"

这乍一看好像也没什么，其实背后隐藏着蒋介石的如意算盘，因为他还提出了三条更基本的原则：

> "一、不得以现在政府法统之外来谈改组政府问题，即其所谓召开党派会议讨论国是，组织联合政府也。
>
> "二、不得分期或局部解决，必须现时整个解决一切问题。
>
> "三、归结于政令军令之统一，一切问题必须以此为中心也。"

这样一对比，就再明显不过了：一面要求"所有中共部队应交给政府听候整理"，一面又提出"不得以现在政府法统之外来谈改组政府问题"，其实就是在绕着弯子说：共产党的军队要交给国民党来处理。说得好听一点，就是"归结于政令军令之统一"。

毛泽东早已将这一点看透了，他曾一针见血地道出有没有一支人民军队之间的区别：

> "这些人们向共产党人说：你交出军队，我给你自由。根据这个学

★ 讲军队宗旨和军民关系 ★
"没有一个人民的军队，便没有人民的一切"

> 说，没有军队的党派该有自由了。但是一九二四年至一九二七年，中国共产党只有很少一点军队，国民党政府的'清党'政策和屠杀政策一来，自由也光了。现在的中国民主同盟和中国国民党的民主分子并没有军队，同时也没有自由。十八年中，在国民党政府统治下的工人、农民、学生以及一切要求进步的文化界、教育界、产业界，他们一概没有军队，同时也一概没有自由。"

毛泽东继而借用国民党污蔑共产党的话讽刺道：

> "难道是由于上述这些民主党派和人民组织了什么军队，实行了什么'封建割据'，成立了什么'奸区'，违反了什么'政令军令'，因此才不给自由的吗？完全不是。恰恰相反，正是因为他们没有这样做。"

在中国共产党六届七中全会上，针对国民党当局以"军队国家化"来达到消灭人民军队的企图，毛泽东一语道破："军队国家化之类就是他们的口号"。毛泽东还点明了蒋介石所谓"军队国家化"的意图就是要取消一支人民自己的军队。

毛泽东还就一些人对"共产党军队"存在的误解进行了澄清：

> "通常所说的'共产党军队'，按其实际乃是中国人民在战争中自愿组织起来而仅仅服务于保卫祖国的军队，这是一种新型的军队，与过去中国一切属于个人的旧式军队完全不同。它的民主性质为中国军队之真正国家化提供了可贵的经验，足为中国其他军队改进的参考。"

毛泽东1945年9月27日在重庆回答路透社记者甘贝尔提问时，一语道破问题的关键：蒋介石国民党领导的国家，根本不存在"国家民主化"这一"共同前提"。也就是说，没有国家的民主化，就不可能有军队的人民属性。

我们党坚持了自己的理想和宗旨，坚守了自己领导下的新型军队的人民性。为了保证人民的利益不受到侵害，为了民族的解放和人民的福祉，共产党

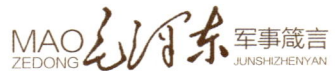

与国民党反动派进行了艰苦的斗争。在争取和平的努力失败之后,不得不拿起武器,进行了三年的解放战争,最终建立了人民当家做主的新中国。

★ 坚持:人民军队永远不变的宗旨

新中国成立前后,人民军队随着我们党从局部执政到全国执政的步伐,走向保卫和建设全中国。这样一支军队,如何保持其本质属性不变,毛泽东等领导人不断在提醒和教育人们注意这个问题。

新中国成立前,毛泽东特别对取得节节胜利的人民解放军强调:

> "本军是中国人民的军队,一切以中国人民的意志为意志。本军的政策,代表中国人民的迫切要求。"

新中国成立后,人民军队始终牢记毛泽东和党中央的教导,不忘初心。到了20世纪60年代,毛泽东还特别向外宾介绍了我们这支军队与其他军队的本质区别:人民军队与人民群众有着密切的联系。他说:

> "无产阶级革命军队跟资产阶级军队不同,它是人民的军队。"

对这一点,直到1989年"北京风波"以后,邓小平还特别作了肯定,他说:

> "我确信,我们的军队能够始终不渝地坚持自己的性质。这个性质是,党的军队,人民的军队,社会主义国家的军队。这与世界各国的军队不同。就是与别的社会主义国家的军队也不同,因为他们的军队与我们的军队经历不同。我们的军队始终要忠于党,忠于人民,忠于国家,忠于社会主义。我确信,我们的军队能够做到这一点,几十年的考验证明军队能够履行自己的责任。"

邓小平的话,也是在新的历史条件下对人民军队作的一个语重心长的叮嘱。

★ 讲军队宗旨和军民关系 ★
"没有一个人民的军队，便没有人民的一切"

★ 1998年，长江流域发生特大洪水，解放军战士在抗洪前线。

在新的时期，虽然环境变了，任务变了，但人民军队的性质始终没有变。无论是抗洪的最前线，还是抗震的重灾区，只要有人民需要的地方，就有人民子弟兵的身影。只要是人民利益所在，人民军队就会奋不顾身地前往。这样的故事我们时时刻刻都能见到。

让我们先来看看"抗洪英雄"高建成的故事。

1998年夏，长江流域遭受历史罕见的洪涝灾害，人民的生命财产面临严重威胁。7月27日，空军某高炮团奉命奔赴湖北咸宁地区执行长江干堤抢险护堤任务。出发之前，高建成在写给老母亲的信中说："妈，我马上就要带兵执行抗洪抢险任务了，现在家里置了新房，等我抗洪胜利回部队后，便利用休假的机会接您老人家来住，让您老人家和我们一起生活，享受晚年幸福。"他率领战士们按时奔赴指定位置，立即投入嘉鱼县邱家湾抗洪抢险战斗。8月1日晚，他率部转战簰洲湾参加抢险战斗。急行军中,长江大堤突然决口,连队突遭洪水袭击,四五米高的巨浪扑面而来。在紧急关头,他不顾个人安危,迅速组织抢救遇险群众。先后救出8人后,自己却被一个巨浪卷走,壮烈牺牲。

8月,中央军委发布了授予他"抗洪英雄"荣誉称号的命令。命令中有这样一段话:他在国家和人民群众生命财产安全受到严重威胁的关键时刻,舍生忘死保护群众和战友,用生命谱写了一曲抗洪抢险的壮丽凯歌。这是新时期人民军队为人民的缩影。

让我们再来看看抗震救灾中一个普通连队指导员的故事。

2008年5月12日晚11时,空降兵某部一连指导员曹加楼正在连云港老家与女友花卉一起,憧憬着即将举行的婚礼。突然,手机铃声打破了这难得的宁静。接通电话,曹加楼脸上柔和的表情渐渐变得严峻:"是,是!马上归队!"

"是不是又要推迟婚礼了?"看着他欲言又止的模样,花卉强作笑脸。曹加楼轻声歉疚地解释:"小卉,四川地震灾情严重。我明天一早必须返回部队。婚礼再推迟一次吧。"这个豁达的汉子,此刻不知道怎么措辞——要知道,这已经是4个月内他们第二次推迟婚礼。元月初,由于部队接到命令要参加一次重要演习,正休假在家中筹备婚礼的他,也是被这样一个电话召回。

翌日凌晨,曹加楼搭上了第一列返回部队的火车。刚刚坐定,手机上连续接到3条短信。

父亲:"加楼,爸妈都舍不得你走,但部队要你去就去。去了多救人,好好保重自己。"

岳父:"加楼,我和你的父母同花卉商量过了,婚礼照常举行。你放心去灾区,这里的事情不用操心。"

妻子:"虽然我舍不得你走,但是我支持你。虽然今天你不在我身边,但是我一样的幸福。保重自己。"

于是,婚礼如期地举行了,只是婚礼上只有新娘。那个本该挽着新娘的幸福新郎,此时正在千里之外,争分夺秒地抢救着受灾群众。

这样的例子举不胜举。

这支人民军队之所以如此,是因为有着光荣的基因在血管里流淌,正如毛泽东所说:

★ 讲军队宗旨和军民关系 ★
"没有一个人民的军队,便没有人民的一切"

> "这个军队之所以有力量,是因为所有参加这个军队的人,都具有自觉的纪律;他们不是为着少数人的或狭隘集团的私利,而是为着广大人民群众的利益,为着全民族的利益,而结合,而战斗的。紧紧地和中国人民站在一起,全心全意地为中国人民服务,就是这个军队的唯一的宗旨。"

毛泽东还有一段话,也清晰地阐明了人民军队的这一宗旨:

> "我们的军队是真正的人民军队,我们的每一个指战员以至每个炊事员、饲养员,都是为人民服务的。我们的部队要和人民打成一片,我们的干部要和战士打成一片。与人民利益适合的东西,我们要坚持下去;与人民利益矛盾的东西,我们要努力改掉,这样我们就能无敌于天下。"

毛泽东
MAO
ZEDONG

讲取胜之道

"兵民是胜利之本"

"军民团结如一人，试看天下谁能敌"

"兵民是胜利之本"

"兵民是胜利之本。"

"动员了全国的老百姓,就造成了陷敌于灭顶之灾的汪洋大海,造成了弥补武器等等缺陷的补救条件,造成了克服一切战争困难的前提。"

——毛泽东:《论持久战》(1938年5月)

1937年7月7日,卢沟桥的炮火揭开了中国全面抗战的序幕。1938年是一个重要的年份。到这年7月,就是中国人民全面抗战1周年,也是中国共产党成立17周年。总结抗战以来的经验,为全国人民指明抗战的前景,是中国共产党及其领袖毛泽东的历史责任。进入1938年,毛泽东一直在思考这件决定中华民族命运的大事:怎样动员一切力量争取抗战的胜利?

★ 一场跨越历史长空的讲演,提出"兵民是胜利之本"

在毛泽东看来,抗战的前途是光明的,但道路是曲折的。在这个关键时刻,有必要向全党和全国人民阐明抗战的前途和道路。1938年5月26日至6月3日,毛泽东在延安抗日战争研究会作了《论持久战》的讲演。

毛泽东在讲演一开始,就直截了当地批驳了"亡国论"和"速胜论":

> "抗战十个月以来，一切经验都证明下述两种观点的不对：一种是中国必亡论，一种是中国速胜论。前者产生妥协倾向，后者产生轻敌倾向。他们看问题的方法都是主观的和片面的"。

毛泽东认为，中国必须也能够经过持久抗战取得胜利，持久战必须经过战略防御、战略相持和战略反攻三个阶段，强调持久战的基础是广大民众。

要想取得胜利，就必须找到关键环节，毛泽东明确指出：

> "争取抗战胜利的中心关键，在使已经发动的抗战发展为全面的全民族的抗战。只有这种全面的全民族的抗战，才能使抗战得到最后的胜利。"

> "四亿五千万的中国人占了全人类的四分之一，如果能够一齐努力，打倒了日本帝国主义，创造了自由平等的新中国，对于争取全世界永久和平的贡献，无疑地是非常伟大的。"

毛泽东点明了全民族的团结和民众的力量。

《论持久战》犹如一轮朝阳，拨开了人们心头上的迷雾，指明了战争的前途，大大坚定了全国人民夺取抗战胜利的信心。全国抗战形势的后来发展完全证实了毛泽东的英明论断。

其实这个观点，毛泽东早在1936年与斯诺谈话时就提出来过。当时他说：
"所以问题的中心点还是中国全体人民团结起来，建立举国一致的抗日阵线。这是我们早就提出了的。"

在《论持久战》讲演中，毛泽东继续重申了这一观点，并进一步作了深入分析。他说：

> "中国农民有很大的潜伏力，只要组织和指挥得当，能使日本军队一天忙碌二十四小时，使之疲于奔命。必须记住这个战争是在中国打的，这就是说，日军要完全被敌对的中国人所包围。"

在讲演中，毛泽东明确提出了"兵民是胜利之本"这一著名论断。他认为，这是为什么中国一定能最终取得抗日战争胜利的总依据。"兵民是胜利之本"的思想论断，是毛泽东人民战争思想的重要内容。把人民群众看成和军队一样，都是战争的主体，这是毛泽东的独创。

《论持久战》这篇讲演，很快以著作形式传遍全国，不仅对八路军和新四军在抗日战争中有着重要的指导意义，而且对国民党将领也产生不小的影响。程思远在《我的回忆》中曾经这样说道：

> "毛泽东《论持久战》刚发表，周恩来就把它的基本精神向白崇禧作了介绍。白崇禧深为赞赏，认为这是克敌制胜的最高战略方针。后来白崇禧又把它向蒋介石转述，蒋也十分赞成。在蒋介石的支持下，白崇禧把《论持久战》的精神归纳成两句话：'积小胜为大胜，以空间换时间。'并取得了周公的同意，由军事委员会通令全国，作为抗日战争中的战略指导思想。"

《论持久战》还被翻译成英文向海外发行。毛泽东很重视这件事，为英文本写了序言。他说：

"中国的抗战是世界性的抗战。孤立战争的观点历史已指明其不正确了。"

"希望此书能在英语各国间唤起若干的同情，为了中国利益，也为了世界利益。"

一篇《论持久战》，从讲演到传播，都体现了毛泽东的战略思维，也展现了毛泽东的世界眼光。

★ 打败日本侵略者，必须实行全国军民总动员

日本发动的全面侵华战争，使中华民族面临亡国的严重危险。在这生死存亡关头，只有全民族团结抗战才是中国生存和发展的唯一出路。反对并战胜日本帝国主义侵略，成为中华民族的最高利益。

中国共产党提出全面抗战路线。全国抗战一开始，中国共产党就号召全国

★ 讲取胜之道 ★
"兵民是胜利之本"

人民总动员，主张开放民主，改善民生，广泛发动群众，武装群众，实行全体人民参加战争、支援战争的全面抗战路线，成为引领全民族抗战的指南。

中国共产党主导建立以国共合作为基础的抗日民族统一战线。1937年7月7日全面抗战爆发。第二天，中国共产党发出通电，再次呼吁："只有全民族实行抗战，才是我们的出路！"号召全国人民、军队和政府团结起来，筑成民族统一战线的坚固长城，抵抗日本侵略。9月22日，国民党中央通讯社发表《中共中央为公布国共合作宣言》；次日，蒋介石在庐山发表谈话，第二次国共合作正式形成。

在中国共产党的全面抗战路线和持久战战略方针的指导下，八路军、新四军和共产党领导的其他抗日武装开赴抗日战场，一方面同国民党军队并肩作战，始终注意与国民党军队进行战略的、战役的乃至战斗的协同与配合；另一方面，坚持独立自主的抗日游击战争，向敌后挺进，放手发动群众，建立抗日根据地，开辟敌后战场。于是，抗日战争形成两个战场，即国民党军队抗击日寇的正面战场和共产党领导的敌后解放区战场。

毛泽东十分重视抗日战争中的政治动员工作。动员什么？核心还是"动员全中国人民"。他说：

> "抗日战争是要赶走帝国主义，变旧中国为新中国，必须动员全中国人民，统统发扬其抗日的自觉的能动性，才能达到目的。"
>
> "这个政治上动员军民的问题，实在太重要了。我们之所以不惜反反复复地说到这一点，实在是没有这一点就没有胜利。"

毛泽东阐述了动员全体兵民的根本要领。他说：

★ 毛泽东题写的"兵民是胜利之本"。

"什么是政治动员呢?首先是把战争的政治目的告诉军队和人民。必须使每个士兵每个人民都明白为什么要打仗,打仗和他们有什么关系。抗日战争的政治目的是'驱逐日本帝国主义,建立自由平等的新中国',必须把这个目的告诉一切军民人等,方能造成抗日的热潮,使几万万人齐心一致,贡献一切给战争。其次,单单说明目的还不够,还要说明达到此目的的步骤和政策,就是说,要有一个政治纲领。"

"没有一个明确的具体的政治纲领,是不能动员全军全民抗日到底的。"怎样去动员?毛泽东说道:

"靠口说,靠传单布告,靠报纸书册,靠戏剧电影,靠学校,靠民众团体,靠干部人员。"

"其次,不是一次动员就够了,抗日战争的政治动员是经常的。不是将政治纲领背诵给老百姓听,这样的背诵是没有人听的;要联系战争发展的情况,联系士兵和老百姓的生活,把战争的政治动员,变成经常的运动。这是一件绝大的事,战争首先要靠它取得胜利。"

实践证明,毛泽东抗战时期政治动员思想是十分正确的,把握了抗日战争发展进程中的基本规律,有力推动了抗日战争向着有利于中国人民的方向发展,最终取得了抗日战争的彻底胜利。

在全国抗战的战略防御阶段,国共两党及其领导的军队,在合作抗日的旗帜下,协同作战,对日军进行了比较有效的抗击,使日军实力受到比较大的消耗。

1937年9月下旬,一一五师在平型关利用有利地形,歼灭日军1000余人,击毁汽车100余辆,缴获一批辎重和武器。平型关战斗,是华北战场上中国军队主动寻歼敌人的第一个大胜仗,有力地配合了正面战场的防御作战。它打破了日军不可战胜的神话,振奋了全国人心,极大地提高了中国共产党及其领导的八路军的威望。

1938年3月下旬至4月上旬,中国军队运用阵地战同运动战相结合的战法,在台儿庄地区对孤军深入的日军第十师团濑谷支队和前来增援的第五师团坂本支队，进行英勇顽强的阻击和外线迂回包围。经过数日激战，最终打败进攻之敌，歼灭日军1万余人。台儿庄大捷，是抗战以来国民党正面战场取得的最重大的胜利。中国共产党领导的八路军以及山东、河北人民抗日游击队和工人武装，进行破袭战，炸毁桥梁，拆除路轨，阻滞日军的运输，有力地支援了台儿庄作战。

由于接受中国共产党提出的团结抗日、建立抗日民族统一战线的主张，国民党政府及其军队对日本侵略者采取了比较积极的抵抗政策，先后组织了南口、张家口、淞沪、忻口、太原、南京、武汉等大规模的战役和会战。这些正面战场的抵抗斗争沉重地打击了日本帝国主义的嚣张气焰，粉碎了日军企图3个月灭亡中国的狂妄计划，对抗战持久局面的形成起了重要作用。由于国民党政府的积极行动，因此才"比较顺利地形成了全国军民抗日战争的高潮，一时出现了生气蓬勃的新气象"。

毛泽东曾就此评论：

> "没有正面主力军的英勇抗战，便无从顺利地开展敌人后方的游击战争"。

在1938年9月召开的中共六届六中全会上，毛泽东作了《论新阶段》的报告，他在总结抗战以来的工作时说：

> "抗日战争的进行与抗日民族统一战线的组成中，国民党居于领导与基干的地位。"
>
> "全国各个抗日党派都有进步，国民党的进步也是显著的。"

他还指出：

> "统一战线以国共两党为基础，而两党中又以国民党为主干，我们承认这个事实。"

毛泽东的讲话，充分肯定了抗战初期的国民党政府及其军队。

中国共产党领导的八路军、新四军，以及全国各界民众组织的抗日自卫武装等，对抵抗日军的侵略起了重要作用。特别是随着共产党领导的敌后抗日游击战争的迅速展开，抗日民主根据地的建立，钳制了日军大量兵力，有力地配合和支持了国民党军队的正面防御作战。

毛泽东说"兵民是胜利之本"，也是对中国全面抗战10个月的实践经验的总结，同时又是指导中国全面抗战取得胜利的重要指南。

蒋介石在抗战中的心态和政略简言之就是"一箭三雕"之计：打败日本侵略者，在抗战中削弱或消灭中国共产党及其革命武装，削弱或消灭各地各派名服中央而实独立、半独立的军阀，最终完成他心目中的建国计划。在这一思想指导下，国民党方面实行片面的抗战路线，不敢真正发动全国民众实行全民族的抗战。

白崇禧也不得不承认，"过去的作战都只是单纯的军事动员，政治并未动员，只是军队的抗战，民众并未抗战"。

对此，1937年10月25日毛泽东和英国记者贝特兰谈话时说：

> "反对日本帝国主义侵略的战争而不带群众性，是决然不能胜利的。"
>
> "因为抗战还只是政府和军队的抗战，不是人民的抗战。几个月来许多土地的丧失，许多军队的失利，主要的原因就在这里。所以，现在的抗战虽然是革命的，但是它的革命性不完全，就是因为还不是群众战。"

正是因为依靠人民、动员人民，在极其艰苦的反"扫荡"、反"清乡"斗争中，敌后军民创造了很多有效的歼敌方法，如麻雀战、地道战、地雷战、破袭战、水上游击战、武装工作队等，发展了人民战争的战略战术。敌后军民的反"扫荡"斗争，牵制、消灭了大量日军，成为坚持中国长期抗战最重要的因素，也是对世界反法西斯战争的很大支持。看过《地道战》这部电影，大家都知道，动员了全国的老百姓，就造成了陷敌于灭顶之灾的汪洋大海。

中国共产党是中国人民和中华民族利益的忠实代表，在抗战中发挥了中流砥柱作用。正如毛泽东所说：中国共产党及其所领导的民众和武装力量，决心

★ 讲取胜之道 ★
"兵民是胜利之本"

实践所提出的抗日救国十大纲领，"站在抗日的最前线，为保卫祖国流最后一滴血"。这种气吞山河的英雄气概，这种惊天地泣鬼神的呼吁，这是多么鼓舞人心的政治动员！"中华民族是站起来了！""全中国人手执武器走上了民族自卫战争的战场"。当时，华北平原上的一个庄户人家写下这样一副对联："万众一心保障国家独立，百折不挠争取民族解放"；横批是："抗战到底"。这是中华儿女同日本侵略者血战到底的怒吼，这是中华民族抗战必胜的誓言。这副对联既反映了全国老百姓都觉醒了，也说明了我们党动员人民的工作取得了显著成效。

中国共产党领导的抗日军民是全民族抗战的中坚力量。在战略相持阶段，特别是从1941年起，日军将中国共产党领导的抗日军民和抗日根据地作为主要进攻对象。1942年，日军在华北、华中有55万余人，其中用于巩固占领区的约有33.2万人。抗日战争进入相持阶段后，中国共产党领导的人民抗日力量担负起抗击日军的主要责任。1940年8月，为了粉碎日军对华北抗日根据地的"扫荡"和"囚笼"政策，八路军对华北日军发起大规模的进攻战役，即"百团大战"。这次战役共作战1824次，毙伤日伪军2.5万余人，俘获1.8万余人，沉重打击了日军。

★ 百团大战第二阶段，八路军战士们在长城古城堡上欢呼胜利。

谈起百团大战，当年亲历这次战役的聂荣臻元帅满怀胜利豪情地说，这是抗日战争期间我八路军在华北敌后发动的一次规模最大的战役，前后历时3个半月。这次战役，给了日本侵略军以沉重打击。它严重打击了敌人妄图分割我抗日根据地军民的"囚笼政策"，钳制了敌人大量兵力，拖住了它进攻正面战场的后腿，遏止了当时妥协投降的暗流，全国军民莫不感到欢欣鼓舞。

中国共产党领导的抗日军民承担着对日全面反攻的主要任务。从1943年起，敌后战场逐步扭转困难局面，在一些地区开展对日伪军攻势作战，1944年开始局部反攻。到1945年春，全国已有19个解放区。在世界反法西斯战争胜利发展的形势下，中国共产党领导的抗日军民于1945年8月开始全面反攻。由于日军占领的大部分城镇、交通要道和沿海地区已处在解放区包围中，中国共产党领导的抗日军民实际承担起对日全面反攻的主要任务。1945年8月9日，毛泽东发表《对日寇的最后一战》的声明，各解放区立即组织反攻大军，陆续发起猛烈的全面反攻。

事实是最好的证人。当日本宣布投降时，长期在东北战斗的，在华北、华中等地包围各重要城市的，不是别人，而是中国共产党领导的八路军和新四军。国民党军队主力一直集中在中国的西南和西北地区。

整个抗日战争中，中国共产党领导抗日军民对敌作战12.5万次，消灭日伪军171.4万人，其中日军52.7万人，缴获各种枪支69.4万余支、各种炮1800余门。共产党员发展到120多万人；人民军队发展到120余万人，民兵发展到260万人；抗日民主根据地面积达到近100万平方公里，人口近1亿。

中国共产党树立了英勇抗战的楷模。在抗日战争中，中国共产党领导的抗日军民付出了巨大牺牲。八路军的"狼牙山五壮士"、新四军的"刘老庄连"、东北抗联的"八女投江"等共产党领导下的英雄群体，杨靖宇、赵尚志、左权、彭雪枫等为代表的众多优秀共产党人，为抗战胜利流尽最后一滴血。

共产党领导的军队在抗战中作出了极大的牺牲，指战员伤亡60余万人；敌后抗日根据地的人民群众牺牲巨大，伤亡达600余万人。敌后军民以高度的献身精神坚持战斗，为夺取抗战胜利作出了重大贡献。这些英雄群体和优秀个人以及广大英勇为国捐躯者永远活在人民的心中，他们的光辉业绩永载史册。

在抗日战争即将取得胜利前夕，毛泽东在中共七大上作政治报告，其中

★ 讲取胜之道 ★
"兵民是胜利之本"

说道：

> "三次革命的经验，尤其是抗日战争的经验，给了我们和中国人民这样一种信心：没有中国共产党的努力，没有中国共产党人做中国人民的中流砥柱，中国的独立和解放是不可能的，中国的工业化和农业近代化也是不可能的。"

抗日战争的历史证明：中国共产党及其领导下的人民武装力量，是全民族利益的最坚定的维护者，是团结抗战的中流砥柱，是取得抗战胜利的决定性力量。同时，也证实了毛泽东的伟大预言：

> "这就是真正的人民战争。只有这种人民战争，才能战胜民族敌人。"

★ 淮海战役中支前的民工小车队。当时出动的民工达540余万人。

★ "人民战争是我们的根本优势，是我们克敌制胜的法宝"

从党、军队和人民的关系来看，我们党和军队的宗旨就是全心全意为人民服务，党离不开人民，人民也离不开党。

红军长征到达陕北吴起镇时，这个村子的老百姓看到的是一支衣衫褴褛、面容疲惫、抬着许多担架的军队，误把"红"字听成了"奉"，以为是正在"围剿"红军的东北军，他们过去的名称是"奉军"。奉军一向以军纪败坏而著称，老百姓听到后大都跑到附近的山上躲藏起来，只留下老弱病残，在窑洞里观察这支新来的队伍。他们发现，这支军队不进民房，在场院里埋锅造饭，挑水扫院子。老百姓终于知道，这是从南方来的红军，"和刘志丹的队伍一样"。群众开始从附近的山里回到家，让"南方红军"住进了简陋却温暖的窑洞。虽然当时老百姓的生活条件也很差，但是面对此刻来自南方的红军，老百姓纷纷把自家的粮食拿出来，帮助他们解决生存问题和吃饭问题。

此刻，陕甘根据地才出现了民歌里唱的那种热烈场面："千家万户把门开，快

★ 抗日战争中，敌后军民开展交通破袭战、地雷战、地道战、水上游击战、麻雀战等多种形式的对敌斗争，使敌人陷入人民战争的汪洋大海。图为根据地民兵埋地雷。

★ 讲取胜之道 ★
"兵民是胜利之本"

把那亲人迎进来。"

毛泽东曾感慨地说："不是这块地方，我们下不了地。"

毛泽东曾经预言：如果国民党也学红军的长途转移，那是一定会被消灭的，因为他们没有人民的援助。陈云也将"正确对待群众和得到群众的支持"列为长征取得胜利的三大原因之一。贺龙元帅在总结长征时，也说："国民党军队靠飞机大炮。我们红军靠什么？靠群众"。

我们党能不能够赢得胜利，归根到底取决于能不能够赢得群众。长征中，我们党紧紧地团结群众、依靠群众，坚持军民一致、官兵一致，众志成城，战胜了无数艰难困苦和强大凶恶的敌人，谱写了长征胜利的激越凯歌。

在抗日战争年代，地雷战、地道战、破袭战、麻雀战都是人民群众的伟大创造。解放战争后期的战略决战中，党在人民群众中进行了巨大的动员和组织工作，充分调动各方面的力量来支援这场空前规模的大决战。据统计，在三大战役中，动员民工累计达880余万人次，人民群众出动支前的大小车辆141万辆，担架36余万副，牲畜260余万头，粮食4.25亿公斤。华东野战军司令员陈毅曾深情地说："淮海战役的胜利，是人民群众用小车推出来的。"如果没有排山倒海的群众的伟大力量，要取得全国的胜利是不可能的。

军事胜利从来不是单靠军队来实现的。三大战略决战能获得胜利，一个基本原因是民众的支持，不断以人力物力支援前线。这同国民党军队屡屡弹尽粮绝，陷入绝境，成为他们多次全军覆没的重要原因，恰成鲜明的对照。能不能得到民众的全力支持，确实是战争能不能取得胜利的根本问题。

1961年1月16日，叶剑英在《伟大的战略决战》一文中，几句话说清了我们取得胜利的根本原因：

"在三大战役中，各地组织了广大的人民群众，随军执行战勤任务。辽沈战役的时候，动员了一万三千八百余副担架，三万六千七百余辆大车，九万六千余民工，随军行动。淮海战役的时候，动员了二百余万民工，支援前线，使我军与民工的比例达到了一兵一民、一兵二民、甚至一兵三民。在广大人民的大力支援和热情鼓舞下，人民解

放军终于克服了一切困难,取得了战略决战的胜利。"

"三大战役的胜利,是毛泽东同志的人民战争思想的胜利。人民是历史的创造者,真正的力量属于人民。这是马克思列宁主义的根本观点。"

人民是历史的创造者,这是马克思主义唯物史观的基本观点。
毛泽东曾说过:

"真正的铜墙铁壁是什么?是群众,是千百万真心实意地拥护革命的群众。这是真正的铜墙铁壁,什么力量也打不破的,完全打不破的。"

"应该使每一个同志懂得,只要我们依靠人民,坚决地相信人民群众的创造力是无穷无尽的,因而信任人民,和人民打成一片,那就任何困难也能克服,任何敌人也不能压倒我们,而只会被我们所压倒。"

他多次提醒全党特别是党的高级干部要注意,任何时候不要忘记人民群众,忘记了人民群众,"就是读一百万册马克思主义的书也是没有用处的,因为你没有力量"。

毛泽东的这些话语及其表达的思想,早已深深地扎在一代又一代中国共产党人和人民军队将士们的心里。

1964年10月13日,贺龙谈起毛泽东的人民战争思想,感触颇深地说道:

"在历史上的任何一次革命战争中,革命人民在武器装备方面,开始的时候总是落后于敌人的。但是只要人民群众真正发动起来,就可以战胜强大的敌人。过去如此,现在如此,将来仍然如此。数以万万计的武装起来的人民群众,是真正的铜墙铁壁,真正的天罗地网。任何敢于侵犯我们的敌人,都将在我'全民皆兵'的汪洋大海中,遭到灭顶之灾。"

1978年8月4日,聂荣臻在全国民兵工作会议上谈起毛泽东的人民战争思想，是这样说的：

> "毛主席的人民战争思想，是毛主席军事思想的核心，是放之四海而皆准的真理。不论武器如何发展，都改变不了人民战争的规律，改变不了'兵民是胜利之本'的根本原理。"
>
> "人民战争是我们的根本优势，是我们克敌制胜的法宝，过去靠它，现在靠它，将来还是靠它。"

直到现在，毛泽东的这一思想仍然闪耀着不变的光芒。2013年7月8日和7月15日，习近平分别两次在有关军队工作的重要会议上，重温了毛泽东关于人民战争的思想，他说道：

> "革命战争年代，军队打胜仗，人民是靠山。"
>
> "不论形势如何发展，人民战争这个法宝永远不能丢，但要把握新的时代条件下人民战争的新特点新要求，创新内容和方式方法，充分发挥人民战争的整体威力。"

"军民团结如一人,试看天下谁能敌"

军民团结如一人,试看天下谁能敌。

——毛泽东:《杂言诗·八连颂》(1963年8月1日)

"军民团结如一人,试看天下谁能敌"出自毛泽东的《杂言诗·八连颂》。《八连颂》传颂的是"南京路上好八连"几十年"为人民"且"拒腐蚀,永不沾"等精神,但诗的意境最后落在"团结力"上。毛泽东用一首杂言诗,揭示了一个伟大的真理。

★毛泽东说的有"团结力"的部队是怎么来的

1963年4月25日,国防部授予中国人民解放军上海警备团三营八连"南京路上好八连"的光荣称号。表彰他们从1949年5月起进驻上海市南京路后,发扬全心全意为人民服务和艰苦奋斗的光荣传统,身居闹市14年,一尘不染,勤俭节约,克己奉公,热爱人民,助人为乐等事迹和精神。后来创作的话剧和电影《霓虹灯下的哨兵》的上映,使"南京路上好八连"的事迹在全国城乡广泛流传。

驻上海的"南京路上好八连"被命名的这天,毛泽东正在上海。命名的前一天晚上,毛泽东在上海会见印度尼西亚军事友好代表团成员,给他们介绍中

★ 讲取胜之道 ★
"军民团结如一人，试看天下谁能敌"

国人民解放军取得胜利的经验。毛泽东说：

"主要一条经验是，要同群众结合起来。什么时候跟群众合作得好，我们就得到发展；什么时候脱离群众，我们就犯错误，就失败。"

与群众的团结合作、与人民的血肉联系，这就是毛泽东不断思考和始终关注的人民军队与人民群众的关系问题。

"好八连"就是沿着这条路径走过来的。

"南京路上好八连"原来只是一个极为普通的连队。解放战争时期的1947年8月6日，在山东莱阳城西水头沟小园村，由华东军区特务团把招来的几十个胶东农民子弟兵编在一起，组成了该团的四大队辎重连。这个连边建边打，在战争中学习，在群众中学习，不断壮大。不久，连队改番号为华东军区警卫旅特务团一营一连。一路南下，到1949年6月，这个连进驻上海南京路，担任执勤任务，并被编为三营八连。

在这个连的建设和发展中，始终将"全心全意为人民服务"的宗旨放在教育的核心位置，把毛泽东说的"两个务必"和"进京赶考"的告诫放在心上。进驻上海这个大世界以后，他们面临着极为复杂的考验。

可以说，全国解放之初，上海的南京路是最复杂的"考场"。这里是旧上海的一个缩影，素有"十里洋场"之称。这里酒绿灯红，歌柔舞艳，繁华喧闹中弥散着腐朽的诱惑，暗藏着一个个陷阱。八连战士们每天要面对的，不仅有上海社会自身存在的各种繁杂局面，而且有当时国民党溃退时布下的各种"棋局"。不甘心失败的反动残余势力，采取"腐蚀拉拢加破坏暗杀"等各种办法来对付共产党和人民解放军，他们四处扬言：上海是个大染缸，你共产党、解放军"红"的进来，不出3个月，就要变成"黑"的出去。

八连的战士们，都是一些在穷苦中长大、从枪林弹雨中走来的年轻人，十分纯朴。据说，他们初进南京路时，许多人连自来水都不会用，有人守着抽水马桶还到处找厕所，甚至有人按一下电灯开关会被灯泡突然发出的光吓一跳。复杂的新情况和社会环境，严峻地考验着这些刚刚走进大城市的年轻战士们。时间一长，情况也悄悄发生了一些变化。有这样的记载：

> 有的战士看到路边行人穿着那么时髦，男的女的手臂挽着进出舞厅、电影院，有点羡慕了；当一些妆扮妖艳、浑身喷着香水的女子向他们抛媚眼、丢手绢时，有的战士也禁不住朝她们瞟上几眼。
>
> 连队里也开始出现一些反常现象：有人一次花几块钱，到国际饭店去开"洋荤"；有的不惜花5角钱，到高级理发厅理发；有人不抽老烟叶子了，去买一元多钱一包的雪茄；个别战士花光津贴费还要借钱逛"大世界"。

这些情况，很快反馈到连队领导班子那里。"支部建在连上"的组织制度发挥了重要作用。连队首任指导员张志成是个头脑十分清醒的干部，他立即召开党支部会议。他在会上指出：南京路是一个没有硝烟的战场，来到这里我们就没有退路了，我们要让全连保持高度的警觉性，绝不能吃败仗。

为此，连队在一段时间里，不断组织全连一遍又一遍地学习领会毛泽东在中国共产党七届二中全会上的报告：

> "可能有这样一些共产党人，他们是不曾被拿枪的敌人征服过的，他们在这些敌人面前不愧英雄的称号；但是经不起人们用糖衣裹着的炮弹的攻击，他们在糖弹面前要打败仗。我们必须预防这种情况。夺取全国胜利，这只是万里长征走完了第一步。如果这一步也值得骄傲，那是比较渺小的，更值得骄傲的还在后头。在过了几十年之后来看中国人民民主革命的胜利，就会使人们感觉那好像只是一出长剧的一个短小的序幕。剧是必须从序幕开始的，但序幕还不是高潮。中国的革命是伟大的，但革命以后的路程更长，工作更伟大，更艰苦。这一点现在就必须向党内讲明白，务必使同志们继续地保持谦虚、谨慎、不骄、不躁的作风，务必使同志们继续地保持艰苦奋斗的作风。"

官兵们对毛泽东提出的"两个务必"的告诫体会越来越深。他们不断加强自我认识、自我反省，牢记自己的历史使命。在日常生活中，自制针线包，衣服破了，缝缝补补再穿；用破布麻绳打草鞋穿在脚上，行走在南京路上；扛着铁锹，推着粪车，步行到十几里远的郊区开荒种菜；开展节约一粒米、一滴水、一度电、一块布等竞赛活动。日复一日，年复一年，八连锤炼出"拒腐蚀，永不沾"的金刚之体，始终保持着艰苦奋斗的优良作风，始终保持着与人民群众的血肉联系。

到了"南京路上好八连"命名30周年的时候，当时的中央军委副主席刘华清受党中央委托，作过这样的结论：

> "南京路上好八连"是在马列主义、毛泽东思想哺育下成长起来的、凝结着共产主义思想道德和中华民族传统美德的英雄群体，是毛泽东、邓小平等老一辈无产阶级革命家培育的一个先进典型。这个典型，几十年来对推进军队和社会的精神文明建设起了积极作用。在加快改革开放、发展社会主义市场经济的新形势下，大力弘扬好八连精神，对于加强思想政治工作，增强部队的凝聚力和战斗力，更好地肩负起我军保卫祖国、建设祖国的神圣使命，具有重要的意义。

"好八连"的成长和出名的历史，恰恰反映了我们人民军队发展壮大的印迹，也说明了人民军队与人民血肉相连、军民一家的不变本色，点明了人民军队无敌于天下的真正原因。

毛泽东的《八连颂》，歌颂的是一支从人民中走来、忠于人民事业、永不变质的威武强壮之师，也是在告诉人们这样一个伟大真理："军民团结如一人，试看天下谁能敌。"

★ 从历史走来："军民合作，大家亲亲密密团结起来"

中国革命胜利的历史，可以说就是一部军民团结的历史。在毛泽东的诗词中，就曾有不少讴歌军民团结的名句：

"百万工农齐踊跃，席卷江西直捣湘和鄂。"

"早已森严壁垒，更加众志成城。"

"唤起工农千百万，同心干。"

"红旗卷起农奴戟"……

这些，展示了毛泽东对关于军队与人民在革命战争中团结奋斗的充分肯定。

军队与人民"众志成城""同心干"的故事，在各个历史时期都俯拾即是。习近平在纪念红军长征胜利80周年大会上说到我军胜利的原因时，明确指出：红军打胜仗，人民是靠山。他还讲述了一个长征中感人至深的"半条被子"的故事。

他说：

> "一部红军长征史，就是一部反映军民鱼水情深的历史。在湖南汝城县沙洲村，3名女红军借宿徐解秀老人家中，临走时，把自己仅有的一床被子剪下一半给老人留下了。老人说，什么是共产党？共产党就是自己有一条被子，也要剪下半条给老百姓的人。同人民风雨同舟、血脉相通、生死与共，是中国共产党和红军取得长征胜利的根本保证，也是我们战胜一切困难和风险的根本保证。"

这个故事来自在纪念红军长征50周年时徒步采访红军长征路的《经济日报》记者罗开富。

在抗日战争时期，毛泽东在《论持久战》中说道：

> "军队须和民众打成一片，使军队在民众眼睛中看成是自己的军队，这个军队便无敌于天下，个把日本帝国主义是不够打的。"

西安事变爆发前夕，著名东北军将领张学良曾对蒋介石说："共产党你是剿不完的，消灭不了的。因为共产党有老百姓的支持，我们没有老百姓支持。"

1940年1月16日，毛泽东在陕甘宁边区第二届农工展览会开幕典礼上说道：

★ 讲取胜之道 ★
"军民团结如一人，试看天下谁能敌"

> "八路军也就是老百姓，故军队不要忘本，本就是工农。"
>
> "八路军有两条规矩，一条就是官兵合作，一条就是军民合作，大家亲亲密密团结起来，日本一定打倒的。"

1944年9月18日，中央办公厅在中央大礼堂举行招待八路军留守兵团全体模范学习代表及从敌后转战

★ 红军利用战斗间隙帮助群众收割庄稼。

归来参加整训的各部队战斗英雄代表的大会。毛泽东在大会上说：

"我们的军队一向就有两条方针：第一对敌人要狠，要压倒它，要消灭它；第二对自己人，对人民、对同志、对官长、对部下要和，要团结。"

陈毅元帅曾深情地说：解放战争的胜利，是人民群众用小车推出来的！有人曾经记述了解放战争时期苏中战役期间我军与人民群众的关系：

1946年6月23日，李先念开始中原突围的那一天，42岁的李默庵赴无锡接任国民党军第一绥靖区司令官一职。

苏中战役开始了。

海安外围防御战从7月30日打到8月3日。粟裕后来回忆道："第七纵队从苏中地方武装上升主力不久，补充了大量的解放战士，所属四个团只有一个团打过大仗。但是4天多的战斗，他们只用了3000多兵力，英勇抗击了5万多敌人的轮番猛攻。"

国民党新编第九旅损失9000多人。李默庵很是心疼，更让他恼火的是，尽管自己派出大量便衣侦探四处搜集军情，但根本无法在当地百姓那里得到真实情报，致使自己对粟裕的3万人马在眼皮底下休整一无所知。

国民党新编第七旅副旅长田从云被俘后说："老百姓躲开倒也罢了，遍地是民兵，分不清哪个是兵，哪个是民，到处打冷枪，到处抓我们的谍报人员，捉得一干二净，去一个捉一个，去两个捉一双。我们都成了睁眼瞎，哪能不打败仗。"

李默庵没有想到或是难以言表的是，国民党军队闯入解放区作战，必然会面临举步维艰的处境。苏中战役中，解放区民众提出了"保田保家"，甚至"毁家纾难"的口号。在3万多人的华中野战军主力部队身后，直接参与战斗的解放区百姓达到14万人，支前民工人数更

★ 讲取胜之道 ★
"军民团结如一人，试看天下谁能敌"

> 是高达50多万。整个苏中战役期间，始终有1万多条转运粮食、弹药、兵员和伤员的民船，跟随华中野战军穿梭于稠密的河网中。解放区百姓在战火中不惧生死，不少人和官兵一起倒在泥泞之中，倒在枪弹炮火之中。
>
> 侥幸从战场逃脱的国民党军新编第七旅旅长黄伯光，在给上级的报告中说："地方民众，不问男女老幼，皆为匪之军民，到处袭杀国军"，"我国军处处受袭，人人被俘，除少数外，无一漏网"。

正是紧紧依靠人民，我们取得了长征的胜利，取得了抗日战争的胜利，取得了解放战争的胜利，建立了一个人民当家做主的新中国。

★ 现实的召唤：军民团结是"我军的胜利法宝"

新中国成立后，毛泽东发出的"军民团结如一人""更加众志成城"等号召，让人民军队和人民一起渡过了无数个艰难险阻。20世纪60年代克服经济困难，就是一例。

1959年至1961年，由于自然灾害和"大跃进"等"左"的错误，我国国民经济陷入严重困难的局面。

毛泽东和中共中央一边纠正"左"的错误，一边与人民同甘共苦并带领全国人民自力更生、艰苦奋斗、战胜困难。人民军队中也涌现出了雷锋、"南京路上好八连"等先进典型。

雷锋是一个热爱人民，全心全意为人民服务的楷模。"南京路上好八连"是艰苦奋斗、克服困难的模范集体。在他们身上，都体现着伟大的共产主义思想和中华民族坚强不屈的品质。同时，他们又是军队做好群众工作的模范。

1963年3月5日，毛泽东号召"向雷锋同志学习"。于是，一个反映广大军民愿望的学雷锋、树新风活动，从军营普及到全国城乡。在军队中开展学雷锋活动，提高了全军指战员全心全意为人民服务的自觉性，助人为乐，替群众排忧解难，成为干部战士开展群众工作的好形式。

也就是在这一年,在国防部命名"南京路上好八连"几个月之后,我军迎来了创建36周年的日子。

建军节这天,1963年8月1日,毛泽东做了两件事:一件是白天为"好八连"写诗一首,一件是晚上观看解放军沈阳部队排演的话剧《雷锋》。

毛泽东满怀豪情地为一个英雄群体写诗赞颂,这在他一生中是唯一的一次。全诗如下:

> 八连颂
>
> 好八连,天下传。为什么?意志坚。为人民,几十年。拒腐蚀,永不沾。因此叫,好八连。解放军,要学习。全军民,要自立。不怕压,不怕迫。不怕刀,不怕戟。不怕鬼,不怕魅。不怕帝,不怕贼。奇儿女,如松柏。上参天,傲霜雪。纪律好,如坚壁。军事好,如霹雳。政治好,称第一。思想好,能分析。分析好,大有益。益在哪?团结力。军民团结如一人,试看天下谁能敌。

在《八连颂》中,毛泽东强调了人民军队的根本宗旨就是"为人民"。这就要求人民军队保持艰苦奋斗的优良传统,"拒腐蚀,永不沾";要求人民军队发扬革命的大无畏精神,"不怕压,不怕迫。……不怕帝,不怕贼";要求人民军队"纪律好,如坚壁。军事好,如霹雳。政治好,称第一。思想好,能分析";要求人民军队永远和人民群众打成一片,"军民团结如一人,试看天下谁能敌"。

《八连颂》是毛泽东留下的唯一一首杂言诗,它行句通俗。相对那些讲究平仄对仗堪称"阳春白雪"的律诗而言,《八连颂》属于"下里巴人"之列。这首诗受到人们的热爱欢迎和广泛传诵,既体现了毛泽东在全党全国人民中享有崇高的威望,同时也体现了《八连颂》所表达的精神追求符合军队和人民的实际。

《八连颂》中,最引人注目和最提振信心的就是"军民团结如一人,试看天下谁能敌"这一名句。

1963年这一年,毛泽东为人民军队中一个模范个人题词,为一个模范集体写诗。历史注定1963年在人民共和国的历史上是不平凡的一年。这一年,毛泽东的心情是愉快的。一方面,我们完成了"调整、巩固、充实、提高"的八字

★ 讲取胜之道 ★

"军民团结如一人，试看天下谁能敌"

方针，国民经济和社会发展走上健康发展的轨道，全国出现了欣欣向荣的景象。另一方面，在社会主义精神文明建设方面，也取得了丰硕成果。雷锋、"好八连"这两个典范的出现，立刻引起毛泽东的高度重视。毛泽东认为，在社会主义建设中，应该在全社会提倡和发扬他们的这种共产主义精神。

★ 1963年4月25日，国防部颁布命令，授予八连"南京路上好八连"光荣称号。

党和国家其他领导人也十分关注和积极推广"好八连"精神。

就在1963年期间，朱德、邓小平、陈云等党政军领导人也分别为"好八连"题了词。

5月30日，朱德为"南京路上好八连"题词："保持人民军队艰苦奋斗的光荣传统，学习南京路上好八连。"

6月，邓小平为"南京路上好八连"题词："一贯保持光荣传统的、保证走向共产主义的、集体的标兵——南京路上好八连万岁！"

6月17日，陈云为"南京路上好八连"题词："大家学习好八连的模范作风。"

周恩来也十分关心"好八连"。1963年4月12日，周恩来接见"南京路上好八连"前任指导员刘仁福，称赞八连继承和发扬了我党我军艰苦奋斗的光荣传统，在和平环境中养成了好的作风，使政治教育紧密结合实际。

总政治部主任罗荣桓非常关注发挥"好八连"在全社会的典型示范作用。1963年4月21日，他要求：号召民兵学习雷锋，学习好八连，加强社会主义教育，要提高他们的觉悟。4月29日，他写信给林英苏和罗东进："你们要很好学习雷锋和上海南京路的好八连。这已成为动员全社会的典型示范。"

中国人民解放军总政治部曾在这年的4月3日召开会议，听取"南京路上好八连"指导员刘仁福和现任指导员王经文的工作汇报。

总政治部副主任萧华上将在听完汇报后说：

★ 八连战士劳动归来。

> 我们人民军队要经得起两种考验。一种是战争的考验，三十多年的历史，证明我们是经得起这种考验的。另一种是和平环境下的考验，这种考验，看起来容易，其实，在某种程度上还困难一些。
>
> 八连保持了我党我军的光荣传统和劳动人民的本色，在南京路上树立了一面光辉的红旗。特别可贵的是，他们不是一时保持了这个传

★ 讲取胜之道 ★
"军民团结如一人，试看天下谁能敌"

> 统，而是十四年如一日，人换了，作风传下来了，传开去了。
>
> "在我们的部队里，雷锋和好八连的出现，都不是偶然的。归根到底，因为我们是共产党和毛主席领导的军队，是工人农民的军队。这样的军队是撼不动的。"

"好八连"的"劳动人民本色"，也反映了我们整个人民军队的本色。就在"南京路上好八连"命名大会上，当时的中共中央华东局第一书记、中共上海市委第一书记、上海市市长柯庆施讲了这样一番话：

> "好八连的同志是从劳动人民中来的，是工农的子弟兵，他们同群众的关系，亲如手足。他们珍惜人民的财富，为了节约一粒米、一滴水、一度电、一分钱、一寸布，也想了许许多多办法。全连每人都有一个针线包，衣服破了自己动手修补。他们爱护公共财产，东西坏了，自己动手修理；他们热爱劳动，自己动手种植蔬菜；哪里需要支援，就到哪里参加义务劳动。他们尊敬老人，遇到年老体弱的，就主动帮助和关心他们。他们热爱下一代，遇到迷路的孩子，就想尽办法，把他们送回家去。……"

这番话，是对毛泽东关于军队和人民群众关系的深刻阐述。

"从劳动人民中来"，"是工农的子弟兵"，"同群众的关系亲如手足"，这是对我们党领导的军队与人民关系准确的描述。

正是存在这样一种铁一般的关系，因此毛泽东在领导中国革命、建设和人民军队发展的实践中，亲自倡导开展了大规模的"拥军优属、拥政爱民"双拥运动，极大地激发了人民军队浴血奋战和人民群众拥军支前、拥军爱国的热情，使革命战争成为陷敌于灭顶之灾的汪洋大海，也使社会主义建设成为军队和老百姓共同奋斗的舞台。

在我国改革开放和社会主义现代化建设的新时期，在中国特色社会主义建设和中华民族伟大复兴的道路上，我们党、国家和军队进一步继承和发扬了拥军优属、拥政爱民的优良传统，军队和人民之间结成了更紧密的关系，拧成了更强大的"团结力"。正如2013年7月8日习近平在中央军委专题民主生活会上所说的：

> "军民团结如一人，试看天下谁能敌。"回顾我军走过的历程，我深深感到，坚持和贯彻党的群众路线，是我军的胜利法宝。

他要求我们的军队：

> 新形势下，我们必须增强坚持党的群众路线的政治自觉、行动自觉。军队开展党的群众路线教育实践活动，必须标准更高、走在前列。

这是在我们党、国家和军队新的历史征程中，对"军民团结如一人，试看天下谁能敌"这句话的又一次新阐述。

"军民团结如一人，试看天下谁能敌"，这是一个颠扑不破的真理。在中国共产党的坚强领导下，亿万军民团结一心，前进道路上就没有克服不了的困难，就没有战胜不了的敌人，我们的事业就会无往而不胜。

★ 后记 ★

后记

从军事箴言视角梳理毛泽东领导的波澜壮阔的军事斗争实践和他博大精深的军事思想，是我们在编辑毛泽东著作、研究宣传毛泽东思想过程中萌生的一个想法。这个想法，与《湘潮》和《党史博览》两家杂志的朋友们不谋而合，也与辽宁人民出版社的朋友们的设想不谋而合。我们便商定，在建军90周年之际，一方面在这两个刊物上开辟有关毛泽东军事名言解读的专栏；另一方面将这个项目结集出版。

这样，自2016年11月开始，中央文献研究室第一编研部的同志们自愿投入到这项"十分有意义"的事情中。大家在编研工作之余，加班加点，用了两个多月时间，先是将毛泽东各个历史时期有关军事的40句箴言梳理出来，再用生动活泼的笔法，将这些箴言的来龙去脉、深刻内涵和深远影响一一解读出来。这些军事箴言，都是朗朗上口、铿锵有力、针对性强的名言警句，具有丰富的思想内涵和方法论意义。由于这是一项创新的工作，所以大家做起来并不容易，梳理和解读的过程，也是一个学习和提高的过程。完成这件事，了却了我们想在建军90周年的时候为中国人民解放军的主要缔造者、伟大的军事家和军事统帅毛泽东做点事的心愿！

　　参加梳理和解读毛泽东军事箴言的毛泽东研究学者,除了中央文献研究室第一编研部的杨明伟、李珍、曹前发、王颖、戚义明、吕臻、祝志伟、单劲松、付闪、邵建斌、李振、李雨檬、李炼石外,还有我们特邀的军事专家、国防大学的周炳钦研究员。

　　全书的框架设计和统改工作,由杨明伟完成。李珍、王颖参加了前期研究和部分编务工作。这本著作的完成,得益于第一编研部每一位同志的辛勤努力,这是一次高效而愉快的协作。首先要感谢这个团队。

　　这项成果的面世,要特别感谢中央文献研究室副主任陈晋研究员。我们从军事箴言角度研究和宣传毛泽东军事思想的想法和做法,得到了他的大力支持和充分肯定。

　　完成这样一部专业性强的著述,仅靠我们自己掌握的一些权威材料是不够的,我们也参考了一些当事人和其他研究者的不少可靠材料;为便于读者理解并增强可读性,书中还使用了一些相关的照片,因年代久远,情况复杂,没来得及一一辨认并联系上照片的作者,希望这些照片作者或权益人看到本书后,尽快与出版社联系,以便支付薄酬。一并表示感谢!

编撰者
2017年2月